U0671976

《论语学案》《人谱》选注

〔明〕刘宗周 著

东方朔 胡振夏 选注

浙江人民出版社

图书在版编目（CIP）数据

《论语学案》《人谱》选注 / （明）刘宗周著 ；东方朔， 胡振夏选注． -- 杭州 ：浙江人民出版社，2024.12. -- ISBN 978-7-213-11773-2

Ⅰ．B222.22；B825

中国国家版本馆CIP数据核字第2024YP0464号

《论语学案》《人谱》选注

〔明〕刘宗周　著　东方朔　胡振夏　选注

出版发行：浙江人民出版社（杭州市环城北路177号　邮编　310006）
　　　　　市场部电话：(0571)85061682　85176516

丛书策划：王利波　卓挺亚　　营销编辑：陈雯怡　陈芊如　张紫懿
责任编辑：李　信　　责任印务：程　琳
责任校对：王欢燕　　大家读浙学经典印章设计：锁　剑
封面设计：王　芸
电脑制版：杭州天一图文制作有限公司
印　　刷：杭州钱江彩色印务有限公司
开　　本：710毫米×1000毫米　1/16　　印　　张：36.75
字　　数：443千字　　插　　页：6
版　　次：2024年12月第1版　　印　　次：2024年12月第1次印刷
书　　号：ISBN 978-7-213-11773-2
定　　价：128.00元

“浙江文化研究工程成果文库”总序

有人将文化比作一条来自老祖宗而又流向未来的河，这是说文化的传统，通过纵向传承和横向传递，生生不息地影响和引领着人们的生存与发展；有人说文化是人类的思想、智慧、信仰、情感和生活的载体、方式和方法，这是将文化作为人们代代相传的生活方式的整体。我们说，文化为群体生活提供规范、方式与环境，文化通过传承为社会进步发挥基础作用，文化会促进或制约经济乃至整个社会的发展。文化的力量，已经深深熔铸在民族的生命力、创造力和凝聚力之中。

在人类文化演化的进程中，各种文化都在其内部生成众多的元素、层次与类型，由此决定了文化的多样性与复杂性。

中国文化的博大精深，来源于其内部生成的多姿多彩；中国文化的历久弥新，取决于其变迁过程中各种元素、层次、类型在内容和结构上通过碰撞、解构、融合而产生的革故鼎新的强大动力。

中国土地广袤、疆域辽阔，不同区域间因自然环境、经济环境、社会环境等诸多方面的差异，建构了不同的区域文化。区域文化如同百川归海，共同汇聚成中国文化的大传统，这种大传统如同春风化雨，渗透于各种区域文化之中。在这个过程中，区域文化如同清溪山泉潺潺不息，在中国文化的共同价值取向下，以自己的独特个性支撑着、引领着本地经济社会的发展。

从区域文化入手，对一地文化的历史与现状展开全面、系统、扎实、有序的研究，一方面可以借此梳理和弘扬当地的历史传统和文化资源，繁荣和丰富当代的先进文化建设活动，规划和指导未来的文化发展蓝图，增强文化软实力，为全面建设小康社会、加快推进社会主义现代化提供思想保证、精神动力、智力支持和舆论力量；另一方面，这也是深入了解中国文化、研究中国文化、发展中国文化、创新中国文化的重要途径之一。如今，区域文化研究日益受到各地重视，成为我国文化研究走向深入的一个重要标志。我们今天实施浙江文化研究工程，其目的和意义也在于此。

千百年来，浙江人民积淀和传承了一个底蕴深厚的文化传统。这种文化传统的独特性，正在于它令人惊叹的富于创造力的智慧和力量。

浙江文化中富于创造力的基因，早早地出现在其历史的源头。在浙江新石器时代最为著名的跨湖桥、河姆渡、马家浜和良渚的考古文化中，浙江先民们都以不同凡响的作为，在中华民族的文明之源留下了创造和进步的印记。

浙江人民在与时俱进的历史轨迹上一路走来，秉承富于创造力的文化传统，这深深地融汇在一代代浙江人民的血液中，体现在浙江人民的行为上，也在浙江历史上众多杰出人物身上得到充分展示。从大禹的因势利导、敬业治水，到勾践的卧薪尝胆、励精图治；从钱氏的保境安民、纳土归宋，到胡则的为官一任、造福一方；从岳飞、于谦的精忠报国、清白一生，到方孝孺、张苍水的刚正不阿、以身殉国；从沈括的博学多识、精研深究，到竺可桢的科学救国、求是一生；无论是陈亮、叶适的经世致用，还是黄宗羲的工商皆本；无论是王充、王阳明的批判、自觉，还是龚自珍、蔡元培的开明、开放，等等，都展示了浙江深厚的文化底蕴，凝聚了浙江人民求真务实的创造精神。

代代相传的文化创造的作为和精神，从观念、态度、行为方式和价值取向上，孕育、形成和发展了渊源有自的浙江地域文化传统和与时俱进的浙江文化精神，她滋育着浙江的生命力、催生着浙江的凝聚力、激发着浙江的创造力、培植着浙江的竞争力，激励着浙江人民永不自满、永不停息，在各个不同的历史时期不断地超越自我、创业奋进。

悠久深厚、意韵丰富的浙江文化传统，是历史赐予我们的宝贵财富，也是我们开拓未来的丰富资源和不竭动力。党的十六大以来推进浙江新发展的实践，使我们越来越深刻地认识到，与国家实施改革开放大政方针相伴随的浙江经济社会持续快速健康发展的深层原因，就在于浙江深厚的文化底蕴和文化传统与当今时代精神的有机结合，就在于发展先进生产力与发展先进文化的有机结合。今后一个时期浙江能否在全面建设小康社会、加快社会主义现代化建设进程中继续走在前列，很大程度上取决于我们对文化力量的深刻认识、对发展先进文化的高度自觉和对加快建设文化大省的工作力度。我们应该看到，文化的力量最终可以转化为物质的力量，文化的软实力最终可以转化为经济的硬实力。文化要素是综合竞争力的核心要素，文化资源是经济社会发展的重要资源，文化素质是领导者和劳动者的首要素质。因此，研究浙江文化的历史与现状，增强文化软实力，为浙江的现代化建设服务，是浙江人民的共同事业，也是浙江各级党委、政府的重要使命和责任。

2005年7月召开的中共浙江省委十一届八次全会，作出《关于加快建设文化大省的决定》，提出要从增强先进文化凝聚力、解放和发展生产力、增强社会公共服务能力入手，大力实施文明素质工程、文化精品工程、文化研究工程、文化保护工程、文化产业促进工程、文化阵地工程、文化传播工程、文化人才工程等“八项工程”，实施科教兴国和人才强国战略，加快建设教育、科技、卫生、体育等“四个强省”。作为文化建设“八项工程”之一的文化研究工程，其任务就是系统研究浙江文化的历史成就和当代发展，深入挖掘浙江文化底蕴、研究浙江现象、总结浙江经验、指导浙江未来的发展。

浙江文化研究工程将重点研究“今、古、人、文”四个方面，即围绕浙江当代发展问题研究、浙江历史文化专题研究、浙江名人研究、浙江历史文献整理四大板块，开展系统研究，出版系列丛书。在研究内容上，深入挖掘浙江文化底蕴，系统梳理和分析浙江历史文化的内部结构、变化规律和地域特色，坚持和发展浙江精神；研究浙江文化与其他地域文化的异同，厘清浙江文化在中国文化中的地位和相互影响的关系；围绕浙江生动的当代实践，深入解读浙江现象，总结浙江经验，指导浙江发展。在研究力量上，通过课题组织、出版资助、重点研究基地建设、加强省内外大院名校合作、整合各地各部门力量等途径，形成上下联动、学界互动的整体合力。在成果运用上，注重研究成果的学术价值和应用价值，充分发挥其认识世界、传承文明、创新理论、咨政育人、服务社会的重要作用。

我们希望通过实施浙江文化研究工程，努力用浙江历史教育浙江人民、用浙江文化熏陶浙江人民、用浙江精神鼓舞浙江人民、用浙江经验引领浙江人民，进一步激发浙江人民的无穷智慧和伟大创造能力，推动浙江实现又快又好发展。

今天，我们踏着来自历史的河流，受着一方百姓的期许，理应负起使命，至诚奉献，让我们的文化绵延不绝，让我们的创造生生不息。

2006年5月30日于杭州

丛书引言

陈　来

改革开放以来，浙江的经济社会发展取得了迅速的、巨大的进步。面对于此，浙江省政府和学术界，积极探讨经济社会发展的文化根源，展开了不少对于“浙学”的梳理、探讨和总结，使之成为当代浙江文化发展的一项重要课题。

就概念来说，“浙学”并不是一个新的概念，而是一个宋代以来就不断使用于每个时代用以描述浙江学术文化的概念。经过20余年的梳理，如浙江学者吴光、董平等的研究，已经大致弄清了浙学及与之相关的学术学派观念的历史源流，为我们今天总结思考这一问题提供了坚实的基础。

本文所理解的“浙学”，当然以历史上的浙学观念为基础，但强调其在新时代的意义。今天我们所讲的浙学，应该是“千百年来的浙江人的文化创造和代代相传的文化传统”，包含了“浙江大地上曾经有的文化思想成果”，因此这一浙学概念不是狭义的，而是广义的大浙学的观念。

这样一个大浙学的观念，在历史上有没有依据呢？我认为是有的。从宋代以后，浙学的观念变化过程就是一个内涵和外延不断扩大的过程。以下我们就对这一过程作一个简述。

一

众所周知，最早提出“浙学”这一观念的是南宋大儒朱熹。但浙学的开端，现有的研究者基本认为可以追溯到汉代的王充。王充在其《论衡》中提倡的“实事疾妄”的学术精神，明显影响到后来浙学的发展。王充之后，浙学又经历了相当长的演化过程，不过直到南宋，浙江才有了成型的学术流派。朱熹不仅提出并使用浙学的概念，而且还使用“浙中学者”“浙中之学”“浙间学问”等概念，这些概念与他使用的浙学概念类似或相近。朱熹说：

> 浙学尤更丑陋，如潘叔昌、吕子约之徒，皆已深陷其中，不知当时传授师说，何故乖讹便至于此？（《朱子文集》卷五十《答程正思》）

潘叔昌，名景愈，金华人，是吕祖谦的弟子，而吕子约是吕祖谦的弟弟，可见朱子这里所说的浙学是指以吕祖谦为代表的婺学。《朱子年谱》淳熙十一年（1184）下：“是年辩浙学。”所列即朱子与吕子约书等，说明朱子最开始与浙学的辩论是与以吕子约为首的婺学辩论。上引语录中朱熹没有提到其他任何人。这也说明，朱子最早使用的浙学概念是指婺学。

《朱子年谱》列辩浙学之后，同年中又列了辩陈亮之学。事实上，朱子与陈亮的辩论持续了两年。这也说明《朱子年谱》淳熙十一年一开始所辩的浙学不包括陈亮之学，以后才扩大到陈亮的永康之学。朱子也说：

> 婺州近日一种议论愈可恶，大抵名宗吕氏，而实主同父，深可忧叹。（《朱子文集》，《续集》卷一《答黄直卿》）

同父（同甫）是陈亮的字，朱子还说："海内学术之弊，江西顿悟，永康事功。"（《朱子年谱》淳熙十二年）用事功之学概括陈亮永康之学的宗旨要义。

《朱子年谱》淳熙十二年（1185）言"是岁与永嘉陈君举论学"，说明到了淳熙十二年，朱子与浙学的辩论从吕氏婺学、陈亮永康之学进一步扩大至陈傅良之学。绍熙二年（1191）又扩大至叶适之学。陈傅良、叶适二人皆永嘉学人，此后朱子便多以"永嘉之学"称之，而且把永康、永嘉并提了。

《朱子年谱》为朱子门人李方子等编修，李本年谱已有"辩浙学"的部分，说明朱子门人一辈当时已正式使用浙学这个概念。

朱子谈到永嘉之学时说：

> 因说永嘉之学，曰："张子韶学问虽不是，然他却做得来高，不似今人卑污。"（《朱子语类》卷一百二十三）

这是朱子晚年所说，他以张子韶之学对比永嘉之学，批评永嘉之说卑污，这是指永嘉功利之说。

> "永嘉学问专去利害上计较，恐出此。"又曰："'正其谊不谋其利，明其道不计其功。'正其谊，则利自在；明其道，则功自在。专去计较利害，定未必有利，未必有功。"（《朱子语类》卷三十七）
>
> 因言："陆氏之学虽是偏，尚是要去做个人。若永嘉永康之说，大不成学问，不知何故如此。"（《朱子语类》卷一百二十二）

这里的"大不成学问"，也是指卑陋、专去利害上计较功利。

以上是对南宋浙学观念的概述。朱子提出的浙学，原指婺州吕学，后扩大到永康陈亮之学，又扩大到永嘉陈傅良、叶适之学，最后定位在指南宋浙江的事功之学。由于朱子始终将浙学视为“专言功利”之学而加以批判，故此时的“浙学”之概念不仅是贬义词，而且所指也有局限性，并不足以反映当时整个浙学复杂多样的形态和思想的丰富性。

二

现在我们来看看明代。明代浙江学术最重要的是阳明学的兴起。那么，阳明学在明代被视为浙学吗?

明代很少使用“浙学”一词，如《宋元学案》中多次使用浙学，《明儒学案》中竟无一例使用。说明宋人使用“浙学”一词要远远多于明人，明代学术主流学者几乎不用这一概念。不过，明代万历时的浙江提学副使刘麟长曾作《浙学宗传》，此书具有标志性的意义。《浙学宗传》仿照周汝登《圣学宗传》，但详于今儒，大旨以王阳明为主，而援朱子以入之。此书首列杨时、朱子、象山，以作为浙学的近源:

> 缘念以浙之先正，呼浙之后人，即浙学又安可无传?……论浙近宗，则龟山、晦翁、象山三先生。其子韶、慈湖诸君子，先觉之鼻祖欤?阳明宗慈湖而子龙溪数辈，灵明耿耿，骨骨相贯，丝丝不紊，安可诬也!(刘麟长《浙学宗传序》)

刘麟长不是浙江人，他把南宋的杨时、朱熹、陆九渊作为浙学的近宗之源，而这三人也都不是浙江人。如果说南宋理学的宗师是浙学的近宗，那么远宗归于何人?刘麟长虽然说是尧舜孔孟，但也给我们一个启发，即我们把王充作为浙学的远源应该也是有理由的。然后，刘麟长把南宋的张子韶(张九成)、杨慈湖(杨简)作为浙学的先觉鼻祖，这两位确实是浙江人。《浙学宗传》突出阳明、龙溪，此书的意义是，把阳明心学作为浙学的主流，而追溯到宋代张子韶和杨慈湖，这不仅与朱子宋代浙学的观念仅指婺州、永康、永嘉之学不同，包括了张九成和杨简，而且在学术思想上，把宋代和明代的心学都作为浙学，扩大了浙学的范围。

此书的排列，在杨时、朱熹、陆九渊居首之后，在宋代列张九成、吕祖谦、杨简、何基、王柏、金履祥、许谦。刘麟长说："於越东莱先生与吾里考亭夫子，问道质疑，卒揆于正，教泽所渐，金华四贤，称朱学世嫡焉。"何基以下四人皆金华人，即"北山四先生"，这四先生都是朱学的传人。这说明在刘麟长思想中，浙学也是包括朱子学的。这个问题我们下面再讲。

此书明代列刘伯温、宋潜溪、方正学、吴叡仲、陈克庵、黄世显、谢文肃、贺医闾、章枫山、郑敬斋、潘孔修、萧静庵、丰一斋、胡支湖、王阳明、王龙溪、钱绪山、邵康僖、范栗斋、周二峰、徐曰仁、胡川甫、邵弘斋、郑淡泉、张阳和、许敬庵、周海门、陶石篑、刘念台、陶石梁、陈几亭。其中不仅有王阳明学派，还有很多是《明儒学案》中《诸儒学案》的学者，涵盖颇广。但其中最重要的应是王阳明和刘宗周（念台）。可见王阳明的心学及其传承流衍是刘麟长此书所谓浙学在明代的主干。在此之前蔡汝楠也说过"吾浙学自得明翁夫子，可谓炯如日星"，把王阳明作为浙学的中坚。

三

朱子的浙学观念只是用于个人的学术批评，刘麟长的浙学概念强调心学是主流，而清初的全祖望则是在学术史的立场上使用和理解浙学这一概念，他对浙学范围的理解就广大得多。

全祖望对南宋永嘉学派的渊源颇为注意，《宋元学案》卷六：

> 王开祖，字景山，永嘉人也。学者称为儒志先生。……又言：

“由孟子以来，道学不明。今将述尧、舜之道，论文、武之治，杜淫邪之路，开皇极之门。吾畏天者也，岂得已哉！”其言如此。是时，伊、洛未出，安定、泰山、徂徕、古灵诸公甫起，而先生之言实遥与相应。永嘉后来问学之盛，盖始基之。

这是认为，北宋，在二程还未开始讲学时，被称为“宋初三先生”的胡瑗（安定）、孙复（泰山）、石介（徂徕）等刚刚讲学产生影响，王开祖便在议论上和“三先生”远相呼应而成为后来永嘉学派的奠基人。

全祖望在《宋元学案·周、许诸儒学案》案语中说：

世知永嘉诸子之传洛学，不知其兼传关学。考所谓“九先生”者，其六人及程门，其三则私淑也。而周浮沚、沈彬老，又尝从蓝田吕氏游，非横渠之再传乎？鲍敬亭辈七人，其五人及程门。……今合为一卷，以志吾浙学之盛，实始于此。（《宋元学案》卷三十二）

这就指出，在南宋永嘉学派之前，北宋的“永嘉九先生”（周行己、许景衡、沈躬行、刘安节、刘安上、戴述、赵霄、张辉、蒋元中）都是二程理学的传人。南宋浙学的盛行，以“永嘉九先生”为其开始。这就强调了二程理学对浙学产生的重要作用，也把二程的理学看作浙学的奠基源头。

祖望谨案：伊川之学，传于洛中最盛，其入闽也以龟山，其入秦也以诸吕，其入蜀也以谯天授辈，其入浙也以永嘉九子，其入江右也以李先之辈，其入湖南也由上蔡而文定，而入吴也以王著作信伯。（《宋元学案》卷二十九）

这就明确指明伊川之学是由“永嘉九先生”引入浙江，“永嘉九子”是二程学说入浙的第一代。

“九先生”之后，郑伯熊、薛季宣都是程氏传人，对南宋的永嘉学派起了直接的奠基作用。《四库全书总目提要》说：“朱子喜谈心性，季宣兼重事功，永嘉之学遂为一脉。”

> 永嘉以经制言事功，皆推原以为得统于程氏。永康则专言事功而无所承，其学更粗莽抡魁，晚节尤有惭德。述《龙川学案》。（《宋元学案》卷五十六）

永嘉学派后来注重经制与事功，其源头来自二程；而永康只讲事功不讲经制，这正是因为其学无所承。

> 祖望谨案：永嘉之学统远矣，其以程门袁氏之传为别派者，自艮斋薛文宪公始。艮斋之父，学于武夷，而艮斋又自成一家，亦人门之盛也。其学主礼乐制度，以求见之事功。（《宋元学案》卷五十二）

按照全祖望的看法，永嘉之学的学统可远溯及二程，袁道洁曾问学于二程，又授其学于薛季宣，而从薛氏开始，向礼乐兵农方向发展，传为别派。此派学问虽为朱子所不喜，被视为功利之学，但其程学渊源不可否认。

> 梓材谨案：永嘉之学，以郑景望为大宗，止斋、水心，皆郑氏门人。郑本私淑周浮沚，以追程氏者也。（《宋元儒学案》序录）

王梓材则认为，“永嘉九先生”之后，真正的永嘉学派奠基于郑景望，而郑景望私淑周行己，追慕二程之学。

> 梓材谨案：艮斋为伊川再传弟子，其行辈不后于朱、张，而次于朱、张、吕之后者，盖永嘉之学别起一端尔。（《宋元儒学案》序录）

王梓材也认为，薛季宣是二程再传，但别起一端，即传为别派，根源上还是程学。

黄百家《宋元学案·龙川学案》案语说：

> 永嘉之学，薛、郑俱出自程子。是时陈同甫亮又崛兴于永康，无所承接。然其为学，俱以读书经济为事，嗤黜空疏随人牙后谈性命者，以为灰埃，亦遂为世所忌，以为此近于功利，俱目之为浙学。（《宋元学案》卷五十六）

总之，传统学术史认为，两宋浙学的总体格局是以程学为统系的，南宋的事功之学是从这一统系转出而“别为一派”的。

二程门人中浙人不少，在浙江做官者亦不少，如杨时曾知余杭、萧山。朱熹的门人、友人中浙人亦不少，如朱子密友石子重为浙人，学生密切者巩仲至（婺州）、方宾王（嘉兴）、潘时举（天台）、林德久（嘉兴）、沈叔晦（定海）、周叔瑾（丽水）、郭希吕（东阳）、辅广（嘉兴）、沈僩（永嘉）、徐寓（永嘉）等都是浙人。

全祖望不仅强调周行己是北宋理学传入浙江的重要代表，“永嘉九先生”是浙学早期发展的引领者，永嘉学派是程氏的别传，更指出朱熹一派的传承在浙学中的地位：

> 勉斋之传，得金华而益昌，说者谓北山绝似和靖，鲁斋绝似上蔡，而金文安公尤为明体达用之儒，浙学之中兴也。述北山四先生学案。（《宋元学案》卷八十二）

勉斋即黄榦，是朱子的高弟，北山即何基，鲁斋即王柏，文安即金履祥，再加上许谦，这几人都是金华人，是朱学的重要传人，代表了南宋末年的金华学术。全祖望把“永嘉九先生”称为“浙学之始”，把“北山四先生”称为“浙学之中兴”，可见他把程朱理学看作浙学的主体框架，认为程朱理学的一些学者在特定时期代表了浙学。这一浙学的视野就比宋代、明代要宽广很多了。于是，浙学之中，不仅有事功之学，有心学，也有理学。

其实，朱学传承，不仅是勉斋传北山。黄震的《日钞》说：

> 乾淳之盛，晦庵、南轩、东莱称三先生。独晦庵先生得年最高，讲学最久，尤为集大成。晦庵既没，门人如闽中则潘谦之、杨志仁、林正卿、林子武、李守约、李公晦，江西则甘吉父、黄去私、张元德，江东则李敬之、胡伯量、蔡元思，浙中则叶味道、潘子善、黄子洪，皆号高弟。（《宋元学案》卷六十三《勉斋学案》附录）

浙江的这几位传朱学的人，都是朱子有名的门人，如叶味道，“嘉定中，叶味道、陈埴以朱学显”（《宋元学案》卷三十二）。“永嘉为朱子学者，自叶文修公（味道）、潜室（陈埴）始。”（《宋元学案》卷六十五》）黄子洪名士毅，曾编《朱子语类》“蜀类”。潘子善名“时举”。这说明南宋后期永嘉之学中也有朱学。

关于朱学，全祖望还说：

> 四明之专宗朱氏者，东发为最，《日钞》百卷，躬行自得之言也，渊源出于辅氏。晦翁生平不喜浙学，而端平以后，闽中、江右诸弟子，支离舛戾固陋无不有之，其能中振之者，北山师弟为一支，东发为一支，皆浙产也。（《宋元学案》卷八十六）

他把黄震（字东发）视为四明地区传承朱学最有力的学者，说黄震出自朱子门人辅广。全祖望指出，南宋末年，最能振兴朱学的，一支是前面提到的金华的“北山四先生”，一支就是四明的黄震。他特别指出，这两支都是浙产，即都是浙学。《宋元学案》序录底本谓：“勉斋之外，庆源辅氏其庶几乎！故再传而得黄东发、韩恂斋，有以绵其绪焉。”

此外，全祖望在浙江的朱学之外，也关注了浙江的陆学：

> 槐堂之学，莫盛于吾甬上，而江西反不逮……甬上之西尚严陵，亦一大支也。（《宋元学案》卷七十七）

“甬上四先生”是陆学在浙江的代表。全祖望称之为“吾甬上”，即包含了把浙江的陆学派视为浙学的一部分之意。严陵虽在浙西，但在全祖望看来，是浙江陆学在甬上之外的另一大支，自不能不看作浙学的一部分。

四

谈到浙学就不能不谈及浙东学派的概念。

黄宗羲是浙东学派这一概念的最早使用者之一。在《移史馆论不宜立理学传书》中，他反驳了史馆馆臣“浙东学派最多流弊”的说法，这说明馆臣先已使用了“浙东学派”这个概念，并对浙东学术加以批评。黄宗羲认为：

> 有明学术，白沙开其端，至姚江而始大明。……逮及先师蕺山，学术流弊，救正殆尽。向无姚江，则学脉中绝；向无蕺山，则流弊充塞。凡海内之知学者，要皆东浙之所衣被也。今忘其衣被之

功，徒訾其流弊之失，无乃刻乎！（《黄宗羲全集》增订本第十册）

黄宗羲认为陈白沙开有明一代学脉，至王阳明始大明，这说明他是站在心学的立场上论述明代思想的主流统系。他同时指出，阳明之后流弊充塞，刘蕺山（刘宗周）出，才将流弊救正过来。所以，明代思想学术中，他最看重的是陈白沙、王阳明和刘蕺山，而王阳明、刘蕺山被视为浙东学术的中坚。在这个意义上，他强调要看到浙东学派的功绩，而不是流弊。黄宗羲是在讨论浙东学派的历史功绩，但具体表述上他使用的是“学脉”，学脉比学派更宽，超出了学派的具体指向。从黄宗羲这里的说法来看，他对“浙东学派”的理解是儒学的、理学的、哲学的，而不是历史的。而黄宗羲开其端，万斯同、全祖望等发扬的清代浙东学派则以史学为重点，不是理学、哲学的发展了。

浙东学派的提法，可以看作是历史上一个与浙学观念类似的、稍有局限的学术史观念。因为浙东学派在名称上就限定了地域，只讲浙东，不讲浙西。这和“浙学”不分东西是不同的。浙东学派这样一个概念的提出也是有理由的，因为历史上浙学的发展，其重点区域一直在浙东，宋代、明代都是如此。

在全祖望之后，乾隆时章学诚《浙东学术》提出：

浙东之学，虽出婺源，然自三袁之流，多宗江西陆氏，而通经服古，绝不空言德性，故不悖于朱子之教。至阳明王子，揭孟子之良知，复与朱子抵牾。蕺山刘氏本良知而发明慎独，与朱子不合，亦不相诋也。梨洲黄氏，出蕺山刘氏之门，而开万氏弟兄经史之学，以致全氏祖望辈，尚存其意，宗陆而不悖于朱者也。唯西河毛氏，发明良知之学，颇有所得，而门户之见，不免攻之太过，虽浙东人亦不甚以为然也。

世推顾亭林氏为开国儒宗，然自是浙西之学，不知同时有黄梨洲氏出于浙东，虽与顾氏并峙，而上宗王、刘，下开二万，较之

> 顾氏，源远而流长矣。顾氏宗朱，而黄氏宗陆，盖非讲学专家，各持门户之见者，故相互推服，而不相非诋。学者不可无宗主，然必不可有门户。故浙东、浙西，道并行而不悖也。（《文史通义》内篇卷五）

其实，清初全祖望在回顾北宋中期的学术思想时曾指出：

> 庆历之际，学统四起。齐、鲁则有士建中、刘颜夹辅泰山而兴。浙东则有明州杨、杜五子，永嘉之儒志、经行二子，浙西则有杭之吴存仁，皆与安定湖学相应……（《宋元学案》卷六）

这说明全祖望在回顾浙学发展之初，就是浙东、浙西不分的。章学诚认为浙东之学，出于朱熹，而从“三袁”（袁燮为“明州四先生”之一，袁燮与其子袁肃、袁甫合称“三袁”）之后多宗陆象山，但是宗陆不悖于朱。他又说王阳明与朱子不合亦不相诋，这就不符合事实了，阳明批评朱子不少，在其后期尤多。章学诚总的思想是强调学术上不应有门户之见，宗陆者应不悖朱，宗朱者可不诋陆，不相非诋。他认为浙东与浙西正是如此，道并行而不悖。所以，他论浙学，与前人如黄宗羲不同，是合浙东、浙西为一体，这就使其浙学观较之前人要宽大得多了。

> 四明之学多陆氏。深宁之父亦师史独善以接陆学，而深宁绍其家训，又从王子文以接朱氏，从楼迂斋以接吕氏，又尝与汤东涧游，东涧亦兼治朱、吕、陆之学者也。和齐斟酌，不名一师。（《宋元学案》卷八十五》）

《宋元学案·深宁学案》中把兼治陆学、朱学、吕学，没有门户之见的状态描述为“和齐斟酌”。章学诚用“并行不悖”概括浙学“和齐斟酌”的性格，也是很有见地。

由以上所述可见，“浙学”所指的内容从宋代主要是事功之学，到明代扩大到包含心学，再到清初进一步扩大到包含理学，“浙学”已经变成一个越来越大的概念；经过全祖望、章学诚等的论述，浙学由原来只重浙东学术而变成包括浙东、浙西，成为越来越宽的概念。这些为我们今天确立大的浙学概念，奠定了深厚的历史基础。

五

有关儒学的普遍性与地域性，我一向认为，中国自秦汉以来，各地文化已经交流频繁，并没有一个地区是孤立发展的，特别是在帝国统一的时代。宋代以后，文化的同质性大大提高，科举制度和印刷业在促进各地文化的统一性方面起了巨大作用。因此，儒学的普遍性和地域性是辩证的关系，这种关系用传统的表述可谓“理一而分殊”，统一性同时表达为各地的不同发展，而地域性是在统一性之下的地方差别。没有跳出儒学普遍性之外的地域话语，也不可能有离开全国文化总体性思潮涵盖的地方儒学。不过，地域文化的因素在交往还不甚发达的古代，终究是不能忽视的，但要弄清地域性的因素表现在什么层次和什么方面。如近世各地区的不同发展，主要是因为各地的文化传统之影响，而不是各地的经济—政治结构不同。所以，问题的关键不在于承认不承认地域性的因素，而在于如何理解和认识、掌握地域性因素对思想学术的作用。

近一二十年，全国各地，尤其是经济发达的地区或文化教育繁荣发展的地区，都很注重地域文化的挖掘与传承。这可以看作是中国崛起的总态势下、中华文化自觉的总体背景之下各种局部的表达，有着积极的意义，也促进了地域文化研究的新开展。其中浙学的探讨似乎是在全国以省为单位的文化溯源中特别突出的。这一点，只要对比与浙江地域文化最接近、经济发展和教育发展水平最相当的邻省江苏，就很清楚。江苏不仅没有浙江那么关注地域文化总体，其所关注的也往往是“吴文化”一类。指出下面一点应该是必要的，即与其他省份多侧重“文化”的展示不同，浙江更关注的是浙学的总结发掘。换言之，其他省份多是宣传展示广义的地域文化的特色，而浙江更多关注的是学术思想史意义上的地域学术的传统，这是很不相同的。

当然，这与一个省在历史上是否有类似的学术资源或论述传统有关。如朱熹在南宋时已使用“浙学”，主要指称婺州吕氏、永康陈亮等所注重的着重古今世变、强调事功实效的学术。明代王阳明起自越中，学者称阳明学在浙江的发展为“浙中心学”；清初黄宗羲倡导史学，史称“浙东史学”。明代以后，“浙学”一词使用渐广。特别是，“浙东史学”或“浙东学派”的提法，清代以来已为学者所耳熟能详，似乎成了浙学的代名词。当代关于浙学的探讨持续不断，在浙江尤为集中。可以说，南宋以来，一直有一种对浙学的学术论述，自觉地把浙学作为一个传统来寻求其建构。我以为这显示着，至少自南宋以来，浙江的学术思想在各朝各代都非常突出，每一时代浙江的学术都在全国学术中成为重镇或重点，产生了较大影响。所谓浙学也应在这一点上突出其意义，而与其他各省侧重于“文化”展现有所分别。事实上，“浙学”与“浙江文化”的意义就并不相同。总之，这些历史上的浙学提法显示，宋代以来，每一时代总有一种浙学被当时的学术思想界所重视、所关注，表明近世以来的浙江学术总是积极地参与中国学术思想、思潮的发展潮流，使浙学成为宋代以来中国学术思想发展中的重要成分。每一时代的浙江学术都在全国发出一种重要的声音，影响了全国，使浙学成为中国学术思想史内在的一个重要部分。

当然，每一时代的浙江学术及其各种学术派别往往都有所自觉地与历史上某一浙学的传统相联结而加以发扬，同时参与全国学术思想的发展。因此，浙学的连续性是存在的，但这不是说宋代永嘉事功学影响了明代王阳明心学，或明代阳明心学影响了清代浙东史学，而是说每一时期的学术都在以往的浙学传统中有其根源，如南宋“甬上四先生”可谓明代浙中心学的先驱，而浙东史学又可谓根源于南宋浙学等。当然，由于全国学术的统一性，每一省的学术都不会仅仅是地方文化的传承，如江西陆氏是宋代心学的创立者，但其出色弟子皆在浙江如甬上；而后来王阳明在浙中兴起，但江右王学的兴盛不下于浙中，这些都是例子。浙学的不断发展不仅是对以往浙江学术的传承，也是对全国学术思想的吸收、回应和发展，是“地方全国化”的显著例子。

对浙学的肯定不必追求一个始终不变的特定学术规定性，然而，能否寻绎出浙学历史发展中的某种共同特征或精神内涵呢？浙学中有哪些是与浙江的历史文化特色有密切关联，从而更能反映浙江地域文化和文化精神的呢？关于历代浙学的共同特征，已经有不少讨论，未来也还会有概括和总结。我想在这里提出一种观察，即南宋以来，浙江的朱子学总体上相对不发达。虽然朱熹与吕祖谦学术关系甚为密切，但吕氏死后，淳熙、绍熙年间，在浙江并未出现朱子学的重要发展，反而出现了以“甬上四先生”为代表的陆学的重要发展。南宋末年至元初，“金华四先生”的朱子学曾有所传承，但具有过渡的特征，而且在当时的浙江尚未及慈湖心学的影响，与“甬上四先生”在陆学所占的重要地位也不能相比。元、明、清时代，朱子学是全国的主流学术，但在文化发达的浙江，朱子学始终没有成为重点。这似乎说明，浙江学术对以“理”为中心的形而上学的建构较为疏离，而趋向于注重实践性较强的学术。不仅南宋的事功学性格如此，王阳明心学的实践性也较强，浙东史学亦然。朱子学在浙江相对不发达这一事实可以反衬出浙江学术的某种特色，我想这是可以说的。从这一点来说，虽然朱熹最早使用“浙学”的概念，但我们不能站在朱熹批评浙学是功利主义这样的立场来理解浙学，而是要破除朱熹的偏见，跳出朱熹的局限来认识这一点。对此，我的理解是，与重视“理”相比，浙学更重视的是“事”。黄宗羲《艮斋学案》案语：“永嘉之学，教人就事上理会，步步著实，言之必使可行，足以开物成务。”（《宋元学案》卷五十二）这个对永嘉之学的概括，是十分恰当的。南宋时陈傅良门人言：“陈先生，其教人读书，但令事事理会，……器便有道，不是两样，须是识礼乐法度皆是道理。”此说正为“事即理”思想的表达。故永嘉之学的中心命题有二，一是“事皆是理”，二是“事上理会”。这些应该说不仅反映了永嘉学术，而且在一定意义上反映了浙学的性格。总之，这个问题的思考和回答是开放的，本丛书的编辑目的之一，正是为了使大家更好地思考和回答这些问题。

浙学是“浙江大地上曾经有的文化思想成果”，浙学在历史上本来就不是单一的，而是富于多样性的。这些成果有些是浙江大地上产生的，有些是从全国各地引进发展的，很多对浙江乃至全国都发生了重要影响。正如学者指出的，南宋的事功学、明代的心学、清代的浙东史学是“浙学最具坐标性质的思想流派”，是典型的根源于浙江而生的学术思想，而民国思想界重要的浙江籍学者也都继承了浙学的“事上理会”“并行不悖”“和齐斟酌”的传统，值得不断深入地加以总结研究。

目录

导　读

一、家世与早年为学

刘宗周（1578—1645），初名宪章，字起东（又作启东），号念台，浙江山阴（今浙江绍兴）人，因讲学于山阴县城北的蕺山，学者又称蕺山先生。刘宗周是明代著名的儒学家，他开创的蕺山学派在中国思想史上具有深远的影响，宗周本人也被誉为宋明儒学的殿军。宗周一生历任多种不同的官职，但因他正直敢言，屡遭革职。明室南渡后，宗周看到明王朝的灭亡已无可避免，最后绝食二十日而死。

明神宗万历六年正月十六日（1578年3月4日），刘宗周出生于浙江绍兴府山阴县水澄里。此前一年八月二十三日，父亲（讳坡，字汝峻，号秦台）因患痢疾而卒，其时母亲章太恭人年二十七，怀遗腹五个月。所以宗周从小以遗腹子的身份在外祖父章颖（字叔鲁，号南洲）家成长。宗周长大后，为纪念未及见面的父亲，又别号念台，学者亦称其为念台先生、念台子。又因宗周后迁居于山阴县城北的蕺山下，并讲学于蕺山，自称蕺山长、蕺山长者，弟子尊称山阴先生、蕺山夫子，后之学者尊称为蕺山刘子、子刘子；自号秦望望中山人、还山主人等，晚年，为励志学行，又别号克念子。

据《年谱》[①]及《菱山祖墓类状》《显考秦台府君暨显妣贞节章太

①戴琏璋、吴光主编：《刘宗周全集》，第五册《刘宗周年谱》（刘汋、姚名达），“中研院”中国文哲研究所筹备处1997年。以下所引文献出处皆以此《全集》为本。

淑人行状》《太虚先生刘公墓志铭》等记载，刘宗周高祖刘济，号守直，生儿名刘槩（字元平，号茅山）。刘槩性情严毅刚直，但又阔于世务，不谙生计，所以到晚年时家境已逐渐衰落。刘槩之子刘焞（即宗周祖父，字仲厚，号兼峰），中年丧偶，经历坎坷，但其为人“坦衷旷怀，以道自适”。嘉靖二十七年（1548），刘焞生子刘坡，即宗周的父亲。据说，刘焞期望儿子刘坡他日学有所成，不顾财力匮乏，“延名师，开塾学”，十年而百亩产尽，以致到最后只得“退耕麻溪山，佐以樵渔”。刘坡十八岁补会稽县儒学生，他性格矜严好礼，“白昼不入闺门，即内处亦无不冠履。禔躬岸饬，行动虽小必谨，所御衣冠图史之类，皆有常度，无或即于亵，居恒闭户读书，目不习浮薄之态，意惟恐浼之。所交必里中长者，里中人皆爱而敬焉”。[①]隆庆戊辰年（1568）娶章氏为妻，不久生有一女，但旋即以病痢而亡。章氏怀宗周五月，刘坡亦以痢疾早别人世，年仅三十。

宗周作为遗腹子，从小在外祖父南洲公家长成。万历十二年（1584），宗周七岁就塾师，事赵某；八岁，从季叔刘墳（号秦屏）学《论语》。宗周十岁那年，母亲无力供其就学，命宗周依外祖父南洲公授书。据载，南洲公性格刚毅，善启发，豪于饮酒，老年在家开设私塾教授学生，设科施教，量人的材器而定，“海内尊师之登科第者数十人，吾乡贤者如宁宇周公、石篑陶公，皆出其门”。[②]宗周白天听南洲公讲课，晚膳时倾耳于南洲公谈论古人忠孝节义的故事，耳濡目染，受外祖父影响至深，故从小耻于求取富贵的营生。后来，他在为外祖父作传时说：“宗周弱冠举进士，则先生所手植之成也。”[③]

对宗周影响深远的还有一个人，就是他的母亲章太恭人。章太恭人名为淑，会稽道墟人，天生质朴，品性懿贤，自小闲静，寡于言笑，十八岁嫁秦台公，深得邻里称赞，谓其贤淑。章氏与秦台公结婚十年，

① 《刘宗周年谱·姚谱前编》。

② 《刘宗周年谱》“万历十五年”条。

③ 《刘宗周全集》第三册下，卷十四《南洲先生传》。

生有一女（早亡），怀宗周甫五月而丈夫去世。此时刘氏家族景况不济，贫无立锥，章太恭人咽粗粮，甘淡味，躬操纺织。宗周白天上课，夜晚篝灯相向，伴母亲读书于机杼之间，“咿唔声与组织声恒相错也”。[①]章氏每至深夜与宗周相面而谈，痛念家艰，泫然落泪。母亲常常教导宗周做人要立大志，“为汝父争气，望远大，吾愿足矣”。每当宗周稍露轻浮或言动有不合礼之处，母亲便及时指出：“戒之，戒之！无多言，多言败德。无多动，多动败事。”并常说：“人须有刚骨，方能自立。”而章太恭人自己雍容有度，严守规矩，“步趋而裳襞不动，謦咳之声未尝闻于厅除”，喜愠不形于色，遇有不顺心之事只终日不语；笑不至矧，怒不至詈。在生活方面，章太恭人勤俭、刻苦、朴素，“生平未曾衣缯帛，旧帛数件皆藏以嫁女，御寒止一败絮，缕缕成百结，一被缊更甚”。纺线所获银两，稍有余数，则交与舅氏存贮生息，同时将仲舅资助的钱财购置腴田十亩以遗宗周。章氏一生劳顿，对宗周言传身教。但到宗周履成母愿之时，章氏竟未闻宗周登第捷报而早逝，年仅五十一岁。[②]

万历十七年（1589），宗周十二岁时，南洲公次子萃台公任寿昌县儒学教谕，外祖父南洲公也一同就养寿昌，章太恭人因担心宗周失学，特意将宗周送到寿昌，从先生读书，“五年中凡三至寿昌，道千里而险，又屡撄奇疾，即旁观者翘舌，而太夫人不加姑息，冀先生终于学”。[③]后人认为，宗周日后学有所成，与其母三遣寿昌是分不开的。[④]

宗周十七岁那年，随母亲移居会稽道墟家中，并跟随鲁念彬学。

① 《刘宗周年谱》“万历十五年”条。

② 《刘宗周年谱·姚谱》“万历二十九年”条。

③ 《刘宗周年谱》“万历十七年”条。

④ 《刘宗周年谱》“万历三十一年”条记云：“先生赋性方严，自少至长，淡嗜好，寡言笑，盖生而近道者。又加以太恭人之庭训，南洲公之师范，故器识日底坚凝。居忧，伤禄不逮养，益持节操，衰麻饘粥，动以古人自期。”

宗周天资敏慧，在师事鲁念彬的过程中发生了这样一个有趣的故事：以往外祖父南洲公教授宗周时，多命宗周细读先辈著作，并做心得，学习作文的规格，积至数百篇。如此练习，使得宗周行文有规矩，有法度，但缺乏波澜，少有变化，所谓老成有余而朝气不足。鲁公初试宗周之文时，曾惊诧道："小小年纪，行文却老气横秋，不适合应举。"于是，鲁公授宗周写作方法，并改用新制艺读之；同时，鲁公教授宗周多取《左》、《史》、先秦诸书，明白纵横变化之法。宗周得之，潜心揣摩，三个月以后作文呈于鲁公，鲁公阅后惊喜道："子可谓善变矣。"然而，当此文呈于南洲公时，南洲公却勃然大怒，并要求宗周立即改正。但鲁公又大怒不允。宗周处于左右为难的境地。从此，每遇私试，宗周必一题而二义，以蹈规矩者呈于南洲公，以见波澜者呈于鲁公。久而久之，宗周学业增进，既得南洲公称善，又为鲁公所赏识。[①]

宗周于万历二十三年（1595）十八岁应童子试，次年八月行婚礼，迎娶章氏。次年二月，宗周由会稽县弟子员补绍兴府学生，八月始赴杭州，举浙江乡试。江西龙泉教谕徐仕登（江西丰城人）得宗周卷，在其篇端题曰："读其文如鹤泪九霄，回绝尘表，知他日非徒以名位显也。"试毕揭晓，宗周中式四十二名。万历二十九年三月，宗周应礼部会试，中一百二十九名，殿试三甲五名，赐同进士出身。放榜前一日，闻其母亲去世的消息，悲痛欲绝，旋即南归奔丧，"见星而行，见星而止"，四月至家，终日哭泣。同门陶石篑来吊，见宗周哀毁骨立，感叹道："教衰礼坏久矣！吾未见善丧如刘君者也。"[②]

在宗周早年生涯中，还有一位对宗周为学影响深远的人，便是许孚远。许孚远，字孟仲（又作孟中），号敬庵，湖州德清人，嘉靖四十一年（1562）进士，官至兵部右侍郎，卒后谥恭简。许氏之学出于其同郡唐枢（字惟中，号子一，今湖州人）之门，属陈献章（字公甫，号

---

① 《刘宗周年谱·姚谱》"万历二十二年"条。

② 《刘宗周年谱·姚谱》"万历二十九年"条；也可参见黄宗羲《子刘子行状》、邵廷采《明儒刘子蕺山先生传》。

石斋，广东新会人）、湛若水（字元明，号甘泉，广东增城人）一系，其学以克己为要，功夫第次严格不懈。许氏解“格物”之义即谓人有血气心知，便有声色种种交害，故工夫需做在实处，做在根处，使方寸之地洒落洁净，不挂一尘，即此正是格物之义。故而许氏为学虽笃信良知，但他重工夫实地，而力反说玄道虚、援良知以入佛氏之说，曾作《九谛》以难周汝登（字继元，号海门，嵊县人）“无善无恶”之论。据《年谱》记载，万历三十一年（1603），宗周由仁和陈植槐介绍，见德清许孚远。宗周问为学之要，许氏告之以“存天理，遏人欲”，宗周遂北面师事之。《年谱》记云：

> （宗周）请为太夫人传，许先生载笔而书，终以敬身之孝勖先生，曰：“使念念不忘母氏艰苦，谨身节欲，一切世味不入于心，即胸次洒落之明，古人德业不难成。传所谓求忠臣于孝子之间，乃刘子所以报母氏于无穷也。”先生终身守之不敢失，自此励志圣贤之学，谓入道莫如敬，从整齐严肃入。自貌言之细，以至事为之著，念虑之微，随处谨凛，以致存理遏欲之教。每有私意起，必痛加省克，直勘前所由来为如何，又勘明后决裂更当如何。①

许孚远为学重工夫的特点对宗周一生的影响极为深远。《年谱》又记：次年三月宗周北行，过德清拜别许师，许孚远再论为学重在实践，不在虚知，宗周听后为之猛省。七月，许孚远卒，宗周此次拜别许孚远，没想到竟成永诀。

二、出仕

从明万历三十二年（1604）赴京授行人司行人起，二十七岁的宗

---

①《刘宗周年谱·姚谱》“万历三十一年”条。

周开始了他的仕途生涯。此后宗周历任礼部主事（天启元年，1621）、光禄寺丞（天启二年）、尚宝司少卿（天启三年）、大仆寺少卿（天启三年）、通政司右通政（天启四年）、顺天府尹（崇祯元年，1628）、工部左侍郎（崇祯九年）、吏部左侍郎（崇祯十四年）、左都御史（崇祯十五年）等职。宗周一生虽历任上述诸官职，然而其在野时间却相当长。据《年谱》记载，宗周“通籍四十五年，在仕仅六年有半，实立朝者四年。”宗周门人黄宗羲也有同样的说法：“先生通籍四十五年，立朝仅四年，在家强半。”[①]究其原委，其中重要的一个原因就在于，宗周出仕之时，明代社会已是病态缠身，痼疾涌发，而宗周又是一个典型的正直的士大夫学者，严操守，重气节，敢于直言相谏，抨击时弊，故屡遭革职。当时的明代社会已经是“民流政散”，呈现土崩瓦解之势，各级官僚横征暴敛，贪污腐败，而百姓则被名目繁多的摊派、赋役压得喘不过气来。官吏中饱私囊，社会两极分化，贫者愈贫，富者愈富。朝廷对此无力加以管束，从而更加使得各级官僚在加额横征时肆无忌惮。据黄仁宇先生的研究，明万历二十年，北京的宛平县知县沈榜声称，他每年要向二十七个不同的机构交款，总数则不出白银二千两。这种侧面收受彼此往来，“既无架构，而提出的统计数字，经常为一纸具文”，以致发生税率参差不一的现象。[②]在土地兼并方面亦复如此，各级地主、官僚田连阡陌，租谷百万石，然而他们却很少承担税赋，所谓“膏腴万顷，输税不过三分”。广大的农民则贫无立锥之地，以至四处流浪，遍及全国。在走投无路的情况下，许多难民转而成为“流寇”，酿成各地民变、暴动持续不断。宗周在上疏神宗的奏折中便指出：现今政令喜于拮克聚敛，“正项之不足，继之以杂派；科罚之不足，加之以火耗。又三四年并征，水旱灾伤一切不问，其他条例纷纷，大抵辗转得之民手，为病甚于加赋。敲扑日峻，道路吞声，小

① 《刘宗周全集》第五册《子刘子行状》（黄宗羲）。

② ［美］黄仁宇：《万历十五年》，中华书局1982年版，第3页。

民至卖妻鬻子女以应，势且驱而为盗，转而沦于死亡。”①

在统治集团内部，明中叶以后社会危机的另一表现便是宦官专权，前朝有王振、曹吉祥、汪直、刘瑾的相继干政，使朝纲濒于废弛，政治昏庸和黑暗，朝中小人充斥，政权不为权臣所持，而落于宦官之手。世宗时，北有异族犯边，南有倭寇侵扰海疆；到世宗晚年，大权旁落于严嵩父子。天启时，熹宗朱由校在位七年，以阉党魏忠贤为首的宦官专权已达到了飞扬跋扈、无恶不作的地步。他们不仅把持朝政，营私舞弊，直接干预刑狱、财税和军事等国家大事，而且对不合己意者予以滥杀，在朝廷各部门及四方总督遍插亲信死党，致使朝廷内外皆由昏庸和群小控制，奸佞之徒充斥，而那些有为有识之士则纷纷被杀、被换，群臣莫敢言语。

因此，宗周出仕即面临朝政荒废，吏治腐败，宦官专权，内忧外患的情况。作为一位正直、尚节的士大夫学者，宗周既不忍于现状而指陈时弊，更不容阉党贻误国政而诋命上疏弹劾温体仁、魏忠贤等。宗周的这种批难现实，心忧天下，扶忠节道德于不坠以及揭露和斥责阉党的精神气质与东林人士颇为相似。需要指出的是，宗周在为东林人士正名的同时，始终不忘指出东林之不足，并寄以厚望②。宗周在步入仕途后，交往最多的是东林人士，这里的原因一方面是学术主张上的相似，另一方面则是在砥砺名节上的相同。据《年谱》记载，万历四十年（1612），宗周三十五岁拜见高攀龙（字存之，世称景逸先生，江苏无锡人，东林党领袖），并称“生平为道交者，惟周宁宇、高景逸、丁长孺、刘静之、魏廓园五人而已。而景逸泊静之尤，以德业资丽泽，称最挚云”。③宗周支持东林，同时也目睹阉党专权之种种恶行秽迹，故而感愤时艰，指陈时弊，弹劾阉党，直言忤旨。为此，宗周

---

①《刘宗周全集》第三册上，卷二《预矢责难疏》。

②《刘宗周年谱》“万历四十一年”条，刘汋按语。也可参阅《刘宗周全集》第三册上，卷一《修正学疏》。

③《刘宗周年谱》“万历四十年”条。

一生中经历了三次革职：

第一次是天启四年（1624），宗周官通政司右通政。此前，天启元年，宗周应诏为礼部仪制司添注主事。他上任不久即上疏参劾宦官魏进忠（此时尚未改名魏忠贤）、保姆客氏。魏进忠原为熹宗朱由校在潜邸时的近侍，贵宠用事，干预朝政，且与客氏对食，表里为奸，并常诱导朱由校舞唱角抵，射击走马，或出中旨，进退士大夫。那些攻击东林的，多为魏氏门下舍人。客氏原为朱由校的奶妈，朱由校大婚后，客氏仍潜居宫内，致使外廷人士啧有烦言。熹宗在不得已的情况下，遣客氏出宫，但又整日涕泣不食，两日后复召回客氏。自此，凡参疏客氏者皆相继招致贬谪。宗周上疏认为：陛下还宫以后，颇事宴游，或射击走马，驰骋后苑，乃败度败礼之渐。且陛下听信人言，逐谏臣三人，罚一人，造成阁部以下，举朝议论。按理，公卿士大夫有罪，应交下廷议理，若陛下以一时喜怒，今日逐一臣，明日逐一臣，岂不中小人之私？"使人主日视此法家弼士如仇雠，而后得以指鹿为马，盗陛下之威福，或降斜封之敕，或兴钩党之狱，生杀予夺，惟所自出，而国家之大命随之，则亦宦官必致之祸也。乃今日试问得时用事，亲幸于陛下，如左右手者，非魏进忠也耶？然则导陛下逐谏官，魏进忠也，并导陛下以优人杂剧、射击走马者，亦魏进忠也，不然，则魏进忠之党也。陛下……乃竟为忠（即魏进忠）等所误如此，岂不深可恨哉！"①宗周此奏疏入，魏进忠恨之入骨，传旨廷杖六十，幸赖内阁辅臣叶向高（字进卿，号台山，福建福清人）鼎力周旋，才使宗周幸免皮肉之苦。圣旨说："朕自登极以来，遵守祖宗法度，讲学勤政，并无游宴等事。刘宗周出位妄言，好生可恶，本当重治，姑从轻罚俸半年。"②这里有两点尚需加以说明：第一，在宗周上疏之前，人们所谏者多为客氏，直言魏阉之非而勉力纠之者即自宗周始。第二，宗周弹

① 《刘宗周全集》第三册上，卷一《感激天恩疏》。

② 《刘宗周全集》第三册上，卷一《感激天恩疏》。

劾魏阉，实际上与魏阉迫害东林正直人士有关。早在八年前，即万历四十一年（1613），宗周就在《修正学疏》中为东林人士进行了辩护，认为东林“不乏气节耿介之士”，顾宪成等人倡道淑世，扶危显微，身任名教之重，挽天下于披靡，不啻东汉龙门。①十余年过去了，逆阉横行非但未有收敛，反而更加猖獗。天启四年六月，左副都御史杨涟弹劾魏忠贤二十四大罪，同时南北忠臣也纷纷疏劾魏忠贤，然而熹宗概不纳谏。同月，工部郎中万燝被廷杖至死；十月，吏部侍郎陈于廷、副都御史杨涟、佥都御史左光斗被革职。十一月，吏部尚书赵南星希望宗周入阁，宗周即以群贤被逐，不愿出山。同月十七日，宗周上《天恩愈重疏》，批难时政，指陈症结，力辞通政司通政之职。宗周说：“世道之衰也，士大夫不知礼义为何物，往往知进而不知退。及其变也，或以退为进，至于以退为进，而下之藏身愈巧，上之持世愈无权，举天下贸贸然奔走于声利之场。于斯时也，庙堂无真才，山林无姱节，陆沉之祸，何所底止。臣方惧以前日之进，故惴惴焉辞太仆寺之命，犹以为晚。何意前日之退，转成今日之进？将败坏世道，实臣一人为戎首，率天下而趋之，臣滋惧矣。”②不仅如此，宗周又再上两本奏疏，“一申理诸君子发明忠邪之介，一参忠贤误国之罪”。③（此两疏今皆逸失）宗周三疏送到通政司，司中同人看后惊诧道：“此何时进此疏？大祸立至矣！”他们仅以第一疏（即辞职疏）呈上，次年二月得到圣旨：“刘宗周藐视朝廷，矫情厌世，好生恣放，着革了职，为民当差，仍追夺诰命。”④这是刘宗周第一次被革职。

第二次是崇祯九年（1636）。是年正月，崇祯帝召宗周至文华殿面对，在涉及所谓“当今人才匮乏，粮饷不敷，流寇猖獗”的问题时，宗周答道“天下原未尝乏才，足以供一代之用。止因皇上求治太急，

①参见《刘宗周全集》第三册上，卷一《修正学疏》。

②《刘宗周全集》第三册上，卷一《天恩愈重疏》。

③《刘宗周年谱》“天启四年”条。

④《刘宗周年谱》“天启五年”条。

用法太严，布令太烦，进退天下士太轻，遂使在事诸臣相率以畏罪饰非为事，不肯尽心职业，所以有人而无人之用，有饷而无饷之用，有将而不能治兵，有兵而不能杀贼。”[①]同月，朝廷提升宗周为工部左侍郎，宗周连上《圣恩洊及疏》《感荷温纶疏》坚辞[②]，皆不允。二月十一日，宗周勉强拜命；二十三日，宗周即上《痛切时艰疏》，疏中直陈纲纪废弛，民生涂炭之状。宗周说：“自厂卫司讥访而告讦之风炽；自诏狱及士绅而堂廉之等夷；自人人救过不给而欺罔之习转盛；自事事仰承独断而谄谀之风日长；自三尺法不伸于司寇而犯者日众；自诏旨杂治五刑，岁躬断狱以数千计，而好生之德意泯；自刀笔治丝纶而王言亵；自参罚在钱粮而官愈贪，吏愈横，赋愈逋；自敲扑繁而民生瘁；自严刑重敛，交困天下，而盗贼蜂起；自总理任而臣下之功能薄；自监纪遣而封疆之责任轻；自督抚无权而将日懦；自武弁废法而兵日骄；自将懦兵骄而朝廷之威令并穷于督抚；自朝廷勒限奏绩而行间日杀良民报级以幸无罪，使生灵益归涂炭，事亟矣！……臣愿皇上视朝之暇，时近儒臣，听政之余，益披经史。日讲求二帝三王之学，求其独体而慎之，则中和位育，庶几不远于此而得之。”[③]此疏奏入，崇祯帝大怒，即刻传谕旨至内阁，欲对宗周严加重处。当时次辅钱士升（字抑之，号御冷，嘉善人）已拟了严旨，递给皇上，崇祯仍感到太轻，发回重拟。阉党温体仁趁机严办宗周。崇祯帝反复推敲谕旨的草稿，他也不得不承认，宗周忠实朝廷，严毅清正，刚直无私，最后亲笔改定：“刘宗周素有清名，召来亦多直言。但大臣论事，须体国度时，不当效小臣图占地步，尽归咎朝廷……以后还宜虚心酌虑，勿自误以误国家。”[④]是年六月，廷臣奉旨推选阁员，一再推选皆不合崇祯意，阉党温体仁担心宗周东山再起，便唆使宗周同乡会稽的许瑚上疏攻击刘宗

①《刘宗周年谱》“崇祯九年”条。

②参见《刘宗周全集》第三册上，卷三。

③《刘宗周年谱》“崇祯九年”条；又见《刘宗周全集》第三册上，卷三《痛切时艰疏》。

④《刘宗周年谱》“崇祯九年”条。

周，说“刘宗周才谞不足而道学有余，主治未获经纶之益，甄士殊多砥砺之功。”崇祯信其言，当廷臣推荐宗周入阁时，崇祯帝果然不用。温阉阴谋得逞，行径更为猖獗，且崇祯笃信温阉，更加肆无忌惮地用严刑峻法对付臣下，招致乱政错出。七月，宗周辞朝回籍，临行之时，遗书温体仁，历数其罪，谓温阉卖友、罔上、诬下，阴挤同官，对被误废的贤者不但“不闻出一语救正”，而且时而落井下石，“借皇上之宠灵为驱逐异己之地”。[①]九月，宗周行至交河，派遣仆人送呈《身切时艰疏》，疏中极言“贤奸颠倒，任用匪人之祸”。送疏仆人到京师时被中书陈龙正（字惕龙，号几亭，嘉善人）所阻而折返。宗周九月十一日到德州候旨，及持疏仆人返回时，宗周所上之疏乃经人改篡之后，再派人递进皇上。[②]崇祯帝见后大怒，及十月降旨：“刘宗周明系比私乱政，颠倒是非，姑著革职为民！”[③]这是刘宗周第二次被革职。

第三次是崇祯十五年（1642）。此前一年九月，吏部左侍郎空缺，朝廷推荐了数人，崇祯帝都不中意，单谓“刘宗周清正敢言，廷臣莫能及”，慨叹既久，特命吏部起用宗周。次年七月，朝廷公推宗周为吏部尚书，崇祯不回应；八月，崇祯敕升宗周为都察院左都御史，宗周疏辞，不允。从十月至十一月间，宗周连续上奏《咨诹所及疏》《条列风纪之要疏》等共十余疏，对政纪荒夷、社风腐败、民人疾苦皆作了陈述，进而建议敬循职掌，条列风纪，主张建道揆、贞法守、崇国体、清伏奸、惩官邪、饬吏治等。闰十一月，给事中姜埰、行人司副行人熊开元因直言激怒崇祯帝，被打入大牢。宗周面对崇祯刚愎自用，叹息道：“皇上方开弘政门，求直言，一日而逮二言官，非所以昭圣德也。”宗周入朝倡言疏救姜埰、熊开元，然而，满朝官员唯唯诺诺，莫敢言语。又闻崇祯已授密意将于三日内处姜埰、熊开元以死。在朝诸

①《刘宗周全集》第三册上，卷八《上温元峤相公》。

②宗周原上疏的初稿，今见于《刘宗周全集》第三册上，卷三。刘汋《年谱》及《年谱遗录》所载即为经人篡改后的疏稿，二者并不相同。

③《刘宗周年谱》“崇祯九年”条。

臣闻之各相顾失色，不知如何是好。面对此情此景，宗周说：“爵人于朝，刑人于市，古今通义也。恶得私毙谏臣欤？今日宜空署力谏，必得改发司寇而后已，否则尚何颜立交戟之下耶？”宗周的提议和想法得到大家的赞同，于是，宗周面奏皇上，谓“十五年来，皇上处分未当，致有今日败局。乃不追原祸始，更弦易辙，欲以一切苟且之政，补目前罅漏，非长治之道也”。崇祯闻宗周此言，脸色大变，说：“从前已不可追，今日事后之图安在？”宗周从容奏曰：“今日第一义，在皇上开诚布公，先豁疑关，公天下为好恶，合国人为用舍，慨然永为皇极主，于是进贤才以资治理，开言路以决拥塞，次第与天下更始，宗社幸甚。”在涉及言官姜埰、熊开元的问题上，司农傅淑训以婉转之言欲申救姜、熊，但崇祯拒而不纳。在朝各位大臣亦无一人敢于再次申说，宗周又挺身而出说：“皇上刚下诏求言，而二臣遂以言得罪，甚有伤于圣政。国朝无言官下诏狱者，有之，自二臣始，甚有伤于国体。愿皇上扩圣度于如天，得赐矜泽，不胜幸甚。如臣宗周累多狂妄，幸宽铁锁。又如词臣黄道周亦以戆直宥鉴于圣明，复其原职。臣等何幸，前蒙皇上使过之典，二臣何不幸，而不邀皇上法外之恩？伏乞圣慈，少视同仁。”崇祯听罢说：“黄道周有学有守，起用出朕特旨，岂二臣可得与比哉？”宗周又说：“二臣学守诚不及道周，然朝廷待言官有体，其言可用则用之，不可用则置之。即有应得之罪，亦当敕下法司，原情定罪，若遂下诏狱，终于国体有伤。”崇祯大怒说：“三法司，锦衣卫，皆朝廷刑官，何公何私？且朕处一二言官，如何遂伤国体？假有贪赃坏法，欺君罔上，俱不可问乎？”宗周说：“果如此，自当治罪。若二臣，敢以衰朽余生保其无他。”崇祯气愤之极说：“如此偏党，岂堪宪职？候旨处分。”在一旁的佥都御史金光辰对崇祯说：“宗周赋性硁直，与开元并无旧好。今日申救，实从君德起见。且其振扬风纪，整饬朝常，百僚中所不易得，终祈皇上宽宥。”崇祯不但没有听金光辰的劝说，反而责罪于他，说：“金光辰也听议处。”结果崇祯下旨：“刘宗周愎拗偏迂，朕屡次优容，念其新任，望其更改。今乃藐抗徇私，大负委任，本当重处，辅臣奏其年老，姑着革了职。金光辰奏对，尤属恣肆，姑从轻降三级，调外用。”①

宗周在朝为官，三落三起，但耿介之性不改，正直守节，进则建言，退则讲学，可谓明代忠臣。

三、为人与为官

作为一名“志节坚贞，风规高朗”的士大夫学者，为人正直、为官清廉是宗周生活的真实写照，而这一切与宗周严格的自我修养密不可分。万历四十五年（1617），宗周在四十岁时曾作有座右铭四则，其中就说：

> 毋作疑心事，毋矢谎口言。毋遂非文过，毋侮人自贤。毋徇人而枉，毋有我而坚。毋恋爱中镜，毋长习中年。毋误病中药，毋死书中诠。凡此十义者，日比韦与弦。一义摄诸义，一心还本然。先立决定志，锐根能百千。借曰他人耳，终身亦已焉。②

当年孔子有绝“四毋”一说，宗周则立决定志，发而为十义，以至诚之心作至诚之人，做至诚之事，上无愧于天，下无怍于地。宗周对母至亲至孝，二十七岁抵京入太学，以是科不第，决意授官，其目的就是为了“图谒选养亲”；而宗周对妻子亲敬，对女儿友爱，已成佳话③。严格的自我修养不只是表现在人与人之间能够被人看得见的待人处世上，更表现在人不知而己独知的隐微之地。据记载，宗周官行人司行人时，曾经有一次夜里梦见自己被提升的经历，醒后心里极为不快，

---

①《刘宗周年谱》“崇祯十五年”条；详见《刘宗周全集》第三册上，卷四《敬矢责难之谊疏》（附召对纪事）。

②《刘宗周全集》第三册下，卷十六《座右铭四则》。

③《刘宗周年谱·后编·刘谱录遗》。

对自己作了十分严苛的指责，并把它记录在案头："予雅欲谢病去官，不知此梦从何来，终是不忘荣进念头在，乃知平日满腔子皆是声色货利，不经发觉，人自不察耳。猛省！"[①]可以说，这是一种无情的自勘、自责，又是一种严格的自勉、自励。没有这样一种修养，就不可能有宗周亦狂亦狷、真清真介的品格。宗周筑小楼于蕺山之麓，读书其中，并拟有一副壁帖，这也同样很能看出宗周的志向和对自己的要求。壁帖说："读书有要，在涵养本原，以得作者之意，使字字皆从己出；做人有方，只谨凛幽独，以防未然之欲，庶时时远于兽门。"[②]言语虽不多，然而，宗周修身谨凛之严昭然可见。

正因为严于操守，谨于修身，宗周在生活中才能够一于正义，安于贫穷，无求奢华。朱彝尊（字锡鬯，号竹垞，浙江秀水人，著名学者）曾引崇祯帝朱由检赐给宗周的诏命说，宗周一生"蔬食菜羹，三月不知肉味；敝车羸马，廿年犹是书生"[③]。这种说法可以说是对宗周俭朴生活的高度概括。据称宗周在南京一月，日给不过四分，每日买菜及豆腐不过一二十文，以致落得个"刘豆腐"的称号。此外，宗周出入都门，行囊更是不过一肩，所以人又称其为"刘一担"。宗周不仅自己生活艰清质朴，同时也未曾为子孙购置赡田一亩、居房一椽，真可以说一生拮据，两袖清风。作为一名士大夫学者，宗周对自身的要求甚为严苛，而他自己的生活则极为清苦。依《年谱录遗》记载，宗周平日"不赴人饮，亦不招人饮"，佐餐不过鱼蔬。在京都朝房中，上雨下风也不闻问。当时法纪凌夷，各级官僚动辄车马肩舆，而宗周却独乘一破车瘦马，踽踽独行于长安道中。应当说，宗周的俭朴生活是内外一贯的。据《年谱》记载，万历三十六年（1608），浙江会稽县知县赵士谔多次想造访宗周，宗周皆拒而不答。有一次，赵知县得知宗周生病在家，便未得宗周同意径至宗周卧榻前造访问疾，只见宗周床

---

① 《刘宗周年谱·后编·刘谱录遗》。

② 《刘宗周年谱·后编·刘谱录遗》。

③ 《刘宗周全集》第五册《传记资料·拾遗》。

前室内的帐幕缕缕百结，补丁成串，而所盖的一床被子也破烂不堪。赵知县出去后对人说："梁伯鸾、管幼安以上人物也！谁谓处士纯盗虚声哉?!"①折服之心溢于言表。

穷不失义，穷且益坚，是宗周的风骨。宗周在朝时能以自己的"杖策驰驴"面对人家的"轩舆驷马"，表明宗周操守清严。宗周生活虽然清贫，但他平生为人作传志，从未收别人的润笔钱。他认为，子孙为祖父求文作传，是义道，为此而收取别人的润笔钱，是商贾之行，"古人为此，或自有说，某不敢为也"。②这大概是宗周穷不失义的一个例子。据记载，万历四十二年（1614），徐缙芳（字奕开，号十洲，福建晋江人）以御史的身份巡淮阳，听说刘宗周贫而无力为其亡亲举营葬事，欲以百金相赠，并让丁元荐（字长孺，浙江长兴人，官至尚宝司少卿）事先与宗周说好，却被宗周答书拒绝。宗周说："十洲……不能效儒者细密事，遂使黔、淮两余戈身自中之，惜哉！百金之馈，其所取者义乎不义乎？即十洲心下过得去，殆亦非道义之爱也。已矣！请弗污我先人墓上石。不佞平生固仅有先人一事未了，姑将茹荼带索，待此余生，幸无以为故人念。"③由此我们也可以看出宗周对道义的坚守，对不义之财的态度。

宗周生活中的为人之道与为官之道是一致的。为人讲究志节，为官则必发为清廉，所谓"居官淡素自持，动必敕法，视权贵如若将浼焉"。④崇祯十五年（1642），宗周曾作有《官总宪自警》，他说：

> 居官之病，一曰轻，轻当矫之以重，如山不可移；一曰嫩，嫩当出之以老，如石不可破，一曰猾，猾当守之以介，如霜不可

① 《刘宗周年谱》"万历三十六年"条。梁伯鸾，名鸿；管幼安，名宁。二人皆为汉代贤人隐士。

② 《刘宗周年谱·后编·刘谱录遗》。

③ 《刘宗周全集》第三册上，卷八《书·与丁长孺礼曹》。

④ 《刘宗周全集》第三册上，卷一《遵例陈情疏》。

犯；一曰浅，浅当用之以深，如渊不可测。药此病以治此官其几乎！不然，鲜有不败乃公事者。[①]

“自警”，是自我警惕、自我警戒的意思，它表现出宗周为官时时有一种自反的意识。身在官场，名利权势，如影随形，何者当为，何者不当为，必须时刻以义、以理为原则，并以此作为自己立身处世的标准。关于这一点，甚至连变化无常、朝令夕改、刚愎自用的崇祯皇帝也不得不承认，认为宗周“真直敢言”“清望出众”“有裨激扬”“廷臣莫及”。宗周由于平日里严格的自我要求，所以在为官之中能够纯忠峻行，亮节清修，“所至必有建明，发言堪为世则”。宗周严正刚直，多次厄于阉党，“气夺奸谋”，入朝即直言治国之度，针砭拥塞之弊，句句发之真诚。陈龙正便发自内心地认为，“先生一生学力，验于进退之间，可以无憾，足为后世楷模”；又认为“先生三揖而进，一辞而退，使天下见儒者真有铁视轩冕之致，宁谔谔而为氓，毋默默而为臣，于以维士气感人心，有益于世道不浅也”。[②]

官场的升沉进退，最能看出一个人的为官之道。自天启元年（1621）官礼部主事，二年六月即升光禄寺添注寺丞，到天启三年（1623）五月升尚宝司少卿，秋八月赴京履事，至九月又升大仆寺添注少卿，宗周以“一岁三迁”“义难拜命”拜疏固辞（其实，宗周在夏五月升尚宝寺少卿时即以“未任连擢，义不自安”为由欲拟书辞去，只是由于当时天津巡抚李邦华对宗周说“小臣无辞官礼”，宗周乃作罢）。同时，宗周见妇寺专权日趋嚣张，衣冠之祸将作，而士大夫又急于竞进，不体国恤，也不知国恤为何，乃痛切时艰，以病固辞，连上三疏（依《年谱》记载，宗周曾连续上奏三疏，一为《臣节日坏臣罪滋深乞圣明收回成命亟赐罢斥疏》，一为《患病不能供职恳乞天恩容臣以原官

① 《刘宗周全集》第三册下，卷十八《官总宪自警》。

② 《刘宗周年谱·后编·刘谱录遗》。

回籍调理少全分义疏》，一为《臣病万非假托三恳天恩俯容回籍调理以保余生疏》，此三疏俱亡佚[①]）。据宗周门人黄宗羲所撰《子刘子行状》及其再传弟子邵廷采所撰《明儒刘子蕺山先生传》中记载，当时朝中欲挽留宗周的同事说："令甲无小臣辞官礼。"但宗周却坚持认为："廉耻之在人，不因小臣而夺也。"意即是说，哪怕是布衣小臣，都应懂得廉耻，廉耻之于人是不分官位大小的，当进即进，不当进即退，这便是理得而心安。又有同事说："君子在位，国事犹可为，何若是其恝乎？"宗周又言："进退之义不明，如欲正君匡俗，未之有闻，异日借口君父而托身权门，将自吾侪开之耶？"由此可见，与那些为谋取职权官位而阿谀奉承、寡廉鲜耻之徒相比，宗周的为官之道所显示的清正亮节，似乎已无须我们再作说明了。

有义有节，何者当为，何者不当为，升沉进退皆能了然于胸，磊落光明，坦荡平直，这是一个无私人格的表现，能做到这一点的人在历史上并不多见。宗周确乎令人敬佩。有这样一件事：据记载，在崇祯十五年（1642），英武殿中书王育民拜谒宗周于私寓，欲为其上司孙顺行贿于宗周，宗周"毅然挥之别去"，次日即上疏纠之，且给予严厉自劾。宗周说："臣忝列风纪一席，而此曹犹不难为非义之干，视国宪如弁髦，然岂臣之平生固不足取信于人。与昔人云：'人心如青天白日，何至相疑？'臣实愧之，又重以为国宪辱。臣真大负皇上任使矣……仰祈皇上先将臣亟赐罢斥，以为秉宪无能者之戒。"[②]作为崇祯朝中的一位官员（时宗周任都察院左都御史），宗周是极少数正直无私的人，拒贿赂，纠邪官，且无情自劾，洁身自好，努力振扬风纪。

宗周一生"简点过端""销融习气"，从清直无私中铸就了"春色梅花"的人格形象。从他众多上疏的奏稿中，我们不难发现宗周对明室的忧患和忠诚。至南明弘光元年（亦即清顺治二年），清兵南下，南

---

① 《刘子全书》卷四十《年谱》"天启三年"条。

② 《刘宗周全集》第三册上，卷四《官邪行贿疏》。

京破陷，福王被俘遇害；同年六月，杭州失守，潞王降清，宗周眼见明朝土崩瓦解，大势已去，遂以绝食二十日殉国，为其忠诚、正直的一生画上了一个句号。宗周绝食离世之前，清军将领孛罗有征书一封，宗周口授答书云：

> 遗民刘宗周顿首启：国破君亡，为人臣子，惟有一死。七十余生，业已绝食经旬，正在弥留之际。其敢尚事迁延，遗玷名教，取议将来？宗周虽不肖，窃尝奉教于君子矣。若遂与之死，某之幸也。或加之以铁钺焉而死，尤某之所甘心也。谨守正以俟。口授荒迷，终言不再。[①]

宗周之子刘汋录口授书并与未启封的征书一起交付使者。宗周以耿耿气节、凛然正气为其精严笃实的学问和清辉亮丽的操行作了一个壮烈的注脚。

四、思想的发展

作为一代大儒，宗周的思想具有鲜明的特色，也有其发展的过程[②]。宗周门人黄宗羲在总论其师的为学思想及为学历程时曾这样说：

> 先生宗旨为慎独。始从主敬入门，中年专用慎独工夫。慎则敬，敬则诚。晚年愈精微、愈平实，本体只是些子，工夫只是些子。仍不分此为本体，彼为工夫。亦并无这些子可指，合于无声无臭之本然。从严毅清苦之中，发为光风霁月，消息动静，步步实历

①《刘宗周年谱》“清顺治二年”条。

②劳思光先生在其著《中国哲学史新编》一书中对此有较为清楚的梳理，参阅《中国哲学史新编》（三下），三民书局1981年增订初版，第567—574页。

而见。故发先儒之所未发者，其大端有四：

一曰静存之外无动察。……

一曰意为心之所存，非所发。……

一曰已发未发，以表里对待言，不以前后际言。……

一曰大极为万物之总名。……

按照黄宗羲的说法，宗周的为学宗旨为慎独[①]，同时其思想也有一个发展和变化，所谓“始从主敬入门，中年专用慎独工夫”云云，而宗周思想的独特贡献则被概括为四个方面。黄宗羲又说：

先生于新建之学（则阳明之学）凡三变：始而疑，中而信，终而辩难不遗余力，而新建之旨复显。[②]

在黄宗羲的心目中，宗周为学的根本目的乃是复显新建之旨（即阳明学问宗旨），这也是黄宗羲的一种理解；而且宗周对阳明思想经历了“始疑、中信、终而辩难”的过程，比照《年谱》的记载，此一说法应该是有根据的。

依《年谱》，万历三十一年（1603），宗周二十六岁时由陈植槐介绍，见许孚远先生，并执北面礼以师事之。许氏教宗周为学以“存天理、遏人欲”为要。《年谱》记载：

先生蚤年不喜象山、阳明之学，曰象山、阳明直信本心以证圣，不喜言克治边事，则更不用学问思辨之功矣。[③]

---

①由慎独说宗周的为学宗旨是黄宗羲的一种理解，就宗周思想本身而论，宗周中年的慎独说和晚年的诚意论皆是宗周的创说。

②《刘宗周全集》第五册《子刘子行状》。

③《刘宗周年谱》“万历二十九年”条。依《姚谱》，此记应是万历四十一年之事。

从这一说法看，宗周早年为学重学问思辨之功，不喜欢陆王心学“直信本心以证圣”的主张，这当然是与宗周还未真切理解陆王尤其是王阳明的思想有关。今就师承一面说，许孚远属于吴与弼、陈献章一路，门户与阳明并不相同[①]。但很显然，许氏之教对宗周影响深刻，从整齐严肃，庄敬敦笃以入道，到随处谨凛，念虑之微以存理，“先生终身守之不敢失”（刘汋语）。宗周自己也明确地说过：“余尝亲受业许师，见师端凝敦大。言动兢兢，俨然儒矩。其密缮身心，纤恶不肯放过，于天理人欲之辩，三致意焉。尝深夜与门人弟辈窅然静坐，辄追数平生酒色财气、分数消长以自证，其所学笃实如此。”[②]

不过，宗周早年为学虽深受许孚远严毅敦笃的功夫之教，但其思想发展到中年后逐渐转向心学立场。万历四十二年（1614），宗周三十七岁，《年谱》在此条下有一个注记：

> 先生以群小在位，给假归，阖门读书。曰：昔日伊川先生读易多得之，涪州朱子落职奉祠，其道益光，吾侪可无自厉乎？久之，悟天下无心外之理，无心外之学；及著论曰：只此一心，自然能方能圆，能平能直。[③]

刘汋这里说的“及著论”即宗周所著的《心论》，载于今本《刘宗周全集》第三册下，卷十六《论》；另一部分则载于《全集》第二册，卷十二《学言上》。宗周说：

---

①全祖望认为：“念台之学，本于敬庵，敬庵出于甘泉，甘泉出于白沙，白沙出于康斋，其门户盖与阳明殊，世之混而为一者，非也。”参阅全祖望：《鲒埼亭集》外编，卷五十《蕺山讲堂策问》。

②黄宗羲：《明儒学案·师说》。

③《刘宗周年谱》“万历四十二年”条。

只此一心，散为万化；万化复归一心。……大哉，心乎！①

从宗周思想的发展上看，学者认为，这是宗周最早以这种方式说心的文字，且确立心为万化一源之本。应该说，宗周这时所论述的心的特征当是其读书时的自我体悟，与陆王学说的影响无关。

如果说三十七岁时的《心论》属自悟心体，那么到四十八岁时，宗周则自觉地以人心本善为正世道人心之根本，并正式提出他的慎独之说。天启五年（1625），宗周以“藐视朝廷，矫性厌世”被革职为民，五月会讲于解吟轩。《年谱》在此条下记载：

每会，令学者收敛身心，使根砥凝定为入道之基。尝曰：此心绝无凑泊处，从前是过去，向后是未来，逐外是人分，搜里是鬼窟，四路把绝，就其中间不容发处，恰是此心真凑泊处。此处理会得分明，则大本达道，皆从此出，于是有慎独之说焉。②

这里记载宗周首倡慎独之说。宗周的慎独主张显然是直承其早年的主敬思想而来的。具体地说，就是通过收敛身心，使人明乎本心之善，而使自己的所言所行合符大本达道。至次年即天启六年，宗周读书于韩山草堂，《年谱》记载：

每日晨，取有明诸儒文集、传记考订之。盖有意于道统录也。③

这里所说的“道统录”即次年宗周所辑的《皇明道统录》。宗周为完成

①《刘宗周全集》第三册下，卷十六《论·心论》。
②《刘宗周全集》第三册下，卷十六《论·心论》。
③《刘宗周年谱》“天启六年”条。

此一著集，自然需要遍读明儒的大量著述，而其阅读阳明的著作，并受其影响，当在此年。越一年，《皇明道统录》辑成[①]。在此书中，宗周表达了对阳明的极大崇敬，对世推大儒如薛敬轩、陈白沙、罗念庵、王龙溪辈，宗周则有贬辞。《年谱》记云：

> 先生读阳明文集，始信之不疑。为论次曰：先生承绝学于辞章训诂之后，一反求诸心而得其所性之觉，曰良知；因示人以求端用力之要，曰致良知。良知为知，见知不囿于闻见；致良知为行，见行不滞于方隅。即知即行，即心即物，即静即动，即体即用，即工夫即本体，即上即下，无之不一，以救学者支离眩骛之病，可谓震霆启寐、烈耀破迷，自孔孟以来，未有若此之深切著明者也。[②]

黄宗羲说宗周对阳明之学“中而信”所指应当是此时（时年宗周五十岁）。上述所谓“震霆启寐、烈耀破迷，自孔孟以来，未有若此之深切著明者也”的说法是宗周读了阳明文集后对阳明思想的评价，可见此时宗周对阳明学说可谓推崇备至。不过，前面已经说过，宗周早年为学特重克己的下学功夫，所谓主敬、主静、慎独等都在功夫方面说，而此时王学末流之弊已显，故而宗周对阳明“致良知”的教法乃心存怀疑和不满，所以《年谱》又记：

> （阳明）特其急于明道，往往将向上一机轻于指点，启后学躐等之弊有之。天假之年，尽融其高明卓绝之见而底于实地，则范围朱陆而进退之，有不待言矣。[③]

---

①宗周著辑的《皇明道统录》，其中对明儒学说的大部分评鉴，皆载于其门人黄宗羲所著的《明儒学案》中的《师说》部分。

②《刘宗周年谱》“天启七年”条。

③《刘宗周年谱》“天启七年”条。

阳明“致良知”之教原本也是“因病发药”，以明示人们注重成德之根本，但宗周此处看出其功夫教法上的罅缝，所谓轻于指点“向上一机”指的正是阳明教法中直悟良知本体一路，此一路由阳明“四句教”中的“无善无恶心之体”而发展出龙溪的“四无”之论。“四无”之论在阳明乃是化境，而龙溪却以此作为教法，由此而不免产生虚玄的流弊。就理论上看，阳明立教，义理是周延的，而且阳明在世时也一再强调不忘工夫一关，但他已想到并为之担忧的，恰恰又在后学中出现了，故而宗周此处有“启后学躐等之弊”一说。此弊见于浙中王龙溪和泰州王心斋、罗汝芳、周汝登等辈，他们的共同特点便是持良知本体现成见在，当下俱足，只要一悟本体，即人人都是圣人，下学工夫往往被轻视乃至被放弃。宗周对此所见尤为真切，因此在推许阳明的同时，对阳明良知之教始终保持着疑虑，这也为他晚年对阳明良知之说“辩难不遗余力”埋下了伏笔。

基于对功夫的重视以及对阳明良知教法所存的疑虑，如何纠正阳明后学的弊病自然便成为宗周思考的中心。因此，四年以后，亦即崇祯四年（1631），宗周在与出于周海门之门的陶石梁会讲于石篑先生祠时，便有著名的“本体功夫之辩”，《年谱》在此条下记云：

> 先生于三月三日率同志大会于石篑先生祠，缙绅学士可二百余人，同主事者为石梁先生（名奭龄）。石梁，石篑之介弟也。初登讲席，先生首谓学者曰：此学不讲久矣，文成指出良知二字，直为后人拔去自暴自弃病根。今日开口第一义，须信我辈人人是个人，人便是圣人之人，人人可做。于此信得及，方是良知眼孔，因以证人名其社。①

就此段所记来看，宗周是以阳明的良知论为立人、证人的方法，若人

① 《刘宗周年谱》“崇祯四年”条。

人信得及良知（即本心之善）即可成圣，这是宗周“中信”阳明后自然而有的主张，但宗周推尊良知本体，其重功夫的特色始终未变。需要指出的是，陶石梁为学与宗周在师承上不同，石梁乃泰州王心斋一派周海门的弟子陶石篑（名望龄）之弟，其学自不离泰州一系，但其思想主张与王龙溪有相近之处；而陶石梁后来用佛禅来解释阳明之学，流于禅门，便已尽失王学宗旨。对此时一段，黄梨洲在《子刘子行状》中有过记述，同时在《明儒学案·蕺山学案》中亦有说明：

> 始虽与陶石梁同讲席，为证人之会，而学不同。石梁之门人，皆学佛，后且流于因果。分会于白马山，羲尝听讲。石梁言一名臣转身为马，引其族姑证之。①

宗周立证人之会的目的，乃在于证人皆可为圣贤，而石梁却在证人转世为马，故而阳明之学传至石梁，实乃斯文扫地。但是，宗周与石梁此后之争却不离本体与工夫。石梁主识得本体，即不用工夫；而宗周主张，工夫愈精密，则本体愈昭荧，若只悟得本体，便一无所事，纵横自如，势必走向无忌惮之窠臼。这一点在《年谱》“崇祯五年”条中有记述。然而，宗周与陶石梁门人对本体与工夫之间的争论，在白马岩（黄宗羲记“白马山”）的那场辩论中尤其激烈。《年谱》在此条下有详细的记述：

> 诸生王朝式、秦弘祐、钱永锡等奉石梁先生为师模，纠同志数十人，别会白马岩居，日求所谓本体而认识之。先生间尝过从。一日，座中举修悟异同。复理前说以质，弘祐曰：陶先生言认识本体，认识即工夫，恶得以专谈本体少之？先生曰：认识终属想象边

① 〔明〕黄宗羲：《明儒学案》卷六十二，载《蕺山学案》，沈善洪主编：《黄宗羲全集》，浙江古籍出版社2005年版。

> 事，即偶有所得，亦一时恍惚之见，不可据以为了彻也。且本体只在日用常行之中，若舍日用常行，以为别有一物，可以两相凑泊，无乃索吾道于虚无影响之间乎？又与弘祐书曰：学者宜时时凛乎，若朽索之驭六马，说不得我且做上一截工夫，置却第二义不问，须看作一个工夫始得。①

我们知道，前一年亦即崇祯四年，宗周与石梁分席而讲已显露出两人之间的差异，但白马岩的争论已明显地把两人对工夫与本体的不同看法暴露出来。石梁为学主张识得本体，工夫即在其中，但石梁又以顿悟为识本体之唯一工夫，这便与禅学有打成一片之势。宗周则认为，识认本体固然重要，但不能就此了手，以为识得本体便一了百当，而必须在此基础上用切实的践履功夫。宗周此后晓以学术大义寄书于陶氏，谓“今天下谈新建之学者，未有不借路葱岭（即禅宗），即当日一种教法，所谓天泉问答等语，近日亦不复拈起。高明之士，谈性宗而忽彝伦；卑暗之士，乐猖狂而恶名检”。因此，宗周希望陶氏“力以师道自任，为世人作津梁”②。理论上，陶氏强调对本体的体悟，就不废工夫一路说，也没有错，但陶氏只持这一悟的功夫，轻视乃至忽略切实的下学践履，这便有陷入“谈性宗而忽彝伦”“乐猖狂而恶名检”之病。在同一年，《年谱》又记宗周著《第一义》等九篇，基本主张无非强调实践功夫的重要，刘汋注云：“是时先生用慎独工夫，独体只是一个微字。慎独之功只于微处下一着子，故专从静中讨消息，久之始悟独，说不得一个静字。”③可以这样说，宗周此时深信阳明的良知说，但他似乎已经依他所了解的慎独来解良知了，在《答秦履思六》的书信中，宗周便明确表示：“迩来深信得阳明先生‘良知只是独知时’一语亲切，从此用功，保无走作。独只是未发之中，未发之中，只是不

① 《刘宗周年谱》“崇祯五年”条。

② 《刘宗周全集》第三册上，卷八《与石梁二》。

③ 《刘宗周年谱》“崇祯五年”条。

学不虑真根底处。未发时气象，安得有胜心习气在？学者只为离独一步说良知，所以面目不见透露，转费寻求，凡所说良知都不是良知也。”①

崇祯七年（1634），宗周辑《圣学宗要》，重濂溪“主静”“立人极”之说；同年，又著《人谱》，其时石梁门人秦弘祐（秦履思）仿袁了凡《功过册》，著《迁改格》一书，宗周认为“此害道之书也”，故《人谱》另附《纪过格》正为批评秦弘祐之书。越一年，三月，宗周辑《五子连珠》，与天启六年（1626）所辑《孔孟合璧》并为一辑，并附以《圣学吃紧三关》即人已关、敬肆关和迷悟关。

崇祯九年（1636），宗周五十九岁，《年谱》记“始以《大学》诚意、《中庸》已未发之说示学者”。《年谱》记云：

先生在官多暇，有所得辄次第记之，名独证篇。②

宗周此时的思想主张则验于刘汋所谓的“掀翻先儒成说”。比如他否认朱子以心之所发为意，而认为意乃心之所存非所发；喜怒哀乐以表里对待言，不以前后际言；未发之中即意、诚之真体段；等等。不仅如此，宗周也以自己对“意”的特殊了解来非难阳明，“意为心之所存，则至静者莫如意。乃阳明子曰‘有善有恶者意之动’何也？意无所为善恶，但好善恶恶而已”。③宗周此时尤重诚意，把本体与工夫收归于意体之中及诚意之上。我们也可以认为，宗周此时已经正式提出了他的诚意论。

崇祯十年（1637），宗周有答金铉书，论“独体”，强调学无分于动静，造化人事皆以收敛为主；又出“辩解太极之误”，对无极太极、

---

①《刘宗周全集》第三册上，卷七《答秦履思六》。

②《刘宗周年谱》“崇祯九年”条。

③《刘宗周全集》第二册卷十二，《学言上》。

理气道器、道心人心、已发未发、义理气质等对应观念，一一作统而合之之论，显出其晚年为学立论之规模与特色。

崇祯十一年（1638），宗周六十一岁，是年十月，删定《阳明先生传信录》。是时，宗周对阳明学的取舍已依照自己确立的理论而定，如宗周特别突出阳明“良知即天理”便是一例，其余的批评亦复如此。崇祯十五年，宗周著《原旨》（包括原心、原性、原道、原学等）及《治念说》；同年，又有“答叶廷秀”书，剖析存发一机之理，此外还有“答董生（董标）心意十问”，乃宗周论诚意的重要资料之一。越一年，宗周著《读易图说》《古文易抄》《大学诚意章章句》，又著《证学杂解》及《良知说》。《年谱》于此条处记云：

> 先生痛晚近学术不明，用功悠谬，作《证学杂解》二十五则，末章以觉世之责自任，又著《良知说》一篇。①

《证学杂解》载今本《刘宗周全集》第二册卷八，《良知说》载卷十。上述二书皆发宗周晚年诚意、慎独之宗旨，亦见其与阳明学说之不合处。同年十二月，宗周又著《存疑杂著》。所谓“存疑”即宗周自己已感觉到自己的许多观点与先儒有扞格、抵牾的地方，故信笔记录下来，此明显地带有总结性质。学问系统既熟，则与先儒成说相合相异处亦可相互照见。《年谱》于此条下记云：

> 先生平日所见，一一与先儒抵牾，晚年信笔直书，姑存疑案。②

宗周此时学问性格则显其收摄凝敛，无论是心意知物、性情，还是义

---

①《刘宗周全集》第二册卷十二，《学言上》“崇祯十六年”条。

②《刘宗周全集》第二册卷十二，《学言上》。

理气质、人心道心、无极太极、已发未发、德性与闻见、天理与人欲等皆在其理论系统中圆融一体，统而合之。

崇祯十七年（1644），李自成入北京，崇祯帝自缢煤山，清兵入关，明室南渡。清顺治二年（1645）三月，宗周考订《大学参疑》，五月改订《人谱》。是年，福王败亡，潞王降清，宗周遂绝食二十日而死。死前留有绝命诗一首："留此旬日死，少存匡济意。决此一朝死，了我平生事。慷慨与从容，何难亦何易。"宗周平生以正人心、济天下为己任，但用尽移山之力，奈何沉疴百结，回天无望，惟从容了却一生，以留取一"春色梅花"。宗周生前也有最后一次答祖轼问学之要，《年谱》记云：

> 因谓祖轼曰：为学之要，一诚尽之矣，而主敬其功也，敬则诚，诚则天。若良知之说，鲜有不流于禅者。[①]

这最后一次问学，言语不多，但含义丰富，已多少透露出荡漾于心性之学的一位老人的晚年的惆怅和郁结，以及他对心性之学未来发展的方向性的指明和期许。谓"良知之说，鲜有不流于禅者"，对宗周而言，既是一种理论的说明，也是一项事实的描述；而论为学之要，宗周归之于"诚""敬""天"，至少就功夫一面而言，已较为清楚地透露出由王返朱的倾向。大抵心性之学的历史乃表现为虚实相济的历史，病之于虚则救之于实，而病之于实则救之于虚，此亦犹如宗周所谓的"因病立方""因病发药"。

五、《论语学案》《人谱》的写作背景及其意义与地位

按照宗周之子刘汋的说法，宗周思想一生有早中晚的变化，所谓

---

①《刘宗周全集》第二册卷十二，《学言上》，见"清顺治二年"条。

“始致力于主敬，中操功于慎独，而晚归本于诚意”。[①]但刘汋之说常常会让人觉得宗周思想没有一以贯之的特点或线索。其实，无论是早年的主敬，中年的慎独，还是晚年的诚意，宗周皆有其不变的主张，这便是注重严格的修身功夫实践。

本书选取的《论语学案》《人谱》两篇，大体代表了刘宗周早期和晚期思想的特色，这对于全面了解刘宗周思想的变化及其一以贯之的特色具有十分重要的意义，今对上述两篇的成书背景及其意义稍作交代。

1.《论语学案》的成书背景与意义

按《年谱》的记载，《论语学案》完成于万历四十五年（1617），时宗周四十岁。其子刘汋在此条下记云：

> 教授于韩山草堂……《论语学案》成。先生与诸生讲《论语》，日书其大旨，久而成编，至是乃出示学者。

从刘汋所记我们可以看到，《论语学案》原是宗周为学生讲说《论语》的讲稿，每日讲说，记其大旨，久而成编，但其成书有一个积累的过程。据《年谱》所记，早在万历三十五年起，宗周在居丧之暇即开始授徒讲学；万历四十年，陈尧年率先执弟子礼求学于宗周门下；至万历四十二年，宗周以群小在位，世道交丧为由，乃告假以归，五月抵家，阖门读书，并以先贤在逆境中的刻苦自励以鞭策自己，故云：“昔伊川先生读《易》，多得之涪州。朱子落职奉祠，其道益光。吾侪可无自励乎！”[②]居家期间，宗周声望益隆，青年多信其为真儒；越一年（1615），宗周教授学生于门人朱昌祚之解吟轩，时陈尧年复率学生二

---

① 《刘宗周年谱》“弘光元年”条（“清顺治二年”条）。

② 《刘宗周年谱》“万历四十二年”条。

十余人执北面礼，宗周即于解吟轩中朝夕讲论，诵读不止；又一年（1616），宗周移讲席至亲戚陈思石之石家池；至万历四十五年，再移至族兄刘毅（号乾阳）之韩山草堂。由此可以推想，《论语学案》应该是这近十年（1607—1617）宗周居家期间为学生讲论《论语》时所积累的讲稿。

又据刘汋的说法，宗周的《论语学案》所成时为草本，至天启六年时（1626），第一卷曾一度遗失，今本所载卷一乃是崇祯元年（1628）所重续。为什么第一卷会遗失？这里面有一个曲折。天启五年，宗周因上疏申理杨涟诸君子以及参逆阉魏忠贤误国之罪，被朝廷革职为民。天启六年，魏忠贤矫旨逮捕高攀龙、周顺昌、周起元、缪昌期、周宗建、李应升、黄尊素七君子；随后又逮捕惠世扬，招供之词染及宗周。宗周意识到祸有不测，故一方面将其子刘汋托付给门人陈尧年，另一方面则将平生著述寄存于友人。到党禁解除后，宗周既没有索回这些著述，友人也没有归还。故刘汋在《年谱》天启六年条上加按语云：

> 是时祸在不测，先生悉以平生著述寄友人。其后党禁解，先生不索而友人亦不来归，故丙寅（亦即天启六年，1626）以前笔札无一存者……《论语学案》《曾子注》，所存皆草本，而《学案》第一卷并草本遗失，戊辰续成之。

宗周的《论语学案》，《明史·艺文志》未著录，黄虞稷的《千顷堂书目》、朱彝尊的《经义考》著录皆作四卷。今日所见该书的传本有两种，一是由清初宗周门人董玚刊定的四卷本，收入由其编定的《刘子全书》第二十八至三十一卷；一是《四库全书》收录浙江巡抚采进的十卷本，今存于故宫博物院。四卷本和十卷本只是分卷编目上的不同，四卷本是依《论语》二十篇的顺序为序，《学而》至《公冶长》为卷一，《雍也》至《乡党》为卷二，《先进》至《宪问》为卷三，《卫灵公》至《尧曰》为卷四；十卷本则按照《论语》的编次，每两篇为一卷[1]。

又，宗周《论语学案》一书涉及的书名需要稍作说明。一般而言，所谓“学案”是一种编纂和研究学术思想史的著述方式。“学案”之名正式出现于明代中后期，耿定向的《陆杨二先生学案》、刘元卿的《诸儒学案》可以为例，但作为一种著述形式，其起源要早得多。作为一种编纂体裁，“学案”体一般每一学派设立一案，先有序录，述其学术源流与特点，次述案主传记，再就是辑录案主语录及重要学术观点，偶尔附加编纂者的评论或按语。不过，宗周的《论语学案》与一般理解的“学案”体例不同，其主要是从义理的角度针对《论语》的文本加以解说，故不能将其看作一般意义上的“学案”。

最后，简单谈谈《论语学案》的论述方式、主要论旨及其在宗周思想系统中的意义和地位。

《论语学案》是宗周对《论语》的阐发和解释，其论述方式主要有两个方面值得注意，一是以经典来解释经典，一是以儒言、儒事来阐发经典。所谓以经典来解释经典，主要表现为宗周对《论语》某一章的解释或援引《论语》一书中的其他相关论述来解释，或援引儒家的其他经典如《周易》《孟子》《中庸》等的相关论述来解释。这种方式体现在整部《论语学案》的论述中，所以无法一一举例说明。今仅以《论语学案二》为例稍作例证，如“雍也可使面南”章，为说明“居敬而行简”，宗周便引《论语·公冶长》中孔子所说的“吾党之小子狂简，斐然成章，不知所以裁之”的一段话，并取其义理来说明；同时，又取《周易》的基本原理以作进一步证明，而云“易从乾道来，是心法；简从坤道来，是事法。然则居易而行简，可乎！此乾坤之学也”。其余引《孟子》《中庸》等经典例子在此则不一一列举了。

另一方面，所谓以儒言、儒事来阐发经典则表现为宗周援引宋明

①以上所述据于蒋秋华《刘宗周〈论语学案〉研探》，载钟彩钧主编：《刘蕺山学术思想论集》，“中研院”中国文哲研究所筹备处1998年版，第337—366页。

儒者的相关说法或他们修养身行的事例，以便更好地说明《论语》某一章的道理。如“弟子孰为好学”章对颜回“不迁怒，不贰过”的解释，宗周援引江右王门邓定宇“此非闵、宪以下学问。颜子心常止，故不迁；心常一，故不二”的说法；同时，在修养身行方面，宗周引明代“河东之学”薛文清的事例来加以说明，而谓“薛文清公二十年治一‘怒’字不尽，以是知克己最难。学者且就当境痛加惩创去，久久有得力时，正不得妄希高远而以绝学窥圣贤也”。又如“伯牛有疾”章，宗周引明儒陈白沙之语“古之人处贫贱有道，处病有道，处死有道，其颜、冉之谓与!”以便进一步阐发其中的精义。总之，宗周援引往贤语录，或肯定或疑问，要在说明他自己对《论语》的理解。

有关《论语学案》的主要论旨或精要之语，姚名达的《年谱》已有所论列[①]，蒋秋华的《刘宗周〈论语学案〉研探》一文则专列“《论语学案》的思想要旨”一节加以介绍。此外，学者陈思吟、唐明贵、潘晓玲、刘玉敏等人也都从不同的角度对此有所论述。具体来说，虽每个人都有自己的理解，但在内容上大体具有相似的方面，如姚名达叙述《论语学案》的精要之语主要从“学”“慎独”“心”“克己主敬”等方面来加以说明；蒋秋华则将《论语学案》的思想要旨主要从“学”“心”“慎独”“斥佛老”“评朱陆”“生死”等方面来加以概括；陈思吟则认为《论语学案》的主要思想体现在“仁”“克己”“学”“慎独”“改过迁善”“崇尚志节”等六个方面[②]；而潘晓玲则从“学以求觉”“以心释仁”“道重身轻”“批判佛老”等四个方面来论述该书的思想要旨[③]。

基本上，《论语》作为儒家的根本经典，其内容包含内圣外王的各个方面，故而宗周对《论语》的阐发必也丰富多彩。以上学者对《论

①见《刘宗周年谱·姚谱》“万历四十五年”条。

②陈思吟：《从〈论语学案〉和〈人谱〉论刘宗周的成人思想之研究》，台湾彰化师范大学2002年硕士学位论文。

③潘晓玲：《刘宗周〈论语学案〉研究》，福建师范大学2014年硕士学位论文。

语学案》所概括的思想要旨也只是就其主要方面而言，远不能体现《论语学案》本身的面貌。此外，说明该书的思想要旨必须将该书置于宗周思想的发展过程中来把握，如早年为学的经历、面对的思想环境和时代课题、思想的转变以及某些一以贯之的主张等。从这个意义上看，宗周在《论语学案》一书中表现出来的重学、重心、重功夫、重生死、重辟佛老等便可以得到合理的解释。

最后谈谈《论语学案》的意义。《论语学案》虽然是宗周早年的一部教学讲义，但其在宗周思想的发展过程中具有十分重要的意义。学者在论及宗周为学宗旨时，皆会认为宗周思想前后变化不一，此当不是无故之论。宗周之子刘汋便认为："先君子学圣人之诚者也。始致力于主敬，中操功于慎独，而晚归本于诚意。"[①]又认为"先生从主敬入门……中年专用慎独功夫……晚年愈精微，愈平实……"[②]依刘汋，宗周思想有早年的主敬、中年的慎独、晚年的诚意的变化，这种说法大体是可信的[③]。慎独论和诚意论可以看作宗周发展出来的一套独特的理论系统，但是，无论是早、中、晚的主敬、慎独和诚意，都体现出宗周思想一以贯之的线索，这就是重功夫实地，反对荡之于虚玄。就此看来，《论语学案》虽为宗周早年的著述，但其重功夫、严修身、刻苦自励以证人之所以为人的特点贯穿于宗周思想的一生。刘汋在论及《论语学案》时说："先生壮年学力不可尽考，读《论语学案》，而知当时进修之敦笃，居身之严谨，有宁卑毋高，宁峻毋夷之意，居然孔子下学法门。"[④]"居身严谨""宁卑毋高""宁峻毋夷""孔子下学法门"正可以看作宗周一生注重功夫修养的写照，舍此，便无以铸就其光风霁月的人格。

---

①《刘宗周年谱》"弘光元年"条（"清顺治二年"条）

②《刘宗周年谱》"天启六年"条。

③具体论述请参阅东方朔著《刘宗周评传》第三、第六和第八章，南京大学出版社1998年版。

④《刘宗周年谱》"万历四十五年"条。

2.《人谱》的成书背景及其意义

按《年谱》所记,《人谱》作于崇祯七年(1634)秋八月,时宗周五十七岁,但此书最初的书名当是《证人小谱》,后改名为《人谱》。《姚谱》在此条下案云:"《人谱》久已风行于世,版本不一,且几无人知其原名《证人小谱》,《旧谱》(亦即刘汋之《刘宗周年谱》)亦仅云'甲戌秋八月著《人谱》',史实之湮灭也久矣。考《刘子全书遗编》卷六《初本证人小谱序》,而知书名前后不一,序文迥然不同。考《刘蕺山先生集·人谱跋》,而知此书确经先生再三改订。考《刘子全书·人谱自序》,而知此序虽非初本而仍题甲戌八月闰吉。"[①]依姚名达之说,并结合相关学者的研究[②],所谓有关《人谱》的重要史实有几个方面需要稍作说明:其一,今本宗周的《人谱》最初书名为《证人小谱》,后改为《人谱》;其二,宗周创作《人谱》曾三易其稿,初稿作于崇祯七年,重订于崇祯十年,最后定稿于清顺治二年(1645);其三,该书有两种序文,一是作于崇祯七年的初稿序文,为《初本证人小谱序》,谓"袁了凡先生有功过格行于世,自言授旨于云谷老人,甚秘……"云云[③],一是作于崇祯十年的今本《人谱·自序》,谓"友人有示予以袁了凡《功过格》者,予读而疑之……"云云[④];其四,两种序文在内容上并不完全相同,《自序》有所增删;其五,初稿本和重订本在内容上原只包括《人极图说》、《六事工课》(亦即《证人要旨》)和《纪过格》,不包括崇祯十年后所加的《讼过法》《改过说》。

宗周生前对《人谱》修订再三,说明其对该书的重视程度。至于宗周为什么要作《人谱》,则涉及该书写作的思想背景。顾名思义,《人谱》的实义就是"谱人",亦即如何使人成为一个道德的人。因此,

①《刘宗周年谱·姚谱》"崇祯七年"条。

②参阅高海波《试述刘宗周〈人谱〉的写作背景及过程》,载《儒教文化研究》第十三辑,第77—102页。

③《刘宗周全集》第三册下,卷十一《书序·初本证人小谱序》。

④《刘宗周全集》第二册,卷一《人谱·自序》。

重功夫实地，在日用常行中时刻检点，迁善改过，成为宗周思考的核心。但我们知道，宗周所处的是阳明后学如龙溪、近溪、海门等后起之辈将阳明的良知之教“参之以情识”“荡之以虚玄”的时代[①]。宗周早年师事许孚远，为学重主敬功夫，故即便在中年五十岁（天启七年，1627）推尊阳明时，也对阳明轻于指点向上一机而启后学“猎等之弊”保持警惕，而宗周对龙溪、近溪以及出于近溪之门的周海门所主张的“无善无恶”之论更是多有批评和不满，至是在四年后（崇祯四年，1631）而有宗周与陶石梁（海门之门人）的“证人社”以及此后的“白马岩”之会。宗周与石梁之争主要在功夫问题上，石梁主识得本体则不须再有功夫，而宗周则认为只有在功夫中才能识得本体。《年谱》五年条记秦弘祐语云：“陶先生（即陶石梁）言认识本体，认识即功夫，恶得以专谈本体少之？先生曰：认识终属想象边事，即偶有所得，亦一时恍惚之见，不可据以为了彻也，且本体只在日用常行之中。”[②]依石梁，识得本体，功夫自在其中，自然能迁善改过；而宗周则反对空谈本体，主张唯有在日用常行中着实用功，才能把握本体，“必迁善改过，精进始得”。[③]故学者只有功夫可说，功夫之外别无本体；若倡言识得本体则无须功夫，其结果将难免落于虚玄，流为佛老。

触发宗周写作《人谱》的直接原因是宗周对袁了凡《功过格》的批评，《初本证人小谱序》说：“袁了凡先生有《功过格》行于世，自言授旨于云谷老人，甚秘，及其一生果报事，皆凿凿可凭，以是世人信之不疑，然而学道人不以为是也。”宗周这篇序言与今本《人谱》“自序”的意思相似。明万历时，云谷禅师曾作《功过格》，袁了凡从其学而作《了凡四训》，宣传因果报应，影响甚大。但在宗周看来，

①黄宗羲认为：“浙东之学新建一传而为王龙溪畿，再传而为周海门汝登陶文简，则湛然澄之禅入之，三传而为陶石梁奭龄，辅之以姚江之沈国谟、管宗圣、史孝咸，而密云悟之禅又入之。”《刘宗周全集》第五册，《子刘子行状》，《年谱》“崇祯五年”条有相似记述。

②又见《刘宗周全集》第二册，卷十五《会录》。

③又见《刘宗周全集》第二册，卷十五《会录》。

《了凡四训》包含的功利思想足于蛊惑人心，而石梁一脉的秦弘祐受此影响作《迁改格》，使宗周颇为不满[①]。宗周认为："大抵诸君子之意，皆从袁了凡、颜壮其来。了凡之意，本是积功累行，要求功名得功名、求子女得子女，其题目大旨显然揭出，虽是害道，然亦自成一家之言。诸君子平日竖义，本是上上义，要识认求良知下落，绝不喜迁改边事。一旦下稍头，则取袁了凡之言以为津梁，浸入因果边去。一上一下之间，如以为打合得一，则是道差也；以为打合不得一，则是教差也。二者宜何居焉？"[②]宗周为反击袁了凡等人的因果报应和功利主张而作《人谱》。

由上可见，宗周之作《人谱》一方面是为了反对陶石梁一派只认本体不重功夫，忽视迁善改过的主张，另一方面则是针对袁了凡《功过格》的批评，避免人们陷入功利之学，进而重塑儒家的道德实践。从《人谱》的具体内容上看，《人极图说》阐明儒家的性命之旨，构成整篇改过功夫的理论根据；《证人要旨》（"六事工课"）则是呈现具体的实践功夫；《纪过格》则记各种过之何所生及其表现，而谓"人虽犯极恶大罪，其良心仍是不泯，依然与圣人一样……若提起此心，耿耿小明，火然泉达，满盘已是圣人"；《讼过法》《改过说》则指明迁善改过的具体方法。

《人谱》是刘宗周最为重要的著作，门人董玚在编辑《刘子全书》时将《人谱》的地位与阳明著述中的《传习录》相比肩，而谓："首《人谱》，如王子全书首《传习录》。"[③]清顺治二年（南明弘光元年，1645）宗周在临终前嘱咐其子刘汋说："做人之方，尽于《人谱》，汝作家训守之可也。"[④]可见刘宗周本人对《人谱》也极为重视。门人张应鳌曾谓："《人谱》一书为先师绝笔，易箦时谆嘱传习竞竞者。此乃

①《刘宗周全集》第三册上，卷九《答秦履思八》。

②《刘宗周全集》第三册上，卷七《与履思十》。

③《刘宗周全集》第五册，《著述资料·刘子全书抄述》。

④《刘宗周年谱》"弘光元年"条。

精义仁熟之正学，天德王道之全功也……凡我同人，能以神交私淑者作耳提面命，乃不负顶天立地一完人矣！”[1]我们也可以说，宗周的《人谱》目的在“谱人”，亦即谱天地间顶天立地之完人，而其路径和方法则从日用常行中笃实践履，迁善改过，宗周于此论述得最为详尽、最为精密。由此看来，《人谱》虽为宗周晚年论著，但就重功夫实地而言，其与早年的《论语学案》之间实具有一以贯之的特点。

---

① 《刘宗周全集》第五册，《著述资料·人谱跋》。

论语学案

学而第一

◎原文

子曰："学而时习之，不亦说乎？有朋自远方来，不亦乐乎？人不知而不愠，不亦君子乎？"

"学"字是孔门第一义。"时习"一章是二十篇第一义。孔子一生精神，开万古门庭户牖[1]，实尽于此。

"学"之为言"效"[2]也，汉儒曰"觉"[3]，非也。学所以求觉也，觉者心之体也。心体[4]本觉，有物焉蔽之，气质[5]之为病也。学以复性[6]而已矣。有方[7]焉，仰以观乎天，俯以察乎地，中以尽乎人，无往而非学也。[8]学则觉矣，时时学则时时觉矣。（一有"此之谓时习"句）时习而说[9]，说其所觉也；友来而乐，乐其与天下同归于觉也；人不知而不愠[10]，不隔其为天下之觉也，故学以独觉为真，以同觉为大，以无往而不失其所觉为至。此君子之学也。说乐不愠，即是仁体。孔门学以求仁，即于此逗[11]出。

◎注释

[1] 户牖（yǒu）：此处指门派、门户。　[2] 效：效法。《广雅》："学，效也。"宋·朱熹《答张敬夫》："夫学也者，以字义言之，则己之未知未能而效夫知之能之之谓也。"　[3] 觉：觉悟。《说文》："斆（xiào），觉悟也。从教，从冂。冂，尚蒙也。臼声。学，篆文'斆'省。"　[4] 心体：体，本体，哲学范畴，一般而言指一切实在的最终本

性。心体便是以人的本心作为本体、本性所在。刘宗周继承孟子“性善论”“本心说”，主张人心所发的良知良能为仁义礼智之性的所在，也即以本心为人伦性命的本体。关于良知良能，现代学者一般解释为良心自行给予着道德判断、意向与实践。就这点而言，心体本来自然明觉，是故此处“觉”是就明觉而言。　[5] 气质：指人的形质所表现的气性。北宋学者张载区分气质之性与天地之性，以天地之性为人所具的道德本性，以气质之性为形气之质生发的气性。　[6] 复性：唐·李翱《复性书》提出“性善情恶”的观点，主张通过“忘情”来恢复人的本来善性。“复性”自此成为后世儒家成德之教的归旨，以反求自身的本性为目的。　[7] 方：方法。　[8] 出自《易传·系辞》：“仰以观于天文，俯以察于地理，是故知幽明之故。”　[9] 说（yuè）：同“悦”，喜悦。　[10] 愠（yùn）：怒，怨恨。　[11] 逗：指透露、显露。

◎解析

刘宗周主要围绕“觉”展开论述，区分两个层次的“觉”：一方面，就人的认知觉解而言，如朱熹《论语集注》：“人性皆善而觉有先后，后觉者必效先觉之所为，乃可以明善而复其初也。”后觉者通过学习先贤所著的经典，明觉修身的道理，以此为善成德。另一方面，就人本有的心体而言，心体本来明觉，自行知是知非、好善恶恶，给出道德判断乃至实践。故此处“觉”便指明觉的本心，所谓“求觉”便是明察本心加以存养，也就是“复性”。

刘宗周认为孔门之学便是求觉，也即存得心体生发的良知良能。在他看来，诸如时习、友来、不知等境遇中，随时生发着相应的明觉之知，是故学者若能存得此知觉，自然可得时习之乐、友来之悦、不知之不愠。基于此，可见孔门之学囊括着人生一切事务，无论观天文、察地理、处人事，无不作为心体随时生发的境遇，也即作为人学以成德的所在。总之，进学便是求得明觉之心体，以此存心养性以修善成德。

◎原文

有子[1]曰："其为人也孝弟[2]，而好犯上者鲜矣；不好犯上而好作乱者，未之有也。君子务本，本立而道生。孝弟也者，其为仁之本与！"

"孝弟"是后天[3]最初一脉，为万化[4]之所从出。故"学以务本"者本此。然孝弟又有本，"孩提之童，无不知爱其亲者；及其长也，无不知敬其兄者"[5]是也。是为良知，是为良能，于此而反求[6]其本，其为天命之性[7]乎！

◎注释

[1] 有子：有氏，名若，孔子弟子。 [2] 孝弟（tì）：弟，同"悌"。孝顺父母，敬爱兄长。 [3] 后天：与"先天"相对，一般指自出生或存在以来。《乾·文言》："先天而天弗违，后天而奉天时。" [4] 万化：宇宙万物的流行化育，此处主要指人物的生生化育。 [5] 出自《孟子·尽心上》。 [6] 反求：反，同"返"。返于自家本心以求其德性。 [7] 天命之性：《中庸》："天命之谓性，率性之谓道，修道之谓教。"天命在宋明理学中指天地生生化育之道，天命之性便是人禀赋的生生之性。

◎解析

宋儒认为孝悌乃是"为仁"之本，而刘宗周在此强调孝悌出自人的仁义本心，也即孟子提出的良知良能。

◎原文

子曰："巧言令色[1]，鲜矣仁！"

孝弟以为仁，是务本之学。巧言令色以为仁，是务华[2]之学。务华者绝根[3]，故曰“巧言令色，鲜矣仁”。巧令之于仁，从外面做起，安得不的然[4]日亡！

◎注释

[1] 巧言令色：朱熹《论语集注》：“好其言，善其色，致饰于外，务以说人。” [2] 华：指虚华，华而不实。 [3] 绝根：断绝、阻绝根本、本心。 [4] 的然：明白显然。

◎解析

此章区别“务本”与“务华”之学。务本乃是躬行孝悌，成就仁义之德；务华则是趋骛仁义之名以满足功利之心，此处巧令便是就务华而言。

◎原文

曾子[1]曰：“吾日三省[2]吾身：为人谋而不忠乎？与朋友交而不信乎？传不习乎？”

曾子“三省”不是三项事。学以忠信[3]为本，忠必证之人谋而始真，信必证之交友而始见，如曰为君父谋而不忠，与妻子言而不信，则人或勉焉。故曾子独标[4]此二义于此。日日提省，毫无渗漏，方足为学问立根基。而又从事于传习[5]之间，孜孜[6]不息，以进于道，则反身之能事毕矣。此曾子所以得闻一贯[7]之传也。他日语门人曰：“夫子之道，忠恕而已矣。”忠恕即忠信也。曾子于此，正是做一贯工夫。以为先三省而后一贯者，此不知忠恕之旨者也。子曰：“十室之邑，必有忠信如丘者焉，不如丘之好学也。”又曰：“主忠信。”忠信之于学，要[8]矣哉。

宋人有一日三检点[9]者，程子[10]曰：“不知其余时做甚句当[11]?”予谓检点不知著在甚么处？倘检点处无分晓，虽时时检点，成甚句当！

◎注释

［1］曾子：名参，字子舆，孔子弟子。［2］省：反省，省察。［3］忠信：朱熹《论语集注》：“尽己之谓忠，以实之谓信。”［4］标：揭示、表明。［5］传（chuán）习：传，老师的传授。习，温习、实习、熟习。［6］孜（zī）孜：勤勉，不懈怠。［7］一贯：《论语·里仁》：子曰：“参乎！吾道一以贯之。”曾子曰：“唯。”子出，门人问曰：“何谓也?”曾子曰：“夫子之道，忠恕而已矣。”一贯，后文刘宗周言“一贯之道，即天地之道”。忠，尽心为人；恕，推己及人。［8］要：重要。［9］检点：指道德、行为上的反省、约束。［10］程子：指程颢、程颐兄弟，两人皆为北宋理学家、教育家、“洛学”代表人物。程颢（1032—1085），字伯淳，号明道，世称“明道先生”。程颐（1033—1107），字正叔，世称“伊川先生”。［11］句当：句，同“勾”。指营生、行当、事情，现一般指不好的事。

◎解析

刘宗周主要围绕“忠信”展开论述。人皆具忠信之质，所学便是成就忠信之德。所谓“三省”便是就进学成德而言。

◎原文

子曰：“道千乘之国，敬事而信，节用而爱人，使民以时。”

治国之道，本天德[1]以为王道[2]，首先敬事[3]，而信以成之。又渐推开去，节用合下爱人，有损上益下[4]意。力役[5]之征，最为民病，故又就爱人下抽出言之。自敬事推到使民，其究以为民而已[6]。

◎注释

［1］天德：天地生生化育之德。 ［2］王道：儒家提倡的一种政治理想，其思想主旨是推行德治，以仁义来治理天下。 ［3］敬事：敬，态度端敬。持敬以行事。 ［4］损上益下：此处指当政者节俭自身而增益下民。 ［5］力役：劳役，用民力供役。出自《孟子·尽心下》："孟子曰：'有布缕之征、粟米之征、力役之征。'" ［6］此句指以民为本。

◎解析

此章解析治理国家的方法。刘宗周主要强调敬事、节用、以时皆是以民为本，而以民为本又本自仁义之心，诸如"敬""爱"便发自施政者的仁心。

◎原文

子曰："弟子[1]入则孝，出则弟，谨而信，泛爱众，而亲仁。行有余力，则以学文。"

弟子之学，只是古者小学[2]教人之法，孝、弟、谨、信、爱众、亲仁，盖生而习之，如饥食渴饮，家常茶饭，不可一日离。迨习与智长，渐授之以学文之功，亦所以学此孝、弟、谨、信之理，而推之于爱众、亲仁者。古者人生六岁[3]，教之数[4]与方名[5]，七岁教以别男女，八岁教之让，九岁教之数日[6]，十岁出就外傅[7]，学书计[8]，肄简谅[9]；十有三岁学乐，诵《诗》，舞《勺》，成童舞《象》[10]，学射御。此皆余力学文之事。

◎注释

［1］弟子：杨伯峻《论语译注》："一般有两种意义：（甲）年轻幼小的人，（乙）学生。这里用的是第一种意义。" ［2］小学：指初级教育。

宋人称洒扫、应对、进退之类的仪节为“小学”。［3］以下引自《礼记·内则》：“六年教之数与方名。七年男女不同席，不共食。八年出入门户及即席饮食，必后长者，始教之让。九年教之数日。十年出就外傅，居宿于外，学书计，衣不帛襦裤，礼帅初，朝夕学幼仪，请肄简谅。十有三年学乐，诵《诗》，舞《勺》，成童舞《象》，学射御。”［4］数：识数。［5］方名：四方之名，指辨识方向。［6］数日：朔望之月、干支记日法等古代历法。［7］外傅：出外就学，跟从的老师称外傅，与内傅相对。［8］书计：文字与筹算。［9］肄简谅：肄（yì），学习。简，书篇、书籍。谅，言语信实。［10］《勺》：古代男子十三岁左右学习的文舞。《象》：古代男子十五岁左右学习的武舞。

◎解析

此章论弟子之学。刘宗周主要指出孝悌谨信为弟子日用之道，而学文便是推及此道。

◎原文

子夏[1]曰：“贤贤易色[2]；事父母，能竭其力；事君，能致其身；与朋友交，言而有信：虽曰未学，吾必谓之学矣。”

人必好恶之心[3]正，而后行谊敦、伦纪笃[4]，终身德业可以臻[5]至远大。故子夏论学，首以贤贤易色为言。贤贤易色，可与语立志矣。贤贤，则必以贤者自待。必以贤者自待，则必为忠臣，必为孝子，必为信友，凡事都做到彻头底，不肯半上半落[6]。只此是真人品，只此是真学问。即未暇说到学文之功，固已得其本矣。然则世有忽略于躬行而专恃[7]口耳[8]者，虽谓之目不识丁[9]，可也。

◎注释

［1］子夏：姓卜，名商，孔子弟子。［2］贤贤易色：按此处所论，

“贤贤”指以贤者自待，“易色”指自正好恶之心以养成和善的辞气。[3] 好恶之心：好善恶恶之心。 [4] 行谊敦、伦纪笃：行谊，品行道义。伦纪，伦常纲纪。指品行敦厚，伦常纲纪笃实。 [5] 臻（zhēn）：达到。 [6] 半上半落：比喻为学做事半途而废。 [7] 恃（shì）：依赖。 [8] 口耳：指口耳之学。《荀子·劝学》：“小人之学也，入乎耳，出乎口。”形容做学问只是耳听口说，未落到实处。 [9] 目不识丁：比喻不识字或毫无学问。

◎解析

刘宗周对于“贤贤易色”的解释偏重从学者自身的修身工夫而言，指出学者若能自正好恶之心，以贤者自待，自然尽心于进德之事，也就自然竭力事亲、尽忠事君、友信朋友。

◎原文

子曰：“君子不重则不威，学则不固；主忠信；无友不如己者；过则勿惮改。”

“威重”一章，总是实胜[1]之学。必先从气宇[2]检点起，见得学者一种轻浮之习，其病道为最深。其于学也，虽得之必失之，何固[3]之有？若是者正以心之不存，先病于浮也。故“主忠信”要焉。才独学，便须友为辅，第恐[4]以轻浮之心先据人上，随在皆损友[5]也。至于学之进地[6]，全系迁善改过上做功夫。倘用心稍有不实，未免姑且因循过去[7]，故友曰毋友，过曰勿惮，皆此忠信之心为之，而厚重不待言矣。学焉而固为何如哉？学之固不固，非由外铄我也，我固有之也。[8]

朱子[9]曰“而今人都是临深以为高”，切中学者悦不若己之病。人苟有善下[10]之心，则随处皆得胜友[11]。其不善者而改之，非吾师乎？或曰“不如己是异己者”[12]，亦通。

◎注释

［1］实胜：明·焦竑在《与友人论文》中把性命、事功比作文之“实”，词、法比作“华”，强调“不能离实以为词与法”。此处主要指切实的学问。［2］气宇：胸襟气度。［3］固：牢固，坚固。［4］第恐：只怕。表示拟测。［5］损友：对自己有害的朋友。［6］进地：进一步发展的空间。［7］这句话指不免轻率地放任某事物过去。［8］出自《孟子·告子上》：“仁义礼智，非由外铄我也，我固有之也，弗思耳矣。”［9］朱子：朱熹（1130—1200），字元晦，又字仲晦，号晦庵，晚称晦翁，谥“文”，世称“朱文公”。南宋理学家、教育家、“闽学”代表人物，儒学集大成者，世尊称为“朱子”。［10］下：谦虚好学，不耻下问。《论语·公冶长》：“敏而好学，不耻下问。”［11］胜友：益友。［12］可参考《四书辨疑》。“如”作“似”来理解，不作“胜”“及”解。即不和与自己观点不一致的人做朋友。

◎解析

按刘宗周的解释，不重、不固源自自身的轻浮之习，对治之法就在存养忠信之心；而存心的功夫便在日用进学当中，择取益友相为辅助，着实地迁善改过。

◎原文

曾子曰：“慎终追远，民德归厚矣！”

圣贤论学，惓惓[1]以孝弟为本。虽治天下国家，化民成俗[2]，其道亦不越此。故曰：“人人亲其亲，长其长，而天下平。”[3]

◎注释

［1］惓（quán）惓：真挚诚恳。［2］化民成俗：教化百姓，形成良好的风尚。［3］出自《孟子·离娄上》。

◎解析

此处所论依旧发挥“孝悌为仁之本”的思想，以孝悌为个人成德乃至国家治平的关键。

◎原文

子禽[1]问于子贡[2]曰：“夫子至于是邦也，必闻其政。求之与，抑与之与？”子贡曰：“夫子温、良、恭、俭、让[3]以得之。夫子之求之也，其诸异乎人之求之与？”

“温、良、恭、俭、让”五字，分明画出一个圣人。须知从何处得来。

◎注释

[1] 子禽：姓陈，名亢，孔子弟子，一说子贡弟子。 [2] 子贡：姓端木，名赐，孔子弟子。 [3] 温、良、恭、俭、让：朱熹《论语集注》：“温，和厚也。良，易直也。恭，庄敬也。俭，节制也。让，谦让也。”

◎解析

通观刘宗周所论，所谓“须知从何处得来”实则指向此五者发自仁义本心。

◎原文

子曰：“父在，观其志；父没，观其行。三年无改于父之道，可谓孝矣。”

“三年无改于父之道”，言终其身也。孝子之事亲也，终其身志父母之志，行父母之行，何分存没？必以存没分两观者，亦谓父子之间未必一德相仍[1]，有时以善继为志，善述为行。此其志与行虽出于人子，而未尝不志父母之志、行父母之行，必至于三年无改，乃谓之孝，则当其亲在之日，势未可遽[2]观其行事矣。何也？没且不忍改行，至要[3]之终身，况亲在之日乎？甚矣，孝子之用心苦也。

父行未必尽是道[4]，在孝子看来则尽是道，只为天下无不是底[5]父母故。

◎注释

［1］相仍：相继不断。　［2］遽（jù）：急促、立刻。　［3］至要：紧要，极其重要。　［4］指合乎道义、道理。　［5］底（de）：同“的”。

◎解析

刘宗周在此主要凸显“终其身”之义，强调孝子当终身不改父志父行。这点无疑更加彰显“父为子纲”的礼教思想。相比而言，朱熹《集注》所言“如其道，虽终身无改可也。如其非道，何待三年。然则三年无改过者，孝子之心有所不忍故也”，或许更加灵活在理。

◎原文

有子曰：“礼之用，和为贵。先王之道斯为美，小大由之。有所不行，知和而和，不以礼节之，亦不可行也。”

礼本以节人情之流，主于严胜[1]。第[2]当行礼之际，则委蛇[3]进反，稍以人情为迁就，而未尝斤斤[4]焉桎梏[5]于尺寸之间，使人望而知畏。故人乐从之，亦礼意原是如此。故曰“先王之道斯为美，小大由之”。知和而和者，知礼之用。和而转导于和，和胜则流，不以礼节之，则节亡矣。[6]又其如“和”何哉！故行礼者，慎无因用而溺其体[7]也。

礼之和处，只在度数节目[8]之间看。若大纲所在，丝毫不得放过。若就在节中看出和亦不是，如“父坐子立”是礼。然行礼之际，使人子终日站立亦不得，自然有变通，这是和。

◎注释

[1] 严胜：以严为胜。 [2] 第：次序。 [3] 委蛇（wēi yí）：同“逶迤”。蜿蜒曲折的样子。 [4] 斤斤：此处指过分用心于琐碎或无关紧要的事物。 [5] 桎梏（zhì gù）：本义指古代的刑具，在足曰桎，在手曰梏。引申为束缚。 [6] 这句话的意思是如果只是为了“和”而去凑合，则流于形式，失去“和”真正的内涵。 [7] 体、用：中国哲学中至关重要的范畴，“体”一般指一切存在的根本、本源，“用”则作为体的表现、作用。 [8] 度数节目：度数，标准、规则。节目，事项、条目。

◎解析

据刘宗周所论，礼之用在节制人的情欲，但并非通过外在的度数节目加以限制，而是顺应人情所宜进行调和。所谓“和”也就并非外在的凑合，而是基于礼义所节获得的和洽。

◎原文

有子曰：“信近于义，言可复也；恭近于礼，远耻辱也；因不失其亲，亦可宗也。”

有子言持身涉世之道，皆就人情所最易忽[1]处检点来。如一语轻诺人，一貌轻假[2]人，一时轻与人作缘，皆极易苟且[3]。吾辈往往有此病痛，岂知后来有不可继者乎！

薛文清[4]公云："一言不可轻许人，一字不可轻假人，一茶不可轻饮人。"颇得此意。

◎注释

［1］忽：忽视，忽略。 ［2］假：授予，给予。 ［3］苟且：敷衍了事，马虎草率。 ［4］薛文清：薛瑄（1389—1464），字德温，号敬轩。明代理学家、文学家、河东学派创始人，世称"薛河东"。

◎解析

刘宗周主要强调"言貌"对于人日常往来的重要性，指出不可轻易以言许诺于人、以貌加诸他人。

◎原文

子曰："君子食无求饱，居无求安，敏于事而慎于言，就有道而正焉：可谓好学也已。"

人生只是"居食"[1]二字，营营[2]结果一生，今舍此不为，更有何事？独吾所学一事是安身立命[3]符[4]，不可顷刻放过。尚恐一语轻出，反成逗漏[5]，合之于慎言而事益见其敏，如奔马无断，精神只在两蹄[6]。尤不敢自以为是也，必就正有道，以要其至。此其于学可谓真发心、真下手、真能不作满假[7]。观者故曰好学云。

◎注释

［1］居食：居住生息、饮食。 ［2］营营：追求奔逐。 ［3］安身立命：身、命，指身心性命。"身"主要指生命存在，"安身"便是容身保命；"命"则主要指道德性命，"立命"便是挺立道德人格，成德以成人。 ［4］符：凭证。 ［5］逗漏：透露、漏泄。 ［6］该句形容精神健发，一往无前。 ［7］满假：自满自大。

◎解析

按此处所论，虽然日用居食是身家性命得以安立的基础，但一味追求居食之安饱并非就能安身立命；安身立命须得在日用事为之中慎其言而敏其事，依循道来行动。

◎原文

子贡曰："贫而无谄，富而无骄，何如？"子曰："可也。未若贫而乐、富而好礼者也。"子贡曰："《诗》云'如切如磋，如琢如磨'，其斯之谓与？"子曰："赐也，始可与言《诗》已矣。告诸往而知来者。"

学者之于道，不是悬空摸索，须实试之当境[1]。只贫富两关，几人打过来？贫则谄[2]，富则骄，鲜有不为境所迁者。学者用几许学力，从凡夫中脱胎换骨，方进得无谄无骄地。然自知道者观之，何啻[3]太山[4]之于培塿[5]，河海之于涓滴，不足有无！自无谄无骄，又不知用几许学力，方进乐与好礼地。到此地位，又岂无百尺竿头一步乎？夫子于此，直是引而不发，在而不图[6]，赐[7]足以知之。"切磋琢磨"[8]之诗，分明证出道无穷、学亦无穷意。故夫子亟[9]与之，又亟进之。曰"告诸往而知来者"，言贫富之论已成往迹，而赐之颖悟，更能相引于无穷也。赐真可与言学也已矣，言《诗》云乎哉！

夫子之答，进子贡前一步。子贡之引《诗》，又进夫子前一步，故曰"知来"。

◎注释

［1］境：境遇、境况、处境。　［2］谄：卑屈奉承。　［3］啻（chì）：只，但。副词。　［4］太山：即泰山。　［5］培塿（lǒu）：本作"部娄"，小土丘。　［6］引而不发，在而不图：两词意思一致，指做好

准备暂不行动，以待时机。此处形容孔子教人善于启发引导。 [7] 赐：即子贡。 [8] 出自《诗经·卫风·淇奥》："有匪君子，如切如磋，如琢如磨。"治骨曰切，象牙曰磋，玉曰琢，石曰磨。引申为研究、钻研、深究。 [9] 亟（jí）：急切。

◎解析

刘宗周认为道无穷，求道之学亦无穷，指出学者当精益求精，不仅要在日用贫富等境地着实存养义理，去除谄骄的私心，而且还须不断积善成德，进于好善乐道之境。

◎原文

子曰："不患人之不己知，患不知人也。"

或问：知人[1]可学乎？曰：可。莫先于自知。知吾心之是非[2]，而天下之为是非辨。知吾心之是而非、非而是，而天下之是是非非辨。吾心本知也，有物焉翳之则昏，故学在致知。[3]子又曰："不知言，无以知人也。"[4]而子舆氏[5]直本知言于养气[6]，为作圣之功，难言哉，难言哉！

圣人就人不知同患处，一转到自己身上，为一生难了学问。不是辨官辨材[7]上论。

◎注释

[1] 知人：另见《孟子·万章下》："颂其诗，读其书，不知其人，可乎？是以论其世也。"主要指了解人的品格与思想。 [2] 出自《孟子》："是非之心，人皆有之。""是非"是就良心是是非非而言。 [3] 此句话与第一章"心体本觉，有物焉蔽之，气质之为病也"意思一致，皆表明人的本心自然明觉，良能是是非非。本心虽然明觉，但常常被人的气质、物欲所遮蔽。翳（yì）：遮蔽，障蔽。致知：出自《大学》："古之欲明明德于天下者，先治其国；欲治其国者，先齐其家；欲齐其家者，先修其身；欲

修其身者，先正其心；欲正其心者，先诚其意；欲诚其意者，先致其知，致知在格物。”致知在宋明理学中为成德的一项基本功夫。朱熹《大学章句》：“致，推极也。知，犹识也。推极吾之知识，欲其所知无不尽也。”按此解释，“知”主要就人的认知所觉而言。明代儒者王守仁反对这种解法，认为“知”首出义为良知，将致知解为致良知。刘宗周在此遵循王守仁的理解，以“知”为本心良知。 [4] 出自《论语·尧曰》。知言：指通过言谈洞悉其中真意。 [5] 子舆氏：即孟子。 [6] 出自《孟子·公孙丑上》：“我知言，我善养吾浩然之气。” [7] 辨官辨材：官，官能。材，能力，资质。指探讨辨察人的才能资质。

◎解析

刘宗周主要从心体良知上立论，指出人皆有自知是非善恶的良知，故以“知人”为觉察人之为人的良知，而非辨察人物的才能。

为政第二

◎原文

子曰："为政以德，譬如北辰，居其所而众星共之。"

为政以德，只是笃恭[1]而天下平气象。君子学以慎独[2]，直从声臭[3]外定根基。一切言动事为，（一作"经纶注错"。）庆赏刑威，无不日见于天下。（一有"进"字。）而问其所从出之地，凝然不动些子，（一作"则存不动"。）只有一个渊默之象[4]，（一作"恭己垂衣之象"[5]。）为天下立（一作"建其"。）皇极[6]而已，所谓北辰居所而众星共[7]也。天一气周流[8]，无时不运旋，独有北辰处一点不动，如磨心车毂然[9]，乃万化皆从此出。故曰"天枢"[10]。北辰即北斗第四星间无星处，北斗亦昼夜旋转，与南斗相对，皆密迩[11]北辰处，故其旋转只在斗间。（一云：北辰犹去北极第五星一度半，在无星处。第五星，今所谓天枢也。天枢仍昼夜转旋于三度之间，北辰无星，难以标准，此星密迩北辰，故借以指北辰之所在。其实北辰是无星处，常运而常不动。）若其余众星，随天三百六十五度旋转，各以所丽[12]为远近，皆一日一周天（一下有"而又过一度"字。）而迟速不同。北斗出地上三十六度，南斗入地下三十六度，南北相亘，地之不动，正此天枢所贯处。[13]然天枢不动处，亦间不容发，此气之生生处也。（南北相亘，北辰贯其中。冲默无眹，而周天度数皆从此出。众星环乡而共之，所谓"会其有极""归其有极"者，此其象也。）寻常言"天心"[14]，天何心？即不动处是天心，这便是"道心惟微"，其运旋处便是"人心惟危"，其常运而常静处，便是"惟精惟一，允执厥中”。[15] 天人之学一也。

吾观北辰，而得君道焉：大君无为而能无不为，故万化自理。又观北辰而得心学焉：心君无思而能无不思，故百体从令。

◎注释

[1] 笃恭：纯厚恭敬。 [2] 慎独：出自《大学》：“此谓诚于中，形于外，故君子必慎其独也。”《中庸》：“莫见乎隐，莫显乎微，故君子慎其独也。”郑玄：“慎独者，慎其间居之所为。”朱熹《中庸章句》：“独者，人所不知而己所独知之地也。” [3] 声臭（xiù）：出自《诗经·大雅·文王》：“上天之载，无声无臭。”本作声音与气味，引申为形迹。“无声无臭”形容道体为形而上的绝对本体，无形无迹，无声无臭。 [4] 渊默之象：此处形容道体或本体。《中庸》：“溥博渊泉，而时出之。溥博如天，渊泉如渊。”《周易·系辞上》：“《易》无思也，无为也，寂然不动，感而遂通天下之故。”所谓“溥博渊泉”“寂然不动”便是形容道体寂然不动，渊深不可测。后文“冲默无眹（zhèn）”亦是对道体的形容。 [5] 此句话形容君主修己而成无为之治。 [6] 皇极：出自《尚书·洪范》：“五，皇极，皇建其有极。”唐·孔颖达疏：“皇，大也；极，中也。施政教，治下民，当使大得其中，无有邪僻。”指帝王统治天下的准则，又指大中至正之道。 [7] 共：同“拱”，环抱，环绕。 [8] 宋明思想家认为宇宙的存在本源为气，万物处于气化流行的存在中。 [9] 毂（gǔ），车轮中心。此句话以车轮中心为喻，形容道体渊默不动而出万化，后文言“北辰常运而常不动”亦是表明此义。 [10] 天枢：星名，北斗中一星。又代指中央、中枢。按此处所论，天枢为北斗第五星，而北辰因近处第五星，故以北辰为天枢。 [11] 迩（ěr）：近。 [12] 丽：附着。 [13] 此句详细解说“北辰”与“众星共之”之象。按刘宗周所述，北辰并不指具体某一星，无论处“北斗第四星无星处”还是处“第五星一度半”，皆只是处无星之处，常不动而常运化，为万化之天枢。 [14] 天心：天地之心。天地以生生化育为德，故以生生为心。然天地生育乃自然而然，是故天地之心乃自然无为之心，与有所为之人心不同。后文“道心”亦是天心。 [15] 出自《尚书·虞书·大禹谟》：“人心惟危，道心惟微；惟精惟一，允执厥中。”此十六字历来被尊为“十六字心传”。

◎解析

刘宗周基于体用立论。“德”即是人的本心独体，发用在一切言动事为之中，作为万化的根源。本体寂然不动，如天枢一般；万化顺应本体运转不息，呈现“众星共之”之象。是故为政者若能修养自身的德性，为天下立下皇极之道，让民众皆顺应此道而行，自然能成就笃恭而天下平的气象。

◎原文

子曰：“《诗》三百，一言以蔽之，曰‘思无邪’。”

心之官则思，“思曰睿”，“睿作圣”。[1]思本无邪[2]，其卒流于邪者，弗思耳。以为思欲其无邪，非也。思无邪者，闲邪之学[3]也。《诗》以理性情，人心之邪，只在性情[4]流动处生来。若乐而不淫，哀而不伤，各得其性情之正，何邪之有！如桑间、濮上[5]失之淫，《小弁》《正月》[6]失之伤，全经胪列[7]，其间正变[8]之异同得失，莫不极[9]人心之变，使读之者即所观感而兴起，则闲邪之学亦可跃然于言下矣。故一言足以蔽[10]三百云。

◎注释

［1］出自《孟子·告子上》：“心之官则思，思则得之，不思则不得也。”《尚书·洪范》：“五事：一曰貌，二曰言，三曰视，四曰听，五曰思。貌曰恭，言曰从，视曰明，听曰聪，思曰睿。恭作肃，从作乂，明作哲，聪作谋，睿作圣。”睿（ruì），深明，通达。圣，通达，无所不通。“心”作为官能具备思虑、思索、思想的能力，通过不断思索，便能神明通达。　［2］邪：邪僻。　［3］闲邪之学：《周易·乾卦·九二》：“庸言之信，庸行之谨，闲邪存其诚。”“闲邪存诚”为成德修身的一项工夫，指防止邪念滋生，保持诚敬笃实之心。　［4］“性情”为儒学中一对范畴。

朱熹提倡“心统性情”的思想，以性为体，情为性所发之用。　[5] 桑间、濮（pú）上：《礼记·乐记》：“桑间濮上之音，亡国之音也。”桑间在濮水之上，春秋时属于卫国地。卫风淫靡放纵，桑间濮上便是男女幽会之地。　[6]《小弁（pán）》《正月》：《小弁》，《诗经·小雅》的篇名，共八章，《诗序》：“《小弁》，刺幽王也。大子之傅作焉。”《正月》：《诗经·小雅》的篇名，共十三章，《诗序》：“《正月》，大夫刺幽王也。”或亦指伤时之诗。　[7] 胪（lú）列：罗列，列举。　[8] 正变：指《诗经》的正风、正雅和变风、变雅。　[9] 极：极尽。　[10] 蔽：概括。

◎解析

刘宗周主要围绕“性情”立论。宋明儒者认为性为心之体，情为心之用；心体至善无邪，而情则有善有恶。此处所论“思”便是就心体的发用而言，本来无邪。学者若能尽思之用，以此宰制情欲，得性情之正，也就自然不会流于邪僻。

◎原文

子曰：“道之以政，齐之以刑，民免而无耻。道之以德，齐之以礼，有耻且格。”

为政以德，而齐[1]以礼[2]，以刑[3]辅之，则民日迁善而不自知矣。然任德者只见德而不见政，虽政亦德也。任礼者只见礼而不见刑，虽刑亦礼也。其任政刑反是，而民心之应违[4]因之。此王霸[5]之辨也。

◎注释

[1] 齐：整顿齐一。　[2] 礼：制度品节。　[3] 刑：刑罚。　[4] 应违：顺应与违抗。　[5] 王霸：王，春秋时周天子为各诸侯国之共主，称王；霸，诸侯国中的盟主。《孟子·公孙丑上》：“以力假仁者霸，霸必有大国。以德行仁者王，王不待大。”王霸成为两种政治思想，即王

道与霸道。王道政治推崇以德、礼治国，行仁政于天下。霸道政治则推崇以武力、刑法、权势等统治天下。

◎解析

在刘宗周看来，在上者若为政以德，则一心施行礼义，无论政、刑皆成为行仁政的方式，所谓“政亦德”“刑亦礼”。德、礼与人内在仁义之性直接相关，推行德政便能激发民众内心的德性，让民众自行行善积德，遵法守礼。

◎原文

子曰：“吾十有五而志于学，三十而立，四十而不惑，五十而知天命，六十而耳顺，七十而从心所欲，不逾矩。”

学莫先于立志。志立后猛用工夫，方有持守可观。持守得力，亦有解悟可入。悟之久则源头尽彻，悟之极则形神不隔[1]。更由此而进之，则纯乎天[2]矣。“从心所欲，不逾矩”，所谓不思而得，不勉而中[3]，天道也。盖孔子从七十后，视履考旋[4]，故自叙年谱如此，实万世学者公案云。

圣人一生学问，浸假[5]而上，不登颠造极不已。四十以下，犹是凡界人。五十以上，则清虚高远，渐际寥廖[6]，莫知所之。

孔子自道，犹属谦词。自志学以后，加十五年功，才立脚得定。又加十年功，才自信得及。又加十年功，才见得合下赋予之理[7]。又加十年功，反就形骸处体认，才破声闻障[8]。又加十年功，细就动念[9]处体认，才破安排障。尚未知身之有当于道何如也，直没身焉已矣。语意不过如此。命只是气数之命，气数之命即义理之命。[10]知命之大者，是忘得丧[11]。天下最逆耳的是何物？惟有称讥憎谤[12]，觉格格[13]中拒，故云“逆耳之言”。耳顺是忘毁誉也。或曰：“圣学到晚年，乃仅作如是观乎？”曰：谈何容易！圣学只是凡夫修，尽得凡心，便是圣解。

◎注释

[1] 形神不隔：形体与精神不相隔离。 [2] 天：天道。指纯粹顺应天道。 [3] 不思而得，不勉而中：出自《中庸》："诚者，不勉而中，不思而得，从容中道，圣人也。"指不须勉强、不须思索，自然动旋动礼，所谓"生知安行"。 [4] 视履考旋：出自《周易·履》："上九，视履考祥，其旋元吉。"视，审视。履，践履。考，考察。祥，征兆。旋，旋反。指审视所履之道，考察祸福征兆，旋反于下以成元吉。 [5] 浸假：假令，假如。 [6] 寥廓：空虚寥廓。此句形容孔子所得之境清通无碍、高远寥廓。 [7] 赋予之理：《中庸》言"天命之谓性"，"赋予之理"便指天命赋予万物的性理。 [8] 障：障碍，遮蔽。 [9] 动念：念虑的萌动。 [10] 此句话反映刘宗周的理气思想。"理气"为宋明儒学极其重要的一对范畴，一般以理为本体，气为本体发用的流行。关于理气关系的理解主要有两种：一种以朱熹为代表，认为理气不杂不离，一方面，理为无声臭动静的形而上者，气为动静往来的形而下者，两者决是二物；另一方面，理气不相离，理必载于气而运化，气必得理而运用。另一种观点主要以明代儒学家为代表，反对朱熹以理气为二，认为理气只是一物。刘宗周继承这一思想，指出宇宙存在只是一气流行，理只是气之运化往来的理则，是故无无气之理，无无理之气，两者在存在论上为一体。此处所谓气数之命实质上与义理之命也就并非有二。 [11] 得丧：得失。[12] 称讥憎（zēng）谤（bàng）：称，称道。讥，讥讽。憎，憎恶。谤，诽谤。 [13] 格格：阻碍，隔阂。

◎解析

此章论学问次第。据刘宗周的解读，"志于学"主要是立志去进学成德，在学习中不断修养自身的德性；通过不断地进德修业，人生也就有所安立、有所觉解，自然信得道理在己身，也就"不惑"；而己身之德出自天命，《易传》所谓"穷理尽性以至于命"，尽得心性之理也就能上达天命；同时，解悟得越透彻、积习得越深厚，也就日渐通达，耳目心官之用也就随感而应，自然顺应此心此理而无违，所谓“不逾矩”。

◎原文

孟懿子[1]问孝。子曰：“无违。”樊迟[2]御，子告之曰：“孟孙问孝于我，我对曰‘无违’。”樊迟曰：“何谓也？”子曰：“生，事之以礼；死，葬之以礼，祭之以礼。”

“无违”告孟懿子，是一教法。盖就世禄之家言，但防其悖越犯分[3]而已，故仅曰“无违”。其辞严，其于礼主节[4]胜者。生事葬祭，发无违之蕴告樊迟，又是一教法。盖就樊迟粗鄙近俚[5]者言，则非委致尽变[6]、竭始终之情文不可，故详述之如此。其辞勉，其于礼主文胜者，所谓因材而笃，分明是天地化工[7]。或曰：“子何以知圣人是两样教法？不失之穿凿附会否？”曰：夫子告懿子，决不作未了语，待其再问，故懿子亦受教而退，未尝蓄疑[8]也。使圣人有未尽之意，必借樊迟转达，方了前件，不已劳且拙[9]乎？懿子既逝，偶值有门人在御[10]，旧话未忘，复尔拈起，所谓“竿木随身，逢场作戏”[11]，意未尝不在樊迟也。吾侪[12]虚心想当日事情，亮圣人胸次，合有此等伎俩[13]，未尝附会穿凿也。

◎注释

[1]孟懿子：春秋鲁国大夫，三家之一，姓仲孙或孟孙，名何忌，谥号“懿”。 [2]樊迟：名须，字子迟，孔子弟子。 [3]悖越犯分：指不遵礼法，悖反僭越等级名分。 [4]节：节制。 [5]俚（lǐ）：粗俗。 [6]委致尽变：委致，周详。指周密详尽，网罗变化始终。[7]形容孔子因材施教，恰好到处。 [8]蓄疑：蓄积疑虑。 [9]劳：烦劳、麻烦。拙：不灵巧。 [10]御：为孔子驾车。 [11]出自《景德传灯录》：“师云：‘石头路滑。’（邓隐峰）对云：‘竿木随身，逢场作

戏。’”字面意思为随身带着竿木，随时都可用作道具来演戏。意指做事灵活。 [12] 侪（chái）：指同辈人，此处指某个言说对象。 [13] 伎俩：方法，技能。

◎解析

此章关于“如何孝亲”，孔子一方面以“无违”回答孟懿子，一方面以“生事葬祭”回答樊迟。据刘宗周所论，孟懿子出身世禄显贵之家，注重礼法名分，孔子答以“无违”便是教其安分守己，不违背礼节。而樊迟为乡野粗鄙之人，孔子施教也就侧重原始的孝亲之情，为其指明事父母的要点。关于“问孝”，该篇连续载四则相关语录，孔子因材施教，因提问的人不同，给出的回答也各有侧重。

◎原文

孟武伯[1]问孝。子曰：“父母唯其疾之忧。”[2]

孟武伯问孝，是人子身上事。子曰“父母唯其疾之忧”，是父母身上事。问是孝，答是慈，有何关涉？岂知人子于父母，其初只是一人之身，父母的痛痒便是人子的痛痒。若于此漠不相关，更有何孝可言？若于此认得亲切，亦更有何孝可言？唯疾之忧，非徒以慰亲之为孝也。知乎此者，必能以其身为父母之身，以其心为父母之心，而终身孺慕[3]之情，有无所不至者矣。

父母唯其疾之忧，是襁褓间怜息事，此时人子于父母光景[4]何如？人能常作如此观，方是终身孺慕。

◎注释

[1] 孟武伯：孟懿子之子，名彘（zhì），谥号“武”。 [2] 此处“其”可指代子女，也可以指代父母。是故此句有两种解释：其一，父母爱子心切，为子女的疾病忧愁；其二，孝子忧虑父母的疾病。刘宗周取第

一种解释。　［3］孺（rú）慕：指小儿爱慕父母。引申为子女对父母的孝敬。　［4］光景：比喻恩泽。

◎解析

刘宗周主要突出人子对父母的“孺慕”之情。人子与父母本来一体相关，人子的痛痒便是父母的痛痒，父母的痛痒便是人子的痛痒。为人子女若能真切地体认自己孺慕父母的本心，自然倾心孝敬父母。

◎原文

子游[1]问孝。子曰：“今之孝者，是谓能养。至于犬马，皆能有养。不敬，何以别乎？”

问安视膳[2]，都是养边事。敬则真心自致于养者，非严威俨恪[3]之谓也。如曾元[4]之养曾子，只是养；曾子之养曾皙，便是敬。非真谓猥亵[5]之养自同于犬马，而以礼貌周旋之为敬也。或曰：“爱与敬有差别，何得以爱为敬？”曰：冬温夏清[6]，昏定晨省[7]，于礼貌何尝不周旋？只是真意不到，便一似慢[8]亲一般，则亦谓之能养而已。

◎注释

［1］子游：姓言，名偃，孔子弟子。　［2］问安视膳：每日必问安，每餐必在左。指古代诸侯、王室子弟侍奉父母的孝礼。　［3］俨恪（yǎn kè）：庄严恭敬。　［4］曾元：曾子之子。曾皙：曾子之父，名点，亦是孔子弟子。《孟子・离娄上》：“曾子养曾皙，必有酒肉；将彻，必请所与。问有馀，必曰‘有’。曾皙死，曾元养曾子，必有酒肉。将彻，不请所与。问有馀，曰‘亡矣’。将以复进也。此所谓养口体者也。若曾子，则可谓养志也。事亲若曾子者，可也。”朱熹《孟子集注》：“曾元不请所与，虽有言无，其意将以复进于亲，不欲其与人也。此但能养父母之口体而已。曾子则能承顺父母之志，而不忍伤之也。”　［5］猥亵（wěi xiè）：此处

指浅薄、轻慢。 [6] 冬温夏凊：冬天使父母温暖，夏天使父母凉爽。指人子孝亲之道。 [7] 昏定晨省：晚间安排床衽，服侍就寝；早上省视问安。指子女侍奉父母的日常礼节。 [8] 慢：指态度冷淡。

◎解析

依刘宗周所论，敬与养的区别在于是否做到真心的关切，敬出自人子的孝亲之心，人子对父母恭敬自然不会有轻慢之心。

◎原文

子夏问孝。子曰："色[1]难[2]。有事，弟子服其劳；有酒食，先生馔：曾是以为孝乎？"

色是心精[3]之注（一作"见"。）于外者，不但一心而已，并一身肢体血脉皆毕露于此。打合在父母身上，便是一体之爱。事亲者，到此有着力不得处，故难。若取给于服劳奉养之间，抑末矣。

学不可以伪[4]为，至于根心而生色[5]，则形著动变[6]达于天下矣。(一作"达于天矣"。) 惟孝子之道亦然。

◎注释

[1] 色：指人的容貌、言辞、气色等外在样貌。 [2] 难：《礼记·祭义》："孝子之有深爱者必有和气，有和气者必有愉色，有愉色者必有婉容。"朱熹《论语集注》："色难，谓事亲之际，惟色为难也。" [3] 心精：心体之精，也就是人的本心。 [4] 伪：虚假。 [5] 根心而生色：心，人之本心。指顺应心体的发用，修养心体之德，养成温良和善的外在气象。 [6] 形著动变：《中庸》："其次致曲，曲能有诚，诚则形，形则著，著则明，明则动，动则变，变则化，唯天下至诚为能化。"朱熹《中庸章句》："形者，积中而发外。著，则又加显矣。明，则又有光辉发越之盛也。动者，诚能动物。变者，物从而变。化者，则有不知其所以然者。"

◎解析

刘宗周提出“根心生色”的观点，指出本心的义理形著在声色辞气之中，通过存心养性的工夫便能养成温良和善的气象。是故为人子女若能切实地尽其孝亲之心，自然容色恭顺、辞气温和。

◎原文

子曰：“吾与回[1]言终日，不违如愚。退而省其私，亦足以发。回也不愚。”

孔、颜问答，见于《论语》者无几，而曰“吾与回言终日”，不知所言何事？于终日言，则回亦必终日问，终日难[2]，故相引[3]于无穷。而曰“不违如愚”，不知不违处在何言句？回在箪瓢陋巷[4]中，但有安贫乐道面孔可侦[5]，而曰“退而省其私[6]”，不知所私者何事？夫子终日言，回终日行，即亦步亦趋，不失服膺[7]而止，不必有以发之也。而曰“亦足以发”，曰“深潜善学”，始终不失其如愚之体而已，而曰“回也不愚”。圣人句句示后人疑端不了，知乎如此者，于学问之道，亦思过半矣。

凡人之可以耳目尽者，必其人囿[8]于形迹者也。其不可以耳目尽者，则超于精神矣。圣人之于回也，若疑焉，若讶[9]焉，既曰“如愚”，又曰“不愚”，耳目之前，语言之下，几不足以得回，而知回之于学也深矣。得其内而遗其外，超于精神而莫知其所以然，则回其潜龙[10]乎！喟然之叹，曰：“仰之弥高，钻之弥坚，瞻之在前，忽焉在后。”[11]夫子于回曰“如愚”，曰“不愚”，是师弟[12]精神相遇处。

“回也不愚”，亦是疑词，非初疑之而卒信之也。

◎注释

［1］回：颜回，字子渊，孔子最得意的弟子。 ［2］难：辩难。［3］相引：相互引发启导。 ［4］见《论语·雍也》："子曰：'贤哉，回也！一箪食，一瓢饮，在陋巷。人不堪其忧，回也不改其乐。贤哉，回也！'" ［5］侦：察看。 ［6］私：朱熹《论语集注》："私，谓燕居独处。" ［7］服膺（yīng）：牢记心中，衷心信服。 ［8］囿（yòu）：局限。 ［9］讶：惊奇。 ［10］潜龙：出自《易经·乾卦》："初九：潜龙勿用。"《易·文言》："初九曰：'潜龙勿用。'何谓也？子曰：'龙德而隐者也，不易乎世，不成乎名，遁世无闷，不见是而无闷，乐则行之，忧则违之，确乎其不可拔，潜龙也。'"比喻隐而未显的圣贤或遭时不遇的英雄。 ［11］见《论语·子罕》篇，形容孔子的学问、道德、境界广博宏阔，高妙深远。 ［12］师弟：指老师与弟子。

◎解析

在刘宗周看来，颜子在心体上用功，所"不违"乃是不违心体所发，所"省"乃是反躬自省。是故颜子所学只是默会己心之道，合于孔门所授之教，于孔子之言"终日不违"。孔子或疑或讶恰是深知颜子在己心德性上用功，超于形迹之表，非言语可征。

◎原文

子曰："视其所以[1]，观其所由，察其所安。人焉廋[2]哉？人焉廋哉？"

人心自有安处，是平日志向所决，积渐惯熟，安顿其中，而不自知者，须是昼观妻子、夜卜梦寐[3]始得。然此不以造诣说，只论真伪之品。

◎注释

［1］以：有两种解释，其一指所为，即行为；其二指所与，即结交的人。　［2］廋（sōu）：隐藏，藏匿。　［3］昼观妻子、夜卜梦寐：《宋史·沈焕传》："焕人品高明，而其中未安，不苟自恕，常曰昼观诸妻子，夜卜诸梦寐，两者无愧，始可以言学。"妻子：指妻子和儿女。意思是，白天观察妻子儿女对自己的反应，晚上观察梦中的言行，以此不断检点自身。

◎解析

此处"安"指良心所安，"志向"便为良心显发的意向。刘宗周指出人虽然总是顺应着良心在行动，但并不自知这一过程。所谓"昼观妻子、夜卜梦寐"便指在日用事为中，不断反躬自省，明觉自家良心的发用。

◎原文

子曰："温故而知新，可以为师矣。"

新与故[1]，本只为《诗》《书》六艺之时习者而言，而必以故为德性之故有者，凿也。然《诗》《书》六艺之理本具于德性，"温故"者既若探吾心之故物，而"知新"者亦若抽吾心之新绪[2]，亦何必判内外而二之乎？必言"为师"者，若曰学以时习，则先知先觉之任庶几[3]在我，而后人之知觉，亦于是乎有赖，此亦夫子自道也。

◎注释

［1］新与故：新，新体会、新所得；故，旧所闻、所知。刘宗周提出的解释有所不同。　［2］吾心之故物、新绪皆是就德性而言。　［3］庶几：差不多，近似。

◎解析

《孟子》："天下之言性也，则故而已矣。故者，以利为本。"朱熹《孟子集注》："性者，人物所得以生之理也。故者，其已然之迹，若所谓天下之故者也。利，犹顺也，语其自然之势也。言事物之理，虽若无形而难知；然其发见之已然，有迹而易见。"刘宗周在此对于"故"的解释基本遵从这一理解，即以"故"为德性所发的义理，同时指出"新"亦为心体当下所发的端绪。虽然所温、所知者是《诗》《书》等六艺，然《诗》《书》能够打开各种义理之境，激发人本心义理的显发，是故"温故知新"实质上就是尽心存理的工夫，所谓"探吾心之故物""抽吾心之新绪"。

◎原文

子曰："君子不器。"

僚之丸[1]，獿之涂[2]，公胥之斫[3]，推而至于尧、舜之治天下，皆器也。"君子不器"，其体天地之大全而一以贯之者乎！

◎注释

［1］僚（liáo）之丸：出自"宜僚弄丸"。《左传・哀公十六年》载：楚之勇士宜僚，力可敌五百人，居市南，号曰市南子。楚白公胜谋作乱，将杀令尹子西。遣使招宜僚，宜僚正上下弄丸，不为利诱，亦不为威惕，卒不从命。白公不得宜僚，其谋遂寝，白公、子西两家之难因此得解。　［2］獿（náo）之涂：指涂抹墙壁的匠人。　［3］公胥之斫（zhuó）：公胥，人名。斫，砍、削。

◎解析

按此处所论，君子当体悟天地大道，依循道来尽器物之用。

◎原文

子贡问君子，子曰："先行其言，而后从之。"

人未有不先行其言而后从之者，虽君子亦然。但君子全是一副躬行精神，其不得已而有言，亦以言其所行，而绝不操有余之势，一似倒用者，然非以言之于既行之后也。盖君子慥慥[1]之学如此。

◎注释

[1] 慥慥（zào）：忠厚诚实的样子。

◎解析

君子一心躬行于道，所言只是言其所行之道，未尝言过其实。

◎原文

子曰："君子周而不比，小人比而不周。"

周与比[1]，涉世之道，不甚相远。但出于君子则为周，全是元气[2]周流，与人为善之心，虽似同而非同[3]；出于小人则为比，全是私情狎比[4]，与人济恶之心，虽似和而非和。和则和于君子，未尝不和于小人。同则同于小人，必异于君子。心术一分，而世道治乱之机恒必由之，可惧也夫！

◎注释

[1] 周、比：杨伯峻《论语译注》："'周'是以当时所谓道义来团结人，'比'则是以暂时共同利害互相勾结。" [2] 元气：汉唐流行"元气说"，认为元气为生成万物的本源。宋明以来，一般将元气作为宇宙流行本体，认为宇宙万物处于元气周流的存在中。 [3] 出自《论语·子

路》："子曰：'君子和而不同，小人同而不和。'""和同"与"周比"的内涵一致。"和"指和于道义，遵从道义而行。"同"指盲从比附。

[4] 狎（xiá）比：亲近，亲昵。

◎解析

此章论君子小人。君子遵从道义而行，与人为善；小人则私情狎比，罔顾道义。

◎原文

子曰："学而不思则罔，思而不学则殆。"

专言学，则学必兼思；兼言思，则学只是学。学一途，而思乃求以自得于心者，盖耳目心思合并而用之者也，偏废则两妨[1]。学非其学，学必罔[2]，谓无得于心，狥[3]迹而失之讹舛[4]；思非其思，思必殆，谓未摭[5]其实，信心而失之孤危。其病道均[6]也，而殆尤甚。他日又曰："以思，无益，不如学也。"[7]盖罔则为俗学耳，殆则必为异端。

◎注释

[1] 妨：阻碍，伤害。 [2] 罔（wǎng）：蒙蔽。 [3] 狥：同"徇"，顺从，曲从。 [4] 讹舛（é chuǎn）：错误。 [5] 摭（zhí）：拾取，摘取。 [6] 均：相等。 [7] 出自《论语·卫灵公》。

◎解析

刘宗周主要基于本心立论，认为所学乃是求本心之德，所思乃是自得于心。

◎原文

子曰："攻乎异端[1]，斯害也已。"

凡出乎中庸之道[2]者，即为异端。异端者，于大道中矫[3]之以为异，而其端绪可指也。如杨之"义"[4]，墨之"仁"，佛、老之"性命"[5]，皆窃吾道之一端而矫以为异者。至于佛氏作，而其说恍惚杳渺[6]、漫无端绪可寻矣，故害道滋甚。异端之害道先中于人心，新奇之说一倡，能令天下群起而攻之，而祸且决裂而不可救，至于生民糜烂[7]，无父无君。此孔氏之所以龂龂[8]洙、泗[9]也与！

◎注释

[1] 异端：《论语》原文中指不同的学说，词义中性。刘宗周此处以"异端"指有悖于儒家中庸之道的学说，偏贬义。另外，"攻"一者解为攻击，一者解为攻治、治学。 [2] 中庸之道：程颐："不偏之谓中，不易之谓庸。中者，天下之正道；庸者，天下之定理。" [3] 矫（jiǎo）：假托。 [4]《孟子·尽心上》："杨子取为我，拔一毛而利天下，不为也；墨子兼爱，摩顶放踵利天下，为之。"《孟子·滕文公下》："杨氏为我，是无君也；墨氏兼爱，是无父也。"指杨朱以"为我"为义，尽人己之私，而罔顾国家大义。墨子以"兼爱"为仁，不知爱有等差，取消亲疏远近之别。 [5] 佛、老之"性命"：佛教以空论性，认为性本空寂，以命为妄。道教以无论性，认为真性自然无为。 [6] 恍（huǎng）惚（hū）杳（yǎo）渺：恍惚，隐约模糊，不可辨认。杳渺，悠远渺茫的样子。形容佛教思想空虚高渺，不切真实，漫无端绪。 [7] 糜烂：指思想败坏。 [8] 龂（yín）龂：争辩的样子。 [9] 洙、泗（zhū sì）：洙水和泗水。古时二水自今山东省泗水县北合流而下，至曲阜北，又分为二水，洙水在北，泗水在南。孔子曾在洙泗之间聚徒讲学，后因以"洙泗"代称孔子及儒家。

◎解析

在孔子那里，异端主要指不同的学说；经过唐宋以来道统观的确立，异端便指那些有别于儒家正统的思想。此处刘宗周基本依循这一观点，区分中庸之道与异端，重点指出佛老惑乱人心，为害道之异端。

◎原文

子曰："由[1]，诲女知之乎！知之为知之，不知为不知，是知也。"

子路力行可畏[2]，未必心地划然[3]。缘他气质兼人，往往失之径行直遂[4]，故心易受蔽。心有所蔽，则误不知以为知者有之，此所谓不知而作也。故圣人顶门一针[5]，告以求知之道，知不求之外而即求之在我。为知、为不知，何人不分晓？正恐自谓分晓，不免种种是错，认得不真。须是仔细查考来，所知者既不妨自信，所不知者尤不妨自疑，则信所信，知也；信所疑，亦知也。是知也，而非以无不知之为知也。此等学问，只虚心反观，便自得之。但胸中习见[6]积久，容易沙汰[7]不尽，不免时启时闭，终身扰扰。学者须从格物致知[8]之功始得。

良知在我，无所不知。但为私意锢[9]住，则有时而昏。眼中才中些子尘，便全体昏黑，更无通明处。故知则全体皆知，不知则全体皆不知，更无半明半暗分数。但此蔽有去来，则有时而知，有时而不知耳。夫既有时而知，有时而不知，则并其知而非。人能知己之不知，正是无所不知的本体呈露时，如金针一拨，宿障全消[10]。

语云："无行所疑，最为难事。"是子路一生病痛。

◎注释

[1] 由：姓仲，字子路，孔子弟子。 [2] 可畏：令人敬畏。[3] 划然：界限分明，开朗的样子。 [4] 径行直遂：随心意行事而顺利达到目的。 [5] 顶门一针：本指针灸时自脑门所下的一针。比喻切中要害而使人觉醒的言语教导。 [6] 习见：习气见闻。 [7] 沙汰：淘汰，拣选。 [8] 格物致知：出自《大学》："致知在格物，物格而后知至。"关于格物致知，在宋明理学中主要有两种主流思想：其一，朱熹《大学章句》："所谓致知在格物者，言欲致吾之知，在即物而穷其理也。"朱熹认为人心有认知的功能，致知便是尽人心知能来认识事物的道理，也就是即物穷理。其二，王守仁（阳明）反对朱熹在事物上求至善之理，提出"心外无理"的思想，指出理为人心良知，穷理的工夫便是致自家的良知，实则就是致知。刘宗周在此处主要继承王守仁"致良知"的思想。[9] 锢（gù）：禁闭，闭塞。 [10] 金针一拨，宿障全消：中医有"金针拨障术"，通过针灸以拔除病障。

◎解析

刘宗周在此解释知为良知。良知本来自明，"知之"便是明觉良知之知，笃信此明觉所知便是"不知为不知"；但人受气质之蔽，有时难以通达良知，"不知"就是指尚未明觉，于此不自我欺掩，如实地"不知为不知"亦是自知的表现。

◎原文

子张[1]学干禄[2]。子曰："多闻阙疑，慎言其余，则寡尤。多见阙殆，慎行其余，则寡悔。言寡尤，行寡悔，禄在其中矣。"

子张学干禄，盖病在夸多斗靡[3]，炫耀闻誉[4]，有希世[5]之心，一似为干禄而学者然，故夫子亟以"为己"之学[6]挽之。多闻多见，总以为反约[7]之地。闻见虽多，试措[8]之于言行，往往疑者多而信者寡。即言行其所信，而犹不敢肆然[9]而出之，惟恐多言多召尤[10]，多动多宿[11]悔也。以是为言行，纵不能不抵于尤悔，而亦云寡矣。不曰无之而曰寡，亦据其慎言慎行之心则然，而要之学焉而后知不足，则寡尤、寡悔亦非大贤以上不能者，此之为“禄在其中”，所谓身安为贵，道充[12]为富，不待求而自在者也。学者诚知寡尤悔之即禄，而后可以言学。充得尽，遁世不见知而不悔，惟圣者能之。以为学焉而禄自至者，此又深于学干禄者也。

言行分慎敏[13]两法，此皆言慎者。敏行之精神，正自战兢惕厉[14]中来也。

闻属言，凡所闻者皆言也；见属行，凡所见者皆行也。

◎注释

[1] 子张：姓颛（zhuān）孙，名师，孔子弟子。 [2] 干禄：干，求。指求取官职俸禄。 [3] 夸多斗靡：以学识丰富、辞藻华丽相夸耀。 [4] 炫耀闻誉：炫耀，夸耀。闻誉，听到美名。 [5] 希世：阿附世俗。 [6] 为己之学：出自《论语·宪问》：“子曰：‘古之学者为己，今之学者为人。’”为己之学旨在提升自己，以期推己及人。为人之学则炫耀自己，以求他人赞赏。 [7] 反约：约，简要，此处指道义。即通过多闻多见归返到道理中。 [8] 措：安置，处理。 [9] 肆（sì）然：无所顾忌。 [10] 召尤：招致错误。 [11] 宿：存留。 [12] 道充：以道义充实其体。 [13] 慎敏：慎，谨慎，警惕。敏，奋勉。[14] 战兢惕厉：战兢，出自《诗经·小雅·小旻》：“战战兢兢，如临深渊，如履薄冰。”惕厉，出自《周易·乾》：“君子终日乾乾，夕惕若厉，无咎。”形容如临危境，战战兢兢，朝夕戒惧，小心谨慎。此在宋明儒学中主要指主敬戒惧的工夫。

◎解析

孔子提出“为己之学”，指出为学的目的在于成就自身的德性，是故学者所闻所见不在于多寡，而在于能否以此归本于道德。此处

“阙疑”“阙殆”正是教人不必务求闻见之多，而应依循自家的谨慎之心。学者修养自身的德性，一方面谨慎于言行，自然不会因无所顾忌而招致尤悔；另一方面安于道义，自然身安位贵，所谓“禄在其中”。儒家并不拒斥求利，但注重通过道义来有效地获利。

◎原文

哀公[1]问曰：“何为则民服？”孔子对曰：“举直错诸枉，则民服；举枉错诸直，则民不服。”

人主以一身托[2]天下臣民之上，未有可以机权[3]控驭[4]之也。奉天道之无私，以顺民心而已。举直错枉[5]，所以奉天道顺民心也，民焉得不服！然君举错只一相[6]，相择群有司[7]，群有司择百执事[8]，下至胥吏[9]之贱，皆以此道递推之，则天下帖然[10]成大顺之治，虽唐、虞、三代[11]之化，不过如此。

◎注释

［1］哀公：姬姓，名将，鲁定公之子，鲁国第二十六任君主。［2］托：托寄。［3］机权：机智权谋。［4］控驭（yù）：控制，驾驭。［5］举直错枉：举，选拔。直，正直，指正直之人。错，通“措”，一说废弃，指罢黜奸邪；一说放置，指放置在奸邪之上。枉，弯曲，比喻邪恶之人。指起用正直贤良，罢黜奸邪佞人。［6］相：宰相。［7］群有司：古代设官分职，各有专司。指管理决策的官员。［8］百执事：指具体执行差事的官吏。［9］胥（xū）吏：职官名。古代掌理案卷、文书的小吏。［10］帖然：安定顺从的样子。［11］唐、虞、三代：指唐尧，虞舜，夏、商、周三代。

◎解析

刘宗周在此所论的政治思想是儒家一贯的主张，即孔子所谓德政，孟子所谓仁义之政。德政出自人君的仁义之心，一方面，仁心出自天道，所谓“奉天道之无私”；另一方面，仁心的内涵只是立人达人、不忍人受苦受难，推行仁政也就自然顺应民心的所好所恶。

◎原文

季康子[1]问：“使民敬忠以劝，如之何？”子曰：“临之以庄则敬，孝慈则忠，举善而教不能则劝。”

敬忠而且劝，所以责[2]民之道，至矣尽矣。至问所以使之然，则必有端本[3]之术在，而非可徒责之民者。使民敬，吾求吾敬耳；使民忠，吾求吾忠耳；使民劝，吾求吾劝耳。才上行则下效[4]，捷[5]于影响，是操[6]必得之数者也。故曰“则敬，则忠，则劝”。云“孝慈则忠”，人未有孝而不自致，保赤子[7]而不以诚者，此忠之至也，故以使民忠。盖既以孝作忠，又以慈感忠也。

◎注释

［1］季康子：季孙氏，名肥，谥“康”，鲁国正卿。　［2］责：要求。　［3］端本：从源头根本上加以端正。　［4］上行下效：在上位的人怎么做，下面的人便去效法。　［5］捷：快，迅速。此句指上行下效的效果比影子和回声都来得快捷迅敏。　［6］是操：指上面这种方法。［7］赤子：初生的婴儿。

◎解析

刘宗周提出“端本之术”，指出人君责民之道在自修己德。正如人君敬重民生，民众也就自然心生敬意；人君恭顺慈爱，民众也就忠心信服；人君勤于政事，教养百姓，民众自然也勤勉于自己的本分工作，所谓“上行下效”。

◎原文

或谓孔子曰："子奚不为政？"子曰："《书》云：'孝乎惟孝，友于兄弟，施于有政。'是亦为政，奚其为为政？"

"孝"是人最初一念天理流动处[1]，才达之第二念，便是弟。以孝弟推之，便得刑寡妻、御臣仆[2]之道。自此而九族、而百姓[3]、而昆虫草木[4]，皆即此一本而推之裕如[5]者。此孝之所以为百行之原[6]，而万化之本也。尧、舜、禹、汤、文、武尝以孝治天下矣。故曰"瞽瞍厎豫而天下化"[7]，知孝之可以使天下化，则知天子有天子之政、诸侯有诸侯之政、大夫有大夫之政、士庶人有士庶人之政，政不同，而言乎不出家而成教于孝则一也。夫子之所以晓或[8]人者至矣。"奚其为为政"，言舍此不为，将何所为而为政乎？

此孔子示人刻刻有见在[9]事业，但问诸身[10]，不必问诸世也。或人言"为政"，孔子遽言"孝"，且只引《书》词一二语，加之论断，而不别增辞说，"为政"之在身不在世，已了然矣。至曰"孝"曰"友"，总是恰好，讲粗不得，讲精亦不得也。

"道之以德"[11]，亦不离孝友。

◎注释

[1] 念本义指思虑、念头，此处将"念"与"天理"合为一体的表达在阳明心学中很普遍。阳明心学认为每一念的发动总是良知的发用，当下一念中蕴含着良知之几，良知即天理，是故最初一念为天理流动处。[2] 出自《诗经·大雅·思齐》："刑于寡妻，至于兄弟，以御于家邦。"刑，通"型"，法式，典范。寡妻，嫡妻。指以礼法对待其妻子、兄弟，以至于管理家族、国邦。 [3] 出自《尚书·尧典》："克明俊德，以亲九族。九族既睦，平章百姓。百姓昭明，协和万邦。" [4] 出自《中庸》："唯天下至诚，为能尽其性；能尽其性，则能尽人之性；能尽人之性，则能尽物之性；能尽物之性，则可以赞天地化育；可以赞天地之化育，则可以与

天地参矣。”指尽己之心，由此推及到他人乃至天地万物。 [5] 裕（yù）如：富足、充足的样子。 [6] 原：同“源”，源头，根本。 [7] 出自《孟子·离娄上》。瞽瞍（gǔ sǒu），古帝虞舜之父。赵岐注：“厎（dǐ），致也；豫，乐也。”指瞽瞍常欲杀舜，而舜犹能顺遂父命，使父欢心。该句表彰虞舜仁孝，能推行仁政。 [8] 晓或：或，同“惑”。解答疑惑。 [9] 见在：见，同“现”，显现，活动。在，存在，存有。此处指孝悌本心的见在显发。 [10] 诸身：出自《易·系辞》：“近取诸身，远取诸物，于是始作八卦。”此处指人的孝悌之心。 [11] 见于该篇“道之以政”章。

◎解析

刘宗周引述儒家诸多经典文本，论述由孝悌之心推行仁义之政的思想，指出由孝敬父母、敬爱妻子、友爱兄弟，一步步推行仁爱之德，便可通达他人，以至于治国安邦。

◎原文

子曰：“人而无信，不知其可也。大车无輗，小车无軏，其何以行之哉？”

“信”是本之真心而见之然诺[1]之际者，是身世[2]作合[3]处关捩子[4]，犹车之有輗軏[5]。然举世尚狙诈[6]，人而无信，一味心口相违，千蹊万径，用得熟时，若以为非此不可持身、不可御世。然岂知有断断[7]乎其不可者！可不可，只衡[8]在是非上；而行不行，方格[9]到利害上。人而无信，任大小地位都行不得，即小事尚然，而况其大者乎！

◎注释

[1] 然诺：允诺，诺言。 [2] 身世：人生的经历、遭遇。 [3] 作合：撮合。 [4] 关捩（liè）子：本指能转动的机械装置。引申为关键、

紧要处。 [5] 輗軏（ní yuè）：指车辕与衡轭联结处插上的销子，大车用輗，小车用軏。引申为事物的关键。 [6] 狙（jū）诈：伺机要诈。 [7] 断断：表示坚决。 [8] 衡：权衡。 [9] 格：推究。

◎解析

信之于人就如车之有輗軏，无信则无以立。依刘宗周所论，一方面，信源发于人的本心，无信则不能立心立德；另一方面，人皆有是非好恶之心，厌恶欺人者而友善信诺者，是故人而无信自然不为他人所容，难以安立于世。

◎原文

子张问："十世，可知也？"子曰："殷因于夏礼，所损益可知也；周因于殷礼，所损益可知也；其或继周者，虽百世可知也。"

夫子继衰周而为素王[1]，修明舜、禹、汤、文、武之道，以垂后世，固万世帝王之所统也。子张问"十世可知"，吾非徒知之而已，正求夫子所以垂后世者，何若使斯道之统传无穷耳。曰"十世"，亦远矣，不知夫子之道即三王之道[2]，三王之道即尧、舜之道，自尧、舜以来，所以治天下之大经大法，至三王而具备[3]矣；后世帝王无以加矣。三王所因[4]之礼，即百世所因之礼；三王所损益[5]之礼，即百世所损益之礼。因其所因，损益其所损益，则治；革[6]其所因，胶[7]其所损益，则乱。百世之治乱不可知，而所以治治乱乱之故[8]可知。张子[9]曰："为治不法三代者，终苟道也。"夫百世之后所可知者，亦法三代以为治而已。如秦之法律[10]，汉之黄老[11]，晋之清谈[12]，隋之暴[13]，梁之佛[14]，唐之夷[15]，宋之议论[16]，元之宽纵[17]，皆举先王之法而荡然夷[18]之，而至于天经地义之不可废者，固历千古如一日，则亦不害其为可知者。世道之降也，皇降而帝矣，帝降而王矣，王降伯矣，后之有天下者，伯焉而已矣。仲尼生于衰周，早已知暴秦之必代兴，故序《书》，终之《秦誓》；修《春秋》，则始终经纬王伯[19]之迹，悯王道之不复作也，惓惓[20]修举其废坠，以传之来世。其曰“行夏之时，乘殷之辂，服周之冕”，则其所因所损益之大端也。苟有行先王之道者，亦举此而措之耳。不幸而有秦、汉、隋、唐之乱，终不足以有为，而犹得以吾圣人所托之空言者，存先王之道于千百十一之中，使人类之不终为禽兽，则仲尼之功于是为大矣。

后来董仲舒《天人三策》，颇发明此意。其曰：“天不变，道亦不变。”又曰：“继治世者其道同，继乱世者其道异。”又曰：“汉宜损周之文，用夏之质。”武帝稍行其说，故治最为近古。

◎注释

［1］素王：指有王者的道德而无王者的权位。汉代春秋公羊家认为孔子虽无王者之位，但修《春秋》以立明王之法，可称“素王”。［2］三王之道：三王指夏禹、商汤、周文武。［3］具备：齐全、完备。［4］因：因循。［5］损益：减少或增加。［6］革：变革，更变。［7］胶：胶固，凝滞。［8］故：缘故。［9］张子：即张载（1020—1077），字子厚，号横渠，北宋儒学家，“北宋五子”之一。［10］法律：指刑法。秦朝推崇法家，以刑法治国，但秦律过于严苛。［11］黄老：黄，黄帝。老，老子。黄老之学吸收道家思想，兼采阴阳、儒、法、墨等学派的观点，在政治领域主张“无为而治”，盛行于西汉时期。［12］清谈：魏晋时期崇尚老庄之学，兴起空谈玄理的风气。玄学以《老子》《庄子》及《易经》为本，喜好讨论有无、本末等玄理，论辩深具理致。［13］暴：指隋炀帝时期的暴政。［14］指南朝梁武帝广弘佛法。［15］夷：此处指佛教。唐代韩愈在《送浮屠文畅师序》一文中尖锐地批评无异于禽兽夷狄的佛教。［16］议论：评论政治。此处指宋代士大夫批评时政。［17］宽纵：宽容放纵。此处指元代政治过于宽纵。［18］夷：消灭。［19］王伯：即王霸。［20］惓（quán）惓：真挚诚恳。

◎解析

此处刘宗周主要围绕“三王之道”展开论述。按照儒家道统观，三王之道既是尧舜之道，亦是孔子所传之道、完备治天下的大经大法，是故孔子以三王之道为十世乃是百世的治乱之法。同时，刘宗周批判后世未尝行得先王之法。

◎原文

子曰：“非其鬼而祭之，谄也；见义不为，无勇也。”

非鬼而祭[1]，见义不为，斯二者皆有惑心焉。惑者何？利害是也。人苟利害之为见，则方寸日流于邪僻，苟可以邀福分[2]外，一切奴颜婢膝[3]，皆将不顾名义而为之，虽非鬼可祭。至于顾忌心一生[4]，却又畏首畏尾[5]，每事退托[6]，虽义所当为者，亦有所不敢为矣。两项事只是一项，人能为非鬼之祭者，必见义不为，趋利者必避害也。曰“谄”，曰“无勇”，画出小人情状，若合符节[7]。可见世人终身营营苟苟[8]，行径不同，总只一副柔肠脆骨[9]，其究总为身家[10]计耳。夫唯超然于利害之途者，有所不为，而后可以有为。力破谄渎[11]之情，养成刚大之气，富贵不淫[12]，贫贱不移，威武不屈，庶几可以进道矣。

◎注释

［1］非鬼而祭：鬼，已经逝去的祖先。指祭祀自己不应该祭祀的鬼神。　［2］福分：福气。　［3］奴颜婢膝：形容人卑屈取媚的样子。　［4］生：生发。　［5］畏首畏尾：顾前顾后，十分戒慎恐惧的样子。　［6］退托：退避，畏缩。　［7］符节：本指古代派遣使者或调兵时用作凭证的东西。形容相符合、吻合。　［8］营营苟苟：形容人不顾礼义廉耻，唯利是图，到处钻营。　［9］柔肠脆骨：指性格懦弱，没有原则。与后面“富贵不淫，贫贱不移，威武不屈”相对。　［10］身家：指自身及家

庭的利益。［11］谄渎（dú）：阿谀在上位的人和轻侮在下位的人。［12］出自《孟子·滕文公下》："富贵不能淫，贫贱不能移，威武不能屈，此之谓大丈夫。"

◎解析

此章涉及"义利之辨"。义出自人的仁义之心，利则因得义与否而有公私之别。按刘宗周所论，"非鬼而祭"正是源于人蔽于私利，一味邀福而胡乱祭祀；"见义不为"也是源自人心流于私欲，罔顾名义而趋利避害。儒家虽然强调义重于利，但并不否认利的合理性，认为人只有超然于功利心，明觉发自仁义本心的是非好恶，才能实现自身本来的所好所欲，也就能真正得其利。

八佾第三

◎原文

孔子谓季氏："八佾[1]舞于庭，是可忍也，孰不可忍也？"

圣人诛乱臣贼子[2]，往往就处心积虑[3]处，摘发他真种子[4]出来，使他罪状无逃，亦便指点他良心，开以自新[5]之路。于季氏八佾，则曰"是可忍也"，于宰予短丧[6]，则曰"于女安乎"，可见。

◎注释

［1］八佾（yì）：周代天子用的舞乐。舞队由纵横各八人，共六十四人组成。文中季氏为大夫，按照礼制，只能用四佾。　［2］出自《孟子·滕文公下》："孔子成《春秋》，而乱臣贼子惧。"指违叛国君或父命，不忠不孝之人。　［3］处心积虑：指千方百虑。　［4］真种子：本为佛教用语，佛教认为色法（物质）与心法（精神）等一切现象都有其产生的根源，称为种子。宋明儒学吸收此概念，借以指代人的本性。此处指称人的良心、良知。　［5］自新：改过自新。　［6］详见《论语·阳货》："宰我问：三年之丧，期已久矣！"宰予，字子我，孔子弟子。

◎解析

刘宗周主要凸显孔子教人之法，指出孔子善于诱导人自我反省，也就是激发自身的良心，自我醒觉，自我革新。

◎原文

三家[1]者以《雍》[2]彻。子曰："'相维辟公，天子穆穆。'奚取于三家之堂？"

歌《雍》比舞佾罪状加著，夫子只以名义[3]唤醒之。既无所取，益彰其僭[4]耳。止缘鲁僭用天子之礼乐，故季氏承桓公之后，亦用天子之礼乐。然《礼》，大夫不得祖[5]诸侯，诸侯不得祖天子。此等极大名义，鲁君臣皆相视决裂[6]，向微[7]夫子救正之，孰谓周礼果在鲁也。

前辈杨用修[8]尝辨鲁用天子礼乐，以为非成王所赐，伯禽[9]所受。其说甚当。然余则谓周公有大勋[10]劳于天下，其生也，成王虽臣[11]之，及其死也，返葬于周，必葬以殊礼，祭必祔[12]于文、武之庙，亦祭以殊礼，成王宜弗敢臣焉。则歌《雍》舞佾，盖本世室[13]之礼而行，以王者之主祭，其相沿用重典，有自来矣。鲁人以为公在周，固尝享天子之礼乐，成王实赐之，虽行于国中[14]也何伤？遂僭至于郊禘[15]。《明堂位》[16]一篇，鲁诸儒又从而附会之。甚矣，其不可信也。

◎注释

[1] 三家：指鲁国当政的三卿，即仲孙、叔孙、季孙。　[2]《雍》：《诗经·周颂》的一篇。　[3] 名义：名分礼义。　[4] 僭（jiàn）：僭越，指超越本分去行动。　[5] 祖：效法。　[6] 相视决裂：此处比如鲁君臣彼此都败坏礼法名义。　[7] 向微：向，假设，如果。微，要没有，要不是。此句指假如没有孔子纠偏匡正，那么周礼又怎么会在鲁国呢！　[8] 杨用修：杨慎（1488—1559），明朝文学家，三才子之首。[9] 伯禽：周公旦长子，周朝诸侯国鲁国第一任国君。　[10] 勋：功勋。　[11] 臣：以某某为臣。　[12] 祔（fù）：指古代帝王在宗庙内将后死者神位附于先祖旁而祭祀。　[13] 世室：指明堂，宗庙。　[14] 国中：城中。　[15] 郊禘（dì）：指古代帝王以祖先配祭昊天上帝。

［16］《礼记》的一篇。

◎解析

刘宗周指出鲁国歌《雍》舞佾有其渊源，鲁国开国之君周公辅助成王治国理政，立下大功勋，故得以享天子礼乐。但是后世鲁君以此为据，滥用天子礼乐，以致鲁大夫亦有此僭越之行。

◎原文

子曰：“人而不仁，如礼何？人而不仁，如乐何？”

此宜为当时僭礼乐者言。然“人而不仁”，则本心之德亡，五官虽具，百行虽存，亦行尸坐肉[1]，生意[2]萎[3]矣。礼乐为卫生[4]之物，莫大焉者。器数[5]之陈[6]，器数自陈耳，生意不相统[7]，人其如之何哉？甚言礼乐之不可以貌为也[8]。

◎注释

［1］行尸坐肉：即“行尸走肉”，比喻人徒具形骸，缺乏生气，庸碌无为。　［2］生意：生命力、生机，此处指生生之仁德。　［3］萎：枯萎，衰败。　［4］卫生：守卫生意。指礼乐能辅助人躬行仁义。　［5］器数：指古代礼仪中礼器、礼数的种种规定。　［6］陈：陈列。　［7］统：指生意为器数的纲纪、统绪。　［8］指礼乐不能仅仅流于表面形式，而得有实质的仁义之质。

◎解析

按此处所论，礼仪规范、典章器数只是礼乐得以表达、表现的方式，而生生之仁德才是礼乐器数所具有的生意。人若不仁则丧失本心的生意，所行礼乐也就空有形式而已。

◎原文

林放[1]问礼之本。子曰："大哉问！礼，与其奢也，宁[2]俭[3]。丧，与其易[4]也，宁戚[5]。"

礼之本不可见。即忠、质、文，皆末也。学者由文而反质，由质而反忠，其庶几乎！礼奢宁俭，俭反乎质矣；丧易宁戚，居然[6]中心之爱焉，忠矣夫。夫俭，亦礼之俭也，非本也，然由俭而思其所从出，则礼之本可知。戚，亦丧礼之情也，非本也，然由戚而思其所自起，则礼之本愈可知矣。本不可见，而由奢得俭，由文得情，直从枝叶渐渐推到根荄[7]，则一点真精神所托始[8]处，自可不言而喻矣。或曰："忠亦非本欤？"曰：礼原于太乙[9]，所谓无体之礼是也。无体之礼，礼之本也。忠者心之体，即礼之体。谓心之体则可，谓礼之本则不可。然天下岂有外心之礼？故林放问本而夫子以宁俭、宁戚告之，欲其思而自得之也。然"人而不仁，如礼何"，仁其本欤？曰：此主行礼之本言，故又曰"人而不仁，如乐何"。

◎注释

[1] 林放：鲁国人。 [2] 宁：宁可。 [3] 俭：朴素俭约。 [4] 易：治理，指把事情办妥。 [5] 戚：忧愁，悲哀。 [6] 居然：显然、自然。 [7] 根荄（gāi）：亦作"根垓"，本指植物的根，比喻事物的根本。 [8] 托始：缘起、开始。 [9] 太乙：亦作"太一"，指宇宙万物的本源。

◎解析

按照刘宗周所论，虽然"俭""戚"并非礼之本，但学者可由俭以思德，由戚以达中心之爱，以此返本。另外，刘宗周区别礼之本与礼之体，指出礼之本是就本源而言，无声臭体段，又称无体之礼；

礼之体则是就心之体而言，也就是指本心发显的忠信之德。

◎原文

子曰："夷狄之有君，不如诸夏之亡也。"

诸夏[1]无君，终春秋之世，弑君三十六[2]，其他问鼎[3]、请隧[4]、逼逐[5]、僭拟[6]之事，不可胜纪。盖满目是无君世界，有出夷狄[7]之下者，此夫子所以大管仲之功欤？

◎注释

［1］诸夏：周代分封的中原各个诸侯国。泛指中国。　［2］指在春秋时期被弑杀的君主多达三十六名。　［3］问鼎：见《左传·宣公三年》："鲁宣公三年，楚子伐陆浑之戎，遂至于雒，观兵于周疆。定王使王孙满劳楚子，楚子问鼎之大小轻重焉，对曰：在德不在鼎。"鼎：古代视为立国的重器，是政权的象征。指楚庄王问鼎中原，企图夺取天下。［4］请隧：见《左传·僖公二十五年》："晋侯朝王。王享醴，命之宥。请隧，弗许。"杜预："阙地通路曰隧，王之葬礼也；诸侯皆县柩而下。"隧葬，天子的葬礼。此处指晋文公图谋统治天下。　［5］逼逐：指臣下驱逐国君。　［6］僭拟：越分妄比。　［7］夷狄：古称东方部族为夷，北方部族为狄。常用以泛称除华夏族以外的各族。

◎解析

"夷夏"实质上是基于文明礼义来区分的，所谓华夏便指文化昌盛、礼乐文明。春秋战国以来，中原地区礼崩乐坏，与夷狄并无实质性的区别。另外，所谓"大管仲之功"是指管仲"相桓公，霸诸侯，一匡天下"。当时中原华夏诸侯苦于戎狄等游牧部落的攻击，于是齐桓公打出"尊王攘夷"的旗号，以周天子的名义，九合诸侯，北击山戎，南伐楚国，维持诸夏的稳定。

◎原文

季氏旅[1]于泰山。子谓冉有[2]曰："女弗能救与？"对曰："不能。"子曰："呜呼！曾谓泰山不如林放乎？"

鲁君臣之僭礼非一日，度非口舌之所能诤[3]。即使夫子仕鲁，亦岂能遽革郊祀诸礼而反之正？其所以转移化导之权，亦必有渐矣。旅泰山而以救正诘[4]冉求，求以不能对，盖师弟一时扼腕[5]之言，故夫子不责冉求而直继之曰"呜呼！曾谓泰山不如林放乎"[6]，若乞灵[7]于鬼神之一殛[8]。然则圣人之词于是乎愈严，而乱臣贼子闻之，亦应股栗[9]而自废矣。虽然，危不持，颠不扶，焉用彼相[10]！

◎注释

[1] 旅：指祭山。根据礼制，只有天子与诸侯才能祭祀名山大川。 [2] 冉有：名求，孔子弟子。 [3] 诤（zhèng）：诤谏，指直言规劝。 [4] 诘（jié）：责问，追究。 [5] 扼腕：用手握腕，以示内心的情绪，表示无奈叹息。 [6] 林放：即前面章节问"礼之本"者。朱熹《论语集注》："美林放以明泰山之不可诬。" [7] 乞灵：求助于神灵。 [8] 殛（jí）：惩罚。 [9] 股栗：指腿部发抖，形容极为恐惧的样子。 [10] 相：其时冉有为季氏之宰。

◎解析

《八佾》自篇首至于此，刘宗周皆强调鲁国在礼乐方面的僭越问题。在他看来，鲁国君臣僭礼已经不是一日两日的事，而要使得礼法重新归正则需要一步步来改变。是故孔子在此并非责怪冉有没有劝阻季氏，而是微言大义，明礼法之大义，让乱臣贼子闻言自惧而自行反省、悔悟。

◎原文

子曰："君子无所争，必也射[1]乎！揖让[2]而升，下而饮。其争也君子！"

许敬庵[3]先师述云："君子无争，道在自反。射之揖让而升、下而饮也，所谓失诸正鹄，反求诸其身者也[4]。唯务自反，安知有争？故曰射有似乎君子，所谓其争也君子，似有争而实无争，微婉[5]之词也。"

世间射名射利[6]，互相角胜[7]无已时，一似射者争先命中。然朝市，皆射圃[8]也。而圣人以争之道不可训天下，故于饮食、起居、出处、辞受之节，极之郊庙[9]、朝享[10]，每事节之以礼让，默消其陵竞[11]之心，而独于"射"发其撰[12]，使卿大夫生而习之，为六艺之一，即辨官论才亦必以"射"进，其意微[13]矣。故曰："吾观于乡，而知王道之易易也。"[14]君子无争，盖以礼物[15]身，以让养德。其素[16]所学问如此，即于射，而亦见其无争，谓虽处天下必争之地，而犹然无事于争也。其斯以为君子乎！

"揖让而升下而饮"作一句读，言揖让而升、揖让而下、揖让而饮也。射有三，大射、宾射、燕射[17]，天子、诸侯、卿大夫皆有之。士无大射，而有宾射、燕射。大射为祭祀射，王将有郊庙之事，择诸侯群臣与邦国所贡之士，诸侯则择其臣，大夫择其邑宰、家臣。凡射中者，得与于祭，与祭多者有庆，庆以地；不与祭多者有让，削以地。[18]故君子必习于射，射必有耦。凡耦，各服其所宜服，袒决遂，而立堂下阼阶之东南隅，西向。射时耦同出，次西面揖，旋转当阼阶，北面揖，然后升堂，南面当序，而立于物以射，所谓耦进三揖而后升堂也。射者各发四矢，以较胜负，一揖而复位。俟众耦升射毕，司射命设丰于西楹之西，胜者之子弟洗觯酌酒，奠于丰上，胜者乃揖不胜者升堂，三揖至阶，胜者先升堂，少右，不胜者至丰北面坐，取丰立饮，兴，揖不胜者先降。凡饮酒，宾主劝酬，必拜以送爵，令不胜者自饮，而无送爵劝酬之意，以是为罚也。始射而升堂，既射而复位，射毕而饮，是三节事。[19]或谓“下而饮”是下堂而饮，又云“离去射位而饮”，皆非也。

◎注释

[1] 射：射箭，指古代射礼。 [2] 揖（yī）让：作揖谦让。古代宾主相见的礼节。 [3] 许敬庵：许孚远（1535—1604），字孟中，明代心学家，刘宗周老师。 [4] 出自《中庸》：“子曰：‘射有似乎君子，失诸正鹄，反求诸其身。’”正鹄（hú）：朱熹《中庸章句》：“画布曰正，栖皮为鹄，皆侯之中，射之的也。”即箭靶的中心。反求诸身：即反求诸己，指反省自身，求在己者。 [5] 微婉：精微委婉。 [6] 射名射利：指追逐名利。 [7] 角（jiǎo）胜：较量胜负。 [8] 射圃：此处指朝市为人们争相逐利的场所。 [9] 郊庙：古代天子祭祀天地、祖先的宗庙。[10] 朝享：亦作“朝飨”，指古代天子祭祀宗庙。 [11] 陵竞：互相争竞，不肯相让。 [12] 撰（zhuàn）：才能。 [13] 微：精微。[14] 出自《礼记·乡饮酒义》。意思是孔子参观过乡饮酒礼以后，就知道王道容易得到推行。 [15] 物：以某某为物。 [16] 素：平素，往常。 [17] 大射、宾射、燕射：大射，为祭祀择士而举行的射礼；宾射，诸侯来朝或诸侯相朝的射礼；燕射，宴饮之射。 [18] 出自《礼记·射义》：“其容体比于礼，其节比于乐，而中多者，得与于祭。其容体不比于礼，其节不比于乐，而中少者，不得与于祭。数与于祭而君有庆；数不与于祭而君有让。数有庆而益地；数有让而削地。故曰：射者，射为诸侯也。是以诸侯君臣尽志于射，以习礼乐。夫君臣习礼乐而以流亡者，未之有也。”庆，赏赐。让，责备。 [19] 此大段叙述大射之礼仪，详见《仪礼·大射仪》。耦：指两人一组。袒：脱去衣袖露出左臂。决：犹闿（kǎi），用象骨做成，戴在右大擘指，乃钩弦之器，即扳指。遂：古代射箭时戴在左臂的臂衣，以韦为之。阼（zuò）阶：东阶。当：面向。升堂：登上厅堂。丰：古代礼器，形状像豆，用以承酒觯。觯（zhì）：古代酒器，青铜制，形似尊而小，或有盖。

◎解析

刘宗周引许孚远之论，一方面指出去争心的方法在于反求诸己，养成谦让之德；另一方面重点解读“揖让而升下而饮”一句，指出凡升、下、饮皆得揖让，所谓“揖让而升、揖让而下、揖让而饮”。

◎原文

子夏问曰：“‘巧笑倩兮，美目盼兮，素以为绚兮’，何谓也？”子曰：“绘事后素。”曰：“礼后乎？”子曰：“起予者商也，始可与言《诗》已矣。”

礼，本是先王教天下之善物。盖纲纪[1]人道，一日而不可废者。自晚周文敝，有后进之礼乐[2]，而忧世君子且并[3]其礼而厌薄[4]之，至以为“忠信之薄，乱之首”，盖亦有见于文敝之礼不可以言礼，非尽去之，无以返人心之厚。而圣人以为与其弃礼而返吾所厚，不若就礼而识其所先。先后之数睹[5]，而礼教亦无敝于天下矣。故子夏有“礼后”之悟，而圣人亟[6]与[7]之，进老氏之见[8]一等矣。“素以为绚”[9]，本言素可以加绚，而子夏以为素即是绚，疑天下文章莫大乎太素之质，隐然为礼薄乱首之思，从世道起见来。夫子解之曰“绘事后素”，则非素即是绚可知，而子夏始悟礼之为后也。曰“后”，则必有为之先者，然亦何可得而废也？“可与言《诗》”，所谓真能转《法华》[10]者。

◎注释

［1］纲纪：国家社会的秩序与规律。［2］《论语·先进》：“先进于礼乐，野人也；后进于礼乐，君子也。如用之，则吾从先进。”指周末文胜，后进于礼乐，文过其质。［3］并：通“屏”，“摒”。排除。［4］厌薄：厌恶。［5］睹：明白，懂得。［6］亟（jí）：急切。［7］与：

赞许。［8］指老子思想崇尚素朴。［9］朱熹《论语集注》："素，粉地，画之质也。绚，采色，画之饰也。"［10］《法华》：《法华经》，即《妙法莲华经》，大乘佛教初期经典之一，为佛陀释迦牟尼晚年说教，明示人人皆可成佛。所谓"转《法华》"，《坛经》言"心迷《法华》转，心悟转《法华》"。指心未开悟，处于执迷的状态下，虽然诵得经书千卷，却只是随着经文流转，流转在迷执之境中。若本来清净心开悟，得菩提智慧，入涅槃空境，则万法流转，任凭诵经礼佛、挑柴担水，恒清净无念。

◎解析

晚周文敝，礼丧失其本来的道德内涵，演变成外在的繁文缛节，致使人们心生厌恶。在这样的背景下，人们倾向于舍弃礼仪来归本素朴之质，所谓"以素为绚"，正如道家绝仁弃义一般。依刘宗周的阐述，孔子答以"绘事后素"，正是表明礼与忠信之质相为一体，不能轻易弃礼，而应内修其德，外修其礼。

◎原文

子曰："夏礼吾能言之，杞不足征也；殷礼吾能言之，宋不足征也。文献不足故也，足则吾能征之矣。"

夫子既能言二代[1]之礼，而徒病其无征[2]，则亦无害其可言也。必欲有征者何也？欲天下之皆尊而信而行之也。行二代之礼，将以救周礼之衰、挽[3]周文之盛也。其所感者深矣！按《左传》，杞，夏余而即东夷[4]，故不足征；殷微子封于宋，先王之礼乐犹存，其后日以散失，七世至戴公[5]，时大夫正考父得《商颂》十二篇于周太师[6]，归以祀[7]其先王。至孔子编《诗》，又亡七篇，仅存者五篇，虽胜于夏之无存，而总归不足征矣。

孔子言夏、殷之礼者，欲言其礼意耳。若其经制之备，则《周礼》之所监[8]也。周因乎夏、殷，所损益可知也，讵[9]曰杞、宋之征云乎？

◎注释

［1］二代：即夏代与殷商。西周初期，周武王灭商，求夏禹苗裔，封于杞，以奉禹祀。周公旦辅佐周成王平定三监之乱后，封商纣王的兄长微子启于商丘，建立宋国，以奉商朝宗祀。［2］征：证实。［3］挽：扭转。［4］东夷：商周时代对山东地区一些少数民族或邦国的通称。［5］戴公：子姓，宋氏，名白，宋国第十一任国君。宋戴公在位期间，由正考父辅佐，爱民如子，深受万民拥戴。正考父：子姓，宋国大夫，孔子的七世祖。［6］太师：此处指乐官之长。［7］祀（sì）：祭祀。［8］监：指“周监于二代，郁郁乎文哉”。［9］讵（jù）：语气词。岂，怎。

◎解析

礼随时损益，在不同的时代，其典章制度会发生变化，但其内涵本质并不会变。夏尚忠、殷尚质，忠、质便为礼之意。孔子征夏、商二代之礼，正是以忠、质挽救周文之敝。

◎原文

子曰：“禘[1]，自既灌而往者，吾不欲观之矣。”

禘礼九献[2]，天子一献，后亚献[3]，用郁鬯之酒[4]灌地降神。鲁禘非礼，自始至终皆不足观。曰“既灌而往”，夫子微[5]文也，不敢自言宗国之失也。先儒谓“既灌而往，始列尊卑，序昭穆。孔子以鲁祀跻僖为逆，故不欲观”[6]；朱子谓“鲁之君臣浸以懈散，故无足观”[7]。宜亦兼有之。盖大本一差[8]，其余节目处有种种不堪著眼者，圣人故隐而未发也。

◎注释

[1] 禘（dì）：赵伯循："禘，王者之大祭也。王者既立始祖之庙，又推始祖所自出之帝，祀之于始祖之庙，而以始祖配之也。" [2] 九献：九次献酒。 [3] 亚献：第二次献酒。 [4] 郁鬯（chàng）之酒：用郁金草酿黑黍而成的香酒。 [5] 微：隐微、隐晦。 [6] 出自西汉孔安国注。跻僖：指鲁文公在祭祀祖先时，将其父僖公神主置于闵公之前。僖公为闵公庶兄，继承闵公之位，按理来说，闵公本在僖公之先，但鲁文公"先祢而后祖"，造次逆祀。 [7] 指灌之时，祭祀者诚意尚未散；但既灌之后，精神懈散，不足以观。 [8] 差：缺失。

◎解析

刘宗周在此列了三种解释：其一，鲁禘僭越礼法；其二，鲁僖跻闵为逆祀；其三，既灌之后，祭祀的敬意懈散。

◎原文

或[1]问"禘"之说。子曰："不知也。知其说者之于天下也，其如示诸斯乎！"指其掌。

鲁禘不欲观，非鲁君臣之所知也，亦非或人之所易知也。即吾夫子，盖尝学礼焉而不敢知，故直以为不知。"知其说者之于天下也，其如示诸斯乎"，则禘固有天下者之所知也，非其人而欲知其说，祇[2]成其僭妄[3]之惑而已。若谓一胪列[4]其事迹、讲求其意义，遂足以知之，则有章缝[5]之业在，或人当自得之耳。指掌之示，直是觑[6]得分明，将上天下地、往古来今都就一掌里托出，方是知禘大大学问。

◎注释

[1] 或：指某人，有的人。 [2] 祇（zhǐ）：正、恰、只。 [3] 僭妄：越分妄为。 [4] 胪（lú）列：罗列。 [5] 章缝：即章甫（fǔ）

缝掖（yè）。章甫，礼冠。缝掖，袖子宽大的衣服。指儒者的服饰，引申为儒家学说、思想。　[6] 觑（qù）：看。

◎解析

此章承上章言鲁禘非礼。孔子并不是不知禘，而是认为禘礼为天子之礼，诸侯大夫不应该僭用此礼。孔子微言大义，不直接批评鲁国君臣，故只言“不欲观”“不知”。

◎原文

祭如在，祭神如神在。子曰：“吾不与祭，如不祭。”[1]

“吾不与祭，如不祭”，则祭必如在可知。两“如”字正相应。古人祭祀，七日戒，三日斋，亲见所祭，非徒如之而已。曰“如在”云者，神[2]之也。神之也者，诚之至、敬之至也。

◎注释

[1] 指祭祀须亲自祭祀，就好像祖先、神灵真正在这里一般。如果不能亲自参与祭祀，而请人代祭，则己心不在，不能致其如在之祭。[2] 神：指神妙。

◎解析

此章论祭祀。在孔子看来，亲自参与祭祀才能身临其境，仿佛祖先、神灵真在这里一般，如此则自然生发诚敬之心。

◎原文

王孙贾问曰：“与其媚于奥，宁媚于灶，何谓也？”子曰：“不然。获罪于天，无所祷也。”

祭外神，所以昭崇报[1]之义，非以邀福[2]也。若起一狐媚之心以邀福，则即此一心已是得罪于天了。然人生得罪处，亦擢发难数[3]，自一动一静以往，少违天则，便成罪案，便犯天诛，虽邀福于神，亦无所用之。然则毕竟无祷[4]乎？曰：还祷于天，则解矣。故曰："丘之祷久矣。"

礼，大夫五祀；又《仪礼》所载，士亦行之；《月令》五祀：户、灶、中霤、门、行[5]；《白虎通》又以行为井[6]，杨用修云："井即行也。行者，井间道，八家同井，井有八道，八家所行也。"

◎注释

[1] 崇报：即崇德报功，指尊崇、报赏有德行、功业的人。 [2] 邀福：祈求赐福。 [3] 擢（zhuó）发难数：《史记·范雎蔡泽列传》："范雎曰：'汝罪有几？'曰：'擢贾之发以续贾之罪，尚未足。'"形容罪行多得难以计数。 [4] 祷：祈祷，祈神求福。 [5] 户：本义指单扇的门，引申为户所，此处指户神。灶（zào）：指灶神。中霤（liù）：房屋的中央，此处指后土之神。行：指路神。 [6] 井：古制八家为井。

◎解析

刘宗周提出"还祷于天"，指出安身立命的法子在于尽天道，而非祭神邀福。

◎原文

子曰："周监于二代，郁郁乎文哉，吾从周。"

《易》曰："观乎天文，以察时变；观乎人文，以化成天下。"文也者，天人之撰[1]也。天地既辟[2]，文明之运渐开。自尧、舜以来，夏、商代鸣其盛，至周而损益之，文教大备，载在《周礼》《仪礼》《曲礼》诸经，始尽经天纬地之蕴，宜夫子乐从之与！然他日又曰：

“行夏时，乘殷辂，服周冕。”圣人进退百王，若不恰恰于昭代[3]之制者又何也？曰：周监二代矣！圣人虽有时而用夏、殷之礼，亦何害于从周乎！

郁郁之文，周公尝用之以治天下，为百世宪[4]。其在学者，则由“六艺[5]”之通而推之于六行[6]，成之于六德[7]，以达于圣人之道，主万世之儒矩[8]焉，则孔子之文是也。故曰：“文王既没，文不在兹乎！”[9]

◎注释

［1］撰：指天地万物变化的规律。 ［2］辟：开辟。 ［3］昭代：政治清明的时代。 ［4］宪：法典。 ［5］六艺：礼、乐、射、御、书、数。 ［6］六行：孝、友、睦、姻、任、恤。 ［7］六德：智、信、圣、仁、义、忠。 ［8］矩：理则。 ［9］出自《论语·子罕》。

◎解析

按照《易传》的说法，所谓“文”指天地鸟兽人物生存变化之象，“天文”便是天地万物变化的纹理，“人文”便指人的存在所彰示的道理。一方面，周代文教大备，诸多经典发明天地之道，是故孔子有从周之赞；另一方面，晚周文敝，孔子意欲通过夏之忠、殷之质来加以损益。

◎原文

子入大庙。每事问。或曰：“孰谓鄹人之子知礼乎？入大庙，每事问。”子闻之曰：“是礼也。”

入庙必问，盖夫子初仕于鲁而与助祭[1]之列，容或有之。一旦以章缝[2]之贱而骏奔[3]于清庙明堂之上，耳目之所经历，不讳其为不知而问也。乃圣人自反必问之心，有必如是而后即安者，乃所以自展臣子之忱[4]，在庙则礼然也，故曰“是礼也”。若曰“吾问即是礼”，圣人不应夸口如是。

按：鲁太庙祀周公，世室[5]祀伯禽，而群公则称宫。文王无庙，主藏于世室，当禘则迁主于太庙而行之。《明堂位》云：“鲁之太庙，天子明堂；库门，天子皋门；雉门，天子应门。[6]山节、藻棁、复庙、重檐、刮楹、达乡、反坫出尊、崇坫康圭、疏屏，天子之庙饰也。[7]”若然，则鲁庙甚僭，非侯制[8]矣。孔子之每事问，或有以哉。

夫子入太庙，既每事问，及既灌以往，又不欲观，至或人之问其说，又答以不知，合之，具见圣人许多苦心处，不欲正言以讦[9]宗国之失，而默寄救正于万一，忠厚之至也。及歌《雍》舞佾，却又侃侃以义诛绝鲁君臣，一时胥[10]有儆[11]乎！

◎注释

[1]助祭：古代臣属出资、陪位或献乐佐君主祭祀。 [2]章缝：即章甫缝掖。章甫，礼冠。缝掖，袖子宽大的衣服。此处形容孔子平民的身份。 [3]骏奔：急速奔走。 [4]忱（chén）：真诚，诚恳。 [5]世室：明堂，宗庙。 [6]郑玄：“王有五门，外曰皋（gāo）门，二曰雉门，三曰库门，四曰应门，五曰路门。” [7]山节：刻成山形的斗拱。藻棁（zhuō）：画有藻文的梁上短柱。复庙：采用双层屋椽、屋笮（zuó）等结构建造的宗庙。重檐：有两层或多层屋檐的建筑。刮楹（yíng）：刮摩过的楹柱。达乡：乡，窗牖。指窗户相对，牖户通达。反坫（diàn）出尊：坫，反爵的用具，以土为之，在两楹之间。尊，同“樽”，盛酒的器具，在两楹之间。指反爵之坫在酒樽之南，献酬皆自樽南出。崇坫康圭（guī）：崇，高。坫，屏障，指奠玉之坫。康，通“亢”，举。圭，玉器。指高的土坫来放置圭玉。疏屏：刻有雕饰的屏。 [8]鲁国为侯爵。 [9]讦（jié）：责斥别人的过错。 [10]胥（xū）：皆，都。[11]儆（jǐng）：警醒。

◎解析

在刘宗周看来，鲁庙在形制、典章上都僭用天子之制，孔子每事皆问，正如既灌不欲观、问禘不知一样，表达对鲁国僭礼的不满，以期警醒鲁国君臣。

◎原文

子曰："射不主皮，为力不同科，古之道也。"

许师[1]述云："射有五善[2]，不专主皮[3]，然不中不可以言射。"《乡射礼》亦云"不贯不释[4]"，贯犹中也，若所谓贯革云者，即穿札[5]之谓，非甚强有力者不能及。故曰："射不主皮，为力不同科[6]，古之道也。"周衰礼废，射者不知有和容仪节，而但逞勇力，以主皮为善，孔子所以惜而叹之。

乡射[7]即大射、宾射、燕射，古者射习于泽宫[8]，盖乡学也，故云"乡射"。若庶人田猎之射，则主皮。

◎注释

［1］许师：许孚远。　［2］五善：东汉・马融注："射有五善焉：一曰和志，体和；二曰和容，有容仪；三曰主皮，能中质；四曰和颂，合雅颂；五曰兴武，与舞同。"　［3］皮：用皮做的箭靶子。"射不主皮"指射箭不以穿破皮与否为目的，而以中不中的为主。　［4］释：释怀，放弃。指不射中不释射。　［5］札：铠甲的叶片。　［6］为（wèi）：因为。同科：同等。　［7］乡射：古代射箭饮酒的礼仪。　［8］泽宫：古代习射取士之所。

◎解析

"射"为"六艺"之一科，主要用以演习礼乐，以观人之德，是故不以勇力而以中鹄与否来评定胜负。

◎原文

子贡欲去告朔之饩羊。子曰："赐也，尔爱其羊，我爱其礼。"

去羊存羊，盖师弟子有感于时事之衰，先王之政不复行于天下也，故私相寄慨如此。去羊者有激于礼亡，而存羊者有幸于礼存也。然只此便见圣贤胸次如霄壤[1]之隔，倘以之用世，则子贡便多诡激[2]拂[3]人情、阻事机[4]处，夫子则平情以应，自不乏挽回匡救之术，批郤导窾[5]，游刃有余地[6]。凡以贤人之言观圣人，始知圣人真不可及也。

古者天子颁正朔[7]于邦国，每月之政皆有时宜，如《月令》所书，载在守府[8]，传之先世，故诸侯每朔必告庙，一切刑赏陟黜[9]，皆禀一王之法而布之，无敢奸焉。非徒奉君亲，亦以驭[10]臣子也。鲁自文公始不视朔，不视朔则每月之政令何所禀承？诸侯无以驭大夫，大夫无以驭陪臣，所以养成季氏之恶。故晋有六卿[11]，齐有田氏[12]，其所由来者渐矣。

◎注释

［1］霄（xiāo）壤：天和地，比喻相去甚远。 ［2］诡激：诡奇偏激。 ［3］拂：违背。 ［4］事机：行事的时机。 ［5］批郤（xì）导窾（kuǎn）：出自《庄子·养生主》："依乎天理，批大郤，导大窾，因其固然，技经肯綮之未尝，而况大軱乎！"批，劈砍。导，沿着。郤、窾，空隙。本义指庖丁解牛沿着骨节间的空穴进行劈砍。比喻行事得其要领，便可迎刃而解。 ［6］游刃有余：出自《庄子·养生主》："彼节者有间，而刀刃者无厚；以无厚入有间，恢恢乎其于游刃必有余地矣。"比喻做事熟练，轻松利落。 ［7］正朔：农历正月一日。古代帝王在每年秋冬之交，颁布第二年的历法，以确定每月的初一日。 ［8］守府：保存先王的府藏。 ［9］刑赏陟（zhì）黜（chù）：指官员的刑罚、奖赏、进用及贬黜。 ［10］驭（yù）：统率。 ［11］六卿：指晋国的三军将佐，即

中军将、中军佐、上军将、上军佐、下军将、下军佐。六卿出将入相，掌管晋国军政大事，其中中军将为正卿，执政晋国。　［12］田氏：田氏出自陈国公子陈完。在陈宣公时期，太子御寇被杀，陈完避难逃亡齐国被桓公所赏识，后陈完改姓田氏，其后代田和放逐齐康公，取代姜姓吕氏成为齐国之君，史称田齐。

◎解析

“告朔”本是为了颁布正朔，以确立每月的政令；鲁国虽自文王以来便不视朔，但依旧保存祭祀的礼仪。师弟二人本对鲁国当前的礼法持批评的态度，但子贡见此礼有名无实，便提倡废掉此礼；孔子则存匡救之心，意欲发掘礼的德性之质，以补救周文之弊。

◎原文

子曰：“事君尽礼，人以为谄也。”

事君者内尽其心，故外尽其礼。盖有见于臣道之当然，而非贪位固宠[1]之为也。有一毫贪位固宠之心，则流而谄矣。谄[2]本《礼》所不载，缘春秋之世，天下无君，人人相习为骄蹇[3]之风而不知怪，故以礼为谄。人心之坏，一至于此。圣人身示之极，实以挽回周家八百年纲常，而语意含蓄不露。

◎注释

［1］固宠：巩固受宠的地位。　［2］谄：谄媚。　［3］骄蹇（jiǎn）：傲慢，不顺从。

◎解析

刘宗周主要指出孔子尽礼是基于尽心而言，也就是内尽其忠义之心，而外尽其恭敬之礼。

◎原文

定公问："君使臣，臣事君，如之何？"孔子对曰："君使臣以礼，臣事君以忠。"

君臣之分[1]，等之天地。天地以泰[2]交成化，君臣之道亦然。故君道以下济为光，臣道以上行为顺。使臣以礼，方能锄[3]骄贵之色而下交于臣；事君以忠，方能破身家之私而上交于君。此地天交泰之象也。而世道之泰同之，明良赓歌[4]而后不多见矣。

上曰事君尽礼，此曰使臣以礼，故"礼"之为物，以正君臣，以和上下，而"忠"特礼之存诸中者。

犹之乎使也，出之以恭敬退让之节则为礼；犹之乎事也，本之以真实无假之忱[5]则为忠；礼与忠，皆不失事使之实而已。

◎注释

[1] 分（fèn）：名位、职分。　[2]《易·泰·象》："天地交泰，后以财成天地之道，辅相天地之宜，以左右民。"泰卦乾下坤上，为天地阴阳相交之象。地天相交，万物感通，呈安泰平和之气象。　[3] 锄（chú）：根除。　[4]《尚书·益稷》："乃赓载歌曰：'元首明哉，股肱良哉，庶事康哉。'"明良，贤明的君主和忠良的臣下。　[5] 忱（chén）：真诚。

◎解析

在刘宗周看来，君臣往来之道应如天地交泰一般，君主尽其恭敬之心，以礼待臣；臣下则尽其真诚之心，尽忠事上。

◎原文

子曰："《关雎》，乐而不淫，哀而不伤。"

《鲁论》[1]第三专记礼乐，示从周之义。则《关雎》一章盖言乐也。乐之有声，古人皆以诗歌被[2]之管弦，奏之朝庙，以为盛，而《关雎》一章有正始[3]之义，为风化之所自出，故歌《雅》《颂》者必以为之乱。“乐而不淫，哀而不伤”，所谓洋洋盈耳[4]也。凡乐之舒焉而阳者谓之乐，而乐之过则或失之淫；乐之惨焉而阴者谓之哀，而哀之过则或失之伤。惟《关雎》之音，乐中有哀，哀中有乐，宛然适得乎性情之正，而不失天地中和之气，所以为善也。哀乐不过，本是寤寐反侧之忧，琴瑟钟鼓之乐，却被管弦中一一摸写[5]出来，所谓“闻其声乐而知其德也”。若只以声响和平为不淫不伤，则凡善歌者，任取一诗而歌之，抑扬高下，适得其伦[6]，亦可以当《关雎》之义乎？《记》所谓“治世之音安以舒，乱世之音噍[7]以杀，亡国之音哀以思”，使出于亡国之音，则虽歌《关雎》，亦见哀思者。

《论语述》云：“按《毛诗》云：‘《关雎》，后妃之德也，风之始也，所以风天下而正夫妇也。故用之乡人焉，用之邦国焉。’又曰：‘《周南》《召南》，正始之道，王化之基。是以《关雎》乐得淑女以配君子，忧在进贤，不淫其色，哀窈窕，思贤才，而无伤善之心，是《关雎》之义也。’《申公诗说》云：‘《关雎》，文王之妃太姒[8]思得淑女，以充嫔御之职，而供祭祀宾客之事，故作是诗。’由是观之，《关雎》，后妃所作也，所谓‘窈窕淑女’，盖指所求嫔妾而言。未得而忧，既得而乐，此其情性之正，可以想见。且所云‘参差荇菜’者，为洁俎豆[9]以供祭祀宾客之事，而后妃皆资左右之助焉。汲汲于求贤内辅，绝无闺房燕暱[10]之情，孔子所称‘乐而不淫，哀而不伤’者也。朱子释《诗》，多不用《小序》。《小序》传自子夏，成于毛公，不无附会增益。如云‘忧在进贤，不淫其色’等语，诚觉不妥。然首云‘《关雎》，后妃之德，风之始’者，则确乎其无可疑也。若《申公诗说》，传自汉初，文公似未之考，故以为文王得圣女姒氏以为之配，宫中之人于其始至而作是诗，言后妃之德宜配君子，求之不得，则不能无寤寐反侧之忧，求而得之，则宜其有琴瑟钟鼓之乐。愚观《大明》[11]之诗曰：'文王初载，天作之合。在洽之阳，在渭之涘。[12]文王嘉止，大邦有子。'大邦，莘国也。子即太姒也。太姒之配文王，何待宫人寤寐思之，至于辗转反侧而后得邪？若谓寤寐反侧之忧、琴瑟钟鼓之乐在于文王，则尤不得为情性之正矣。后楚庄王夫人樊共姬[13]私捐衣食，求美人而进于王，即太姒求淑女之意。而文王为圣君，太姒为圣配，当时所以表正宫闱、不暱私宠，迥[14]越寻常之上，又非楚庄与樊姬所可同日而语也。《关雎》为《诗》首篇，所关于风化不浅，而其旨久湮[15]，故不可以不论。"

◎注释

[1]《论语》在古代有三个版本，即《古论》《鲁论》和《齐论》。其中，《齐论》在汉魏时期失传。现在通行的《论语》是由《鲁论》和《古论》整理形成的版本。 [2]被：施加。 [3]正始：正其始。《关雎》为《诗经》首篇，故为始。 [4]洋洋盈耳：指宏亮而优美的声音充满双耳。 [5]摸写：描写，描绘。 [6]伦：条理，原则。此处指标准。 [7]噍：通"谯（qiào）"，责备。 [8]太姒（sì）：有莘氏，周文王的正妃，周武王之母。 [9]俎（zǔ）豆：古代祭祀、宴飨时，用来盛祭品的两种礼器。指代祭祀、奉祀。 [10]燕暱：亦作"燕昵"，指亲昵，亲热。 [11]即《诗经·大雅·大明》。 [12]洽（hé）：洽水，古河名，现称金水河，源出陕西省合阳县北部，东南流入黄河。涘（sì）：水边。 [13]楚庄王：芈姓，熊氏，名旅（一作侣、吕），春秋时期楚国国君，春秋五霸之一。樊共姬：楚庄王的王后。 [14]迥（jiǒng）：远。 [15]湮（yān）：淹没，掩埋。

◎解析

《关雎》有寤寐反侧之忧、琴瑟钟鼓之乐，其忧其乐皆得性情之正，不失中和之德。刘宗周详细引述前人之论，指出《关雎》美后妃之德，为风化之始。

◎原文

哀公问社[1]于宰我。宰我对曰："夏后氏以松，殷人以柏，周人以栗，曰使民战栗。"子闻之曰："成事不说，遂事不谏，既往不咎。"

哀公问社，盖问有国家者所以立社之义。而宰予告之以三代之木，欲因事纳规，维鲁事于不竞云耳。故借昭代[2]之树栗而推其本意，所为强公室、弱私门[3]之道，宜于此而得之，亦可谓善于进言矣。子闻之而反以"成事不说，遂事不谏，既往不咎"责之，盖有感于鲁事之日非，非区区言说之所能救，直付之一慨而已。然则鲁事竟不可说乎？圣人论事，如良医之治病，急则治标[4]，缓则治本。专事标者，快一时之可喜，而无拔去病根之意，则亦扬汤止沸[5]之势耳。使民战栗之策，正治标之说，更于此而求所以自治之道，如夫子之所以告公者而次第行之，庶几补救于万一乎？治标之说，治之于已病而不足，所谓成事之说，遂事之谏，既往之咎也；治本之说，治之于未病而有余，所谓人不足适，政不足间，一正君而国定者也。况战栗之说，如决溃痈[6]，刀匕一施而大命随之，予于是乎失言矣。夫子不直指其非，而姑以空言惜之，其寄慨于鲁事深矣。

鲁哀公四年六月，亳[7]社灾。亳社，殷社也。盖周克殷，即以亡国之社赐诸侯，诸侯皆得立之以示戒。鲁东有亳社，西有周社，故《左传》云"间于两社，为公室辅"是也。哀公问社，疑即亳社告灾[8]之时与！《周礼》"有军社"，又《书》曰"不用命，戮于社"，宰我之对，盖亦有所本焉。

◎注释

［1］社：土地神和祭祀土地神的地方、日子以及祭礼。　［2］昭代：政治清明的时代。　［3］公室：春秋战国时期诸侯国王室。鲁国自桓公

后，季孙氏、叔孙氏、孟孙氏（三桓）三家掌管鲁国政事，出现“三分公室”的局面。所谓“强公室、弱私门”便指削弱三桓的势力，壮大公室的权力。　[4] 治标：指仅仅对表面的毛病或细枝末节加以处理。与之相对，“治本”则是指从根本上解决问题。　[5] 扬汤止沸：本义指把沸水舀起来再倒回去，以图阻止住沸腾。比喻不从根本上解决问题。[6] 溃痈（yōng）：溃烂出脓的疮。　[7] 亳（bó）：殷商都城。[8] 出自《春秋·哀公四年》：“六月辛丑，亳社灾。”灾，火灾。

◎解析

在刘宗周看来，虽然宰我进言哀公乃是因事纳规，希望哀公效法三代之法，以强公室，但他所言只能起到治标的作用，并不能真正变革鲁国的弊政，是故受到孔子的责备。

◎原文

子曰：“管仲之器小哉！”或曰：“管仲俭乎？”曰：“管氏有三归，官事不摄，焉得俭？”“然则管仲知礼乎？”曰：“邦君树塞门，管氏亦树塞门。邦君为两君之好，有反坫，管氏亦有反坫。管氏而知礼，孰不知礼？”

管仲在当时，一匡九合[1]事业尽恢宏彪炳[2]宇宙，实春秋二百年以来一人。夫子乃以器小讥之，只为管仲心术不纯，学未闻道，不免在功名富贵上立脚，便占得地步小了。天地间，唯道至大。以道视天地则天地为小，以天地视万物则万物又小，人于万物之中，仅处其一，而可以参天地、赞化育[3]、曲成万物而不遗[4]，以知道故也。功名富贵，在道中只是一物，以一物受一器，唐、虞揖让三杯酒，汤、武征诛一局棋，其器亦不足有无，而况仲之为器乎？假而无当于性也，其根柢也；伯而无当于王也，其作用也，则仲之为器小可知矣。器小则易盈，盈则偪[5]，偪则僭，犯上无等，充其类，何所不至？不俭不知礼，皆从器小生来。夫子就或人发问，指点病痛，自足为器小具一供状。而要之其病根犹不在此，终难为或人言也。

《说苑》以“三归”为台[6]；或人以“三归”为内嬖[7]，云：“娶三归之女。”未知孰是？按：下文“塞门”[8]“反坫”[9]，已备宫室之僭拟，此不应先以宫室言，不若以三归为内嬖，又与下句相蒙。以三归为内嬖，以备官为外宠，总见臣妾之过盛也。

◎注释

［1］一匡九合：指管仲辅助齐桓公“一匡天下，九合诸侯”，建立霸业。［2］彪炳：形容文采焕发，功绩显赫。［3］出自《中庸》：“唯天下至诚，为能尽其性。能尽其性则能尽人之性；能尽人之性，则能尽物之性；能尽物之性，则可以赞天地之化育；可以赞天地之化育，则可以与天地参矣。”［4］出自《易传·系辞》：“范围天地之化而不过，曲成万物而不遗，通乎昼夜之道而知，故神无方而易无体。”［5］偪（bī）：同“逼”，侵迫。［6］台：楼台。［7］内嬖（bì）：受国君宠爱的妇人。［8］塞门：塞，遮挡。指设屏于门，用来隔离内外。［9］反坫：反爵的用具，以土为之，在两楹之间。

◎解析

孔子对管仲的评价在《论语》中有四处。孔子一方面赞扬管仲的功业，对其“相桓公，霸诸侯，一匡天下”给予高度评价；另一方面则指出管仲并未知“道”，如此处所言“器小”“不知礼”。刘宗周在此结合后者，指出“道”为天地万物存在的根本，人若尽在己之道，则能立于天地之间，参赞天地化育。另外，刘宗周认为“三归”应作“三国之女”来理解，指管仲娶三国之女。关于“三归”，现代学者杨伯峻《论语译注》认为当指“市租”，指管仲收取民众大量的市租。

◎原文

子语鲁大师乐。曰："乐其可知也：始作，翕如[1]也；从之，纯如[2]也，皦如[3]也，绎如[4]也，以成。"

馆师张宇侗[5]尝语余"乐其可知"一章，谓："翕如以下，具元亨利贞四气之妙[6]，分明天地气象。盖乐之理具于人心，人心即天地之撰[7]，故乐声音自然，通于天地，非有所安排布置而为之也。翕，非合也。盖贞下起元，阳气始物，而尚多翕聚之意，于时为春，从之则始而亨矣。盛夏长养，形形色色，尽呈于两间而无所于杂者，纯如之谓也。继此则为利：秋气始肃，大小各正者，皦如之谓也。继此则为贞：玄冬用事，收藏复命[8]，复种来春发生之意，相禅[9]而不穷者，绎如之谓也。四气运于天而岁功成，四气备于心而乐功成，一也。"其说甚善。盖夫子就乐中看出许多大道理，故以之语太师，而曰"乐其可知"也。若仅就音响间按其节奏条理，则太师固已知之，乃烦圣人之奏技乎？

◎注释

[1] 翕（xī）如：指音乐开始演奏时，各种音符合聚。刘宗周在此以"翕如"表示天地初生，阳气开始发动流行，天地虽翕聚但具辟动之势，故言"非合"。 [2] 纯如：纯粹和序的样子。 [3] 皦（jiǎo）如：清晰分明的样子。 [4] 绎（yì）如：相续不绝的样子。 [5] 馆师：学馆的教师。张宇侗：人名。 [6] 刘宗周后期提出"四气流行说"，认为人心作为气机流行，呈现出喜怒哀乐的不同节律，所谓"自其盎然而起也谓之喜，……自其油然而畅也谓之乐，……自其肃然而敛也谓之怒，……自其寂然而止也谓之哀"（见《刘子全书》卷十一《学言》中），由此将人心之生化流行展开为喜怒哀乐相互循环之妙。此处所论"四气"主要就气机流行的宇宙而言，将宇宙看作元亨利贞的四气流转。 [7] 撰：条理、规律。 [8] 收藏：指冬天万物收藏。复命：命，天道性命。指万物各得

贞正，复反其性命。　[9] 相禅：亦作“相嬗”，指演变、转化。

◎解析

刘宗周认为孔子论“乐”不仅是就乐的声音变化而言，而且是借音乐演奏变化的规律来论天地万物生生长养的道理。刘宗周借他人之口，指出天地万物处于元亨利贞的周流变化当中：天地之生，乾元资始，此时一阳来复，阳气萌动振发，即春意生发之时；自春生而长养，万物渐渐繁盛茂密，形色分明，便成“纯如”之象；再到秋收成利，万物长成，皦皦分明；至冬日收藏，虽然阴气渐长而阳气渐消，但阴气极盛处恰恰又是阳气发动之时，是故此生生变化自然往复不已。所谓“翕如、纯如、皦如、绎如”恰恰形容出万物生生变化之象。

◎原文

仪封人[1]请见。曰：“君子之至于斯也，吾未尝不得见也。”从者见之，出曰：“二三子何患于丧乎？天下之无道也久矣，天将以夫子为木铎[2]。”

夫子统尧、舜、禹、汤、文、武之道，不用于当时，顾与诸弟子讲求遗经，以删定[3]笔削[4]诏[5]来世，使尧、舜、禹、汤、文、武之道，家喻而户晓之，且行于万世之远，则素王之任，所以为大。此天意也。天不生仲尼，万世如聋瞶[6]。“天将以夫子为木铎”，分明是仲尼一行教小影[7]，看封人是何等眼孔，邂逅一语，虽及门游、夏之徒，亦赞叹不及，贤矣哉！

按：郑玄云：“文事奋[8]木铎，武事奋金铎。”金铎惟行军司马[9]执之，而木铎之用最广，大抵皆以振文教，在帝王天子则行而为政，在玄圣素王则言而为教。“天将以夫子为木铎”，岂非言而为教者与？

◎注释

[1] 封人：古官名。典守边疆的官。 [2] 木铎（duó）：本义指金口木舌的铜铃。比喻宣扬教化的人。 [3] 删定：指孔子删定《六经》。 [4] 笔削：《史记·孔子世家》："至于为《春秋》，笔则笔，削则削，子夏之徒不能赞一辞。"古代用竹简记载文字，有所更改就须用书刀刮削。 [5] 诏：教导，告诫。 [6] 聩（kuì）：通"聩"，耳聋。 [7] 行教小影：指孔子教学授道的形象。 [8] 奋：振动。 [9] 行军司马：古官名。

◎解析

此章盛赞孔子为万世设教立法。

◎原文

子谓《韶》，尽美矣，又尽善也；谓《武》，尽美矣，未尽善也。

古人作乐，皆本精神心术[1]之蕴[2]写出，非徒袭取于声容之际者，所以闻乐知德。故闻《韶》[3]，即知其为重华协帝[4]之舜德；闻《武》[5]，即知其为执竞维烈[6]之武德。而功业之盛，有不待言者。古乐莫盛于《韶》《武》，其尽美则同，于此而更求其美中之蕴，其尽善则异。盖世运升降为之，而帝王之德亦于此可想见矣。按《书》：唐、虞之世，四方风动，六府三事孔[7]修，九功惟叙[8]，九叙惟歌，至于击石拊石[9]，百兽率舞，凤凰来仪。其气象雍容广大，真如天地之无不覆载，其尽善处可以想见。《礼记》[10]载《大武》之舞，始而北出，再成而灭商，三成而南，四成而南国是疆，五成而分周公左、召公右，六成复缀以崇天子。[11]所谓总干山立[12]，发扬蹈厉[13]，夹振驷伐[14]，威盛中国，久立于缀，以待诸侯之至者，皆形着于声容之间。则未尽善处，亦自可想见。圣人借乐以微示二圣人之优劣如此，其寄慨者深乎！

◎注释

［1］心术：此处指心思。　［2］蕴：蕴藏，意蕴。　［3］《韶》：舜之乐。　［4］重华协帝：出自《书经·舜典》："曰若稽古帝舜，曰重华，协于帝。"重华，指舜继尧而有光华，或以为舜的字号。协，协同。帝，指尧帝。　［5］《武》：周武王之乐。　［6］执竞维烈：出自《诗经·周颂·执竞》："执竞武王，无竞维烈。不显成康，上帝是皇。"　［7］孔：嘉，美。　［8］详见《尚书·大禹谟》："禹曰：'於！帝念哉！德惟善政，政在养民。水、火、金、木、土、谷，惟修；正德、利用、厚生，惟和。九功惟叙，九叙惟歌。戒之用休，董之用威，劝之以九歌俾勿坏。'帝曰：'俞！地平天成，六府三事允治，万世永赖，时乃功。'"六府，即水、火、金、木、土、谷六者作为财货聚敛之所。三事，即正德、利用、厚生三事，孔颖达疏："正身之德，利民之用，厚民之生，此三事惟当谐和之。"九功，即六府三事。九叙，九功各顺其理，皆有次序。歌，歌颂。　［9］出自《尚书·舜典》："於！予击石拊石，百兽率舞。"指敲打石磬，百兽起舞。形容天下升平。　［10］详见《礼记·乐记》："夫乐者，象成者也；总干而山立，武王之事也；发扬蹈厉，大公之志也。《武》乱皆坐，周、召之治也。且夫《武》，始而北出，再成而灭商。三成而南，四成而南国是疆，五成而分周公左、召公右，六成复缀以崇。天子夹振之而驷伐，盛威于中国也。分夹而进，事早济也，久立于缀，以待诸侯之至也。"　［11］孔颖达疏："《武》'始而北出'者，谓初舞位，最在于南头，从第一位而北出者，次及第二位，稍北出者作乐，一成而舞，象武王北出观兵也。'再成而灭商'者，谓作乐再成，舞者从第二位至第三位，象武王灭商。'三成而南'者，谓舞者从第三位至第四位，极北而南反，象武王克商而南还也。'四成而南国是疆'者，谓武曲四成，舞者从北头第一位，却至第二位，象武王伐纣之后，南方之国，于是疆理也。'五成而分周公左、召公右'者，从第二位至第三位，分为左右，象周公居左，召公居右也。'六成复缀以崇'者，缀谓南头初位，舞者从第三位南至本位，故言'复缀以崇'。崇，充也。"　［12］总干：持盾。山立：像高山一样屹

立。 [13] 发扬蹈厉：本指舞蹈的动作。唐·张守节《史记正义》：“发，初也。扬，举袂也。蹈，顿足蹋地。厉，颜色勃然如战色也。”形容意气风发，精神奋勇。 [14] 夹振：指夹舞者摇动铎铃。驷（sì）伐：孔颖达疏：“驷当为四。四伐谓击刺作武乐之时，每一奏之中，而四度击刺，象武王伐纣四伐也。”

◎解析

一方面，刘宗周指出古人作乐在于显德，故闻者可闻乐知德，如闻《韶》乐可知舜帝“九功惟叙，九叙惟歌”的功业，闻《武》可知武王讨伐商纣的功绩；另一方面，刘宗周引《尚书》《礼记》所载舜、武之事业，指明舜德覆载天下，故孔子有尽善之叹，武王则功在翦商，相比舜所治之太平盛世，则有所未尽善。

◎原文

子曰：“居上不宽，为礼不敬，临丧不哀，吾何以观之哉？”

王迹既熄，圣人之教衰。居上者往往暴以临民，尽是苛急[1]气象，由此纪纲风俗一齐俱坏：行礼者纵恣[2]以决防[3]，居丧者忘哀以薄亲。故圣人合而言之。

才言居上，便无所不临，有宽道。若不宽，直不能容一物了，如居上何？才言礼，便只是敬；才言丧，便只是哀。三者正是循名责实[4]学问。觚不觚，觚哉，觚哉！[5]

◎注释

[1] 苛急：苛刻而急切。 [2] 恣（zì）：放纵，无拘束。 [3] 决防：指冲破礼法之防。 [4] 循名责实：依照其名来责求其实。 [5] 出自《论语·雍也》。觚（gū）：朱熹《论语集注》：“觚，棱也，或曰酒器，或曰木简，皆器之有棱者也。不觚者，盖当时失其制而不为棱也。觚哉觚哉，言不得为觚也。”

◎解析

在上者急功近利，往往会苛责民众，难以宽仁为公；一旦苛责成风，民众则易产生逆反心理，厌恶礼法之防，以至于违礼放纵；民众不能敬守礼法，久而久之自然败坏纲常，所谓临丧不哀便是其端。是故在上者若能施行宽道，以礼治国、以德育民，民众自然会上行下效，修礼以尽其情，修德以全其性。

里仁第四

◎原文

子曰："里仁为美。择不处仁，焉得知？"

未有择[1]里[2]而不于仁者，故曰："里仁为美。"择之，斯处之矣。乃人之于仁，不啻[3]居之有里也，苟不能择而处之，宁智逊[4]择里之下，又焉得为智？不智，所以不仁也。故人之于仁，处之非难，而择之难。

◎注释

[1] 择：选择。 [2] 里：居住的地方。 [3] 啻（chì）：但，只。 [4] 逊：差，不及。

◎解析

刘宗周主要围绕"择仁"来阐述。"择仁"就是选择民风仁厚、风俗淳朴的地方。

◎原文

子曰："不仁者，不可以久处约，不可以长处乐。仁者安仁，知者利仁。"

真处仁者，处之以约[1]而不滥[2]，处之以乐而不淫，又不特处之已也。暂处之而安，久处之而化[3]。处者境，而所处者心，约、乐两关，固勘[4]仁之真实际也。仁者安仁，成德之地也；智者利仁，进学之阶也。人未有仁而不本于智者，但自其利仁言谓之智，至以安仁，则智不待言矣。

仁不仁，只争些子，只一私不化[5]，遇事便打对不过，即能矜持于旦夕，而久之已不胜其败露矣。故圣人下一"久"字，要之，矜持之时，已是一团私意也。

◎注释

[1] 约：指穷困。 [2] 滥：泛滥无度。 [3] 化：融会贯通。 [4] 勘：判断。 [5] 化：转化。

◎解析

按照刘宗周所论，此章主要基于"以仁处境"而言。"处仁"指人们安于道义，在日常行动中都能依仁由义。真正的仁者，以仁为安宅，以义为正路，是故虽穷困，仍能安贫乐道，如颜回处陋巷不改其乐；虽喜乐，但不骄纵恣意，所谓乐而不淫。

◎原文

子曰："惟仁者，能好人，能恶人。"

人人有好恶之性[1]，而用之于人，或爽[2]其则，甚则好其所恶、恶其所好者有之，则以好恶出于我而不公乎人[3]故也。夫好恶既出于我而不公乎人，则好以天下而不谓之能好，恶以天下而不谓之能恶。必也仁者乎！仁者无我。无我之好，取人之当好而止；无我之恶，取人之当恶而止。两人也，而并分其好恶可；一人也，而时转其好恶亦可。如鉴之空[4]，如衡之平[5]，此非有见于万物一体[6]之原而学以克已者，其孰能之？

◎注释

［1］指人本性好善恶恶。［2］爽：违背。［3］此处“我”指私己之我，就私欲而言，“人”就人之本性而言。“不公乎人”指好恶非人所共同所有的。［4］鉴之空：鉴，镜子。指镜中无物，却能照出万物妍媸美丑。［5］衡之平：衡，秤杆。与“鉴之空”同义，比喻依照理则法度行事。［6］万物一体：中国哲学核心命题。指天地万物有相同的根源，关联为生生不息的存在整体。

◎解析

孟子指出人皆有羞恶、是非之心，此良心自会是是、非非，也就是自行判断是非，同时生发相应的情感认可“是”而拒斥“非”，也就是好善恶恶。刘宗周认为好恶有人我之分，出自人所同然之心便是好善恶恶的仁心，出自我之私便是情欲。“仁者无我”便能不为情欲所遮蔽，顺应好善恶恶的真心切实去好、去恶。

◎原文

子曰：“苟志于仁矣，无恶也。”

初机[1]人虽时有为善去恶之念，只不是觌体承当[2]，恶根仍在，如爝火荧光[3]，虽有微明，不禁魑魅[4]出没。若一志仁时，发心既真，直从命脉处讨归宿，归宿在此，杜尽[5]游移出入之路，更从何处容得恶念在？太阳一出，魑魅岂有昼啸[6]之理？学者由志道以后，到志仁地步，有多少功夫！志仁则好仁恶不仁，于为仁之功，思过半矣。然又曰“欲仁仁至”，机何捷也！学者省[7]之。

志仁无恶，正是超凡入圣关。过此关，是圣人路上人，进自不容已。若未过此关时，如团沙为黍[8]，捉影求形[9]，总无是处，一切长养成就，只是恶胞胎[10]结局。

恶与过不同。无恶之后，方有改过工夫可做。然过亦从恶根来，君子而不仁者有矣夫！志仁以后，工夫愈细，即颜子不能不违于三月之后。此中罅隙[11]，不容些子。才罅隙，便有贼子[12]窥伺[13]在，严乎，严乎！

◎注释

［1］初机：指人最初所发一念的征兆。刘宗周在此认为人所发的最初一念乃为善去恶的良知。［2］觌（dí）体承当：觌，见。体，心之本体。承当，承接担当。指承接担当心体所发的道义。［3］爝（jué）火荧光：指火光微小。此处形容为善去恶之念的隐微。［4］魑魅（chī mèi）：中国古代神话传说中的山泽之神怪。亦泛指鬼怪。［5］杜尽：指杜绝。［6］昼啸：指魑魅魍魉白天作乱。［7］省：反省，省察。［8］团沙为黍（shǔ）：指搓揉沙子使成团。比喻难以实现的事。［9］捉影求形：指捕捉影子来求得形体。亦比喻不可能的事。［10］恶胞胎：胞胎，本指生物胚胎。此处比喻萌发的恶念、恶根。［11］罅（xià）隙：裂缝，缝隙。［12］贼子：此处指为恶的念头。［13］窥伺（sì）：暗中观望，等待时机。

◎解析

此处刘宗周谈及为善去恶的工夫。在他看来，人心初发便存为善去恶的善念，此善念虽不直接显明在人的认知中，但又始终昭明地震荡着人。是故人一方面处于良知之明中，一方面又得觉于此明，切实地顺应此善念来为善去恶。若人诚心以求仁为志，一有所感发便加以觉察，自然无过失差错。

◎原文

子曰：“富与贵，是人之所欲也，不以其道得之，不处也。贫与贱，是人之所恶也，不以其道得之，不去也。君子去仁，恶乎成名？君子无终食之间违仁，造次必于是，颠沛必于是。”

求仁之功，直从动念处勘[1]理欲[2]关头。其为理与欲，又只就世缘渐染处勘此关头清楚。欲富贵，恶贫贱，是“人心之危”[3]；而所欲尤甚于富贵，所恶尤甚于贫贱，是“道心之微”。于此而能决不处不去之介[4]，必以道衡[5]之。以道与富贵，又不以道与贫贱，此非有见于“精一执中”之功者，不足以语斯，此所以为仁也。若所处者惟在于富贵，所去者惟在乎贫贱；而惟所欲恶之为见，则去仁远矣，又何以为君子？然则君子之于仁，惟有贫贱一途是终身得力地。虽终食之顷，未始无去处交乘[6]之隙。使终食而为贫贱之终食，则蔬食饮水乐也。极贫贱之途，虽造次，仁也；虽颠沛，仁也。苟舍此而欲处以非道之富贵，有断断乎不可者。至是而君子所以炼此心之仁，更无躲闪，更无方便，所称中心安仁，天下一人，不虚矣。

此章只是教人安贫贱而不易所守。于此不处，即是于彼不去。必双提富贵、贫贱两关者，欲即此以勘此心欲恶之几，乘于道与非道之辨，十分清楚，而后谓之仁故也。造次亦就贫贱说，人豢养[7]富贵之日，何等从容侈肆[8]，那得有造次境界？颠沛是患难交加，不特贫且贱而已。或问：“何以知终食亦说贫贱之终食？”曰：富贵既不处，贫贱既不去，则此一食之顷，果在何地？“然则注有添存养之说[9]，何如？”曰：存养之功，亦即在取舍之辨上见，非有二也。以为能为仁而后能贞遇者，亦非也。陈白沙先生[10]曰：“名节者，道之藩篱[11]，藩篱不固，其中未有能守者。”见道之言也。

孔子围匡[12]，子路曰：“吾闻仁者必容，智者必用。”如此说，则天下更无非道之贫贱可处，岂知自人分上看贫贱则非道，自君子身上看，未尝非道也。世人只为见得有非道之贫贱，所以怨天尤人，无所不至，破此关，便是遁世不见知而不悔，惟圣者能之。[13]

◎注释

［1］勘（kān）：勘察，省察。［2］理欲：理即天理，纯粹至善，为万物存在的本体；欲即私欲，指情欲超出本分的部分。宋儒提出“存天理，去人欲”的思想，主张通过义理来宰制情欲。［3］出自《尚书·大禹谟》：“人心惟危，道心惟微；惟精惟一，允执厥中。”［4］介：节操，操守。［5］衡：衡量，评定。［6］去处交乘：去处，去贫贱、处富贵。交乘，交叉、交错。［7］豢（huàn）养：养育，供养。［8］侈肆（chǐ sì）：奢侈恣肆。［9］指朱熹《论语集注》的注解。存养：出自《孟子》“存心养性”，后发展为宋明理学工夫论。［10］即陈献章（1428—1500），明代心学的奠基者，明代思想家、哲学家、教育家。［11］藩（fān）篱：范围，边界。［12］详见《论语·子罕》“子畏于匡”章。匡，地名，在今河南省睢县匡城乡。［13］出自《中庸》：“君子依乎中庸，遁世不见知而不悔，唯圣者能之。”

◎解析

理欲之辨是宋明理学中至关重要的论题。刘宗周结合《尚书》“人心道心”指出人有“欲富贵、恶贫贱”的人心之情欲，更有欲仁、恶不仁的道心之愿欲，后者便是性理之所在。君子明得理欲之别，所求所欲便是道心所发的愿欲，自然不会在富贵、贫贱上有丝毫动心。正如刘宗周指出，此章教人“安贫贱而不易所守”，所谓“守”便是安于道心所欲；而“贫贱”为人情所恶，处在这样的环境依旧能够安于道义，可见其守道之坚。

◎原文

子曰：“我未见好仁者、恶不仁者。好仁者，无以尚之；恶不仁者，其为仁矣，不使不仁者加乎其身。有能一日用其力于仁矣乎？我未见力不足者。盖有之矣，我未之见也。”

仁，心体也。心体有仁、无不仁[1]，更不须说好恶，不须说力仁。然人之心体不可见，而见之于好恶两端：好必是仁，恶必是不仁[2]；好仁、恶不仁之谓真用力于仁；真用力于仁者，真为仁者也，则为仁之力，亦从可决矣。张子[3]曰："领[4]恶以全好者，其必由学乎？"此即不使加身之说也。不使加则不我加矣，何用力而力不足之有？然而不能不加也。人生自气拘物蔽[5]而后，心失其体，而欲据之，业已浑身子是不仁窟宅[6]，全体受障[7]，何但加之而已。此可谓能恶不仁乎？则所好可知，即平旦之气[8]，其好其恶与人相近者几希耳。故夫子有感于斯，而以好仁、恶不仁为未见于天下也。且反覆言之不置[9]，云好仁、恶不仁，无并用之力，于此为好，即于彼为恶。或曰：圣人先言好而后言恶，所为在仁则所恶自在不仁，自有不使加身之理，宜于领好得恶，而张子以为领恶以全好，何也？曰：既已好仁，无尚矣，何须更用不使加身之恶？惟仁而有不仁以为之偶[10]，则好不易全而不得不决所恶之一力，恶之尽，斯好之尽。有味乎，张子之言也，善言学也。曰"由学"云者，又以见工夫之不易，补圣门未尽之意也。

◎注释

［1］指心体纯粹至善，发为仁义礼智之德。　［2］指良心好善恶恶，所好便是仁，所恶便是不仁。　［3］即张载。　［4］领：治理。又见《礼记·仲尼燕居》："领恶而全好者欤。"　［5］气拘物蔽：宋儒谈论气质、气质之性，认为人生而有气质之形，而气质具有相应的气性，能够遮蔽人本具的义理之性，所谓"气拘物蔽"便指气质对本性的遮蔽。　［6］窟(kū)宅：住所。　［7］障：障碍，遮蔽。　［8］平旦之气：出自《孟子·告子上》："其日夜之所息，平旦之气，其好恶与人相近也者几希，则其旦昼之所为，有梏亡之矣。"朱熹《孟子集注》："平旦之气，谓未与物接之时，清明之气也。"　［9］不置：不停止。　［10］偶：指相对。

◎解析

此章与前几章都涉及仁与好恶的问题。在刘宗周看来，人心本具好善恶恶的良知良能，仁作为心之体，实际就作为好善恶恶的显发。此处所谓“好仁、恶不仁”一方面指人心本来好仁而恶不仁，也就是好善恶恶；另一方面便指顺应此好恶来行动，也就是着实地好仁、恶不仁。

◎原文

子曰：“人之过也，各于其党[1]。观过，斯知仁矣。”

过与仁，分明是两路。出于过，则入于不仁。此其大较也。然过以类分其间[2]，出于小人者，固为本心缺陷之端；而其出于君子者，既是真心流露之地。诚于其类观之，而君子之过有不可与小人同类而共弃者，以其心无不仁故也。心无不仁，则其过亦仁中之过，故观过可以知仁。此惟善观类者能知之，亦惟真识仁者始知之也。仁中无过，而过未尝不可以知仁，正以见仁之无往而不在。学者求仁之功，自有真血路可入，不得以牝牡骊黄[3]之见当之也。

知仁之过，不必说周公、孔子等项。凡君子存心制事，自不能无过，只是他一点天理决不损坏，反有因过而见者。若周公、孔子，自是仁至义尽，有非常人之所谓过者。故曰“周公之过，不亦宜乎”[4]。凡事势相左，不得已而蹈不韪[5]之迹，皆达权[6]之理，（一作“大用”。）非过也。

◎注释

［1］党：类。　［2］间：指差别。　［3］牝（pìn）牡骊（lí）黄：牝牡，雌雄。骊，黑色。指挑选骏马不必拘泥于雌雄及外貌。　［4］出自《孟子·公孙丑下》：“周公，弟也；管叔，兄也。周公之过，不亦宜乎？且古之君子，过则改之；今之君子，过则顺之。古之君子，其过也，如日月之食，民皆见之；及其更也，民皆仰之。今之君子，岂徒顺之，又从为之辞。”　［5］不韪（wěi）：不是、过失。　［6］达权：通晓权宜，

随机应付。

◎解析

刘宗周在此区分小人之过与君子之过。小人犯错乃是由于本心遮蔽，难以为善去恶；君子未尝无过，但心体常惺惺，一有过不及便当下知晓，并加以改正。正如孟子所论周公之过，周公让其兄管叔监管殷都本无可厚非，后来管叔反叛，周公率师征讨便是改过之举。

◎原文

子曰："朝闻道，夕死可矣。"

人一生在道中作活，只行而不著，习而不察[1]，恁地[2]昏昏，终无所闻。无所闻，则此生与道了无关涉，遗却[3]块焉一身[4]，只是行尸坐肉，一旦飙然[5]而死，临岐[6]之际，真若有一未了之句当[7]悬在生前，至死不肯瞑目，却是逋负[8]而死，然亦重可惜也。一日不闻道，一日死不得；才一朝闻道，生无逋负，至此而死，方是了生死，故曰"夕死可矣"。佛氏了生死，只就死上了过去；吾儒了生死，却就生时了过来。故曰"未知生，焉知死"[9]，此朝闻夕死之说也。

闻道不废寻求，亦不关寻求；不废解悟，亦不关解悟；不废躬行，亦不关躬行；不废真积力久，亦不关真积力久。道只是本来人，即"率性"之谓。真闻道者，尽性焉而止矣。尽性，则与天地合德，与日月合明，与四时合序，与鬼神合吉凶，先天而天弗违，后天而奉天时。天且弗违，而况于生死之故。[10]然其要只是一念慎独[11]来，此一念圆满，决之一朝不为易，须之千古万世不为难。学者省之。

◎注释

[1] 出自《孟子·尽心上》："行之而不著焉，习矣而不察焉，终身由

之而不知其道者，众也。”著，明白所以然之理。察，明察其中缘故。指做事行动仅凭着经验与习惯，而不去探究其中的缘由。［2］恁（nèn）地：如此、这样。［3］遗却：遗失，丢却。［4］块焉一身：指孑然一身。［5］飙（biāo）然：指骤然。［6］临岐（qí）：指临别。［7］句当：即“勾当”，指事情。［8］逋（bū）负：指有所亏欠、拖欠。［9］出自《论语·先进》。［10］出自《易传·文言》：“夫大人者，与天地合其德，与日月合其明，与四时合其序，与鬼神合其吉凶。先天而天弗违，后天而奉天时。天且弗违，而况于人乎！况于鬼神乎！”［11］一念慎独：刘宗周思想中的工夫论。一念指好善恶恶的善念，发自人之本心，刘宗周又称之谓独体。慎独便是存戒慎恐惧之心，于善念所发中存养其体。

◎解析

刘宗周围绕此章论述儒家生死观。关于人的存在，刘宗周提出了相关学说。他认为宇宙只是一气流转，凡气皆具理，也就是无时无刻不处于理的运化当中，《中庸》言“道不可须臾离”便表明天地万物皆处在道的运化中，所谓“在道中作活”。虽然人无时无刻不处于道体的流行中，但是在具体的利用当中，人常常不能明觉这一运化的所以然之理，也就是“行而不著，习而不察”，由此昏蔽不明，不能真正践行此道。人若能行著察之功，于一念之发上存得此道，由此尽性命之利用，自然与天地运化相往来，了得生死。

◎原文

子曰：“士志于道，而耻恶衣恶食者，未足与议也。”

此道不与物对。知道者，忘物、忘富贵贫贱，只是忘一衣食伎俩[1]。物无大小，其累[2]道一也。士居恒志道，不必说到富贵贫贱上，即一恶[3]衣恶食稍稍动情，不免有耻心，则此心已为物溃[4]久矣。脚根[5]一差，终身扰扰，更无进步可讨，故曰“未足与议也”。盖亦立志之不笃故也。

圣人论好学，必自不求安饱来。岂惟不求安饱而已，才有恶衣食之耻，已未足与议。故子路衣敝缊袍则喜之[6]，颜子箪瓢陋巷则贤之[7]，此中滋味，圣贤大讨便宜在，幸无以寒酸见嗤[8]。

◎注释

[1] 伎（jì）俩：方法。 [2] 累（lěi）：妨碍。 [3] 恶：不好，不美。 [4] 溃：腐坏、堕落。 [5] 脚根：指根基。 [6] 出自《论语·子罕》："子曰：'衣敝缊袍，与衣狐貉者立，而不耻者，其由也与？''不忮不求，何用不臧？'"子路终身诵之。子曰："是道也，何足以臧？"敝，破旧。缊（yùn），乱麻，旧絮。 [7] 出自《论语·雍也》："子曰：'贤哉，回也！一箪食，一瓢饮，在陋巷。人不堪其忧，回也不改其乐。贤哉，回也！'"箪（dān），古代盛饭的圆竹器。瓢，舀水的用具。 [8] 嗤（chī）：讥笑。

◎解析

君子以道为己任，心之所志在于道，自然不会在乎外物的多寡美恶，正如子路衣敝缊袍、颜回箪瓢陋巷一般。刘宗周主要指出求道之人不能动一毫私欲之心。

◎原文

子曰："君子之于天下也，无适也，无莫也，义之与比。"

义无辙迹，即天下所宜然之理，而宰制则在吾心。精义者即心即天下，浑无内外应感之迹，就心与天下一体中看出义之妙用，变化无端，而我不宰，非即[1]非离，一似依比然，视义似疏[2]而视天下转亲，信非精义入神[3]者，不足以语此，若离却天下，以我制义，孰为可？孰为否？成见[4]不化，可否之间，未尝不自以为义，而不知其为适莫[5]也。适莫者似义而非义，义者化适莫而因之者也。

◎注释

［1］即：靠近。　［2］疏：疏远。　［3］精义入神：出自《易传·系辞下》："精义入神，以致用也。"在宋明理学思想中，为成德的一项工夫，指精通事物的义理以合于天地神妙之运化。　［4］成见：心中固执的偏见。　［5］适莫：可与不可。

◎解析

刘宗周主要基于人的本心来诠释，指出义为本心所发，天下事物的理即心之义，是故君子治理天下便得依循心中的义理，而"无适无莫"便指化除自己的成见，以本心良发的道义为准则来行事。

◎原文

子曰："君子怀德，小人怀土；君子怀刑，小人怀惠。"

圣人每每并提君子小人，其立心制行，皎[1]若冰炭，而怀德、怀刑、怀土、怀惠[2]，又就其神魄结脉[3]处，各各有头路可指，以见君子之所以上达、小人之所以下流有如是者。怀德非悬想[4]，有日进崇高之意，而又时恐其入于匪彝[5]也，故怀刑，则检身之功益以密矣。怀土者，一心只是照顾坐下[6]，计其身之安，不计其心之安也；怀惠者，坐下只是占便宜，计其利之前，不计其害之后也。此与君子正相反。惟怀德故怀刑，怀土故怀惠，两下用心，都勺水不漏。

德中脉路最清，著不得便安一念。才欲[7]便安，便成堕落。于此，只得借用个防检法门。若防不及，便当一味没入怀惠窠臼[8]。然则世之小人而号为君子者，固不少也。

◎注释

[1] 皎（jiǎo）：洁白，明亮。 [2] 朱熹《论语集注》：“怀德，谓存其固有之善。怀土，谓溺其所处之安。怀刑，谓畏法。怀惠，谓贪利。” [3] 神魄结脉：指关节，关键的地方。 [4] 悬想：凭空想象。 [5] 匪彝（fěi yí）：违背伦常的行为。 [6] 坐下：指当下，眼前。 [7] 欲：指欲望，私欲。 [8] 窠臼（kē jiù）：比喻陈旧、一成不变的形式。

◎解析

按照刘宗周的理解，“怀德”“怀刑”主要就修养德性而言，所谓“刑”指通过礼仪法度进行自我反省、检查；“怀土”“怀惠”则指贪求眼前的利益，不顾自家良心的慊安与否。

◎原文

子曰：“放于利而行，多怨。”

放[1]利多怨，多怨之至，亲戚叛之，其究[2]必为天下僇[3]。然小人亦每每不顾蝇头[4]之得，不难殉以七尺之躯，虽至死不悟。于是而孟夫子又动以“本心”之说曰：“向为身死而不受，今为宫室、妻妾、所识穷乏者得我而为之，是亦不可以已乎！”[5]为小人者且奈之何！

◎注释

[1] 放（fǎng）：依据。 [2] 究：极，到底。 [3] 僇：同“戮”，杀戮。 [4] 蝇头：比喻微小的名利。 [5] 出自《孟子·告子上》。

◎解析

此章涉及“义利之辨”。儒家认为君子以义为本，宁可舍生取义，也不放利而行。

◎原文

子曰：“能以礼让为国乎？何有？不能以礼让为国，如礼何？”

天下之乱，皆起于争。人情相争则不足，相让则有余。故先王制礼以教之。其间一进一退，一俯一仰，玉帛之交错[1]，拜跪之趋承[2]，大抵先人后己[3]之心事。人主躬行让德，以制礼之本，凡有注厝[4]，皆身自挹损[5]，视匹夫匹妇皆能胜予，不敢以崇高自恃。由是而礼教行焉，百官让于朝，万民让于野，纪纲犁[6]而风俗成，治国之所以易也。舍让而言礼，其人主实有争心，一切制度文章不过为涂饰耳目之具，天下何所禀式[7]与？人以为礼之无当于治也，而不知其畔礼已甚矣。盖春秋之末，礼文日盛，礼意已亡，人情复趋于嚣争[8]，遂流而为战国，故夫子有感而言之。

◎注释

[1] 交错：形容不断来往。 [2] 趋承：侍奉，侍候。 [3] 出自《礼记·坊记》：“君子贵人而贱己，先人而后己。”指优先考虑别人的利益，然后再想到自己。 [4] 注厝（cuò）：安放，放置。 [5] 挹（yì）损：贬抑。 [6] 犁：通“黎”，指众多。 [7] 禀式：指给予范式、法度。 [8] 嚣（xiāo）争：指争夺。

◎解析

先秦荀子指出人面临欲多而物寡的状态，便会产生“争乱穷”

的局面，于是先王制定礼义法度以使得社会能够正理平治。关于礼，刘宗周区分“礼文”与“礼意”，指出“让”为礼之意，也就是礼的实质，认为君主躬行谦让之德便可对治争夺之心，并且兴发百官、万民皆效法此礼。

◎原文

子曰：“不患无位，患所以立；不患莫己知，求为可知也。”

有位[1]则必有所以立位者，有知己者则必有为可知者也。此非可以取办[2]于当日者也。念及此，则隐居求志之学，可不深虑而早图之乎？而顾急急乎有位之患，则亦不思而已矣。圣人就世人一副热眼热肠极难消煞[3]处，一作商量，便令人有汗颜[4]自反处。若后世科举习兴，干办得八股[5]停当[6]，便一味想望高官大禄，视天下事如儿戏传舍[7]，又安可以圣人此言责之？本朝贺医闾、陈克菴[8]先生辞给事[9]、御史[10]，皆至泣下，后来毕竟做出好来。

◎注释

［1］位：职位。［2］取办：办理。［3］消煞（shà）：耗尽。［4］汗颜：因心中羞惭而出汗。［5］八股：中国明、清科举考试用的文体，由破题、承题、起讲、入手、起股、中股、后股、束股八部分组成。八股文一般内容空洞，形式死板。［6］停当：妥当，完备。［7］传舍：指供行人休息住宿的处所。［8］贺医闾：贺钦（1437—1510），字克恭，自号医闾山人。陈克菴：陈选（1429—1486），字士贤，号克庵。［9］给事：明朝置给事中，掌侍从、谏诤、补阙、拾遗、审核、封驳诏旨，驳正百司所上奏章，监察六部诸司，弹劾百官，与御史互为补充。另负责记录编纂诏旨题奏，监督诸司执行情况；乡试充考试官，会试充同考官，殿试充受卷官；册封宗室、诸藩或告谕外国时，充正、副使；受理冤讼等。品卑而权重。［10］御史：明朝设立都察院，长官为左、右都御史，下设副都御史、左右佥都御史，又依全国十三道，分设监

察御史，巡按州县，专事官吏的考察、举劾。

◎解析

有建功立业的本领，自然不会发愁没有职位；有可以为人所称道的德行，自然不会忧愁别人不知道自己。刘宗周对一味追逐功名的现象提出批评，指出君子应当首先修习自身的素养。

◎原文

子曰：“参乎！吾道一以贯之。”曾子曰：“唯。”子出，门人问曰：“何谓也?”曾子曰：“夫子之道，忠恕而已矣。”

一贯之道，即天地之道，非圣人所得而私也。圣人自任以为吾道者，圣人从自己心上看出此道，满盘流露[1]，一实万分，盈天地间，万事万物各有条理，而其血脉贯通处，浑无内外人己感应之迹，亦无精粗大小之殊，所谓“一以贯之”也。“一”本无体，就至不一中会得无二无杂之体[2]，从此手提线索，一一贯通，才有壅淤[3]，便与消融，才看偏枯[4]，便与圆满，时时澄彻，处处流行，直将天地万物之理打合一处，亦更无以我合彼之劳，方是圣学分量。此孔门求仁之旨也。求仁之旨，“忠恕”之说也。假令曾子未唯[5]，更作何谓之问，则夫子必以“忠恕”答之，而谓“曾子浅言之，以解门人之惑”者，谬也。何也？天下无心外之道[6]，圣人无心外之学也。此心本一贯万分，无有内外人己感应之迹，亦无精粗大小之殊，所谓“忠恕”也。故曰：“夫子之道，忠恕而已矣。”忠恕是一贯真头面，必以忠为一、恕为贯者，亦谬也。盖曾子于圣人之道，以身体[7]之而实有得焉。一唯之下，得心应手，将圣人无限幽深宏胜[8]不可思议妙道，只作布帛菽粟[9]承当[10]在，所谓善发师门之蕴也。

一贯之宗，本之《大易》。其曰太极生两仪，两仪生四象，四象生八卦，八卦因而为六十四卦，六十四卦千变万化无穷而复于太极，周子《太极图说》[11]更发其蕴。此天地人至妙之理，然不必作一贯解，说是一贯，反属安排。此盖圣人就自己心上言，心无死地则曰贯，无所不贯则曰“一以贯之”，非以一贯万也。一以贯之，便还他天地自然本色[12]，故曰：“天地无心而成化，圣人有心而无为。”

曾子平日只在忠恕上做功夫，未有冥心[13]合道之妙，故夫子就忠恕上指出道体，所谓“形而下者谓之器”，器者忠恕是也。曾子一闻此言，如寐者之得呼[14]，见得平日所用忠恕之功，只在有思有为上凑泊[15]，一旦显他在无尽藏[16]，如此渊渊浩浩[17]，不觉心力俱堕，一切语言无可承当，直曰“唯”而已。一唯之下，正好用工夫，便不必改头换面。要之，“唯”后之“忠恕”，不是“唯”前之“忠恕”矣。必以忠恕解一贯者，自门人分上，固下学之津梁[18]；自圣人分上，亦上达之照影[19]（一作“筌罛”。）也。

曾子质鲁[20]，其为学也守约，一心一路一力作进步，便得水穷山尽，别有天地非人间，依旧是自家屋里住。

曾子以忠恕解一贯，若更未达，则有《大学》一书在，可谓深切而著明矣。

◎注释

［1］满盘流露：指全体显露。 ［2］至不一：指尚未理事合一的状态。无二无杂：指理事或体用相合为一的状态。 ［3］壅淤（yū）：堵塞，不流通。 ［4］偏枯：中医指偏瘫、半身不遂。此处指偏于一端。［5］唯：表示肯定。 ［6］宋明心学一脉认为本心具众理，应万事，故心外无道，心外无学。 ［7］体：体察，体贴。 ［8］宏胜：指博大高妙。 ［9］布帛（bó）菽（shū）粟（sù）：布帛，布匹衣物。菽粟，豆、稻等日常食物。比喻日用事物。 ［10］承当：承受担当。 ［11］《太极图说》：“无极而太极。太极动而生阳，动极而静，静而生阴，静极复动。一动一静，互为其根。分阴分阳，两仪立焉。阳变阴合，而生水火木金土。五气顺布，四时行焉。五行一阴阳也，阴阳一太极也，太极本无极也。” ［12］本色：本来面貌。 ［13］冥心：潜心。 ［14］得呼：

指受教而有所醒觉。 [15] 凑泊：指生硬的凑合、拼凑。 [16] 无尽藏：佛教概念，指佛性广大无边，作用于万物，无穷无尽。此处借指自家本心、性体。 [17] 渊渊浩浩：深远广大。 [18] 津梁：渡口和桥梁，比喻起引导、过渡作用的事物或方法。 [19] 照影：指忠恕作为道体所显发之所在。筌罤（quán tí）：筌，捕鱼器。罤，捕兔器。佛教用语，指获取佛道的途径。 [20] 质鲁：质朴鲁钝。

◎解析

刘宗周主要围绕心体进行诠释。所谓“一”指存在于万事万物之中的理，实则就是仁义本心，所谓“贯”便是此心贯彻在人事的各个方面。就人的存在而言，人若能尽其仁心推及于事事物物便是尽一贯之道，而“尽心”之谓“忠”，“推己及人”之谓“恕”，可见一贯之道实则就是忠恕之道。刘宗周在此便认为曾子所谓“忠恕”正是孔子“一贯之道”的工夫所在。另外，刘宗周指出“一贯”非“以一贯之”，也就是并非有心去安排，而是顺应万物之理的自然之化，所谓“有心而无为”。

◎原文

子曰：“君子喻于义，小人喻于利。”

喻义喻利，喻犹晓也。如牙人[1]辨百货，一经眼目，将骨髓都透尽理会，他自有独解处，比他人分外看得清，须是平日经识[2]多。此可以知君子小人之喻。

象山先生[3]至白鹿洞[4]讲“喻义喻利”一章，大底[5]言科举之习，仕宦之途，名虽为义而实喻于利，缘其志之所向如是。故朱子以为切中学者隐微深锢[6]之病，一时闻之有流涕者。至朱子晚年，又与人书曰：“世间喻于义者必为君子，喻于利者必为小人。而近年一种议论，乃欲周旋于二者之间，回互[7]委曲，费尽心机，卒不可得为君子，而其为小人亦不索性，亦可谓误用其心矣。”合二先生之言观之，乃知世间有以利为义之学，有混义利一途之学。夫惟有混之一途，而后有假之一途，然要之可混，不可假也。张敬夫[8]曰：“无所为而为之谓义，有所为而为之谓利。”尚可容混且假否？

《易》曰：“利者义之和。”子思子曰：“仁义所以利之。”道理何尝不是，此周旋之说所自起。义利本非二途，但就中君子只见得有义，小人只看得有利，义利两途，遂若苍素[9]不可混，圣人特为表其辨如此，亦衰世之意也。

◎注释

［1］牙人：居间买卖、代销货物的人。 ［2］经识：经历，见识。［3］即陆九渊（1139—1193），字子静，讲学于象山，学者称“象山先生”。南宋哲学家、教育家，陆王心学的代表人物。 ［4］白鹿洞：位于江西省九江市五老峰东南麓。南宋淳熙六年（1179），朱熹任南康知军，兴复白鹿洞书院，后邀请陆九渊前来讲学。 ［5］大底：大概、大抵。［6］隐微深锢（gù）：指病根隐约细微、根深蒂固。 ［7］回互：曲折宛转。 ［8］即张栻（1133—1180），字敬夫，号南轩，学者称“南轩先生”，谥曰“宣”，又称“张宣公”。南宋思想家、教育家。其学自成一派，与朱熹、吕祖谦齐名，时称“东南三贤”。 ［9］苍素：苍，深青色。素，白色。

◎解析

此章依旧涉及“义利之辨”。刘宗周在此援引前贤诸说，指出君子志于义，所见所为无非义；小人喻于利，无往而非利。是故君子以义利为一，小人则逐利而害义，由此也就不存在义利相混的可能。

◎原文

子曰：“见贤思齐焉，见不贤而内自省也。”

贤不贤两等人，随吾所见，时时有观模[1]，时时有激发，方是精神打成一片，日移月化，自不容已。若遇平等人[2]时，亦须择其善者而从之，其不善者而改之。

“思齐”，不徒齐其人而已，直思我之所以可齐者何在，则不必取诸人而自贤。“内自省”，不徒省其所有，直省其所本无者安在，则亦不必鉴诸人而自远于不贤。

◎注释

［1］观模：即“观摩”，观察别人的优点加以揣摩、学习。　［2］平等人：指与自身见识、涵养差不多的人。

◎解析

此章与“三人行必有我师”一章意思差不多。刘宗周认为贤与不贤都能激发自身好善恶恶的良知，也就是见善则自好，自然择善思齐；见不善如探汤，自然羞恶自省而远于不贤。

◎原文

子曰：“事父母几谏。见志不从，又敬不违，劳而不怨。”

几之为言微也。下气[1]怡色柔声焉，微矣，抑犹有伦[2]也。视于无形，听于无声，不假声色而默喻[3]亲于道，使父母安之若素[4]，微乎微矣，然不能必之亲也。从违之端，于志取之。苟有见焉，弗敢安也。亲虽违于我，而我之精诚专一[5]，未尝一息违乎亲，其为几谏如故也。又不特见志已也，至于暴于事为之著，多方营救，不胜其劳，用其力于无可用，而其心专一，其气转和，终冀[6]亲之一悟，其为几谏也益进矣，亲心庶[7]其允若[8]乎？此心稍与亲相牴[9]即是违，稍见亲有不是处即是怨，不违不怨，其用心只在无形无声上，皆所为几谏之实也。

几谏之道，一言以蔽之，曰“敬”。敬者圣学也，忠臣所以事君、孝子所以事亲、仁人所以事天地，皆是物也。

◎注释

［1］下气：指态度恭顺，平心静气。　［2］有伦：有理，有伦常。［3］喻：知晓。　［4］安之若素：安然相处，像平常一样。　［5］精诚专一：指极其真诚专心。　［6］冀（jì）：希望。　［7］庶（shù）：也许。　［8］允若：顺从。　［9］牴（dǐ）：同“抵”，抵触。

◎解析

此章论事亲之道，主要围绕“敬”展开。人子侍奉父母当始终精诚专一，若父母有过错，自然要加以劝告，但态度要委婉，要有耐心；若父母不听从自己的意见，不应生气埋怨，也不要灰心丧气，而应持敬如初，想方设法来劝谏，以期父母受此感动而有所醒觉。

◎原文

子曰：“父母在，不远游。游必有方。”

远游，大抵为役役功名而设。如朝秦暮楚[1]，所至求合，甘[2]以其亲遗万里之忧者，亦名教之罪人也。游必有方[3]，不出疆而载质[4]，为贫之仕，时亦有之。语云：“父母在，不许友以死。”[5]君、亲虽并重，忠臣固不先亲而后君，孝子亦不急君而遗亲，当其时道则然也。

◎注释

［1］朝秦暮楚：早上在秦国，晚上在楚国。比喻行踪不定，四处漂泊。　［2］甘：甘心。　［3］方：指有一定的去处。　［4］载质：指带着晋见的礼物。比喻急于出仕。　［5］出自《礼记·曲礼上》：“父母存，不许友以死，不有私财。”许友以死，指朋友以死相许，形容重友谊。

◎解析

按照刘宗周的理解，所谓“远游”多是追逐功名，为人子为了功名而让父母担忧显然不孝；即使出仕事君，也不能“急君而遗亲”。

◎原文

子曰：“父母之年，不可不知也。一则以喜，一则以惧。”

父母分上，有许多事难了。而年寿一节，尤不能必之天者，崦嵫[1]之景，难得易失，喜惧交并，自不容已。两念萦回[2]于方寸，真有无一刻可以自遣，而无方之养，自有无所不用其极者矣。

◎注释

［1］崦嵫（yān zī）：山名，传说中为每日太阳落入的山。此处指父母年老。　［2］萦回：回旋环绕。

◎解析

随着父母年纪增长，一方面因父母高寿而欢喜，另一方面又因父母年老而忧惧。所喜、所惧发自本心，自不容已，一方面在此真心萦绕下不容不尽心去侍奉父母，另一方面也只有在侍奉父母中才能得此心安。

◎原文

子曰：“古者言之不出，耻躬之不逮也。”

天下之道，宣[1]之于口易，措[2]之于躬难，故言出而躬随之，已有不逮之势矣。积而至于易者日易、难者日难，心口相复，往往寻丈之言而尺寸不可偿，岂不可耻之甚！古人为之赧赧[3]焉，不敢一出诸口，而惟躬之责，卒称慥慥[4]之学也。夫子见得古人大圣大贤，其文采不尽传于后世，故追想而思其用心如此，如《典谟》所载帝王垂训者，盖亦嗛嗛[5]矣，故特借以儆[6]学者云。

“古者言之不出，耻躬之不逮也”，今之人何独不然？古人躬行之心重，特从有言中看出无言来；今人躬行之道亡，转从无言中看出有言来，但其所以用耻者异耳。

◎注释

[1] 宣：公开说出。 [2] 措（cuò）：施行。 [3] 赧赧（nǎn）：指惭愧脸红。 [4] 慥慥（zào）：忠厚诚实。 [5] 嗛嗛：通“谦”，谦逊的样子。 [6] 儆（jǐng）：使人警醒。

◎解析

此章涉及言行关系。古人以言行不一致为耻，一方面不轻易许诺，另一方面躬行其言，做到言出必行。

◎原文

子曰：“以约失之者鲜矣。”

约[1]就事上说，而本之在心。约之心从操存[2]得来。操存之心，天理分上[3]多，人欲分上少，故鲜[4]失。

◎注释

[1] 约：自我约束。 [2] 操存：出自《孟子·告子上》：“操则存，舍则亡，出入无时，莫知其乡，惟心之谓与！”指操持本心，不使丧失。[3] 分上：指在某某本质上。 [4] 鲜（xiǎn）：少。

◎解析

按照刘宗周的解释，约指约于心，也就是通过操存本心，约于天理。

◎原文

子曰："君子欲讷于言，而敏于行。"

言语说不出口，大段是好事，正欲留此精神在行上。若力行不前，因循阻丧[1]，终成暴弃，虽有欲讷[2]之心，亦无所用之。两者矫轻儆惰[3]，机若相因而心惟一致。盖君子为己之学然也。

◎注释

[1] 阻丧：沮丧失色。 [2] 讷（nè）：语言迟钝。 [3] 矫轻儆惰：指改正、除去轻傲、懒惰的习气。

◎解析

该章与前面几章皆谈论言与行的问题。君子不失信于言，自然有更多精神用力于躬行。

◎原文

子曰："德不孤，必有邻。"

德本人之同得，相求相应，自是常理，其为不孤不待言。言"不孤"者，盖自学者修德言，谓不可孤而自足也。"必有邻"者，转就不孤而言。既不能孤而自足，则亲师取友之功，自不容已矣。邻之为言亲也，左之右之，善相长，过相规，即出入守望[1]之义。使我无善下[2]之心，则亦不得而有之，有之所以不孤也；使我而不有之，则虽师保[3]在前，直谅[4]在后，不免当面错过，而猥[5]欲以独学无偶[6]之身，自托于知希我贵[7]之说，其于德必无几矣。

◎注释

[1] 出入守望：出自《孟子·滕文公上》："出入相友，守望相助，疾病相扶持，则百姓亲睦。"指邻里亲友互相帮助。 [2] 善下：指向不如己的人请教学习。 [3] 师保：古时辅弼帝王和教导王室子弟的官，有师有保，故称"师保"。泛指老师。 [4] 直谅：指正直诚信的人。 [5] 猥（wěi）：指浅薄。 [6] 独学无偶：指独自学习，没有同道之人。 [7] 知希我贵：指知己稀少，我自身最为贵重。

◎解析

按照刘宗周的解释，人心皆具德性，必能相互感应，是故德不孤；同时"不孤"还体现在求学修德的工夫当中，也就是结交师友，相互学习、帮助。

◎原文

子游曰："事君数，斯辱矣；朋友数，斯疏矣。"

《易》言："初筮[1]告[2]，再三渎[3]，渎则不告。"凡数数[4]之病，皆起于不诚，以不诚之心处君臣朋友之间，势孤而情携[5]，未有能得之者也。大臣格心[6]，良友之道亦然。若取信于言，其为诚意已薄矣，况至于数乎！数而见辱，我自取辱也；数而见疏[7]，我自取疏也。数而见辱见疏，而犹归过于君朋者，往往而是也。苟反而思之，行有不得，皆反求诸己，其于臣道友道，思过半矣。

◎注释

[1] 筮（shì）：指用蓍草占卦。 [2] 告：指他人前来受业，开始的时候便授道解惑、倾囊相告。 [3] 渎（dú）：亵渎，轻慢。指受业的人不自行思索，对学业轻慢，致使一再询问。 [4] 数（shuò）：屡次。[5] 擕：通“懏”，背离。 [6] 格心：指大臣纠正君主思想上的错误。 [7] 疏：疏远。

◎解析

刘宗周主要围绕“诚”论述，指出“见辱、见疏”的原因在于未以诚心来事君、交友。是故当朋友疏远自己，首先要自我反省，在自己身上找原因，然后加以改正。

公冶长第五

◎原文

子谓公冶长："可妻也。虽在缧绁之中，非其罪也。"以其子妻之。子谓南容："邦有道，不废；邦无道，免于刑戮。"以其兄之子妻之。

门人记二贤之见取于圣人，一则谓其缧绁[1]之可原[2]，一则谓其刑戮之可免，总之鉴人于牝牡骊黄[3]之外者。免于刑戮，亦论其人耳。使不幸而遭公冶之诖误[4]，其将以是贬贤乎？二贤之品，自有优劣，而夫子并引为肺腑之戚，则所谓时之先后、年之长短，皆有不可得而知者，圣人未尝容私于其间也。

谢上蔡[5]谓：夫子择婿，后人以为非。子谓公冶长可妻，非择婿而何？圣人不择婿，是远人以为道也。此事正是孔门真学问平实处，于此增一分意思，便违天理；减一分意思，便戾[6]人情。"可妻也"三字，何等轻妥！

◎注释

[1] 缧绁（léi xiè）：指捆绑犯人的黑绳索。借指监狱。 [2] 原：谅解，宽容。 [3] 牝牡骊黄：指挑选骏马不必拘泥于雌雄及外貌。 [4] 诖（guà）误：连累。 [5] 谢上蔡：谢良佐（1050—1103），字显道，人称"上蔡先生"。北宋学者，师从程颢、程颐，与游酢、吕大临、杨时号称"程门四先生"。 [6] 戾（lì）：违背，违反。

◎解析

此篇多记孔子论弟子德行。此章正如谢上蔡所谓圣人择婿，但孔子实则以此凸显公冶长、南容的德行。

◎原文

子谓子贱："君子哉若人！鲁无君子者，斯焉取斯？"

子贱[1]之为君子也，鲁众君子力[2]也。非众君子之力能与之，而子贱实能取之也。虽然，鲁固有大君子焉，尼山[3]振铎[4]三千[5]，七十子[6]之彦[7]萃[8]一堂而讲求，如江河饮腹，听其恣[9]取，或取德行，或取言语，或取政事，或取文学，皆有圣人之一体，以鸣斯道之盛。而子贱亦其裒[10]然者欤？颜渊之亚，德行之品也。夫子之美子贱也，盖亦私幸及门之有人欤？

按：宓子贱治单父[11]，冠盖迎之者交接于道，子贱曰："车驱之，车驱之。夫阳昼之所谓阳鲚者至矣。"[12]于是至单父，请其耆者[13]，贤而与之共治，父事[14]三人，兄事五人，友事十二人，又有贤于不齐者五人，师事之而禀度[15]焉，皆教不齐以道。夫为治如此，则其平日力学而孜孜[16]于师友可知。大抵亲师取友是学问第一义，但须虚心善下方有益。孔门若无若虚[17]而外，仅见子贱。子贡悦不若己，子夏离群索居，其成就不逮也。

又按，《说苑》：孔子见子贱曰："自汝之仕，何得何亡[18]？"子贱曰："自来仕者无所亡，其有得者三：始诵之文，今履而行之，是学益明也；俸禄所供，被及亲戚，是骨肉益亲也；虽有公事，而兼以吊死问疾，是朋友益笃也。"孔子喟然[19]谓子贱曰："君子哉若人！"

◎注释

[1] 子贱：宓不齐，字子贱，孔子弟子。 [2] 力：指帮助子贱成德。 [3] 尼山：孔子诞生地，位于曲阜城东南三十千米。后人因避孔子讳称为尼山。 [4] 振铎（duó）：指宣布教化。 [5] 三千：指孔子弟子多达三千。 [6] 七十子：指孔子弟子身通六艺者七十二人，举成数来说，称为“七十子”。 [7] 彦（yàn）：指有才学、德行的人。[8] 萃（cuì）：聚集。 [9] 恣（zì）：任凭。 [10] 裒（póu）：聚集。 [11] 单（shàn）父：春秋鲁国邑名，故址在今山东省单县南。[12] 出自汉·刘向《说苑·政理》。阳昼，人名。阳鲚（jiǎo），鱼名。子贱为单父宰，阳昼赠言道：“夫投纶错饵，迎而吸之者阳鲚也，其为鱼薄而不美；若存若亡，若食若不食者鲂也，其为鱼也博而厚味。”此处以阳鲚比拟那些冠盖逢迎的人，是故子贱驱车，意思是避开这些人。 [13] 耆（qí）者：指年老的人。 [14] 父事：指像侍奉父亲一样对待。 [15] 禀度：受教。 [16] 孜孜（zī）：勤勉，不懈怠。 [17] 若无若虚：出自《论语·泰伯》：“曾子曰：‘以能问于不能，以多问于寡；有若无，实若虚；犯而不校。昔者吾友尝从事于斯矣。’”此赞美颜渊，称其满腹学问，但看着好像空无所有一般。 [18] 亡：失去。 [19] 喟（kuì）然：感叹的样子。

◎解析

此章称赞子贱。刘宗周重点引述子贱治理单父的事例，指出子贱虚心善下，为官为学上能够任贤、亲师、取友，由此造就其君子之德。

◎原文

子贡问曰：“赐也何如？”子曰：“女器也。”曰：“何器也？”曰：“瑚琏也。”

以瑚琏之器[1]视君子之品，则霄壤[2]矣。赐达于材而子贱成于德也。然夏、商珍物[3]，较之近代浇漓[4]之质，远矣。赐盖闻圣人之道而未得于心，不免以才华擅长仅囿[5]于用者乎？瑚琏，非谓可贵而不可贱，赐多学而识，就才气挥霍[6]处尽见所长，言语文章卓越人群，为斯道中之美器耳。

◎注释

[1] 瑚（hú）琏（liǎn）之器：瑚琏，古代祭祀时盛黍稷的礼器。比喻堪当大任的才能。 [2] 霄（xiāo）壤：天和地。比喻相差很大。 [3] 朱熹《论语集注》："夏曰瑚，商曰琏。" [4] 浇漓（jiāo lí）：浮薄不厚。 [5] 囿（yòu）：局限。 [6] 挥霍（huò）：发挥利用。

◎解析

子贡学识广博，才思敏捷，是故孔子以瑚琏加以称赞。但正如刘宗周所指出的，子贡终究只是囿于才气，未能如子贱一般成就君子之德。

◎原文

或曰："雍[1]也仁而不佞。"子曰："焉用佞？御人以口给，屡憎于人。不知其仁，焉用佞？"

心一耳，内葆之即是仁，外泄之便给[2]之口舌是佞[3]。佞与仁正分道而驰者。不佞勘[4]仁最清，而谓不佞之雍即仁，而勘仁转粗，故夫子深斥佞之无所用，以为善雍，而始曰"不知其仁"，正欲其从事于仁而喜其不佞也。然欲求仁者，当自不佞而入，近取之则几矣。他日语仲弓曰："出门如见大宾，使民如承大祭，己所不欲，勿施于人。""雍虽不敏"，请从事于斯语矣。使雍果有得于斯，其于仁犹未可知也。甚矣，仁之难言也。

"屡憎[5]于人"，正见其御[6]人情状处，屡憎屡不悛[7]，穷一说又转一说以盖之。憎者之情穷而佞人之口不穷，终被佞人使唤去也。

◎注释

[1] 雍：冉雍，字仲弓，孔子弟子。 [2] 给（jǐ）：指敏捷善辩。[3] 佞（nìng）：口才。 [4] 勘：判断，界定。 [5] 憎：被人厌恶。[6] 御：朱熹《论语集注》："御，当也，犹应答也。" [7] 悛（quān）：悔改。

◎解析

此章涉及仁与佞，仁者存心笃厚，不轻易逞口舌之快。时人以口才为善，孔子借此指出擅长口才的人，往往辩诘不已，被人厌恶。《论语》中多次提及对待"言"须慎重，诸如"先行其言""讷于言而敏于行"等，都指出君子应当以躬行为主，言则必行，不能言过其实。

◎原文

子使漆雕开[1]仕。对曰："吾斯之未能信。"子说。

仕、学只是一理。仕所行之理，即学问所明之理。明得尽者，措之于行而不疑，实有诸己故也。有诸己之谓信。伊尹耕于莘野而乐尧、舜之道[2]，及膺三聘而幡然[3]，则尧、舜君民之业实可见之行，而凿凿[4]有以自信，如握左券[5]。然学未至此地，一旦当官，只尝试漫为[6]耳。子使漆雕开仕，亦借以证其所学，为开之求信于斯者素也。而开果以未信对，此非真有见于道体之无穷而通[7]仕学为一原[8]者，不足以语此，故夫子悦之，悦其终得与于斯而几于信也。"斯"指此理而言，即指仕之理而言。若驾空摸索，恍有一物焉，以为求信之地，则邻于佛、老之见矣。惟求信故知未信，亦惟有真信者而后能有其未信。总之，信不离斯，亦不必在斯。真能信者，合天地民物非有余，即晤言一室[9]非不足。此孔门不怨不尤、下学上达之宗也。

夫子以知尔试[10]群贤，而曾点[11]即取之春风沂水之间[12]，言即“斯”是仕之理也。仕在他日，而开举斯在目前，与点之言若合符节，故曰二人已见大意。然点言所信而开言所疑，何也？点之见虚，故眼孔[13]易及；开之见实，故地步多悬，点率流于狂[14]而开之进未可量也。

程子曰：“古人见道分明，故其言如此。”陆子静曰：“古人看道，如家常茶饭，故曰‘吾斯之未能信’。”皆指“斯”字言。愚谓此犹说得太凿[15]。古人看道理如家常茶饭，正不必如此解“斯”字。即照上“仕”字言，自有根据。或以古人之学由己以及人，自近以及远，若曰：“吾于目前至近者且未之能信，而敢言仕为？”则“斯”字作“示斯”之“斯”亦通。

◎注释

[1] 漆雕开：姓漆雕，名开，字子开，又字子若，孔子弟子。 [2] 出自《孟子·万章上》：“伊尹耕于有莘之野，而乐尧舜之道焉。”伊尹，姒姓，伊氏，名挚，生于伊水，夏末商初政治家、思想家，商朝开国元勋。莘野，有莘，国名。伊尹初隐之时，耕于有莘之国。后以“莘野”指隐居之所。 [3] 出自《孟子·万章上》：“汤三使往聘之，既而幡然改曰：‘与我处畎亩之中，由是以乐尧舜之道，吾岂若使是君为尧舜之君哉？吾岂若使是民为尧舜之民哉？吾岂若于吾身亲见之哉？天之生此民也，使先知觉后知，使先觉觉后觉也。予，天民之先觉者也；予将以斯道觉斯民也。非予觉之，而谁也？’”膺（yīng），接受。聘，访问。幡（fān）然，变动之貌。 [4] 凿（záo）凿：确实可信。 [5] 左券（quàn）：古代契约用竹片做成，分左右两片，左片叫左券，是索取偿还的凭证。后来便以“握左券”比喻有把握。 [6] 漫为：指随意、盲目的为事。 [7] 通：贯通。 [8] 一原：指贯通为一体。 [9] 晤（wù）言一室：指在室内当面对谈。 [10] 试：测试。 [11] 曾点：字皙，曾参之父，孔子弟子。 [12] 出自《论语·先进》：“鼓瑟希，铿尔，舍瑟而作。对曰：‘异乎三子者之撰。’子曰：‘何伤乎？亦各言其志也。’曰：‘莫春者，春

服既成，冠者五六人，童子六七人，浴乎沂，风乎舞雩，咏而归。’夫子喟然叹曰：‘吾与点也！’”　[13] 眼孔：指眼界。　[14] 狂：指纵情任性。　[15] 凿：指穿凿附会。

◎解析

刘宗周将“斯”解释为出仕为官的道理，指出仕、学只是一理，也就是学问所明的便是齐家治国平天下的出仕之道。如伊尹隐居有莘之野时，好尧舜之道，等到辅助成汤之时，便行尧舜之道于天下。漆雕开言“未能信”正是知道自己尚未真正把握此道。另外，刘宗周对比漆雕开与曾点，指出二人虽然当下不期于出仕，但漆雕开所见更为笃实。

◎原文

子曰：“道不行，乘桴[1]浮于海，从我者其由[2]与？”子路闻之喜。子曰：“由也好勇过我，无所取材。”

“乘桴浮于海”，当日发言，有无限酸楚，何故子路便以一喜承当？痴人说梦，何至于此！子路之喜，盖喜其见与[3]于夫子，谓所学之足以忘夷险、一[4]得丧耳。只此便有进地可商[5]，故夫子复示之曰“好勇过我，无所取裁[6]”，即“是道也何足以臧[7]”之意？好勇无裁，自是子路平生岸略[8]，不以一喜言，若曰“从我之由，所惜此耳”，意犹为浮海者难同伴也，而所以进子路者至矣。夫子本为道不行发叹，被子路一喜，转向子路生情[9]，有成就后学、传道来祀[10]之意，浑是天心无已，绝处逢生。

子路闻公山、佛肸之召则不喜[11]，见南子则不悦[12]，至许从浮海则喜，始终只是一辙。人看此气象，可为卓立千仞[13]，何故后来有孔悝之死[14]？正为见道不明，失却取裁一节，仓卒间不免胡乱下手耳。

◎注释

[1] 桴（fú）：竹筏。 [2] 由：仲由，字子路，又字季路，孔子弟子。 [3] 与：赞许。 [4] 一：齐一。 [5] 商：商讨。 [6] 朱熹《论语集注》："材，与裁同，古字借用。"裁，裁度事理。 [7] 臧（zāng）：善。 [8] 岸略：指为人处世的状态。 [9] 生情：萌生教导之意。 [10] 来祀：指后世。 [11] 出自《论语·阳货》："公山弗扰以费畔，召，子欲往。子路不说，曰：'末之也已，何必公山氏之之也！'子曰：'夫召我者，而岂徒哉？如有用我者，吾其为东周乎？'《论语·阳货》：佛肸召，子欲往。子路曰：'昔者，由也闻诸夫子曰："亲于其身为不善者，君子不入也。"佛肸以中牟畔，子之往也，如之何？'子曰：'然。有是言也。不曰坚乎？磨而不磷。不曰白乎？涅而不缁。吾岂匏瓜也哉？焉能系而不食？'"公山，即公山弗扰，鲁国季氏宰，据费城反叛。佛肸（bì xī），晋国大夫赵氏之中牟宰，据邑反叛。 [12] 出自《论语·雍也》："子见南子，子路不说。夫子矢之曰：'予所否者，天厌之！天厌之！'"南子，卫灵公夫人。 [13] 卓（zhuó）立千仞：形容挺直站立，形象伟岸。 [14] 孔悝，卫国大夫。周敬王四十年（鲁哀公十五年），时子路为孔悝的邑宰，卫国内乱，父子争位，子路临危不惧，冒死冲进卫国国都救援孔悝，混战中被蒯聩击杀，结缨遇难。

◎解析

从文中所列的事例可见子路勇于义，为人直率，以至于多次对自己老师也表达出不满，正如此章之喜，也是有感于夫子的赞许。但这一点也暴露出子路的急躁，不能切己体道，正如在此未能体察夫子的忧道之心，可见子路并未真正明道，也就是不能以道义来裁度。

◎原文

孟武伯问："子路仁乎？"子曰："不知也。"又问，子曰："由也，千乘之国，可使治其赋也。不知其仁也。""求[1]也何如?”子曰:“求也，千室之邑，百乘之家，可使为之宰也，不知其仁也。”“赤也何如?”子曰:“赤[2]也，束带立于朝，可使与宾客言也，不知其仁也。”

孔门以求仁为学，特开千古道场。然极其分量，即夫子犹以为歉[3]，而况诸弟子乎?故若由若求若赤，其才皆有以自见而终不许其仁，盖诸子未尝不从事于仁，而日月之至，此心在忽操忽舍之间，此理在若存若亡之界，终不可得而知也。“不知”语意自是浑融，及又问所以不知之故，则姑就其所长而许之，又终之曰“不知其仁也”。所长在此，所短即在此也。知乎此者，可与知仁矣。

仁者，浑然全体而无息。就全体中露出个治赋、为宰、为摈相[4]才具，便是大海中一沤发现[5]，又有待而然，有时竖起，有时放下，非不息之体。故即三子之才，而其未仁亦自可见。使由去其勇，求去其艺，赤去其礼乐而进之，则浑然仁矣。此夫子厉[6]由、求、赤意也。

◎注释

[1] 求：冉求，字子有，又称冉有，孔子弟子。 [2] 赤：公西赤，字子华，又称公西华，孔子弟子。 [3] 歉：不足。 [4] 摈（bìn）相：摈，在外接待宾客。相，在内赞礼。指辅助君主迎宾行礼的官员。[5] 发现：指发生显现。 [6] 厉：指勉励。

◎解析

刘宗周主要围绕仁与仁之用论述。仁为流行不息的本体，诸如治赋、为宰、为摈相便是仁所发用的具体一事。子路等人虽然从事于仁，但只是忽操忽舍，并不能尽得仁之全体大用，是故孔子嘉许他们有为仁的才具，但并未许之以仁。

◎原文

子谓子贡曰："女与回[1]也孰愈？"对曰："赐[2]也何敢望回？回也闻一以知十，赐也闻一以知二。"子曰："弗如也。吾与女弗如也。"

圣门论聪明知解，回不及赐远甚。疑赐所傲然于回者，正或在此。人无不自知，借回铸[3]赐，意念深矣。乃赐则有爽然自失者，曰："何敢望回"，惊避[4]之辞，不敢程量[5]之谓也，及证于知二知十之间，而赐之见地，如能望回而趋矣。故夫子亦以"弗如"实之而深与之。一与十，此理终始之别名，而一与二即彼此之谓，皆借喻也。两人学问无可程量，即所闻以叩[6]所知，而回得全体之照，赐得一察之明。全体之照在性体，一察之明在亿见[7]；性体愈约而愈该[8]，亿见愈多而愈障，始知君子之学有在此而不在彼者。就此求其造诣，平日得手[9]学问到此了不足恃[10]，惟有向上一机[11]在，"如愚"境界[12]，赐有废然[13]而返矣。言"弗如"而得所以弗如之实，言"弗如"而又得所以如之方，故夫子与之。若只就多寡程量，姑自退托[14]，甘以地步让人，为自知而自屈之意，则辜负夫子一问矣。

按：象山先生曰："知二知十之对，又是白著了夫子气力，故夫子曰'弗如也'。"时吴生在坐，遽曰："为是尚嫌少在。"先生亟首肯。又黄诚甫问此章于阳明子，阳明子曰："子贡多学而识，在闻见上用工夫，颜子在心地上用工夫，故夫子问以启之。而子贡所对，又只在知见上，故夫子叹息之，非许之也。"此皆以二先生所学，过疑圣贤如此。其实子贡当时已悟及闻见不如心性，多不如寡，故云云。若以多寡较，则多莫多于子贡，寡莫寡于颜子，而今也寡者又多，多者反寡，当必自有说。闻所以闻于夫子之教，言知从闻得，亦不专就知见言。子贡略开眼孔，恍惚间似疑似信，虽不离自己窠臼[15]，已能超然进一解矣。

◎注释

[1] 回：颜回，字子渊。 [2] 赐：端木赐，字子贡。 [3] 铸：造就。 [4] 惊避：惊慌逃避。 [5] 程量：容量，度量。 [6] 叩：询问。 [7] 亿见：亿，通“臆”，推测，揣测。指意见。 [8] 约：简要。该：完备。 [9] 得手：指得心应手。此处形容平日偏重认知意见的学问。 [10] 恃（shì）：依赖。 [11] 向上一机：指由下学而上达到道体的境域当中，所乘之机便是本已的性体。 [12] 指颜回“终日如愚”。 [13] 废然：指废意见而悟仁体。 [14] 退托：退让，谦逊。[15] 窠臼（kē jiù）：指一成不变的形式。

◎解析

此章主要区分闻见之知与德性之知，前者指日常所闻所知，后者指对于自身德性的明觉。儒家认为闻见所知越多则越障蔽德性之明，是故求道者应当不断减少外在的知见、意见，返本于德性之知。此处所谓“多寡”便是就闻见之知而言。据陆象山、王阳明的观点，颜回所知乃德性之知，子贡则流于闻见之知。但刘宗周认为虽然子贡才思敏捷，多在知见上用功夫，但是从子贡自知不如颜回，可见他已经觉悟到知见不如心性。

◎原文

宰予[1]昼寝[2]。子曰：“朽木不可雕也，粪土之墙[3]不可杇[4]也。于予与何诛？”子曰：“始吾于人也，听其言而信其行；今吾于人也，听其言而观其行，于予与改是。”

宰予昼寝，便是行不逮[5]言本色。予之学，平日都以语言抵当过，就其说得分晓处，一似猛作进步人。而徐[6]按[7]之，有索然[8]不可继，正如朽木而施雕镂、粪土之墙而绘画。然朽木可雕也，吾病易雕而易朽也；粪土之墙可杇也，吾病其易杇而易剥也。二语正写出病道照影，非果以为不可雕、不可杇也，故下文有听言观行之说。而于予改是者，所以儆予者至矣。

宰我能言，犹不至朽木之雕。若后世专谈名理，一似刻脂镂冰[9]，无有是处。

◎注释

［1］宰予：字子我，孔子弟子。［2］昼寝：指白天睡觉。［3］粪土之墙：以秽土打成的墙。［4］杇（wū）：粉刷。［5］逮：达到。［6］徐：慢慢地。［7］按：考查。［8］索然：乏味、落寞的样子。［9］刻脂镂冰：指在凝固的油脂上刻画或冰上雕刻，一旦融化，则化为乌有。比喻劳而无功。

◎解析

刘宗周主要指出朽木、粪土之墙并不是不可雕、不可杇，只是易雕而易朽、易杇而易剥，正如进学成德之人，所学所言若不能真正落实行动，便像刻脂镂冰一般，徒劳而无功。

◎原文

子曰：“吾未见刚者。”或对曰：“申枨。”子曰：“枨也欲，焉得刚？”

天体纯阳而至健[1]，《大易》首以刚字赞之。人得之为天德，见所性之纯一贞信[2]。性中只有仁义礼智，无所为刚。刚即性体之超然物表，而落在气质，常为学问之用神，夫子所谓刚者是也。子尝曰“吾未见好仁者、恶不仁者”，又曰“我未见能见其过而内自讼者”，即是“未见刚”之说。无尚[3]之好，不使加身之恶、自讼之改，何等刚决[4]！夫子“未见刚”，即是未见此等人耳，非另有一项强忍不屈者，尊之为绝德，而寄思不置[5]也。刚不可见，离欲而见刚之体，又试之于欲而见刚之用。“枨也欲”，心为欲腻[6]，何故借此一割[7]，这是不刚处，故曰“枨也欲，焉得刚”。外貌许多强忍矫矫[8]自好，只一点私意放不下，须知本体全受障，一似铅刀[9]手段矣。旧解枨是欲不是刚，又说枨也欲则不能刚，皆非。刚无物可指，不是欲之反；若不刚在有欲之后，便认“刚”字作“勇”字，颜子深潜纯粹，是无血性男子，然其克处直恁刚。“刚”字不在气魄上论，或人不举仲由而举一申枨，非病不识刚，病不识枨。甚矣，欲之难勘也。

刚如利刃，遇物便砍，无坚不破。若不能割物，直是铅刀。或曰：“刚喻金，欲喻铅。有欲者不刚，真如金之和铅而必软也。”依旧是认勇为刚见解。曰：今试问，圣人思刚要何用？与枨之有欲而不克何故？则此章之旨燎然[10]矣。枨因欲，故知他不刚，这不刚之病又从何来？刚体本在，只无学问以淬厉[11]之，便成顽钝，于有欲之后，益增顽钝可知。

◎注释

[1] 指天道生生不息、健行不已、纯粹至善。 [2] 纯一贞信：纯粹中正诚实。 [3] 无尚：无出其上。 [4] 刚决：刚毅果断。 [5] 寄思不置：比如超绝于思虑之外，非思虑所及。 [6] 腻：污垢。 [7] 指通过义理果断地割断欲念。 [8] 矫矫（jiǎo）：勇武的样子。 [9] 铅刀：铅制的刀，铅质软，不锐利。 [10] 燎然：照明、明亮的样子。[11] 淬厉：比喻发愤进修。

◎解析

刘宗周主要从本体的角度论“刚”，认为“刚”指本体的健行不息，也就是发用在气质中的神妙之体，而非指气魄上的勇毅。孔子所谓“刚者”便是好仁、恶不仁的进德之人。在刘宗周看来，申枨不刚并不是因为有欲，而是未能以德克欲。

◎原文

子贡曰："我不欲人之加诸我也，吾亦欲无加诸人。"子曰："赐也，非尔所及也。"

人情爱护自己，无所不至。才用到人分上，便一步推不去，岂知人己可以互观，欲恶[1]可以合看。试将"不可加[2]"一事提衡[3]而论：我之不欲于人，亦犹人之不欲于我，奈何彼此相加，竟不能视人犹己？日用之间，往往而是，所以然者，非明于己而暗于人也，正为人情爱护自己，无所不至，其欲恶之智，往往用全副精神，才用到人分上，即与自己有碍，势不得不拒人以成己故耳。此非平日克己功深、认得"我"字血脉最亲切者，不能作一体亲[4]，则"不欲无加"之说，谈何容易！故夫子以为"非尔所及"，盖欲其切己返观。破除坐下病痛为第一义，非可漫说强恕平情[5]之学也。若只虚拟一平等之观，以己心度人心，有甚难事，俄而当境[6]，便成愦愦[7]。此其中必有一吃紧关楔子[8]打不过，在赐正好于此加功，故夫子抑而进之，非谓恕可及、仁不可及也[9]。

子贡尝以"博施济众"[10]为仁，夫子告以"欲立立人，欲达达人"，而要之于强恕，他日又告以"一言可行曰恕"，故子贡遂于此置力。子曰"己所不欲，勿施于人"，子贡一日即剿袭[11]其说，漫然承当，所谓依样葫芦，全未有发明夫子之蕴处，亦可谓不善学矣。"非尔所及"，正使其一理旧案。

◎注释

[1] 欲恶：指欲望与厌恶之心。 [2] 加：欺凌。 [3] 提衡：本指用秤称物，以平轻重。此处意指分析衡量。 [4] 指认自己与他人为一体，视他人犹自己。 [5] 平情：指公允而不偏于感情。 [6] 当境：指落实到实际的情境中。 [7] 愦愦（kuì）：昏庸，糊涂。 [8] 关楔

(xiē) 子：指关键的地方。　[9] 此观点出自程子："我不欲人之加诸我，吾亦欲无加诸人，仁也；施诸己而不愿，亦不施于人，恕也。恕则子贡或能勉之，仁则非所及矣。"　[10] 出自《论语·雍也》："子贡曰：'如有博施于民而能济众，何如？可谓仁乎？'子曰：'何事于仁！必也圣乎！尧舜其犹病诸！夫仁者，己欲立而立人，己欲达而达人。能近取譬，可谓仁之方也已。'"　[11] 剿（chāo）袭：因袭照搬。

◎解析

人人皆具本心，所欲望与所厌恶的无不相同，但人总是蔽于自己的私欲，不能视人如己。子贡所论正是以己心度人心，其工夫便在"欲立立人，欲达达人"，也就是推广仁心所愿与所恶。但在刘宗周看来，子贡只是承袭此教法，并不能切实克己为仁。

◎原文

子贡曰："夫子之文章，可得而闻也；夫子之言性与天道，不可得而闻也。"

天命流行，物与无妄[1]，天之道也。人得之以为性。天不离人，性不离形也。推之日用、动静，以至纲常伦理之大，溲渤[2]瓦砾之小，无往而非性，则无往而非天道。性者道之本然，而天道即其自然者也。夫子设教洙、泗，无非阐明性天之蕴。盖无言非性，无言非天道，历历在人耳边，而学者终不可得而闻，滞于言而不得其所以言，则有当面错过者矣。其云"文章可得而闻"者何也？以夫子无言非性，无言非天道，则夫子之言皆性天发见流形之妙，如四时之行，如百物之生，秩然[3]灿然，文而且章，故曰文章云尔。子贡盖曰"夫子之言，可得而闻；夫子之所以言，不可得而闻也"云耳。一夫子言，耳闻之中，有不可得闻，不闻之中，未始不可闻，始知夫子之以言教也，而乃其以无言教也。

“子罕言利与命与仁”[4]，而子贡则曰“夫子之言性与天道，不可得而闻”，正可互相发明。

子曰：“天何言哉！四时行焉，百物生焉，天何言哉！”[5]是默而不能藏处；“夫子之言性与天道，不可得而闻”，是语而不能显处；合之，见圣道之妙。

夫子言性与天道，惟子贡得闻之，惟颜子得闻之，而且发挥之，其余诸人皆死言下矣。

◎注释

[1] 出自《易·无妄·象》：“天下雷行，物与无妄，先王以茂对时育万物。”程颐《伊川易传》：“雷行于天下，阳阴交和相薄而成声，于是惊蛰藏振，萌芽发生万物，其所赋与纤洪高下，各正其性命，无有差妄，物与无妄也。” [2] 溲渤（sōu bó）：即“牛溲马勃”，指小便，尿。比喻粗贱的事物。 [3] 秩（zhì）然：秩序井然的样子。 [4] 见《论语·子罕》。 [5] 见《论语·阳货》。

◎解析

《中庸》言“天命之谓性，率性之谓道”，天命便是宇宙流行的本体，在人物便谓之性。刘宗周提出性形不离，形指有形的事物存在，所谓不离便是指事物的存在无不处于性体的发用中。对于孔子而言，其句句言语也就无不是在言性与天道，但诸弟子并不能体贴到其中所论的道，是故子贡有此感叹。

◎原文

子路有闻，未之能行，唯恐有闻。

子路所闻，不必定是何等道理。只如吾辈日用应酬，纷纭汗漫[1]，才犹豫且担误[2]过许多，斯知古人力行不可及。然力行自有力行病痛，故夫子曰："有父兄在，如之何其闻斯行之？"[3]

真西山[4]曰："子路之学在事，故唯恐有闻；颜子之学在心，故语之不惰。子路在万上见，颜子在一上见。"

◎注释

[1] 纷纭汗漫：指杂多而漫无边际。 [2] 担误：延误、耽搁。 [3] 出自《论语·先进》。 [4] 真西山：真德秀（1178—1235），本姓慎，因避宋孝宗讳改姓真。始字实夫，后更字景元，又更为希元，号西山。南宋后期理学家、大臣。

◎解析

子路虽然无"闻而不行"的毛病，但是过于好勇，常常冲动行事，不加考虑，是故孔子以父母兄弟皆在，告诫他不能好勇无谋。真德秀所言乃是就理与事而言，颜回安贫乐道，在义理上用工夫，所谓"一"便指"理一"；子路则在事上尽心尽力，所谓"万"便指"万殊之事"。

◎原文

子贡问曰："孔文子[1]何以谓之文也？"子曰："敏而好学，不耻下问，是以谓之文也。"

孔文子不得为文，而有勤于学问一节可取，犹然[2]远于俗吏之不学无术者，故可以为文。要之，文子亦学其所学，问其所问，而未尝知所谓学问之道者也。按《谥法》："经天纬地曰文，道德博厚曰文，慈惠爱人曰文，愍[3]民惠礼曰文，锡[4]民爵位曰文。"并无以"勤学好问"为文者，有之，自文子始。夫子亦就其所长而称之，非谓其拘拘[5]有合于谥典也。

◎注释

［1］孔文子：即孔圉，卫国大夫，谥曰“文”。 ［2］犹然：舒迟的样子。 ［3］愍（mǐn）：同“悯”，怜悯。 ［4］锡：通“赐”，赐给。 ［5］拘拘：拘泥的样子。

◎解析

按照孔子所言，孔文子勤敏好学，常能谦虚下问，是故得谥号“文”。刘宗周据《谥法》无以“勤学好问”为文者，认为孔子在此只是称人之善。

◎原文

子谓子产[1]有君子之道四焉：其行己也恭，其事上也敬，其养民也惠，其使民也义。

君子之道，即圣贤大学之道。道无所不该，自“行己”以往，事上、使民，其大端也。曰“有君子之道四”，若千百中仅举其一二然，何也？子产之行己，有君子之恭，而实未尽君子之恭；其事上也，有君子之敬，而实未尽君子之敬；其养民也，有君子之惠，而实未尽君子之惠；其使民也，有君子之义，而实未尽君子之义。模仿似是之间，概有当于四者云耳。圣人不没[2]人善，于春秋贤大夫，必以子产为巨擘[3]，故备举而称之。行己恭，谓动有法度，较之三归反坫侈然自放者[4]异矣；事上敬，即其历事定公、献公、申公三朝，皆庸主，动能弥缝阙失[5]，外戢四邻[6]，内捍[7]强宗，贻[8]郑国之休，有许多小心处在；养民惠，子产为政，如取我田畴而伍[9]之，取我衣冠而褚[10]之，所以防民之侈、节民之欲者，皆有章程条教，是使民之义也。夫子他日又曰“惠人也”，节以一惠，盖举其重者而言之。

◎注释

[1] 子产：姬姓，公孙氏，名侨，字子产，又字子美，谥“成”。郑穆公之孙，郑国贤相，著名政治家、思想家。 [2] 没（mò）：隐藏。[3] 巨擘（bò）：本指大拇指。比喻杰出的人物。 [4] 指管仲。《论语·八佾》：“子曰：‘管仲之器小哉！’或曰：‘管仲俭乎？’曰：‘管氏有三归，官事不摄，焉得俭？’‘然则管仲知礼乎？’曰：‘邦君树塞门，管氏亦树塞门。邦君为两君之好有反坫，管氏亦有反坫。管氏而知礼，孰不知礼？’” [5] 弥缝阙失：指补救君主的过失。 [6] 外戢（jí）四邻：戢，停止战争。子产当政期间，晋国与楚国争霸，郑国周旋于两个强国之间，依旧能够保持国家安定。 [7] 捍（hàn）：同“扞”，保卫。[8] 贻（yí）：指子产给郑国带来惠政，让人民能够生息发展。 [9] 伍：古代民户编制单位，五家编为一伍。 [10] 褚（zhǔ）：贮藏。

◎解析

在刘宗周看来，子产虽则为人庄恭有礼，事君主认真负责，给予民众恩惠，役使民众有法度，但并没有真正尽得君子之道。

◎原文

子曰：“晏平仲[1]善与人交，久而敬之。”

交友亲则易狎[2]，狎则侮，而携贰[3]之隙从之生矣。平仲久而能敬，信为交道之善，故夫子称之。

◎注释

[1] 晏平仲：即晏婴，晏氏，字仲，谥“平”，史称“晏子”。齐国著名政治家、思想家、外交家。 [2] 狎（xiá）：亲近而态度不庄重。[3] 携贰：指怀有二心。

◎解析

此章赞晏婴交友之道。

◎原文

子曰："臧文仲[1]居蔡[2]，山节藻棁，何如其知也？"

智者不惑于鬼神，谓其见理明而趋避决[3]，不假[4]于鬼谋之事也。文仲以智称，不过挟数任术[5]、私智揣摩，正所谓大智之贼耳，即居蔡一事可知也。

◎注释

[1] 臧文仲：姬姓，臧氏，名辰，谓臧孙辰，谥"文"，故又称臧文仲。臧哀伯次子，鲁国大夫。 [2] 蔡：占卜用的大龟。 [3] 决：决绝。 [4] 假：借用。 [5] 挟数任术：指依仗术数，任用权谋。

◎解析

刘宗周认为智者当以明理为事，不可惑于鬼神之谋。而臧文仲藏大龟正是谄渎鬼神、挟数任术，可谓大智之贼。

◎原文

子张问曰："令尹子文[1]三仕为令尹，无喜色；三已之，无愠色。旧令尹之政，必以告新令尹，何如？"子曰："忠矣。"曰："仁矣乎？"曰："未知，焉得仁？""崔子弑齐君，陈文子[2]有马十乘，弃而违之。至于他邦，则曰'犹吾大夫崔子也'，违之。之一邦，则又曰'犹吾大夫崔子也'，违之。何如？"子曰："清矣。"曰："仁矣乎？"曰："未知，焉得仁？"

甚矣！仁之难言也。夫子自由、求诸子而下，概曰不知其仁，尚未直说他不仁处。至子文之忠，文子之清，亦曰“未知”，而又继之曰“焉得仁”，若深有不满于二子者，何也？微、箕[3]之忠也，而曰“殷有三仁焉”[4]，夷、齐[5]之清，而曰“求仁而得仁”，何居乎二子之忠清，独不得为仁。朱子《集注》云：“子文相楚，无非僭王猾夏[6]之事；文子之于齐，既失正君讨贼之义，又不数岁而反于齐。”数语实二子铁案。凡论人论事，须提起大纲领，二子皆不明于君臣之义者，则其于天理人心已隐隐受亏。（一作“隐有亏损”。）迹其所为，未尝不忠于所事，深于谋身，而所由终与三仁、夷、齐异矣，故夫子一言断以为不仁也。然则仁与忠清毕竟何别？曰：仁，（一有“及”字。）心德，而忠与清则事之见于外者。以仁者之心而事君则为忠，以仁者之心而淑身则为清，苟无愧于本心，则一言之忠仁也，九族之忠亦仁也；辞一箪之清仁也，辞千驷之清亦仁也；即钼麑[7]之逆命，吴祐[8]之受污亦仁也。若极言心德之全，则举天下之道德事功，皆不足为有无，而况忠清一节乎！故三仁、夷、齐之为仁，亦就其仁仁之，而子文、文子之不得为仁，亦就其不仁不仁之也。此可以识仁矣。

◎注释

[1] 子文：姓斗，名谷於菟，芈姓，字子文，楚国令尹。 [2] 陈文子：名须无，即田文子，谥“文”，齐国大夫。 [3] 微：微子，子姓，宋氏，名启，商王帝乙的长子、纣王帝辛的长兄。箕：箕子，子姓，名胥余，商王帝乙的弟弟，纣王的叔父，官太师，封于箕。 [4]《论语·微子》：“微子去之，箕子为之奴，比干谏而死，殷有三仁焉。” [5]《史记·伯夷列传》：“伯夷、叔齐，孤竹君之二子也。父欲立叔齐，及父卒，叔齐让伯夷。伯夷曰：‘父命也。’遂逃去，叔齐亦不肯立而逃之，国人立其中子。” [6] 僭（jiàn）王猾（huá）夏：指越分称王，侵扰华夏。 [7] 钼（chú）麑（ní）：人名，春秋晋国力士。《左传·宣公二年》载：晋灵公恶赵盾强谏，使钼麑杀之。麑往，见盾盛服将朝，因时尚

早，坐而假寐，麑以盾为贤，不忍杀，但无以回报，遂触槐而死。［8］吴祐：字季英，东汉官员，因举光禄四行（敦厚、质朴、逊让、节俭）迁任胶东侯相。

◎解析

刘宗周主要阐述仁与忠、清的关系，指出仁为心之德，忠、清为德之用。子文虽然忠君之事，但帮助楚王僭越称王，有失仁义之心；陈文子虽然独善其身，但身为大夫，在国君有过失时不去劝谏，在国君被弑杀时不去讨贼，未尽君臣之义。此二人皆不能尽其仁心来事君、善身，是故孔子未许以“仁”。

◎原文

季文子[1]三思而后行。子闻之曰：“再，斯可矣。”

人心先横著私意，则遇事茫然，愈思愈乱，势必展转[2]计较，终以遂其自私一念而已。此文子之意也。曰“再，斯可矣”，婉其辞而正之，非实是一番再番之谓。

◎注释

［1］季文子：季孙行父，姬姓，季氏，谥“文”，鲁国正卿。［2］展转：反复变化。

◎解析

按照刘宗周的论述，季文子“三思”是私意萦绕的结果。

◎原文

子曰：“宁武子[1]邦有道则知，邦无道则愚。其知可及也，其愚不可及也。”

人臣谋国之智，不论有道无道，皆所不废。但无道之日，数穷时亟[2]，智有时而不可用，惟一味朴忠[3]，抱王臣蹇蹇[4]之节者，庶几能之。死而生之、危而安之，则天下事真有以愚济者矣。有道之智，智以才显；无道之愚，智以节晦[5]。故有道之智，一中才能办；而无道之愚，非才识两全，有天下之纯智者，不足以当之。此宁武子所以不可及也。或以沉晦免患，似非武子本色，处无道之日，虽不废沉晦，然仍不失为智巧，与愚字无当。今考武子在当时[6]，晋文公以公子出亡过卫，卫文公不礼焉。既得国，伐卫而文公薨，子成公郑出奔楚，使元咺奉公子叔武以受盟。或诉元咺于卫侯曰："立叔武矣。"其子角从公，公使杀之。咺不废命，奉叔武以守。已晋人复卫侯，宁武子与卫人盟于宛濮，曰："天祸卫国，君臣不协，以及此忧也。今天诱其衷，使皆降心相从也。不有居者，谁守社稷？不有行者，谁捍牧圉[7]？用昭乞盟于尔大神，以答天心。既盟之后，行者无保其力，居者无惧其罪，有渝此盟，以相及也。明神先君，是纠是殛[8]。"国人闻此盟也，而后不贰。卫侯入，叔武方沐[9]，闻君至，喜，捉发走出，前驱射而杀之。公知其无罪也，枕之股而哭之。元咺奔晋。卫侯与元咺讼，宁武子为辅，针庄子为坐，讼不胜，刖[10]针庄子，谓宁子忠而免之。执卫侯，归于京师，置诸深室。宁俞职纳橐饘[11]焉。晋人使医衍鸩[12]卫侯，宁俞货[13]医，使薄其鸩，得不死。鲁僖公为之请，乃释卫侯。卫侯再出而终有卫国，武子之力也。观此，大都以朴愚济事，未见所为沉晦处。

◎注释

[1] 宁武子：宁俞，谥"武子"，卫国大夫。 [2] 亟（jí）：急迫。 [3] 朴忠：诚朴忠实。 [4] 蹇（jiǎn）蹇：出自《易·蹇》："王臣蹇蹇，匪躬之故。"指忠直谏诤。 [5] 晦：隐晦。 [6] 以下文段详见《左传》。主要记载晋文公重耳尚是公子时，被迫出逃，经过卫国

时，当时卫国国君卫文公对他很无礼。在重耳返回晋国成为君主后便讨伐卫国，时卫国国君卫成公出逃到楚国，并把国政交与其弟叔武以及大臣元咺（xuān）。卫成公听信臣下歂犬的谗言，杀害元咺的儿子元角；而且在成公回国后，歂犬等还射杀叔武。于是元咺逃到晋国哭诉此事，晋文公便召来卫成公与元咺诉讼，以成公理屈，斩杀卫大夫士荣，刖鍼庄子之足，并将卫成公囚禁起来。 [7] 牧圉（yǔ）：指边境的牧地。 [8] 殛（jí）：杀戮。 [9] 沐：沐浴。 [10] 刖（yuè）：古代的一种酷刑，砍掉双脚。 [11] 槖饘（tuó zhān）：衣囊与稠粥，指衣食。 [12] 鸩（zhèn）：以鸩酒毒杀。 [13] 货：贿赂。

◎解析

该章论述宁武子为官之道。宁武子有谋国之智，在国家有道时便尽其才智，在国家无道时则朴忠守节。刘宗周引述史实，指出宁武子之愚并不是沉晦免患，而是在国家遭逢大难时尽忠事主，最终不仅保其身，而且还立其国。

◎原文

子在陈，曰："归与！归与！吾党之小子狂简，斐然成章，不知所以裁之。"

斯道之任，断非庸庸琐细一流人所可几及。故中行之下，首推狂简[1]，他志意高远略于事为处，想其居心之正、制行之高、向道之笃、服善之勤，真能高视人家一等，故斐然成章[2]，绝非羊质虎皮[3]、丝枲[4]兼奏者比。第不免有过中失正之病，不知所裁，此个病痛亦非小可，始于毫厘，终于千里。使一任其狂简之质而不纳于中正之规，则将来异端曲学之害，有不可胜言者。此又夫子所深虑也。望之也殷[5]，故虑之也转切；虑之也切，故裁成之也亦不敢自后。圣人曲为吾道计如此，归与一叹，万古余情。

狂简病痛，只坐一不知。不知，则本心受蔽，宝藏不显，千圣之印合[6]无门，一生之立脚何地，虽说尧说舜，总无是处。然不知由于不学，学所以求知也。使先知觉后知，使先觉觉后觉者，夫子也。

◎注释

［1］狂简：指志向远大而行事粗略。　［2］斐（fěi）然成章：斐然，有文采的样子。形容文章富有文采，且成章法。　［3］羊质虎皮：本谓羊披着虎皮。比喻空有壮丽的外表，而缺乏实力。　［4］丝枲（xǐ）：生丝和麻。　［5］殷：殷切，热切。　［6］印合：印证契合。

◎解析

据孔子所论，弟子们志向高远，文采斐然，一方面求道笃切、为善勤敏，另一方面志高而放纵，不能终日谨守礼义。刘宗周指出“狂简”的病根在于不知本心，不能全然安于道义，而求知在于进学。

◎原文

子曰：“伯夷、叔齐不念旧恶，怨是用希。”

好善而恶恶，本天下同善之情。然其中苟一私未化，不能如鉴之照物，妍媸随形[1]，则我以私感，人情亦以私应，未有不府[2]之为怨者。如夷、齐之不念旧恶，俄而好之，俄而复恶之，好恶不系于我，新旧惟其所值[3]，虽鉴别之严，总属无心之陶铸[4]，何多怨之有！夫子恐人以孑孑[5]之义为树怨之媒，故借夷、齐以示训云。他日又曰“唯仁者能好人，能恶人”，后世如东汉顾厨俊及[6]诸君疾仇常侍[7]，讥讪[8]朝政，卒成钩党[9]之祸，怨毒之于人甚矣哉！而范滂[10]之言曰：“吾欲使善善同其清，恶恶同其浊，不悟更以为党。身死之后，愿埋滂于首阳山侧，上不愧皇天，下不愧夷、齐。”诵其言，钦[11]其志，亦可哀已。虽然，君子终不敢以一身之私愠而废天下之公义，如滂等者，亦不愧夷、齐者也。

程子曰："此清者之量。清中未尝有得量，只是清到十分，是尽得分量处。尽得清之量，便有余量出来如许之大。此自然之理也。"

◎注释

[1] 妍媸（chī）随形：指事物展示其美好或丑恶。 [2] 府：通"俯"。屈身，低头。 [3] 所值：指遇到的何种境况。 [4] 陶铸：造就。 [5] 孑（jié）孑：形容细小。 [6] 顾厨俊及：东汉士大夫互相标榜，效法古代"八元""八凯"之称，每取号以称当世名士，如"八俊""八顾""八及""八厨"等。俊，言人之英也。顾，言能以德行引人者也。及，言其能导人追宗者也。厨，言能以财救人者也。 [7] 常侍：官名，古代皇帝的侍从近臣。 [8] 讪讪（shàn）：讥讽。 [9] 钩党：指互相牵引结为同党。 [10] 范滂：字孟博，东汉时期党人名士。 [11] 钦：钦佩。

◎解析

刘宗周指出人皆有好善恶恶的本心，此心灵明自知，善则必知之而好之，恶则必知之而恶之，如镜之照物，物之妍媸美丑必然如实地呈现，倘若心中有一毫私欲萦绕，则如镜上有一丝污染，自然不能明照事物。伯夷、叔齐不念旧恶，便是心中不存一毫私意，随着当前所感而应，当好便好，当恶便恶。

◎原文

子曰："孰谓微生高[1]直？或乞醯[2]焉，乞诸其邻而与之。"

乞醯一事，假令[3]移之君父身上，如此委曲，便成个忠臣孝子。今不免在情面上用了，勘其隐衷[4]，有多少私意在？故夫子指而正之，其事甚微而害心术甚大，便是下文"巧言、令色、足恭，匿怨友人"

帐本。

◎注释

[1] 微生高：姓微生，名高，鲁国人，素有直名。 [2] 醯（xī）：醋。 [3] 假令：假设。 [4] 隐衷：内心深处的初衷。

◎解析

微生高在别人向自己乞讨醋时，也不说自己没有，而是向邻家讨要一点再去给这人，从而显得自己直爽助人。此事虽小，却反映微生高喜好曲成美名，并不诚实耿直。

◎原文

子曰："巧言、令色、足恭[1]，左丘明耻之，丘亦耻之。匿怨而友其人[2]，左丘明耻之，丘亦耻之。"

人心惟一点真心不坏，则人品竖立[3]多有其基。机械变诈[4]之事，如鬼如蜮[5]，无所不可，而其端往往起于甚微。故"巧言令色足恭"未必便是胁肩谄笑[6]，病于夏畦[7]，只增一分表暴之意，稍不如其所有而真心坏矣。如匿怨之友，未必便是包藏祸心，待时而发，只其中毫有不化，不能明白其端而真心又坏矣。两项事只是一项。人其能为巧言令色也者，必其能为匿怨之友者。巧令胸中都是恩怨念头，匿友情面正用巧令伎俩。第一则就持己上言，一则就处人上言，此等气习，非学人[8]立诚之至，随事省察，尽化其隐庇回护[9]之见者，不能破除净尽，故丘明以为耻而丘亦耻之。耻之者，言耻其事而不敢为，非耻其人之谓也。圣人盖自勉以儆世云耳。或曰："圣贤犹耻及此乎？"谈何容易，尽有守己一生。才启口、动容貌，寻常侪俗[10]之与，便是打不过，尽尽碍明眼人，故子舆氏[11]觑破，曰："士未可以言而言，是以言餂之也。可以言而不言，是以不言餂之也，是皆穿窬之类也。"

此正夫子之所耻也。

足恭，乃足容[12]盘辟[13]为恭者。《大戴礼》，曾子以手容与足容并言，则“足”字不当从去声可知。

◎注释

［1］巧言：使其言巧，指花言巧语。令色：使其色善，指伪善的容貌。足恭：使其恭敬足够到位，指过分的恭顺。此几者都是过分地对自己的言语、容貌、态度加以修饰。［2］指内心对他包藏怨恨，表面上却同他友好。［3］竖立：垂直挺立。［4］机械变诈：指巧诈多机变之心。［5］蜮（yù）：传说中一种会害人的水中毒虫，形状似鳖，能含沙射人。［6］胁（xié）肩谄笑：指耸起肩膀，装出笑脸。形容极端谄媚的样子。［7］夏畦（qí）：指卑躬屈膝，对人谄媚。［8］学人：学者。［9］隐庇回护：隐匿包庇。［10］侪（chái）俗：投合于世俗。［11］即孟子。以下引文出自《孟子·尽心下》。餂（tiǎn）：探取，获取。穿窬（yú）：指打洞穿墙行窃。［12］足容：指脚走动时的姿态。［13］盘辟：盘旋进退。古代行礼时的动作姿势。

◎解析

此处所谓“真心”即是人的良知本心，刘宗周指出本心为人的成德之基，强调学者成德须立至诚来尽此心。所谓“巧言、令色、足恭、匿友怨”正是心有所不诚，为私意阻隔。是故求道之人当以此为耻，时常随事省察，一有此等私意萌发便加以化除。另外，刘宗周引述曾子所言“足容”，指出“足”应作名词解，表示行走时的姿态。

◎原文

颜渊、季路侍。子曰：“盍各言尔志？”子路曰：“愿车马、衣轻裘，与朋友共。敝之而无憾。”颜渊曰：“愿无伐善，无施劳。”子路曰：“愿闻子之志。”子曰：“老者安之，朋友信之，少者怀之。”

知尔之问，是商他日事；言志之问，是商今日事。今日所志，便是他日所事。圣贤只就眼前道理，即身证学问，而万物一体[1]之意，随大小广狭，即以自见。如人一身，或得一体，或具体而微，而斟酌于元气[2]之周施，上天下地、往古来今，尽在此间。此是洙、泗家风。

子路何故在朋友上起见？子路勇于义，然诺[3]不渝[4]，精神多映彻[5]在朋友身上，于民胞物与[6]未尝不知，此理尚烦推致耳。车马轻裘，共敝[7]无憾，举人情极难割处，不作系吝[8]想，便将此身放在天地间了，不见有彼我之殊。第不免沾沾自喜，有挟之以施伐[9]之心，故颜子进一解，就此朋友共敝之念推之，见得宇宙事皆吾分内事[10]，何善可伐？何劳[11]可施？无伐无施，则善劳在一世，虽尧、舜事业，真是一点浮云。然犹知有善劳之可言也，故夫子又进一解，曰“老者安之，朋友信之，少者怀之”，因人情所同然，而与天下以各得之分，则我不言善；合天下所同然，而动吾不容已之愿力，则我不言劳。此天地之道也。圣贤言志，各不相谋，而实有互相印证之意。只此便是学不厌，只此便是教不倦。后儒云“舞雩三三两两，正在勿忘勿助[12]之间”，吾亦云“老安少怀，即是时行物生[13]之教”云。

“老者安之”数语，志与事一齐俱到，事有待而心无待，吾有安之之心，世即有安之之象，不必问所为安而安在；吾有信之之心，世即有信之之象，不必问所为信而信在；吾有怀之之心，世即有怀之之象，不必问所为怀而怀在。安、信、怀愿欲在天下，圣人以天下之愿欲为愿欲而自得，不见有功能之迹、推致之烦，方见圣人之心与天地万物略无丝毫间隔。

◎注释

［1］万物一体：中国哲学范畴，指宇宙万物具有相同的根源，如下文提及的元气之本源、生生之仁体，关联为生生感应的整体。　［2］元气：刘宗周认为宇宙为元气化生、周流不息的存在，万物皆生于元气的兴衰往

来。 [3] 然诺：许诺，答应。 [4] 渝（yú）：违背。 [5] 映彻：照临。 [6] 民胞物与：张载《西铭》："民吾同胞，物吾与也。"指天下万民，皆为我的同胞；天地万物，皆是我的同类。形容天地万物共处生生之仁，相为一体。 [7] 敝：坏。 [8] 系吝：有所眷恋，不能割舍。[9] 施伐：施，夸大。伐，夸耀。 [10] 出自陆九渊："四方上下曰为宇，往来古今曰为宙。元来无穷，人与天地万物皆在无穷中者也。宇宙内事乃己分内事，己分内事乃宇宙内事。宇宙便是吾心，吾心即是宇宙。万物森然于方寸之间，满心而发充塞宇宙，无非如此。"陆九渊提出"心即理"的观点，认为万事万物之理源自本心，万物的存在也就出自本心的运化，故宇宙之存在即是本心之流行。 [11] 劳：功劳。 [12] 勿忘勿助：出自《孟子·公孙丑上》："必有事焉而勿正，心勿忘，勿助长也。"按照宋明理学的工夫论，"勿忘"指保任本心，不轻易放失；"勿助"指不私智用事，勿拔苗助长。 [13] 时行物生：出自《论语·阳货》："天何言哉？四时行焉，百物生焉，天何言哉？"指万物顺应天地化生之道，各尽性命之用。

◎解析

刘宗周主要围绕万物一体立论，指出三人之志皆出自万物一体的仁心。具体来说，子路所谓"车马轻裘，共敝无憾"正是博施济众，于朋友无彼我之殊。然而子路不免有过分夸耀的嫌疑，于是颜回进一步指出，天地万物本来一体，宇宙之事本是分内之事，是故博施济众只是尽本分。然而颜回尚有善劳之论，是故孔子直接落脚人心同然上立论，指明人心本来"立人、达人"的愿欲，所谓"老安、友信、少怀"便是扩充此愿欲于天下。

◎原文

子曰："已矣乎！吾未见能见其过而内自讼[1]者也。"

昔人云："见过非难，讼过为难。"予谓反是。譬如讼者，必两造分明具状[2]，（一作“左验[3]分明”。）方能听理。各各举隐匿本情，亦何以为受讼（一作“质对”。）之地？今人有过，多是含糊过去，昏昏藏头躲尾，不肯自见，所以终无改图。掩目捕鼠，掩耳盗铃，只涂得自己耳目，而人已昭乎揭日月，而行亦何益之有？“君子之过也，如日月之食。过也人皆见之，故更也人皆仰之。”[4]小人之过未尝不可见，而实无自见之心，故其见与君子异，而改亦与君子异。见过者，有过即知，一些子便看作天来大[5]，若与天下共见。然既见后，势不得不改，第恐[6]改图不力，故又须内自讼，试问此过从何来历，从何造端[7]，从何成就，从何结果，一一打勘，直穷到底，如死者之求生，如断者之求续，而迁改之图自有无所不至者矣。如此一番两番，（一作“亲见己之天君”。）真能脱胎换骨，一日千里。此等力量，只得孔、颜独步[8]寥寥，千古后几人！圣人眼见一辈学人悠悠忽忽[9]无长进，只是未曾打破此关，故大声疾呼，曰“已矣乎，吾未见”云云，如疾雷一下，使人猛省，而其如终不足以语之也。吾侪[10]猛省。

◎注释

［1］讼：自咎，自责。　［2］具状：指具体情由、情状。　［3］左验：指证人、证据。　［4］出自《论语·子张》。　［5］指将过错看作天大的事。　［6］第恐：只怕。　［7］造端：发端，开始。　［8］独步：独一无二，超群出众。　［9］悠悠忽忽：形容悠闲懒散。　［10］吾侪（chái）：我辈、我们。

◎解析

在刘宗周看来，见过与讼过都非易事，见过指明觉自身的过错，讼过则是在此基础上进一步反省。人未尝无过，且人心良能知是知非，也就是一有过便自判为非；但小人不能明觉此知，由此也就不能知其为过，君子则能明觉此知。不仅如此，君子见过则力图改过，也就是进一步自讼自省，着实改过迁善。

◎原文

子曰："十室之邑，必有忠信如丘者焉，不如丘之好学也。"

圣人一生无他嗜好，只有好学一事。如饥食渴饮，依以为命，自少至老，孜孜不息。拾级[1]而前，进一步又有一步，驯至[2]于上达天德，而其心未敢以为足，没身[3]乃已。此一副精神，真是前无千古，后无万古。至问其何以能此？亦从忠信之质来。忠信之质，人人有之，惟圣人能葆之而不失。故发心既真，自有欲罢不能[4]之味，久之而不厌不倦，即为至诚之无息矣。其究竟以完此忠信之质而已。

人皆以圣贤为生知[5]而不必于学，故夫子借己以勉人，见得生质之美，不甚相远，亦学与不学异耳。

◎注释

［1］拾（shè）级：由台阶逐步向上走。 ［2］驯至：逐渐达到。［3］没身：终身。 ［4］欲罢不能：想要停止却做不到。 ［5］生知：即"生而知之"，指不待后天学问而具有的知。

◎解析

据此章所论，人人皆有忠信之质，作为人的成德之基，而成德的工夫便是通过学来成就此忠信。《论语》多次强调学以成德，所谓"学"乃是在日用事务中，不断获取、习得相关的道理，养成自身的德行。

雍也第六

◎原文

子曰："雍也可使南面。"仲弓问子桑伯子，子曰："可也，简。"仲弓曰："居敬而行简，以临其民，不亦可乎？居简而行简，无乃大简乎？"子曰："雍之言然。"

子尝曰"吾党之小子狂简，斐然成章，不知所以裁之"。裁之如何？亦曰学以居敬而已矣。人心才肆[1]便疏阔[2]，敬则严密。仲弓德性简质[3]，具有狂者之概[4]。他日见宾承祭之教[5]，正裁以居敬法也。"雍虽不敏，请事斯语矣"，故因夫子南面[6]之许，而恍然于子桑伯子之大简[7]也。同一简也，而居之以敬，方是可行之简。若有心以行之，则居与行皆简矣，不特其所居非，并其行而非矣。自狂者流失，遂有伯子一种学术，以老氏为宗，至欲土苴[8]仁义、绝灭礼乐以治天下。生心害政，莫此为甚，故圣贤严辩之。至夫子他日曰"庄以莅之，动之以礼"[9]，并行处是敬，更不道一简字，尤为万世无弊之语。学者详之。

易从乾道来，是心法；简从坤道来，是事法。然则居易而行简，可乎！此乾坤之学也。伯子地位立得高，故从简，只不居易而行简，是妻乘[10]夫，阴干阳，是灭人道学问。然夫子终不以易简示教，盖难言之矣，必也颜氏子乎？

◎注释

［1］肆：放纵。 ［2］疏阔：粗略，不周密。 ［3］简质：简白朴实。 ［4］概：气度。 ［5］出自《论语·颜渊》："仲弓问仁。子曰：'出门如见大宾，使民如承大祭。己所不欲，勿施于人。在邦无怨，在家无怨。'仲弓曰：'雍虽不敏，请事斯语矣。'"指出门如同接待宾客一般慎重，使民如承办祭祀一般恭敬。形容做任何事都严肃诚敬。 ［6］南面：一般为君主、大臣听治的位置。此处形容仲弓有执政的才能。 ［7］大简：大，通"太"。简，简单，不烦。 ［8］土苴（jū）：本指微贱的东西。此处作动词，指贱视。 ［9］出自《论语·卫灵公》。莅（lì），治理、管理。 ［10］乘：驾驭，管控。

◎解析

此章主要探讨简与敬的关系。刘宗周区分易道之简与老氏之简，指出仲弓"居敬行简"正如"居易行简"，通过主敬来涵养德性，由此中道而行，所行也就自然易简有序；而子桑伯子"居简而行简"正是老庄一派"自然无为"的思想，主张绝灭仁义礼法，所行虽简但未必中道。

◎原文

哀公问："弟子孰为好学？"孔子对曰："有颜回者好学，不迁怒，不贰过，不幸短命死矣。今也则亡，未闻好学者也。"

学莫要于治心。心之体发而为喜怒哀乐，各中其节。[1]心有不存，而七情[2]先受其蔽矣。七情之蔽，惟怒易乘，故颜子之学于惩忿[3]得其大者。凡怒缘感生，而随感以观理，若有一定之域。然试就天理分数[4]查检出入之倪[5]，即动些子[6]，亦是迁。此际更无强制法可施，惟颜子学以克己，直能克去此血气之私而毫不妄溢[7]，其发也，适还其可怒之理而已，何迁之有？只此是心体浑然完复时，几于无过矣。

苟有过，未尝不知，知之未尝复行也，何贰之有？以怒征[8]其常心，以过征其暂时，时时保任，时时剥换[9]，一日而超凡证圣无难。此其好学之力，诚有非他人所敢望者。寻常说惩忿，说改过，人人理会得，只不迁不贰，是颜子独步精神，故夫子叹之。

夫子告颜子为仁，只就视听言动[10]上说。至颜子好学，直蔽以“不迁怒，不贰过”两言，一则就性情上理会，是先一著工夫；一则就四勿中提出转关法，是后一著工夫，合之是善发圣人之蕴。

薛文清[11]公二十年治一“怒”字不尽，以是知克己最难。学者且就当境[12]痛加惩创去，久久自有得力时，正不得妄希高远而以绝学窥圣贤也。

问“贰过”。曰：“过而不改，是谓过矣。分明是贰了。”

邓定宇[13]曰：“此非闵、宪[14]以下学问。颜子心常止[15]，故不迁；心常一，故不贰。”愚谓心本常止而不能不动以怒，故就怒时求止法，曰“不迁”；心本常一而不能不二于过，故就过时求一法，曰“不贰”。此正复性之功最真切处。若谓颜子必先有复性之功，先得此心之止与一者以立本，而后遇怒能不迁，遇过能不贰，则是止者一心而不迁者又一心也，一者一心而不贰者又一心也，将孔门一切惩忿窒欲[16]、迁善改过之学，都无用处，而所谓复性之功者，不几求之虚无寂灭[17]之归乎？恐非孔、颜好学之本旨也。

◎注释

[1] 出自《中庸》：“喜怒哀乐之未发，谓之中；发而皆中节，谓之和。中也者，天下之大本也；和也者，天下之达道也。致中和，天地位焉，万物育焉。” [2] 七情：一般指喜、怒、哀、惧、爱、恶、欲七种感情。 [3] 惩忿（fèn）：克制忿怒。 [4] 分数：指本身的条理。 [5] 倪（ní）：端倪。 [6] 动些子：指动怒。 [7] 毫不妄溢：指没有一毫虚妄产生。 [8] 征：证验。 [9] 剥换：指剥落转换坏的一方面。 [10] 视听言动：出自《论语·颜渊》：“颜渊问仁。子曰：‘克己复礼为仁。一日克己复礼，天下归仁焉。为仁由己，而由人乎哉？’颜渊

曰：‘请问其目。’子曰：‘非礼勿视，非礼勿听，非礼勿言，非礼勿动。’颜渊曰：‘回虽不敏，请事斯语矣。’” [11] 薛文清：薛瑄（1389—1464），字德温，号敬轩，谥曰“文清”。明代著名思想家、理学家、文学家，河东学派的创始人。 [12] 当境：当下境况、情境。 [13] 邓定宇：邓以赞（1542—1599），字汝德，号定宇，谥曰“文洁”。明代理学家、教育名士。 [14] 闵、宪：闵，闵子，名损，字子骞，孔子弟子；宪，原宪，字子思，孔子弟子。 [15] 心常止常一：止，《艮·彖》：“艮，止也。时止则止，时行则行，动静不失其时，其道光明。艮其止，止其所也。”一，纯粹精一。止与一皆形容心性本体，指本体具恒定不易之理，虽生化往来，但总是止于所当然之理。 [16] 窒（zhì）欲：抑制私欲。 [17] 虚无寂灭：虚无，指老庄道家之学，老氏主张致虚守静以返道，提出自然无为的思想。寂灭，指佛氏之学，佛教认为万法皆空，主张通过般若智慧契入本来清净寂灭之涅槃境界。

◎解析

首先，刘宗周引述《中庸》“喜怒哀乐未发已发”的思想论述颜子之学，指出喜怒哀乐为心体的发用，颜子“不迁怒、不贰过”正是治心之学。人的本心良能知善知恶，颜子在心体上做克己工夫，故能明觉此知善知恶之心，有过必知、知之不复行，由此存养对治情欲之私，自然不为情气所迁。

另外，刘宗周对邓定宇的思想提出批评。后者所论“常止常一”指工夫，也就是主张通过静坐等法存养得心体寂然不动、常止常一，然后遇事自然不迁不贰。刘宗周指出邓定宇所论存在“二心”的嫌疑，认为常止常一出自心体，主张在“怒之不迁”“过之不贰”等利用上存得常止常一之体。

◎原文

子华使于齐，冉子为其母请粟。子曰：“与之釜。”请益。曰：“与之庾。”冉子与之粟五秉。子曰：“赤之适齐也，乘肥马，衣轻裘。吾闻之也，君子周急不继富。”原思为之宰，与之粟九百，辞。子曰：“毋以与尔邻里乡党乎！”

二子之取与[1]，不必圣人裁定，只就二子互勘：一则过侈于常施之外，一则矫[2]辞于常禄之内，其不可同年而语明矣。自思[3]而观，方见赤[4]之过于取，如饮盗泉[5]一般；自求[6]而观，方见思之过于辞，必蚓而后可[7]一般。两者比长絜[8]短，而中道见矣。只此是天然道义之衡，可以互证，便可以独证。二子都只为私见遮住，所以愦愦[9]。

就请者通情，则有与釜庾[10]之义；就辞者全操，则有与邻里乡党之义。于此，见圣人因物付物，而又曲致陶铸之权，分明天地气象也。

质言将“毋”字连下句读，语意更婉，从之。

门人陈敬伯质[11]余曰：“九百之粟，疑亦羡[12]于常禄之外，故原宪辞之。不然，只合云宰禄，不必定数九百矣。九百与釜庾类应，且以宪之贤而矫情一至此乎？”愚按：如此看则通章意旨更长，表之以俟[13]知者。

◎注释

[1] 取与：所取与所给予。 [2] 矫：假托。 [3] 思：原宪，字子思，孔子弟子。 [4] 赤：公西赤，字子华，孔子弟子。 [5] 饮盗泉：指贪图便宜，不廉洁。 [6] 求：冉求，字子有，孔子弟子。 [7] 蚓而后可：指像蚯蚓一样无求于世才可以。 [8] 絜（xié）：度量。 [9] 愦愦：昏庸，糊涂。 [10] 釜庾（yǔ）：古代量器名。釜，六斗四升。庾，十六斗。 [11] 质：质问。 [12] 羡：有余。 [13] 俟（sì）：等待。

◎解析

此章比较公西华与原思对于“取”的态度。刘宗周认为公西华过于取，而原思过于辞，二人皆为私见所遮蔽，不能处中正之道。

◎原文

子谓仲弓曰："犁牛之子骍且角，虽欲勿用，山川其舍诸？"

朱子曰："圣人必不肯对人子说人父不善。此章还作用人不以世类[1]看。"愚谓：此疑夫子策励[2]仲弓之意，言人当自奋于流俗，而不可安于自弃也。圣贤豪杰只在人当身分内[3]为之，则是虽天亦不得而限之。犁[4]牛之子，生而贱者也，骍[5]而且角[6]，山川[7]用[8]之矣。人其可以生禀自弃哉？困勉可一也，下愚可移也，亦曰学焉而已矣。学之至，则气禀[9]之驳者，幡然[10]一变而近道，虽曰不希[11]圣希贤，吾不信也。"骍且角"，盖取喻于变化气质[12]者如此，非以质美言也。疑仲弓初见夫子，而夫子策之以此。

按：《玉篇》："犁字杂文，又耕具。"今作"耕具"解，与下文山川用之之意更相应。

◎注释

［1］世类：家世品类，指出身。　［2］策励：督责勉励。　［3］分内：本分以内。　［4］犁：一作"杂文"，一作"耕具"。　［5］骍(xīng)：赤色。　［6］角：指牛角周正。　［7］山川：山川之神。　［8］用：用来祭祀。　［9］气禀：人生来所禀受的气质。　［10］幡然：忽然改变的样子。　［11］希：盼望。　［12］变化气质：宋明理学工夫论，首先由张载提出。宋儒区分"天地之性"与"气质之性"，前者就人而言便是人之本性，后者一般指生而禀受的气质所表现的气性（在朱熹那里，"气质之性"指天地之性堕入气质所彰显的性，含义与此不同）。变化气质便是通过存养德性来变化自身的气性。

◎解析

朱熹《论语集注》："仲弓父贱而行恶，故夫子以此譬之。言父之恶，不能废其子之善，如仲弓之贤，自当见用于世也。"人虽生而有气质、地位的差别，但是禀受的德性无不相同，通过修养自身的德性，自然能够改变气质等外在的形象，成为“骍且角”的出类拔萃者。

◎原文

子曰：“回也，其心三月不违仁，其余则日月至焉而已矣。”

颜子“不迁怒，不贰过”，分明逗出“其心三月不违仁”消息。颜子时时学，便时时是仁，学固所以求仁也。或作或辍[1]焉而学，学荒矣，虽有能存焉者，寡矣。然何言乎“心不违仁”？仁，人心也。心存而仁存，此心常存即常仁也，学之所以纯也。若诸子之心已不可得而见矣，仁更何处讨归宿乎？故学非以求仁也，以求心也。圣人视诸子之仁，不是影响摸索，实实就心上查检得是离是合，并时节因缘不差些子，是何处印来。吾侪莫作文字看过。

先儒尝言：“心是镜，仁是镜之明，私欲是尘埃。尘去则镜明，故克己复礼以为仁。”

“其心三月不违仁”，有执玉捧盈[2]气象，恰是融然冰释时。

涂镜源[3]曰：“学者须知时至仁。知得时至，方知得日至，知得日至，方知得月至，知得日月至，方知得三月不违。”

诸子得日法，日一中而昃[4]进焉；得月法，月渐盈而食回；得时法，寒暑之气，以积而禅[5]。夫子得岁法，其一元之常运乎！

◎注释

[1] 辍（chuò）：中止，停止。 [2] 执玉捧盈：指执持玉器，捧奉盈满之物。比喻爱护至极。 [3] 涂镜源：即涂宗浚，明代著名学者、官员。 [4] 昃（zè）：指太阳西斜。此处形容诸弟子有一日、一月、一时节而得仁的，但转而又有所违。如太阳到达中午转而又西斜下落，月亮到十五月圆转而又渐渐亏损，一年之气寒来暑往总在盛衰更迭之间。

[5] 禅（shàn）：指事物更迭。

◎解析

颜回好学，时时求仁得仁，只见其不断上进，未见其知足而止，故能三月不违仁，安贫而乐道。刘宗周主要指出求仁在存心，也就是存养本心。

◎原文

季康子问："仲由可使从政也与？"子曰："由也果，于从政乎何有？"曰："赐也，可使从政也与？"曰："赐也达，于从政乎何有？"曰："求也，可使从政也与？"曰："求也艺，于从政乎何有？"

三子尝服圣人之教，各就其质之所近而学焉，达其材，斐然成章矣。曰果、曰达、曰艺[1]，居然经世之具，故皆可使之从政。方之九官[2]，其夔、龙之彦也与！

子路勇者也，遇事辄断[3]，亦断于理也。子贡颖悟，尤能烛[4]事之变于无形。冉子周详机警，事事安顿得有理，如曲技之迭奏然，故曰艺。子路才气极大，视[5]求则已疏[6]，视赐则已戆[7]。赐见事早，求见事审[8]。要之，各有长处。

◎注释

[1] 朱熹《论语集注》："果，有决断。达，通事理。艺，多才能。" [2] 九官：舜的九个大臣。《尚书》："禹作司空，弃作后稷，契作司徒，咎繇作士，垂作共工，益作虞，伯夷作秩宗，夔作典乐，龙作纳言。凡九官。" [3] 辄（zhé）断：果断，决断。 [4] 烛：洞悉。 [5] 视：指与某某对比。 [6] 疏：疏忽，不细密。 [7] 戆（gàng）：鲁莽。 [8] 审：详细，周密。

◎解析

季康子问子路、冉求、子贡三人能否为政，孔子指出三人各自的才能，认为他们都具备经世为政的能力。子路勇敢，遇事果断，能行大忠大义，故能治理千乘之国的军政。子贡聪慧机敏，善于思考，能够洞悉事物的道理，对人情事理都悉数通达。冉求的才能很高，事事都能安排得周密详细、有条理，故能为宰执政。

◎原文

季氏使闵子骞为费宰。闵子骞曰："善为我辞焉。如有复我者，则吾必在汶上矣。"

圣贤见道分明，出处之际，斩然自断，不作一毫迟回前却[1]之想，观闵子辞费[2]宰可见。当时才却顾[3]，便费[4]许多商量，不觉入季氏彀[5]中，帖帖[6]听命矣。汶上[7]之托[8]，直是不再计，闻者能不心折[9]？而又先之以善辞，则处人有礼，不至拂[10]人以取祸，所以得行其志也。子曰："笃信好学，守死善道。"闵子有焉。夫闵子亦幸而处季氏耳，使其不幸而为蔡邕[11]，当董卓之召，其肯以死劫哉？噫！邕亦可哀也。若龟山[12]之于京[13]也，是亦不可以已乎？

闵子至性过人，闻道甚早，其刚毅似曾子而丰度[14]凝远[15]过之，意其造道精诣则未逮也。

问："孔门不仕大夫之家者，仅闵子、曾子数人，而竟以此分优劣，何也？"曰：此学不学之分也。诸子于学荒矣：赐愿息，求画，张学干禄，由以人民社稷为学矣。[16]平日信道不笃，未免杂一点慕外之心，及感遇一加，此心炽然而动，而又挟以翘然[17]自试之心，苟有用我者，亦遄会[18]而往矣，奚暇择出处之正哉？如子路"不善不入"之说，向人分上最分明，及到仕卫辄[19]时，便茫然无用处。可见平日只是将道理讲贯过，更不曾用得践履之功，所以当境辄愦愦。曾、闵之徒，其得闻圣人之教而被服之也，日有孜孜，必要于至道而后已。合下见得此道大行不加，穷居不损，将富贵功名之念，一齐斩断，到临境时，只随缘分付，可仕可止，不受人羁勒中，是甚次第！且也当仕而仕，犹不免怀未信之歉，而况于权门之奔走乎？故吾于费宰之辞而知闵子之进于道也，岂区区沮、溺、丈人[20]之流可同日道哉！

孔子陶世者也，颜子用世者也，闵子持世者也，超世者也，由、求之徒，随世者也。

◎注释

［1］前却：进退。　［2］费：季氏的采邑。　［3］却顾：回顾，指反复考虑。　［4］费：消耗。　［5］彀（gòu）：指弓箭射程所及的范围，比喻圈套、牢笼。　［6］帖帖：温顺诚服的样子。　［7］汶（wèn）上：汶水之北，泛指齐国之地。闵子骞为鲁国人，此处指宁可逃往齐国，也不愿当季氏之宰。　［8］托：借故推诿躲避。　［9］折：折服，心服。　［10］拂：违背。　［11］蔡邕（yōng）：字伯喈，东汉著名文学家、书法家。董卓专政时，强召蔡邕为祭酒。三日之内，蔡邕历任侍御史、治书侍御史、尚书、侍中、左中郎将等职，封高阳乡侯，世称“蔡中郎”。董卓被诛杀后，蔡邕因在王允座上感叹而被下狱，不久便死于狱中。　［12］龟山：杨时（1053—1135），字中立，号龟山，谥号“文靖”，宋代哲学家、文学家。先后学于程颢、程颐，同游酢、吕大临、谢良佐并称“程门四大弟子”。又与罗从彦、李侗并称为“南剑三先生”。晚年隐居龟山，学者称“龟山先生”。　［13］京：蔡京（1047—1126），字元长，北宋宰相、书法家，先后四次任宰相。杨时曾斥责蔡京“用事二十余年蠹国害民，几危宗社，人所切齿”。　［14］丰度：风采气度。［15］凝远：凝重深远。　［16］分别见《列子·天瑞》：“子贡倦于学，告仲尼曰：‘愿有所息。’仲尼曰：‘生无所息。’子贡曰：‘然则赐息无所乎？’仲尼曰：‘有焉耳，望其圹，皋如也，宰如也，坟如也，鬲如也，则知所息矣。’”《论语·雍也》：“冉求曰：‘非不说子之道，力不足也。’子曰：‘力不足者，中道而废，今汝画。’”画，画地自限。《论语·为政》：

“子张学干禄。子曰：‘多闻阙疑，慎言其余，则寡尤；多见阙殆，慎行其余，则寡悔。言寡尤，行寡悔，禄在其中矣。’”《论语·先进》：“子路使子羔为费宰。子曰：‘贼夫人之子。’子路曰：‘有民人焉，有社稷焉，何必读书，然后为学？’子曰：‘是故恶夫佞者。’” [17] 翘（qiào）然：昂首企足的样子。 [18] 遘（gòu）会：投合，攀附。 [19] 卫辄：卫出公，姬姓，卫氏，名辄。 [20] 沮、溺、丈人：沮，长沮。溺，桀溺。皆隐逸之人，详见《论语·微子》。

◎解析

按照刘宗周的分析，闵子骞见道分明，既能斩断功名等念想，又能周旋有礼，故在孔门以德行著称。刘宗周着重对比孔门诸弟子，认为闵、曾二人闻孔子之教，便孜孜不倦地践行，一心追求道义；相比而言，子路、冉有、子贡、子张等人则信道不笃，尚有慕外之心。

◎原文

伯牛[1]有疾，子问之，自牖执其手，曰：“亡之，命矣夫！斯人也而有斯疾也，斯人也而有斯疾也！”

孔之丧也，颜之贫也，牛之疾也，莫非命也。春秋之际，斯道之阨[2]，而圣贤共命矣。命也有道焉：夭寿不贰，修身以俟之，所以立命也[3]。疾革而迁寝[4]，事师必以（一有“道”字，误。）焉，其有易箦[5]之风乎？此圣人所以重叹斯人也与！

陈白沙[6]曰：“古之人处贫贱有道，处病有道，处死有道，其颜、冉之谓与！”

◎注释

[1] 伯牛：姓冉，名耕。孔子弟子。 [2] 阨（è）：同“厄”，困

厄。　[3] 出自《孟子·尽心上》："夭寿不贰，修身以俟之，所以立命也。"夭寿，短命与长寿。俟（sì），等待。　[4] 朱熹《论语集注》："礼：病者居北牖下。君视之，则迁于南牖下，使君得以南面视己。时伯牛家以此礼尊孔子，孔子不敢当，故不入其室，而自牖执其手，盖与之永诀也。"　[5] 易箦（zé）：箦，竹席。指曾子临终时，因席褥为季孙所赐，自己未尝为大夫，而使用大夫所用的席褥，不合礼制，于是命人换席，举扶更换后，反席未安而死。　[6] 陈白沙：即陈献章，明代思想家、哲学家、教育家。

◎解析

刘宗周主要探讨"命"，指出儒家所言命有两种含义，其一指时命，诸如"孔之丧，颜之贫，牛之疾"之类德福不相称的现象，有很大的外在机缘，不受人力所掌控；其二指有道之命，也就是天命，儒家认为天命流行，施于万物，万物各得其命以生，在人便是仁义之性命，是故人可以修其仁义之德来安身立命。

◎原文

子曰："贤哉回也！一箪食，一瓢饮，在陋巷。人不堪其忧，回也不改其乐。贤哉回也！"

茂叔[1]教人，每令寻孔、颜乐处[2]，所乐何事？此个疑案，后人鲜开消[3]得，一似指空花、踏幻影，无有是处。程子说不是贫，又不是道；朱子又说未尝不是道，若有极口道不出者，毕竟是何事？此事不从言说得，不从妙悟得，学者须实学孔、颜之学始得。孔、颜乐处，即是孔、颜学处。子曰："不怨天，不尤人，下学而上达，知我者其天乎！"何不乐之有？善乎，王心斋[4]氏之言曰："学然后乐，乐然后学。学即乐，乐即学。天下之乐无如[5]此学，天下之学无如此乐。"然则孔、颜之乐也，乃其所以合于愤[6]也与？

"乐"字原从"贫"字勘出，故曰"贫而乐""不改其乐"，亦言贫而有以自乐也。只此便是道，不必乐道。

◎注释

［1］茂叔：周敦颐（1017—1073），字茂叔，谥号“元公”，世称“濂溪先生”。北宋五子之一，宋明理学的开山鼻祖。［2］孔、颜乐处：儒家关于人格理想与道德境界的命题。孔颜安贫乐道，以道为己任，日用之间皆不离道，身处道义而心中自然安宁喜乐。［3］开消：处置。［4］王心斋：王艮（1483—1541），字汝止，号心斋，明代哲学家，创立传承阳明心学的泰州学派。［5］如：比得上。［6］愤：奋发。

◎解析

“孔颜乐处”一直为儒家所津津乐道。孔子言“饭疏食饮水，曲肱而枕之，乐亦在其中矣。不义而富且贵，于我如浮云”，颜子则“一箪食，一瓢饮，在陋巷。人不堪其忧，回也不改其乐”。孔颜志在求道，心之所安便在得道，得道与否本与外在的境遇无关，是故外在的贫富只是浮云。刘宗周引程子、朱子以及王艮所论，意欲表明乐生发于学而求道的工夫，也就是孔颜之乐并不在乐贫或乐道，而是得道自然心中慊安和乐。

◎原文

冉求曰：“非不说子之道，力不足也。”子曰：“力不足者，中道而废。今女画。”

学问须自识病痛，方有鞭策处。吾辈明明坐自画[1]一病，终无长进，却要卸罪于力，若以为天限[2]者然。以此诳[3]己诳人，如讳疾忌医，更无瘳[4]法。圣人直为人指破膏肓[5]处，令人毛骨俱竦。冉求曰“非不说子之道”，启口便错了，所谓“遗却自家宝，终日数他珠”[6]是也。冉求不反求诸己而悦道于夫子，是悦他人之道，言他人之言，行他人之行，曾何关涉自己一毛？如人原无志上长安，只见人上长安，便生赞叹。此身仍在门里坐，未曾试足一步，安问力足不足？故曰："力不足者，中道而废。今女[7]画。"曰"女画"者，只是唤醒女，使之反女而求女悦女道，便是道上人，不患不到长安也。颜渊曰"博我以文，约我以礼"，颜子只认得我亲切，所以欲罢不能，此冉求对症公案。

"中道而废"是力不足，"今女画"是志不足。

◎注释

［1］自画：画地自限，自我限制。　［2］天限：指诉诸上天的限制。　［3］诳（kuáng）：欺骗，瞒哄。　［4］瘳（chōu）：治愈。［5］膏肓：古代医学以心尖脂肪为膏，心脏与膈膜之间为肓。指药效无法到达的地方。引申为病症已达难治的阶段。　［6］自家宝：指自家良心。他珠：指所闻见的道理。　［7］女：通"汝"，第二人称，你。

◎解析

刘宗周主要指出冉求无真正行道之志，不能真正切合到道体当中，只能言他人之言、行他人之行。正如孟子言"由仁义行，非行仁义"，若只是终日做个仁义的样子，不能反求诸己，依照仁义所给予的意志去行动，则终究不能契合于道。

◎原文

子谓子夏曰："女为君子儒，无为小人儒。"

学以持世教之谓儒，盖素王之业也。倡于春秋，孔子其宗与？而七十子之徒为之疏附后先[1]，以共鸣儒学之盛，万古斯文之统遂禀于一矣。然儒一也，而有君子、小人之不同。君子儒者真儒也，小人儒者伪儒也。儒无不君子，而不能不盗于小人。以小人之心而盗君子之学，并其儒而小人矣。此学术诚伪之辨也。夫君子、小人易辨也，而同冒[2]之以儒则难辨。然则儒门便可作小人一藏身窟？此个酿[3]祸胎不浅，故圣人严之，曰“女为君子儒，无为小人儒”。卜子夏[4]入闻夫子之道而悦，出见纷华靡丽而悦，其神岐[5]矣。落根不清，即一切规模谨严，亦只守得一伪字。他日既老，而曾子笑之曰：“吾与汝事夫子于洙、泗之上，退而老于西河[6]之滨，使西河之民疑汝于夫子，尔罪一也。”无乃实不至而有侈心与？夫子豫[7]窥其微也，故以是儆之。

陆象山曰：“子夏之学传之后世，尤有害。”此语最刻，盖讥朱子也。其讥朱子曰：“揣量[8]摹写之工，依仿[9]假借之似，其条画[10]足以自信，其节目足以自安。”谓朱子实传子夏之学耳。然谓朱子传子夏规模则可，谓朱子传子夏血脉则不可。朱子是孔子的血脉，孟子的眼孔。

◎注释

[1] 疏附后先：指使疏远者亲附，使后来者闻先觉之教。 [2] 冒：假冒。 [3] 酿：酿成，形成。 [4] 卜子夏：卜商，字子夏。 [5] 岐：同“歧”。歧出，错出。 [6] 西河：战国时魏国黄河以西之地。 [7] 豫：预先。 [8] 揣量：忖度，衡量。 [9] 依仿：仿效，依照。 [10] 条画：筹划。

◎解析

子夏以文学著称，所传皆在孔门文章上，以经学为主。刘宗周认为子夏注重言语文章，未必以体悟孔门所传之道为己任，是故未必能得儒者的真精神。所谓小人儒便是那些没有真正践行仁义之道而学个儒者模样的人，故孔子以此告诫子夏，让其切实地躬行仁义之道。

◎原文

子游为武城宰。子曰："女得人焉尔乎？"曰："有澹台灭明[1]者，行不由径。非公事，未尝至于偃之室也。"

澹台灭明狷士[2]也。即二事而观，则知其一言一动皆有成法，而其大节凛然有所不为又如此。得若人以端士习[3]、表民风，可矣。将斯道之传，亦尚有赖乎？

洪武末，苏州知府姚善躬[4]下士，隐者王宾独居陋巷。善躬往候见，舍车步入叩门。宾问为谁？对曰："姚善。"乃开门延[5]语。及宾报谒[6]，望门再拜而返。善自邀还，辞"非公事，不敢入"。又将候[7]韩奕，奕避入太湖。善叹曰："韩先生所谓名可闻而面不可见者耶？"有钱芹，自守甚高。善初愿见，不可得。会俞贞木以明经[8]见重于善，月朔望[9]必延致[10]学宫，讲经书训士。一日，馈菜[11]于贞木，误致芹所，芹受之。吏觉其误，诣[12]贞木以告，贞木曰："钱先生不苟取予，今受不辞，必仰府公[13]之贤耳。"善喜讶，欲往候，使人先道意。芹对使者曰："芹诚幸见公。然芹，民也，礼不可往见于庭。若明公宏下士之风，请俟月朔，胥[14]会于学宫。"善如期至。迎芹坐上坐，延质经义。芹曰："此士子之业，今事有急于此者。"善益竦然[15]，请问之。芹但出一简授善，竟不交言而去。视之，则皆战守制胜之策也。善心嘉之。时靖难[16]兵已南狥[17]矣，后善竟以勤王[18]死节。愚按：三代而后，尊贤下士若姚公者，真空谷之足音也。

◎注释

[1] 澹台灭明：复姓澹台，名灭明，字子羽。 [2] 狷（juàn）士：洁身自好的人。 [3] 士习：士大夫的风气。 [4] 躬：亲自。 [5] 延：请进门。 [6] 报谒（yè）：回拜，回访。 [7] 候：看望。 [8] 明经：通晓经术。 [9] 朔（shuò）望：朔日和望日，阴历初一与十

五。 [10] 延致：招来，邀请。 [11] 馈（kuì）菜：馈，赠送。 [12] 诣（yì）：造访。 [13] 府公：泛称府、州级的长官，此处指姚善。 [14] 胥（xū）：相互。 [15] 竦（sǒng）然：恭敬的样子。 [16] 靖难：又称“靖难之变”。明惠帝建文初年，用齐泰、黄子澄的计谋，削除诸藩王的权力。燕王朱棣以黄、齐为奸人，举兵反抗，历时四年，攻陷帝都，自立为帝，史称“明成祖”。 [17] 殉：同“徇”，为国献身。 [18] 勤王：指王室有难，起兵救援靖乱。

◎解析

本章主要表彰澹台灭明持身有法、洁身自好。刘宗周在此援引姚善的相关事例，不仅展现当时高洁之士标榜澹台灭明“非公事，不敢入”的操守，而且还重点凸显姚善礼贤下士的风采。

◎原文

子曰：“孟之反[1]不伐[2]，奔而殿。将入门，策其马，曰：‘非敢后也，马不进也。’”

《左传》：齐师伐我。孟孺子泄帅右师，冉求帅左师，及齐师，战于郊。右师奔[3]，齐人从之，孟之侧后入以为殿[4]，抽矢策其马曰：“马不进也。”夫子特表其心之不伐，以为居功者劝[5]云。

士君子苟无礼义以养其心，于功名之际，鲜不攘臂[6]起者。晋灭吴，王浚[7]功多，而见枉[8]于王浑[9]，不胜忿愤。或说以居功未善，浚曰：“吾始惩邓艾之事，惧祸及身，不得无言；其终不能遣诸胸中，是吾褊[10]也。”盖褊心之难化如此！故君子不可以不学也。

谢上蔡[11]举孟之反事，或曰：“今人亦能有此，又须要人知其不伐。”程先生笑曰：“直如此巧？此所谓巧于伐者。”可见人心辗转闪换[12]，只是一团矜气。

◎注释

［1］孟之反：名侧，鲁国大夫。 ［2］伐：夸耀。 ［3］奔：战败撤退。 ［4］殿：指在最后面。 ［5］劝：勉励。 ［6］攘（rǎng）臂：捋起袖子、伸出胳膊。形容激动奋起的样子。 ［7］王浚：字彭祖，西晋时期将领，曹魏司空王昶侄孙、骠骑将军王沈之子。 ［8］枉：冤屈。 ［9］王浑：字玄冲，曹魏至西晋初年名臣，东汉代郡太守王泽之孙、曹魏司空王昶之子。 ［10］褊（biǎn）：狭小，狭隘。 ［11］谢上蔡：谢良佐，字显道，人称“上蔡先生”。 ［12］闪换：指变化迅速。

◎解析

孟子反在军队战败之时，殿后以护卫军队撤退，事后不仅不夸耀自己的功劳，而且还以“马不进”来自谦，可见他毫无矜功之心。刘宗周主要强调淡泊功名在于修习礼义。

◎原文

子曰：“不有祝鮀[1]之佞，而有宋朝[2]之美，难乎免于今之世矣！”

此人心之变也。人人习为二人之态而恬不知怪，非徒好谀[3]悦色而已。有世教之责者，盍[4]思所以挽回之。

问：“祝鮀之佞，宋朝之美，于世何当？”曰：只为争名射利，非此一副乖口角[5]、热面孔不能济。所以人人习之由其道，便做到弑父与君了。

余尝问朱文懿[6]公何如人？刘静之[7]曰：“亦甘美。”正是此“美”字。

◎注释

[1] 祝鮀（tuó）：字子鱼，卫国大夫。　[2] 宋朝：宋国公子。　[3] 谀（yú）：谄媚，奉承。　[4] 盍（hé）：何不。　[5] 口角：说话的技巧。　[6] 朱文懿：朱赓（1535—1609），字少钦，号金庭，谥“文懿”，官至明朝内阁首辅。　[7] 刘静之：刘永澄（1576—1612），字静之，一字练江，明代学者。

◎解析

衰乱之世，人人不是争名夺利，便是依附保身，是故皆去习得祝鮀一般的乖口角、宋朝一般的好面孔，孔子见此，不免感慨伤怀。

◎原文

子曰：“谁能出不由户？何莫由斯道也？”

言人不能不由道而卒[1]莫之由，是重可怪也。曷不醒于由户之能乎？

人原在道中生活，只是一物，无以此合彼之势。故曰“由”。要其至，如舜之由仁义行者是，若依门傍户，犹之乎背而驰也。“由道”之叹，非徒激发下愚，亦以指点上士。

◎注释

[1] 卒（zú）：最终。

◎解析

所谓“人原在道中生活”指人的存在总处于道化流行中，而道在人为仁义之心，由道而行便是由仁义行。

◎原文

子曰："质胜文则野，文胜质则史。文质彬彬[1]，然后君子。"

文与质，华实之称也。才有华实分数可言，便是胜，便落小成。德器[2]若彬彬，直是浑然无迹，适得乎礼乐之中矣，故曰"君子"。盖就其学之所至而言也。

质胜文胜，气质之病也；文质彬彬，学问之功也。

◎注释

[1] 彬彬：不同事物相杂且配备适均。 [2] 德器：指道德与形器。

◎解析

此章论文质关系。质为人的忠信之德，文指外在的礼仪文采。在刘宗周看来，君子进学修德，自然内修其德、外变气质，由此文质彬彬。

◎原文

子曰："人之生也直，罔[1]之生也幸而免。"

此夫子道性善也。言性善而证之情善才善，犹在枝叶上论。今直举人生而归之直，只竖一毫、喘一息，亦是此纯粹至善之理，更无有罔而生者，曰幸免，亦危矣哉。判到生死关，更不必说。圣狂人禽之辨，令人怆然[2]。

学问是救命灵符。

只初念[3]是直处。

◎注释

［1］罔（wǎng）：不正直。　［2］怆（chuàng）然：悲伤哀痛的样子。　［3］初念：此处指原初显发的良知善念。

◎解析

刘宗周认为“直”是就人性本善而言，“人之生也直”表明人生本为一纯粹至善的存在，而此至善之机蕴含在随时生发的最初一念，工夫的关键便是明觉此机而存得直理。

◎原文

子曰：“知之者不如好之者，好之者不如乐之者。”

君子之学，知[1]启其端。知之至，斯好之矣。好之至，斯乐之矣。知道之在我也而学之，而求必得之，得之斯乐矣。此进学之序也。学不进，只是自足。才一试于道，而自谓已至，岂知进一格复有一格乎？指点不如处，正催人进步也。

终身难满知量，当下亦有乐机。只好之一关，是彻始彻终精神。

◎注释

［1］知：认知。

◎解析

按照刘宗周的思想，君子之学在于进德修业，“知之”便是知道德在己身，工夫便在道德显为知觉的心上去寻求；“好之”便是顺应心之所发的意思去行动，正如好德如好好色一般；而工夫所至自然慊足和乐，“乐之”便是在工夫中得此乐，由此慊安于成德之中。

◎原文

子曰："中人以上，可以语上也；中人以下，不可以语上也。"

形而上者[1]谓之道。道不可言，其可言者皆形下者也。虽形下者，而形上者即在其中，故圣人之教莫非下，亦莫非上也，顾[2]学者所闻何如耳！上焉者，悟其上者之机，虽居处恭、执事敬，亦上也，故可以语上。下焉者，无往而不滞于下，即一贯之传，适以启门人之惑矣，故不可语上也。是以君子之设教也，不执方[3]而治，不凌节[4]而施，时达其所已能，而不强其所未至。

子曰"下学而上达"，直是语下不语上。曰"可以语上"，亦非执上以语也，如神化性命之语，亦只是注脚。

◎注释

［1］形而上者：哲学范畴，一般作为"形而下者"存在的根据，作为万事万物的本体。 ［2］顾：顾及。 ［3］方：指一定的方法。［4］凌节：指超越职权范围。

◎解析

刘宗周认为形而上者与形而下者相关为一体，道虽是无形无迹的存在，但只能在形而下者的运化中显用，也就是道存在于日用事物当中。是故孔子所语之"上"便是日用居处之恭、执事之敬等德性，求"上"的工夫便在"下"学之中，所谓"下学而上达"。另外，刘宗周指出孔子因材施教，对于聪慧的人，直接授以一贯之道；对于愚钝的人，则教以下学之法，以此上达。

◎原文

樊迟问知。子曰："务民之义，敬鬼神而远之，可谓知矣。"问仁。曰："仁者先难而后获，可谓仁矣。"

人只是一心，只无二无杂，便是道。第一是祸福心[1]害道，进之是欲速助长心害道。惟知者知当务之急，而不媚[2]神以邀福；惟仁者勇于力行，而不累于正助[3]之私。知以及之，仁以守之，由粗以及精，而渐复其心体之纯，其于道也几矣。夫子告樊迟，亦彻上彻下[4]法也。

◎注释

［1］祸福心：避祸求福之心。［2］媚：谄媚。［3］正助：出自《孟子》："必有事焉而勿正，心勿忘，勿助长也。"正，预期。助，以欲心助长，如揠苗助长。"正助"对应上文"欲速助长"。［4］彻上彻下：贯彻上下。

◎解析

对于此章所论"知仁"，刘宗周主要围绕"心"来论述。关于心，朱熹区分道心与人心，但刘宗周认为人心本一，存得仁义之本即是道心，正如此处所言"知者"以民生为当务之急便是推行仁义，所谓"仁者"力行便是尽其本心，总之不以祸福、正助之私心用事。

◎原文

子曰："知者乐[1]水，仁者乐山；知者动，仁者静；知者乐，仁者寿。"

此知仁合一之学。学至于成德，而其交养互发之机有如此者。乐水乐山，其机正在勿忘勿助间，盖证学于造化也。君子之学合一（一无

“一”字。)，从造化取则，盖尝仰观俯察，见得盈天地间只此阴阳之理，即是吾心之撰[2]。偏触偏灵[3]，全触全灵，有亹亹[4]欣合而无间者，况山水之大乎？知者证道于动，故乐水；仁者证道于静，故乐山。证道于动，适还吾心之动矣；证道于静，适还吾心之静矣。于动则得其乐者征，动畅天地之化也；于静而得其寿者征，静存天地之神也。学至于此，方与造化合而为一。故曰：“大人者，与天地合其德，与日月合其明，与四时合其序，与鬼神合其吉凶。先天而天弗违，后天而奉天时。”呜呼至矣！非知道者，孰能知之？

乐山乐水是穷理事，动静是尽性，乐寿是至命，穷理尽性以至于命[5]。

此圣人上达微言，当是学《易》后方得此机轴[6]。

乐水乐山，乐即是乐动，亦乐静，亦乐寿，则常乐。欲寻孔、颜之乐者知之。

◎注释

[1] 乐（yào）：喜好。 [2] 撰：规律、条理。 [3] 触：遭遇。灵：灵敏的反应。指遇到何种感发，便有相应的应和。 [4] 亹（wěi）亹：连续不绝的样子。 [5] 出自《易·说卦》。穷理：穷究事物之理。尽性：完全依由、顺承本性之利用。命：天命。 [6] 机轴：此处比喻关键的思想。

◎解析

此章与上章都涉及“知仁”的理解，上章主要就“知及仁守”的工夫而言，此章则就知仁之理而言。在刘宗周看来，知仁为人心生发的阴阳之理，孔子取喻山水正是从天地造化中彰显知仁所在。知仁之理发自人心，贯彻人的动静往来，是故学者证道，动则生智以贯天地之化，静则体仁以存天地之神，如此自然与造化合一。

◎原文

子曰："齐一变至于鲁，鲁一变至于道。"

昔太公[1]治齐，曰"尊贤而尚功"。周公曰："后世必有篡弑之祸。"周公治鲁，曰"亲亲而尊贤"。太公曰："后世必弱。"二公开国，规模各异，而逆料后世衰乱因之，则太公之齐已须一变方至道，况后世乎？积强而霸，积霸而乱矣。变齐者，一变今日之齐以至鲁，再变而后至于道，盖至道之难也。鲁之弱也滋甚，积衰而坏，亦非一变不能至道，但视齐差易耳。夫子借二国志更化[2]之思，实自证经济下手次第如此。

所变者政耳，而俗因之。

鲁之坏也，其始于隐、桓[3]之际乎？桓公弑兄自立，春秋第一大变也。后公子遂[4]擅弑立，迄于三家[5]专政，迫昭公于乾侯[6]，君臣灭矣。桓公见弑[7]，庄公[8]即位而不讨贼；昭公见逐，定公[9]即位而不讨贼，父子灭矣。桓夫人姜氏[10]如齐，昭公取吴孟[11]，夫妇灭矣。于是三纲之道尽矣。其君设两观、乘大辂[12]；其臣八佾舞于庭，旅太山，歌雍彻[13]；其宰据大都，执国政，盗宝弓，名分僭乱极矣[14]。他如跻僖公[15]而昭穆紊，初税亩而助法废[16]，作丘甲城中城[17]而武备弛，苗蒐[18]之不时而军政坏，烝尝[19]之不经而祀典渎，观鱼筑鹿而政事荒，纳郜鼎逐归父[20]而刑赏忒，纪纲法度荡然尽矣。区区周礼在官，末矣。国之丧也，何日之有？此圣人所以志变鲁与！

◎注释

[1] 太公：姜子牙，姜氏齐国开创者。 [2] 更化：改制，改革。 [3] 隐、桓：隐，鲁隐公，名息姑，鲁惠公之子，鲁国第十四任国君；桓，鲁桓公，名允，鲁惠公嫡长子，鲁隐公之弟，鲁国第十五任国君。惠公去世时太子允尚年幼，于是隐公代掌国君之位，后为桓公所弑。 [4]

公子遂：鲁庄公之子。 [5] 三家：鲁国卿大夫孟孙氏、叔孙氏和季孙氏。三家出自鲁桓公，史称“三桓”。鲁桓公有四子，嫡长子庄公继位，另三子庆父、叔牙、季友被封为卿，其后代世袭执政之位。 [6] 昭公：名裯，鲁襄公之子，鲁国第二十四任国君。昭公被三家攻伐，逃亡到齐国、晋国。乾侯：古代地名，在今河北成安县境东部。春秋时属晋地，地处晋、鲁边界，为晋、鲁往来的重要城邑。 [7] 桓公见弑：鲁桓公被齐国公子彭生所杀。 [8] 庄公：名同，鲁桓公嫡长子，鲁国第十六任君主。 [9] 定公：名宋，鲁昭公的弟弟，鲁国第二十五任君主。 [10] 姜氏：文姜，齐僖公之女，齐襄公异母妹，鲁桓公的夫人。与齐襄公乱伦被鲁桓公得知，齐襄公令彭生杀鲁桓公。 [11] 昭公娶吴孟：鲁昭公娶吴女为夫人，因两人都姓姬，乃改夫人姓孟，称“吴孟子”。古代同姓不婚，昭公取吴孟子有违礼法。 [12] 两观、大辂：两观，宫门前两边的望楼。大辂（lù），古时天子所乘之车。此句批评鲁君僭用天子之礼。 [13] 详见《八佾》篇。此句批评鲁国三桓僭越礼制。 [14] 指公山弗扰以费畔、阳货执国政以及取宝玉大弓。事见《春秋·定公八年》。 [15] 出自《春秋·文公二年》。跻：升。鲁僖公为鲁闵公庶兄，继闵公为君，其子鲁文公在祭祀时将僖公列于闵公之上，《公羊》认为此举“先祢而后祖”，乱昭穆之序。 [16] 初税亩：鲁宣公十五年实行的按亩征税的田赋制度。《左传》：“初税亩，非礼也，谷出不过藉，以丰财也。”助法：古代借民力助耕公田的一种劳役租赋制度。 [17] 作丘甲：鲁成公元年实行的按丘征发军赋的制度。城中城：指鲁成公加固内城以自固。 [18] 苗蒐（sōu）：春猎为蒐，夏猎为苗，泛指狩猎。 [19] 烝尝：本指秋冬二祭，泛指祭祀。 [20] 纳郜（gào）鼎：《左传·桓公二年》：“夏四月，取郜大鼎于宋，纳于大庙。非礼也。”郜鼎，郜国所铸大鼎。逐归父：归父，姬姓，东门氏，字子家，鲁庄公之孙，公子遂之子，鲁国上卿。东门归父欲去三桓以张公室，但反被季文子驱逐出国，事见《左传·宣公十八年》。

◎解析

此章论齐鲁之政。齐国之政崇尚功业，变齐乃是以鲁国亲亲之德进行更化；而鲁政虽然亲亲尊贤，但积弱而衰，不能不变而至于道。刘宗周在此列举诸种事例，重点阐述鲁政衰乱的原因。

◎原文

子曰："觚[1]不觚，觚哉！觚哉！"

大约指礼教。言知和而不知礼，是破觚而为圆也，故圣人叹之。

杨升庵[2]云：古者献以爵而酬以觚，《说文》所谓乡饮酒之爵也。《博古图》载其制云：觚口容一爵，足容二爵，《韩诗外传》所谓"三升曰觚"是也。后世以木简谓之觚，削木为之，或六面，或八面，面可书以为简牍[3]。陆士衡[4]《文赋》云"操觚而率尔"是也。孔子所叹之觚则酒器，非木简也。何以知其然？以觚为简，起于秦、汉以后，孔子未尝见之也。然则孔子何以叹也？曰：古人制器必尚象，以一觚言之，上圆象天，下方象地，且又取其置顿[5]之安稳焉。春秋之世，盖已有破觚为圆者矣。徒取其利于工之易制而不知失其象，便于人之易持而不计其顿之危也。孔子于献酬之际，见而叹之，其事虽小，而轻变古制、不师先王也。有秦人开阡陌[6]、废井田[7]、焚《诗》《书》、尚律法之渐矣，与《春秋》"大复古而讥变法"同一旨与！

◎注释

[1] 觚（gū）：古代酒器，用青铜制成，口作喇叭形，细腰，高足，腹部和足部各有四条棱角。 [2] 杨升庵：杨慎（1488—1559），字用修，初号月溪、升庵。明朝著名文学家，明代三才子之首。 [3] 简牍：古代书写用的竹木片。 [4] 陆士衡：陆机（261—303），字士衡。西晋著名文学家、书法家。 [5] 置顿：安置、安顿。 [6] 阡陌：田界。 [7] 井田：周代授田之法。以地一方里画成九区，由八家各占百亩，称为私田，中间百亩为公田，因形如井字，故称为"井田"。

◎解析

刘宗周引用杨慎的说法，指出孔子所言觚为酒器。觚本来上圆下方，腹部、足部皆有棱角，但后世为了制作方便，改其形制，将其做成圆形。孔子借此感叹春秋之世礼法衰乱，轻易变更古制。

◎原文

宰我问曰："仁者，虽告之曰'井有仁焉'，其从之也？"子曰："何为其然也？君子可逝[1]也，不可陷也；可欺也，不可罔也。"

不失其身而为天下者有之矣，未闻失身以为人者也。失身以为人，是从井救人之说也，其事陷也，而其理则罔也。悬[2]之以"井有人焉"之境，虽若是足以动仁人之心，往而救之，宜亦有是理，然若可受欺者，而不知终无可陷之理也，何也？为非徒无益而反害之也。故君子必尊其身为天地万物之身，而后可以位天地、育万物以成其仁。好仁不好学，其蔽也愚，即日用之间，往往而是，况推之天下之大乎？故圣贤借证之如此。

仲由之醢[3]也，龟山之出[4]也，皆从井救人之类也。闻公山佛肸之召而欲往，而卒不往，分明是可逝不可陷。宰我发问，恐是商夫子出处事。

◎注释

［1］朱熹《论语集注》："逝，谓使之往救。陷，谓陷之于井。欺，谓诳之以理之所有。罔，谓昧之以理之所无。" ［2］悬：设想。 ［3］醢(hǎi)：古代酷刑，把人杀死后剁成肉酱。此处指子路于卫国内乱中遇难事。 ［4］龟山之出：指杨时受到蔡京的援引而得官。

◎解析

刘宗周指出君子当尊其身，只有不失其身才能帮助他人乃至帮扶天下，当身处仁义之境地时，应当巧妙地应对，不能盲目行事，就如求助落井的人，虽然心生不忍，但不能自己也跟着跳进去，致使自己也陷入困境，反而不能施救。君子处事须有智谋，临事须应变，不可轻易受人欺罔。

◎原文

子曰："君子博学于文，约之以礼，亦可以弗畔矣夫！"

此孔门教人定本也。君子之学，将以求道也。始焉借途于耳目之广，而履其事者赜[1]，故曰"文"；继焉归宿于身心之近，而造其理者精，故曰"礼"。礼即文之体，博、约无先后，即所博而约之也。博约合一，即事即理，即理即心，道在是矣。学者一切聪明意见，皆足畔道。只格此二关，有始有卒，有伦[2]有要，是入道之正路。

博而不约，俗学也；约而不博，异端也。

阳明先生曰："博文是约礼工夫，约礼是博文主意。"愚按：博约固是一事，但学者初入门，只可就文上著力，未便是礼。（一作"只是博"。）迨[3]循习[4]之久，方有天则可归，方是约。迨即博即约，则一贯矣。

多闻，择其善者而从之，多见而识之，便是博约的样子。

◎注释

［1］赜（zé）：深奥。　［2］伦：条理。　［3］迨：等到。　［4］循习：依循养习。

◎解析

刘宗周从"博约合一"的角度展开论述。"约之以礼"指归宿于身心之理，"博学于文"则是约礼的工夫，正如王阳明所论"博文是约礼工夫，约礼是博文主意"，两者即事即理，无先后内外之别，也即博于文的学习过程就是在不断践行礼义、养成德行。刘宗周强调初学者当在博文上用力，通过学文不断依循养习，如此自然养成天则。

◎原文

子见南子[1]，子路不说。夫子矢之曰："予所否者，天厌之！天厌之！"

旁行而不流[2]，是圣道妙处。南子之见，莫论子路愦愦，恐天下后世亦无有知之者。圣道犹天，然若囿[3]于耳目之近，执一说、傍一理而求圣人者，皆非也。如谓仕而见小君[4]，礼也。子未尝仕卫，亦是冤枉。毕竟无一说可傍，而卒不自晦其道，分明是天道，故圣人直举天相示而已。然且不要天之知而姑[5]自疑其行，若深见绝于天者，何也？为不悦解嘲合如此。若说我是道，便不是道。"予所否者，天厌之！天厌之！"此肺腑语也。圣人见子路不悦，若疾雷惊耳，将平日罪过忏悔一番，不止为事起念者。呜呼！此圣人后天之学，合于先天者也。

问："子见南子，毕竟是何意？"曰：恐只是"与其洁也"[6]教法。

◎注释

[1]南子：卫灵公夫人。　[2]语出《周易·系辞上》："旁行而不流。"旁，《说文》："溥也。"旁行：旁通，普遍。不流：不违，不过。　[3]囿（yòu）：局限。　[4]小君：古时称诸侯的夫人或母亲，此处指南子。　[5]姑：姑且，暂且。　[6]出自《论语·述而》："互乡难与言，童子见，门人惑。子曰：'与其进也，不与其退也，唯何甚！人洁己以进，与其洁也，不保其往也。'"与，赞许。

◎解析

卫国小君南子有淫行，子路认为孔子见南子不妥，有损名声。

但在刘宗周看来，孔子旁行而不流，并不执泥于人的过往行迹，对于上进的人皆予以施教。

◎原文

子曰："中庸之为德也，其至矣乎！民鲜久矣。"

中始于唐、虞[1]。以中合庸[2]，自夫子发之。以中合庸，而后知中不沦于幻虚，不离于民生日用之经而上达天德者也，故曰"至"。至德即庸德也，而人正以[3]庸也而忽之，故"民鲜久矣"，非徒责此蚩蚩[4]之民也。自尧、舜、禹、汤、文、武而后，斯道之不传者，已非一日矣，非吾夫子，其孰与于斯哉？

◎注释

[1] 见《尚书·大禹谟》："人心惟危，道心惟微；惟精惟一，允执厥中。" [2] 庸：按照文意，指平常、日用。 [3] 以：因为。 [4] 蚩蚩（chī）：敦厚无知的样子。

◎解析

按照刘宗周的解释，"中"是就"道"而言，"庸"指日用事物，道与日用事物关联为一体。在他看来，道并不玄妙高远，而是存在于日用事物当中，所谓"至德即庸德"。常人不能在日用之间来见道，是故"鲜久矣"。

◎原文

子贡曰："如有博施于民而能济众，何如？可谓仁乎？"子曰："何事于仁，必也圣乎！尧、舜其犹病[1]诸！夫仁者，己欲立而立人，己欲达而达人。能近取譬，可谓仁之方也已。"

子贡求仁于事，而不本之心，亦立匮[2]之术也。博施济众，未尝非仁者之事，而尧、舜犹病之者，势也。圣人之所病，正仁人之所病也。若仁者之心，则反之一己而裕如[3]矣。此己盎然与人同体，即与人同欲，就自己发心时是何愿欲，而此欲已通之人，且有必通之人而后快[4]者，愿欲如是，功行即如是，如一元初转，万象皆春，故曰“仁”。此仁，体也。“能近取譬”者，近取此心而自喻之，非以己譬人云也。自喻之者，良心以一提而醒，随醒随彻，己心、人心一齐勘破[5]，果能“己欲立而立人”矣，“己欲达而达人”矣，故曰“可谓仁之方也已”。仁道至大，学者苦无下手法，今乃不越此“取譬”者是。（一作“不越此心而取譬”。）果是至易、至简、至神、至妙之术，故曰“方”。即医家寸金匕[6]也。得仁之方，则造化在手，宇宙在宥[7]，匹夫可以拟[8]皇王，日用足以掩[9]勋华[10]，区区博施，藐乎小矣！此吾夫子之仁也。

能近取譬，未尝不是恕，但即心言仁便是恕，故是仁之方。而仁，其体也，初非安勉之别。

问：“此与乍见入井时何别？”曰：乍见时，因在己原觉得痛，故觉得人亦痛，此心仍不从人生，正立达论仁之意。若自己身上先害麻木，即有人告以各各痛痒，彼必不信。

◎注释

［1］病：朱熹《论语集注》：“病，心有所不足也。”　［2］匮：匮乏，缺乏。　［3］裕如：富足、充足的样子。　［4］快：舒畅、通畅。　［5］勘破：参破、看透。　［6］寸金匕：古代量取药末的器具。　［7］宥（yòu）：宽仁，宽待。　［8］拟：效法。　［9］掩：遮掩。　［10］勋（xūn）华：即尧舜。勋，放勋，尧名；华，重华，舜名。

◎解析

此章关于“仁”及“求仁之方”都是围绕人的本心来讨论。在刘宗周看来，“仁”为本心生发的愿欲，此愿欲如一元之气健行不已，必然有所通达而后快，是故求仁之方便在通达此愿欲。具体来说，良心随感而发，当下醒觉便当即贯彻，正如当下顺应己心欲立、欲达之意来立人、达人。

述而第七

◎原文

子曰："述而不作，信而好古，窃比于我老彭！"

夫子生羲皇、尧、舜、禹、汤、文、武之后，固可以无作，而其心实退然[1]以愚贱自居，宁师古而不敢师心，且以吾心证古人之心而不敢传其所疑，以集群圣之大成。此仲尼之所以为大也。圣人于古人，实是信得及、非徒好之而已者。能信，则古人在吾心矣。述古人之事易，述古人之心难。述古人之心而事有不待言者，幸斯文之在兹，窃自附于后之君子，以垂宪[2]万世而已。曰"窃比老彭"，志幸也，心弥下而自道弥直矣。

斯文之鼻祖，莫大于羲《易》；持世之功业，莫尊于《春秋》。古今作者，二人而已。

◎注释

［1］退然：谦卑，恬退。　［2］垂宪：垂示法则。

◎解析

刘宗周认为孔子以己心体证得古圣贤之心，是故遵信古人所作，以古人为师，传述古人所作的经典。

◎原文

子曰："默而识之，学而不厌，诲人不倦，何有于我哉？"

此道身有之，则不言而信，以归于慥慥[1]之地，所谓躬行君子也。故云"默识"。识如字，谓信诸心也。默识之学，精神毫不渗漏，彻首彻尾，以此学即以此教，何厌倦之有？此圣人之全学也，而曰"何有于我"者，身试之而后知不足，愈进而愈不足也，亦终归之无穷而已矣。然则"何有于我"一语，正默识学诲之证也。

自"默"字讹解，而学者遂以语言道断当之，谓圣学入手只在妙悟，学诲都从悟中来，不知圣学是下学，只是反躬鞭辟，不堕于杳冥[2]玄默[3]之见。盖圣人之致意于三缄[4]者屡矣，故曰"躬行君子，则吾未之有得"，又曰"古者言之不出，耻躬之不逮也"。敢以是断默识之旨。

◎注释

[1] 慥（zào）慥：忠厚诚实的样子。 [2] 杳（yǎo）冥：高深悠远。 [3] 玄默：清静无为。 [4] 缄（jiān）：封，闭。

◎解析

刘宗周侧重讨论"默识"。"默"指道体流行于己身，作为不言而信的德性；"识"便是笃信此心性，也就是修德，"默而识之"所表述的便是即体即用的思想。是故刘宗周对学者将"默"解作妙悟提出批评，认为"学"乃是反躬自身的德性，"诲"便是以此学来教人。

◎原文

子曰："德之不修，学之不讲，闻义不能徙，不善不能改，是吾忧也。”

此即承上章之意，而反言之。其忧勤[1]惕厉[2]之意，益深切矣。夫子既不有是三者之学，则念德有不修矣；而又不求所以修之方，是学之不讲也。于是迁善改过之功，胥[3]失之矣，人生堕落，一至此乎！故曰“是吾忧也”。圣人切己反观，历数病痛，字字有标本，其所以教天下万世，深哉！

圣人是讲学，不是讲道。讲学是讲身分上事，讲道是讲人分上事。讲己分上事，故只说最下乘；讲人分上事，便说得天花乱坠。只说最下乘，故不犯口业[4]；说得天花乱坠，是呵佛骂祖[5]。

◎注释

[1] 忧勤：忧虑勤劳。　[2] 惕（tì）厉：警惕，戒惧。　[3] 胥（xū）：全，都。　[4] 口业：佛教用语。指会造成未来苦乐果报的言语行为。　[5] 呵佛骂祖：禅宗为启悟弟子破除执着，常有呵骂佛陀、祖师以及劈佛像的做法。故指教导弟子悟道。

◎解析

刘宗周认为此章承接上章，从反面论证“修德”的重要性，体现孔子忧勤惕厉之心。学者若不修德又不寻求修德的方法，由此不能迁善改过，则是自甘堕落。刘宗周在此区分“讲学”与“讲道”，讲学主要切中为学的工夫来论道，如孔子便是从最下乘的本分之事上教导学人为学之法；讲道则偏于追求玄妙的道理，以至于不切实际。

◎原文

子之燕居[1]，申申[2]如也，夭夭[3]如也。

子之燕居，正“相在尔室，尚不愧于屋漏”[4]之时。曰“申申如”，无愧容也；曰“夭夭如”，无愧色也。学者莫只作气象摸拟。

◎注释

[1] 燕居：闲居。 [2] 申申：舒适安闲的样子。 [3] 夭（yāo）夭：颜色和悦的样子。 [4] 出自《诗经·大雅·抑》。愧：惭愧。屋漏：古代室内西北隅施设小帐，安藏神主。

◎解析

此章形容孔子日用闲处的状态。刘宗周主要凸显“无愧”之义，即在闲居之时慎独自持，不愧于屋漏；在日用事务中遵循礼义，不愧于容貌辞色。

◎原文

子曰：“甚矣，吾衰也！久矣，吾不复梦见周公。”

昔者夫子好古以学，夜则亲见文王、周公旦而问焉。盖用志如此其勤也。及其老，而气则衰矣。气衰而志不足以动之，故梦寐之间，无复感通会晤之兆，亦年运[1]之常也。夫子不觉有感于斯，而叹曰“甚矣，吾衰也”，瞿然[2]有老大之伤焉。若曰吾学其荒矣乎？其志不足以帅气乎？今而后，将再鼓生平以一当盛年之志而已乎？语曰“行百里者半九十”，言末路之难也。圣人垂老一加鞭，方是百尺竿头，更进一步。

问：“不梦周公，还是道不行之兆否？”曰：只看梦见时光景若何。梦时，多只见无逸[3]待旦的周公，不必见相武摄成的周公。“然则何以不梦见尧、舜、禹、汤、文？”曰：道统自周而及孔，则周公其祢[4]也，故亲而易感。“然则今何以不梦？”曰：此圣人归根复命消息也。不曰吾衰之甚乎？意者兴歌梁木[5]，其不远乎？或曰：“张子韶[6]咏此章云：‘向也于公隔一重，寻思尝在梦魂中。如今已是心相识，尔是西行我是东。’何如？”曰：非也。孔子终身醒，亦终身梦。

象山语门人曰：“昼观诸妻子，夜卜诸梦寐，两无所愧，然后可以言学。”愚谓：此两言，非孔子不足以尽之。观此章及上章可见。

◎注释

［1］年运：指年寿和气运。　［2］矍（jué）然：惊视的样子。　［3］无逸：不贪图安乐。　［4］祢（mí）：奉祀亡父的宗庙。此处指周公为道统之祖。　［5］梁木：出自《礼记·檀弓上》：“孔子蚤作，负手曳杖，消摇于门，歌曰：‘泰山其颓乎？梁木其坏乎？哲人其萎乎？’”指孔子年老将衰。　［6］张子韶：张九成（1092—1159），字子韶，号无垢。南宋官员、数学家。

◎解析

刘宗周认为孔子信而好古，志于周公之道，是故常能梦见周公；随着孔子年老，气衰而不能动志，是故难以感通圣人。孔子虽不复梦周公，感慨道之不行，但志向未衰，发愤忘食，学而不倦，丝毫不敢愧于道。

◎原文

子曰：“志于道，据于德，依于仁，游于艺。”

四者之学，只是一时事。学要[1]于求仁，而其功必始于辨志。才辨志，便以道为的，则进学有其基矣。志之者，欲其得之也，故继曰据德。以身据之，又不可不以心安之，故继曰依仁。德之体即仁，非二物也，然非偏内而遗外者也。志道之后，其所得力于六艺之途者深乎？故终以游艺合焉。盖艺非道也，而其理即道之所寄，返而证之，德在是仁亦在是。实履其事者，据德之功也；虚泳[2]其趣者，依仁之功也，此内外合一之学也。学者由此，庶不迷于入道之方，而日就月将[3]以进，自不容已矣。

艺谓礼、乐、射、御、书、数六艺。按，《内则》："生六年，教之数与方名；七年，男女不同席，不共食；八年，出入门户及即席饮食必后长者，始教之让；九年，教之数日；十年，出就外傅，居宿于外，学书计；十有三岁，学乐，诵《诗》，舞《勺》；成童舞《象》，学射御；二十而冠，始学礼，可以衣裘帛，舞《大夏》，惇行孝弟，博学不教，内而不出；三十而有室，始理男事，博学无方，孙友视志。"[4]然则游艺之学，古人生而习之矣。

游之则曰艺，溺之则曰多能，曰鄙事。

◎注释

［1］要：要点。　［2］虚泳：指静虚涵泳。　［3］日就月将：出自《诗·周颂·敬之》："维予小子，不聪敬止。日就月将，学有缉熙于光明。"指每日有成就，每月有进步。形容持续不断，积少成多。［4］数：识数。方名：四方之名，指辨识方向。让：礼让、辞让。数日：朔望之月、干支记日法等古代历法。外傅：出外就学，所从老师称外傅，与内傅相对。书计：文字与筹算。《大夏》：周代"六舞"之一，相传为夏禹时代的乐舞。孙友：孙，通"逊"，指对朋友谦恭。

◎解析

刘宗周认为为学之本乃是求仁，求仁之功以辨志为始端。是故学者当立志向道，在日用之间躬行德性，成就仁义之道。仁为德之本，是故依于仁便是据于德；德为人道之实，是故据于德便是志于道。可见，志道、据德、依仁这三者只是一事。同时，刘宗周指出理事一体，仁义之理存于六艺之事中，成德的工夫就是在六艺上用力。总之，这四者乃是合内外一体而言。

◎原文

子曰："自行束脩[1]以上，吾未尝无诲焉。"

束脩还是执贽[2]，言有作"修淑[3]"之义解者，非也。圣人不责人以苛礼，而礼闻来学，不闻往教，苟以是心至斯受之耳。曰"未尝无诲"，何等蔼然恳至[4]！

◎注释

［1］束脩：朱熹《论语集注》："脩，脯也。十脡为束。古者相见，必执贽以为礼，束脩其至薄者。" ［2］执贽（zhì）：持礼物作为相见之礼，多指谒见师长。 ［3］修淑：修养善德。 ［4］恳（kěn）至：诚挚周到。

◎解析

刘宗周援引朱熹的观点，认为"束脩"指执贽谒见师长，而非作"修淑"来解。自古无老师往教之礼，学生执贽来求学恰恰显示出自己的诚心。

◎原文

子曰："不愤不启，不悱不发，举一隅不以三隅反，则不复也。"

愤悱[1]只就一人见。心求通而未得，故口欲言而未能。启而发之，迎机之教也。且启发之际，又姑引其端而不竟其说，以俟[2]其自悟而反也，而后再告之。教学相引于无穷，而学者愤悱之机划然[3]解矣。此所谓循循善诱也，如携小儿步然，一步一引，一引一放，指日成行。盖夫子自言教法如此，非谓人有不愤者则必不启云也。

圣人精神透入在学者身上，一一转动他消息，令人生意勃然，方是一体命脉。若不会愤时，还使他愤在。

◎注释

［1］愤悱（fěi）：朱熹《论语集注》：“愤者，心求通而未得之意；悱者，口欲言而未能之貌。”　［2］俟（sì）：等待。　［3］划然：犹豁然。开朗貌。

◎解析

此章刘宗周详细阐述了孔子“循循善诱”的教学方法。孔子教人，总会待到学者有心求解但又没有自得之时，对其加以引导；但又不全部灌输，只是启发端倪，教学者自行参悟。如此，通过一步步启发，引得学者在学习中自行思索、觉解，获得真知真得。可见，孔门教人，旨在让学者切实地发动自身自行学习，在日用之间躬行自得。

◎原文

子食于有丧者之侧，未尝饱也。子于是日哭，则不歌。

圣人处凶礼[1]，而率性之则[2]自然如此，所谓盛德之至也。

《曲礼》：哭日不歌。

◎注释

［1］凶礼：逢凶事时所举行的哀吊礼，包括丧礼、荒礼、吊礼、禬礼、恤礼。　［2］则：天则，理则。

◎解析

在刘宗周看来，孔子不甘食、哭而不歌乃是率性自然。

◎原文

子谓颜渊曰："用之则行，舍之则藏，惟我与尔有是夫！"子路曰："子行三军，则谁与？"子曰："暴虎冯河[1]，死而无悔者，吾不与也。必也临事而惧，好谋而成者也。"

夫子遐志[2]三代之英，尝曰："如有用我者，吾其为东周乎！"然明王不作，世莫宗予，终于藏矣，而终不忘大行之心也。故发用行舍藏之论，若曰："用之则行矣，舍之斯不难藏耳。"而乘化无心之意自见于言外。颜子可与语此者，心不违仁，有天德便可语王道也。用行之道，文事武备，以时措[3]之。即三军之任，不废器[4]使，而要非徒勇者可与几也。临事而惧、好谋而成者，本之以敬慎之心，而审时观变，动有成绩也。此天下之真才也。有真才者必办真学问，以之行师，因得称元老[5]，而于天下事亦可随试而辄[6]效矣。孔、颜学称龙德[7]，终不落事局中取办功名，但就事论才，只此是孔、颜学问。后世如充国[8]之老成，亚夫[9]之持重，何忝[10]圣人所与？而反不敢望子路暴虎冯河之勇者，则王霸之辨[11]也。

用之则为天下开太平，故曰"行"；舍之则为万世倡绝学，故曰"藏"。此性分[12]之蕴也。孔门惟颜子亚圣足以语此，其它冉、闵之徒，虽可仕可止，卓然圣贤成法，而发挥性分之蕴，毕竟有欠缺处，况子路以下乎？

古者寓兵于农，择将于公卿、大夫、士。大国三军，万有二千五百人为军，军将皆命卿；二千五百人为师，师帅皆中大夫；五百人为旅，旅帅皆下大夫；百人为卒，卒长皆上士；二十五人为两，两司马皆中士；五人为伍，伍各有长。

暴虎冯河，死而无悔，到死时终须悔也。世以易箦结缨[13]并言。余尝曰：曾子易箦，其道心之终乎！子路结缨，其悔心之初乎！

◎注释

［1］暴（bào）虎冯（píng）河：出自《诗·小雅·小旻》："不敢暴虎，不敢冯河。"暴，徒手搏斗。冯，徒步渡河。指空手与虎搏斗，不靠舟船渡河。比喻人有勇而无谋。［2］遐（xiá）志：指远大的志向。［3］措：措置，安排。［4］器：器物。指行王道之业，不废三军之用。［5］元老：指资深望重有品德的人。［6］辄（zhé）：立即，就。［7］龙德：出自《易·乾》。指天道、天德。［8］充国：赵充国（前137—前52），字翁孙，西汉著名将领。［9］亚夫：周亚夫（前199—前143），西汉名将，官至丞相。［10］忝（tiǎn）：辱，有愧于。［11］王霸之辨：王道与霸道。出自《孟子·公孙丑上》："以力假仁者霸，霸必有大国。以德行仁者王，王不待大。"［12］性分：本性。［13］易箦（zé）结缨：易箦，出自《礼记·檀弓上》。曾子临终时，因自己未尝为大夫而使用季孙所赐的席褥，不合礼制，所以命人换席，后反席未安而死。结缨，出自《左传·哀公十五年》。子路为卫大夫孔悝的家宰。时蒯聩挟持孔悝作乱，子路往而救之，在与石乞的战斗中帽带断落，子路认为"君子死，冠不免"，最后结缨而死。

◎解析

在刘宗周看来，孔子有志于三代之治，若能被重用，可为天下开太平；但当时世道衰乱，没有真正任用孔子的明王，是故孔子只能退藏其志，寓德于教，所谓"用行舍藏"。孔门之中，唯独颜子德行崇高，具备天德，可行王道，是故孔子嘉许颜子可与行道；其他诸如冉、闵可仕可止，曾子能谨守礼义，虽死亦无憾；子路则暴虎冯河，不能审视观变，以致不得善终。

◎原文

子曰："富而可求也，虽执鞭之士，吾亦为之。如不可求，从吾所好。"

富不可求，尽人而知之。正患此贪求心割不下，所以明知明犯，终身扰扰。夫子为人指出所好来，是显他自家无尽藏[1]，与之割贪心也。问所好是甚物？曰：只在吾而不在人者是。

◎注释

[1] 无尽藏：本为佛教语，指无穷无尽的佛法宝藏。此处则指儒家仁义之道。

◎解析

刘宗周指出孔子所言的“可”“不可”“所好”皆出自自家的良心，“从吾所好”便是遵循良心的可与不可，可则求，不可则不求，由此去除贪求的私欲之心。

◎原文

子之所慎：齐、战、疾。

圣人之慎，是天理凝注处，非鳃鳃[1]畏忌也。子曰“我战则克，祭则受福”[2]，盖得其道矣。又曰“丘之祷久矣”[3]，一慎之外，无他道也。

三者临事而惧易，先事而慎难。

◎注释

[1] 鳃（xǐ）鳃：忧愁恐惧的样子。 [2] 出自《礼记·礼器》。[3] 出自《论语·述而》。

◎解析

刘宗周认为孔子的谨慎不是出自畏忌等情感，而是天理良心所呈露的戒慎恐惧。所谓“先事而慎”便指先于事而存此戒惧之心。

◎原文

子在齐，闻《韶》[1]，三月不知肉味。曰：“不图为乐之至于斯也。”

闻《韶》而三月忘味，非徒习其声容器数[2]也，闻《韶》乐而见舜焉，学虞廷[3]之学焉。假遗响以通好古之精神，而舜之为舜，在夫子矣。故叹曰“不图为乐之至于斯也”。曰“至于斯”，直是不容言说处。夫子通体是舜天覆地载规模，只适得吾心者是，不必如季札[4]作摸拟见也。

苏氏轼曰：“孔子之于乐，习其音，知其数；得其数，知其人。其于文王也，见其黯然而黑，颀然而长，其于舜也可知。是以三月不知肉味。”

按：《史记》“三月”上有“学之”二字。愚谓“三月不知肉味”正是学，不必更赘“学”字。

◎注释

[1]《韶》：相传为舜时乐舞。　[2]声容器数：指声音、容仪以及礼器、礼数的诸种规定。　[3]虞廷：虞舜的朝廷。　[4]季札：春秋吴王寿梦的第四子，号延陵季子。曾出使鲁国，观周乐。

◎解析

孔子闻《韶》而三月不知肉味，赞叹《韶》乐善美。刘宗周认为孔子闻《韶》而能会通虞舜的圣心，具备虞舜的仁圣气象。

◎原文

冉有曰：“夫子为卫君乎？”子贡曰：“诺。吾将问之。”入曰："伯夷、叔齐何人也？"曰："古之贤人也。"曰："怨乎？"曰："求仁而得仁，又何怨！"出曰："夫子不为也。"

按，《春秋传》：卫灵公夫人南子淫乱，太子蒯聩羞之，与家臣戏阳速[1]谋杀南子。南子觉，愬[2]诸[3]公。蒯聩奔宋。既而灵公游于郊，子南仆[4]。（子南，公子郢字，蒯聩弟也。）公曰："予无子，将立汝。"不对。他日又谓之，对曰："郢不足以辱[5]社稷，君其改图。君夫人在堂，三揖在下。（三揖卿大夫士。）君命祇[6]辱。"夏，灵公薨。夫人曰："立公子郢为太子，君命也。"对曰："郢也异他子，君没于郢之手，若有之，郢必闻之。且亡人之子辄[7]在。"乃立辄。晋赵鞅[8]纳卫太子于戚[9]，居之。卫石曼姑[10]与齐国夏[11]帅师围戚。其后蒯聩自戚归于卫，卫侯辄来奔。卫辄之称兵也，《春秋》书曰："齐国夏、卫石曼姑帅师围戚。"主兵者卫也，而首序齐人，首罪党恶也。党恶者蒙首诛，而况身为逆者乎！则《春秋》之诛卫辄而定其叛父之罪，若曰："是可忍也，孰不可忍？"如以事论，则卫国不可一日而无君，人犹得援先君之命而为之矣。然则辄之恶其在不仁乎？故曰"夫子不为也"。盖《春秋》讨罪之法，无非表天理而植人心，以垂示万世，非区区成败利钝之为见也。或曰："卫辄何得与夷、齐较是非？"曰：道二，仁与不仁而已矣，不为夷、齐则为卫辄。

或曰："公子郢之固辞而不立，有夷、齐之仁焉。"愚谓：古今让国，惟夷、齐尚矣。郢也承先君之命而自立，可以无憾于兄弟者，即亡人之子可以得国而父子之间终于难处，宁以身定国耳。知不出此，而让国以酿乱，废先君之统，乱矣，焉得仁！《春秋》之于季札也亦然。

◎注释

[1] 戏阳速：复姓戏阳，名速，蒯聩家臣。 [2] 愬（sù）：同"诉"，诉说。 [3] 诸：之于。 [4] 仆：仆从。 [5] 辱：谦辞，

表示承蒙。 [6] 衹（zhǐ）：正、恰、只。 [7] 辄：卫出公，卫灵公孙子，卫太子蒯聩之子。 [8] 赵鞅：春秋时期晋国赵氏的领袖，即赵简子。 [9] 戚：卫国城邑。 [10] 石曼姑：石氏，春秋时期卫国的卿大夫。 [11] 国夏：姜姓，国氏，名夏，谥“惠”，史称“国惠子”。春秋时期齐国上卿。

◎解析

刘宗周援引《春秋左氏传》关于卫国蒯聩与辄父子争位之乱，着重指出卫辄据兵拒父，犯下叛父之罪，不孝不仁；同时也指出公子郢虽然辞位以尽兄弟之义，但终因立辄致使国家遭乱，亦不得为仁。

◎原文

子曰：“饭疏食饮水，曲肱而枕之，乐亦在其中矣。不义而富且贵，于我如浮云。”

圣人日用动静，莫非天理。（一有“不以疏水曲肱加损，所谓乐亦在其中也”语。）以天为体而不系于物，则常乐矣。圣心之天不可见，就乐地而见，故曰乐天。此乐不必在疏水、曲肱中，只就疏水、曲肱中拈起亦在。看圣人此等气象，分明浩浩无边。浮云富贵，正是乐中滋味觑破[1]时作此眼界，曰不义云。位在疏水曲肱中看富贵，即属不义也，待拣择得义中富贵来，早被浮云罣住[2]矣。富贵是浮云，则知圣心果有天在。《诗》云：“维天之命，於[3]穆不已。”谓有时而不在，非天也。请以是寻在中之乐。

疏水、曲肱一段风光，自是眼前事，如曾点乘暮春之意。然若只作贫字看，早是贫中寻乐矣，何乐之有？明道先生曰：“百官万务，金革百万之众，疏水曲肱，乐在其中。万变皆在人，其实无一事。”

问颜子之乐如何？曰：颜子之乐，从忧上勘出，正是工夫得力时。

以夫子之乐观之，犹带许多辛酸味在。

◎注释

［1］觑（qù）破：看破。　［2］罣（guà）住：罣，同“挂”。指挂住。　［3］於（wū）：感叹词。

◎解析

刘宗周认为孔子之心全为道心，日用之间莫不顺应此心来动静，是故不系于外物。而乐为心之本体，人心不失天理则自然和乐安宁。是故虽疏水曲肱，只要不违仁义，自然乐在其中；虽富贵，若违仁义，则相比于乐境而言，就如浮云一般。乐并非在疏水曲肱、暮春舞雩、箪瓢陋巷中，而是通过践行仁义、安于道义所获得的。

◎原文

子曰：“加我数年，五十以学《易》，可以无大过矣。”

许师[1]述曰：前孔子自序曰“五十而知天命”，而此言“加我数年，五十以学《易》”，分明是五十之前方学《易》而未竟，而期毕志于将来。汲汲皇皇[2]之心，形于言表矣。盖《儒林传》称“孔子晚而好《易》，读之，韦编三绝”，而为之传。《乾凿度》谓：“孔子筮《易》得《旅》，请益于商瞿氏[3]，叹天命之终穷，而后息志停轨[4]，五十究《易》，作《十翼》。”夫《易》道广大精深矣，孔子一见伏羲之卦画、文王之彖象，知其理不可容易了竟，故欲假岁月究心焉。其曰“学《易》可以无大过”者，微婉之辞也，学未至于穷天人之奥、尽性命之理，与天地相似而不违，与羲、文千古而一辙，则圣人之心犹一息不能以自安。夫圣人虽无大过可言，而其知天命以后，必益纯粹精融，渐入于耳顺、从心之境，谓非学《易》之功不可也。嗟嗟！自孔子赞《易》，而《易》道大明于天下后世矣。数千载之下，其有真知学《易》

之志，窥尼圣之一斑[5]者几人哉！

愚按：《易》道难言，吾夫子学《易》之心精尤不易言。聊举师说以明之，亦已窥其大概矣。而间尝为之申补其意，曰：吾夫子之于《益》而思过半矣。夫子系《益》之象曰："风雷益。君子以见善则迁，有过则改。"夫《易》之道，天道也。天之命於穆不已，而其妙万物而为神者，莫疾乎风雷，风雷交迅，其益无方。此后天之用合于先天者也。圣人之学《易》也，全体太极之蕴，而二气、五行莫窥其朕[6]。浑然一天道矣，即其不能不丽于二五者，推行变化之间，虽圣人有所不尽乘，而神龙之德趋于亢者有之。于焉先时而戒惧[7]，默察此心之几[8]，而合之于貌言视听之则，苟有其一之不动乎天，而圣人之心不容以自恕也。皇皇[9]焉乘化于日新者，愤忘食、乐忘忧，而不知老之将至也。虽风雷之迅，不疾乎此矣。故曰："风雷益，君子以见善则迁，有过则改。"夫惟见善则迁，有过则改，而后天之在我者，奉之以时而不悖，则天人合矣。圣人于是悟《易》道矣。《易》六十四卦，三百八十四爻，无非迁善改过之书，立象以示之，变通以趋之，系辞以告之，定之以占以断之，皆此物此志也。故曰："惧以终始，其要无咎。"此之谓《易》之道也。而至此遂自述其学《易》之志，曰："加我数年，五十以学《易》，可以无大过矣。"呜呼！文王一生观象玩辞、观变玩占之精神，尽在是矣。夫圣人生而学《易》矣，必云"五十"者，真见迁善改过之学无穷，而姑宽之岁月，庶几于老而后得之，犹不敢以无过自期也，仅焉无大过而已，则学亦何时而已乎？故曰："德之不修，学之不讲，闻义不能徙，不善不能改，是吾忧也。"甚矣！圣人之善学《易》也，吉凶与民同患，而神以知来、知以藏往者乎！是故与天地合德而不以为大，与日月合明而不以为昭，与四时合序而不以为顺，与鬼神合吉凶而不以为柄[10]，先天弗违，后天奉天时而不以为圣。呜呼！此圣人所以为至也。自《易》道不明，学者多言先天之学而遗后天，以无思无为为宗，并无名教，通乎老氏之玄，故后世《易》《老》并称，浸淫而为佛为禅，本虚无而更空之，大要在善恶双泯而直达本来面目，于是迁善改过之学为世大禁，而《易》道为天下裂矣。善乎周元公推明太极之说也，曰：“君子乾乾，不息于诚，然必惩忿窒欲[11]、迁善改过而后至。”

◎注释

[1] 许师：许孚远（1535—1604），字孟中，号敬庵，明代理学家。 [2] 汲汲皇皇：形容心情急切，举止匆忙的样子。 [3] 商瞿氏：商姓，名瞿，字子木，孔子弟子。 [4] 停轨：孔子曾周游列国，施教传道。此处指孔子息游说之志，回到鲁国著书立说。 [5] 窥见一斑：原指从管中望豹，只见其身上的一块斑纹。后比喻由小见大或未能全面观照。 [6] 朕：征兆，迹象。 [7] 戒惧：即戒慎恐惧，出自《中庸》：“道也者，不可须臾离也，可离非道也。是故君子戒慎乎其所不睹，恐惧乎其所不闻。莫见乎隐，莫显乎微，故君子慎其独也。”宋明儒者将其作为修养的一项工夫。 [8] 几：指道体显发的端倪。 [9] 皇皇：彷徨不安的样子。 [10] 柄：根本。 [11] 惩（chéng）忿窒（zhì）欲：克制愤怒，抑制嗜欲。

◎解析

首先，刘宗周引其老师许孚远的观点，指出孔子在五十岁前便开始学《易》，假以多年参悟其中道理，直至穷尽《易》所蕴含的天人性命之理，造极于位育天地之间。孔子五十而知天命正是究明易道的结果。

其次，刘宗周提出道体与工夫合一的思想，易道即是天道、天命、太极、先天之妙，实则又只是推行在二气、五行乃至万物的变化妙用之间，也就是先天之神运与后天之妙用合为一体。因此易道的实则便在迁善改过的后天工夫，《易》六十四卦、三百八十四爻包容世间万象，无不是迁善改过之义。刘宗周提及的“先时而戒惧，默察此心之几，而合之于貌言视听之则”便是迁善改过的具体工夫。

最后，刘宗周批评近世学者一味寻求高妙的玄理，废置后天的修养工夫，以至于悬空求理而不切实际，堕落于佛老空无之间。

◎原文

子所雅言：《诗》、《书》、执礼，皆雅言也。

夫子述《六经》以宪万世，则当时及门之教概可知矣。六籍中，惟《诗》、《书》、执礼尤切于下学，故夫子雅言之，以此学亦以此教，凡以端学者之志行，而推之经济事业，卓然有体有用之道也。按：《礼》，大学之教学，正崇四术[1]、立四教[2]、顺先王《诗》《书》《礼》《乐》以造士；春秋教以《礼》《乐》；冬夏教以《诗》《书》，则雅言之教，先王已先之矣。

执礼，礼之可执者，疑当时《礼经》之篇名，即《曲礼》《内则》之类是也。

◎注释

[1] 四术：诗、书、礼、乐四种经术。 [2] 四教：诗、书、礼、乐四门学科。

◎解析

刘宗周引《礼记》所论，指出夫子推崇诗书礼乐之教，以此端正学者的志行，开出圣王的经济事业。

◎原文

叶公问孔子于子路，子路不对。子曰："女奚不曰'其为人也，发愤忘食，乐以忘忧，不知老之将至'云尔？"

夫子之为人，非惟沈诸梁[1]不得而知，即子路亦无以举似诸梁。

又不惟子路也，亚圣如颜子，高坚前后[2]之见犹然自堕于望洋，而其它若拟之为天、为日月、为贤于尧、舜[3]，益遐远[4]矣。曾有为夫子揭真面目者乎？非圣人果难知也，拟其外廓而不得其心精也，则亦不善学圣人之过也。夫圣人亦何以加于人哉！竭一生之力，萃之人道之中，充充然[5]如有穷也，皇皇然[6]如有求而弗得也，何愤如之！而又不敢以欲速乘也，优焉，游焉，徐而听其自至焉，则乐矣。愤则但知有愤，故忘食；乐亦仍归于愤，故忘忧且乐于斯道之中，而更无止法，亦终其身而已矣。故不知老之将至云尔者，谓只此足以尽夫子为人，而更无事于远求也。噫！殆如天之运乎？如日之升乎？度越尧、舜而不自以为圣者乎？得夫子之自道者而通以诸子之见，未为不足以知天子也。

发愤，是圣人困勉学问，得力在“发”字，即天道怒生之机。

问：愤是心求通而未得否？曰：愤不同。小愤是疑处索解，大愤是解处转疑，愈解愈疑，时时转换，费尽苦心，不觉通身汗下。即如“七十而从心所欲，不逾矩”，知他费尽苦心在。 愤乐相禅[7]，须知心体如此。

忘处是天理流行处。

不知老至，如圣人方耐老；夕死可矣，如圣人方拌[8]死。狂驰者，何以老、何以死为？省之、省之。（一作“不知老至，自强不息也。程子曰：不学便老而衰，惟圣人好学，故惟圣人耐老。”）

◎注释

[1] 沈诸梁：芈姓，沈尹氏，名诸梁，字子高。春秋时期楚国大夫，封于叶邑自称叶公。 [2] 出自《论语·子罕》：“颜渊喟然叹曰：‘仰之弥高，钻之弥坚，瞻之在前，忽焉在后。夫子循循然善诱人，博我以文，约我以礼，欲罢不能，既竭吾才，如有所立卓尔。虽欲从之，末由也已。’” [3] 详见《论语·子张》。 [4] 遐远：遥远。 [5] 充充然：悲戚的样子。 [6] 皇皇然：彷徨不安的样子。 [7] 相禅（chán）：相演变，相转化。 [8] 拌（pàn）：同“拚”，舍弃。

◎解析

刘宗周认为诸如沈诸梁、子路、颜子、子贡等人皆未真识得孔子面目，指出孔子与常人并无不同，只是其心常是道心怒发，愤而尽善成德，尽心尽力于人道之事。孔子所谓发愤全然是仁心发显，不可阻遏，如天之运、日之升，悠游于学之不厌、诲人不倦的事业中。

◎原文

子曰："我非生而知之者，好古敏以求之者也。"

观圣人好古敏求，则其发愤处正是羹墙[1]尧、舜，梦寐文、周精神也。周公思兼三王以施四事，其有不合者，仰而思之，夜以继日，幸而得之，坐以待旦。[2]孔子何独不然！

"生而知之者"，知其性也。圣人纯乎天道，所性浑然，而亦必待学而后有以满其分量之实，则古人其印证矣。虽谓圣人非生知可矣，虽谓尧、舜、禹、汤、文、武非生知可矣。

好古，便不废诵《诗》读《书》，但借《诗》《书》以尚友古人耳。

◎注释

[1] 羹（gēng）墙：即"见羹见墙"，出自《后汉书·李固传》："昔尧殂之后，舜仰慕三年。坐则见尧于墙，食则睹尧于羹。"后指对圣贤的思慕。 [2] 出自《孟子·离娄下》："禹恶旨酒而好善言。汤执中，立贤无方。文王视民如伤，望道而未之见。武王不泄迩，不忘远。周公思兼三王，以施四事；其有不合者，仰而思之，夜以继日；幸而得之，坐以待旦。"三王，三代之王。四事，禹、汤、文、武所行之事。

◎解析

刘宗周认为孔子好古敏求是会通圣人之心，继承往圣之志。孔子虽生而知之，但依旧是在日用诵《诗》读《书》的学而习之中，躬行仁义，养成德行。

◎原文

子不语：怪、力、乱、神。

圣人之道，中庸而已。舍中庸而求之于奇诡[1]者，怪也；求之于功利者，力也；求之于邪慝[2]者，乱也；求之于玄虚者，神也。皆惑世诬民之道也，故圣人不语之。记者列此四目，概尽万世异端之学，而知孔门之卫道严矣哉！

后世如邹衍[3]、公孙龙[4]之说，皆怪之属也；管、商、申、韩[5]之说，力之属也；杨、墨之说，乱之属也；佛、老之说，神之属也。

◎注释

［1］奇诡：奇特，诡异。　［2］邪慝（tè）：邪恶。　［3］邹衍：战国时期齐国人，阴阳家代表人物，提出五行学说、五德终始说和大九州说。　［4］公孙龙：字子秉。战国时期赵国人，名家代表人物，提出“白马非马”“离坚白”等论点。　［5］管、商、申、韩：管，管仲。商，商鞅。申，申不害。韩，韩非。皆先秦法家代表人物。

◎解析

圣人之道即是中庸之道，谢良佐云：“圣人语常而不语怪，语德而不语力，语治而不语乱，语人而不语神。”刘宗周认为舍中庸所立的思想便是异端，大致有求诡异之说、求功利之说、求邪乱之说、求玄虚之说。

◎原文

子曰："三人行，必有我师焉。择其善者而从之，其不善者而改之。"

此亦言迁善改过之学，当随在[1]而自励也。学苟自励，即三人同行，俨然师保[2]之诏矣。从善、改不善，孰[3]启而孰翼[4]之乎？君子曰：亦必求诸在我而已矣。

人善就看作我之善，人不善就看作我之不善，何等真切！

◎注释

[1] 在：现时存在。 [2] 师保：本指教辅太子的官，泛指老师。[3] 孰：谁。 [4] 翼：帮助。

◎解析

同行的人或行善或有不善，皆能激发我好善恶恶的良心，开出迁善改过的工夫。刘宗周多次申明"迁善改过"的工夫，认为通过后天的工夫能够会通先天的本体。

◎原文

子曰："天生德于予，桓魋其如予何！"

按，《史记》：孔子过宋，与弟子习礼于大树之下。魋[1]伐其树，孔子去之。弟子曰："可以速矣。"孔子曰："天生德于予，桓魋其如予何！"遂之郑。而孟子又曰"微服而过宋"。见圣人于患难之际，处之不异平日，乐天知命而卒免于难，其所以自信者至矣。愚谓：言"天"则知微知彰自在其中，即不言微服事，可也。

天之生人，德一也，但圣人有以全之耳。

◎注释

［1］魋（tuí）：向魋，桓氏，宋国司马。其弟司马牛是孔子的弟子。

◎解析

刘宗周认为孔子无论日常闲居还是处患难之间，皆顺遂道义而行，故乐天知命。

◎原文

子曰："二三子以我为隐乎？吾无隐乎尔。吾无行而不与二三子者，是丘也。"

二三子以言语求圣人，而终无以见道也，则疑圣道有隐，然不知道无容隐也。此道在日用动静语默之间，森然不隔宇宙，圣人直身体其撰[1]而输之二三子之身，有余裕矣，在学者认取何如耳。

无行不与，正是一点生意。圣人分明有一点生意通与人在皮肉（一作"形肤"。）之外。这点生意，又逢著有生处方透入。如春生意，岂能透入枯木死灰里！

若觑见丘[2]时，方知丘亦只是吾一般。阳明先生曰："个个人心有仲尼，自将闻见苦遮迷。"

◎注释

［1］撰：理则。　［2］丘：孔子。

◎解析

刘宗周指出道体无时无刻不流行在动静语默之间，本来不容隐。孔子在日用之间躬行此道，以其德行彰示此道，由此教导学者成德之方，所谓“无行不与”。而二三子以言语求道，不能切身体道，是故以为圣道有隐。

◎原文

子以四教：文、行、忠、信。

圣人之教，仅博约者二，而析之则有四。博，一而已矣，约之途精矣哉！自文而约之行，自行而约之心，曰忠、曰信。以忠合信，而善约者复妙于善推，乃所以为约礼也。令仅守其一膜之心[1]而无以及物，则亦形骸之障而已，非礼也。故约之途精矣哉。四者合，而入道之方备矣。此之谓善教。

教有四，而学之则一。如事亲而穷孝之理，是文；因而身践之晨昏食息[2]之间，是行；反而得吾亲爱之心，是忠；此亲爱之心实致之亲而不隔，是信，则孝成矣。

四者立教，令人一毫走作[3]不得，似只成得一拘儒[4]。然圣人只合此教，后人妄开方便，误矣。

◎注释

[1] 一膜之心：指血肉之心。 [2] 晨昏食息：朝夕慰问双亲，服侍父母食息。泛指子女侍奉父母的日常仪节。 [3] 走作：越规，放逸。 [4] 拘儒：见解偏狭的儒者。

◎解析

刘宗周以博约的工夫来解释文行忠信，认为文乃是博学于文，由学文而习于行，通过躬行仁义以约于礼义人心，所谓忠便是尽己心，信便是推己心至于人以及物。就“孝亲”一事而言，学文便是穷尽孝亲之理，力行便是日用之间侍奉父母，尽忠便是尽此仁孝之心，成信便是成就爱亲之心。

◎原文

子曰："圣人，吾不得而见之矣；得见君子者，斯可矣。"子曰："善人，吾不得而见之矣；得见有恒者，斯可矣。亡而为有，虚而为盈，约而为泰，难乎有恒矣。"

非圣人无以传圣人之道，故夫子首思圣人而递及于君子、善人、有恒者，圣人之学，因有本而以渐达也。惟有本，故渐达。原泉混混，不舍昼夜，盈科而后进是也。[1]夫有恒，其本也。有恒者，常心也。常守其作圣之心而不二，则渐进于善人矣，渐进于君子矣，渐进于圣人矣。"亡而为有，虚而为盈，约而为泰"，一路浮夸，欲立登善人、君子、圣人之地，以为学主顿法，而不知适以贼其本心之德而已，故曰"难乎有恒矣"。然则凡顿学皆伪学也，亡、虚、约三句，分明画出一个伪学情状：本无善也，而欲袭[2]为善，即"亡而为有"者是；本非君子也，而欲袭为君子，即"虚而为盈"者是；本非圣人也，而欲袭为圣人，即"约而为泰"者是。正是不能守其常心处。譬之沟浍[3]之盈，倏[4]而盈，倏而涸，立待之势也。

圣人、君子、善人以学言，有恒以心言。或曰：善人以学言，何也？曰：志于仁而无恶，非学乎？

难乎其有恒：凡做作语言，铺张举止，收袭誉望[5]，非神化不谈，非性命不学，非一日千里不悟也。

◎注释

［1］出自《孟子·离娄下》："原泉混混，不舍昼夜，盈科而后进，放乎四海。"　［2］袭：因袭，袭取。　［3］沟浍（huì）：泛指田间水道。　［4］倏（shū）：极快地。　［5］誉望：名誉声望。

◎解析

刘宗周认为“有恒”指具有恒常的本心，即为善作圣的良心。学者守其恒心，躬行仁义，自然渐进于善人、君子以至于圣人。刘宗周重点批评以顿悟为工夫的学者，只知一味空谈性命、玄理，而不切实躬行实践，认为他们便是孔子所批评的“以无为有、以虚为实、以约为泰”的人，一味虚夸粉饰，不守常心，没有真知实德。

◎原文

子钓而不纲，弋不射宿。[1]

门人偶得于睹记而集此二事之小，以窥圣人万物一体之仁有如此者。使圣人之道行，而鸟兽、草木、昆虫、鱼鳖咸若其性矣。

◎注释

[1] 朱熹《论语集注》：“纲，以大绳属网，绝流而渔者也。弋，以生丝系矢而射也。宿，宿鸟。”

◎解析

刘宗周重点凸显孔子万物一体、仁民爱物之心。

◎原文

子曰：“盖有不知而作之者，我无是也。多闻，择其善者而从之，多见而识之，知之次也。”

世谓闻见之知与德性之知[1]有二，予谓聪明睿知非性乎？睿知之体，不能不窍于聪明而闻见启焉，亦性闻见也。效[2]性而动者，学也。

今必以闻见为外，而欲隳体黜聪[3]以求睿知，并其睿知而槁矣，是隳性于空而禅学之谈柄也。张子曰："非天聪明，不成其为人。圣而天聪明，其尽者耳。"天聪、天明，耳辨闻、目辨见是也。天聪明之尽，则夫子"多闻择其善者而从之，多见而识之"是也。曰"知之次也"者，得之于学，姑[4]逊于天，以见天非人不尽也。此圣人尽性之实功，而卒免于不知而作之病也。

闻属声，凡前言以外皆是；见属行，凡往行以外皆是。[5]子厚驴鸣[6]，茂叔窗前草[7]，正是，正是。禅门闻喝吃棒[8]、见佛回头，何尝不是？彼弟[9]所闻所见者异耳。

多闻，则善恶并投，故须择；多见，则不贤亦在内省之资，故心识之而已。（识音志。）

不知而作，冥行[10]也。孔门重躬行而先致知者，知到然后行也。阳明子言"良知"，而曰"行到然后知"，见"知行合一"[11]之学。

◎注释

[1] 出自张载《正蒙·大心》："见闻之知，乃物交而知，非德性所知。德性所知，不萌于见闻。"一般而言，闻见之知指通过感官认知所获取的知识，德性之知则指人的德性、本心所蕴含的性理。自张载区分二者，后世儒者对二者之间的区别与关联作了广泛的探讨。 [2] 效：依循。 [3] 隳（huī）体黜（chù）聪：出自《庄子·大宗师》："坠肢体，黜聪明，离形去知，同于大通，此谓坐忘。"隳，毁坏。黜，废除。指摆脱形体和智能的束缚。 [4] 姑：姑且。 [5] 前言往行：往圣前贤的言行。 [6] 子厚驴鸣：指张载喜闻驴鸣，体悟大化生生之妙。 [7] 茂叔窗前草：指周敦颐不除窗前草，观天地生物气象。 [8] 闻喝吃棒：禅师启发弟子开悟的方法。或用棒打，或大声一喝，使弟子于当下开悟。 [9] 弟：同"第"，但。 [10] 冥行：盲目行事。 [11] 知行合一：王阳明提出的学说。知主要指人的道德意识与心理活动，行则指人的道德践履与实际行动。王阳明认为知行本为一体，知中有行，为行之始；行中有知，为知之成。

◎解析

刘宗周首先就见闻之知与德性之知的关系，指出两者一体相关，作为本体的德性之知必须通过闻见等作用来体现，例如睿智之体便体现在闻之聪、见之明当中，所谓“天聪、天明”。是故孔子所谓“多闻择其善者而从之，多见而识之”正是尽天聪、天明之用。借此，刘宗周批评隳体黜聪、空谈玄理的思想。另外，对于知行关系，刘宗周认为孔门知行并进、即知即行。

◎原文

互乡[1]难与言，童子见，门人惑。子曰：“与其进也，不与其退也，唯何甚！人洁己以进，与其洁也，不保其往也。”

童子可见，只就见在[2]拈道理，看浑然天心无我。

夫子以身为天下万世之身，即以其学为天下万世之学，互乡之见，正欲使天下同归于善，于转污为洁之机，深致意焉，又何忍以已甚阻人之进乎？不与[3]其退，言不以不善终锢此童子也。圣人特不保既往[4]耳。若既退之后，直殷殷望之矣，从本文为顺。

仲尼“不为已甚”本诸此，乃知“不为已甚”即圣人之仁也。

问：周元公[5]何以不见王介甫[6]？曰：介甫非童子也。不闻夫子诛少正卯[7]乎？且不闻程子见介甫而终得之于介甫也。

◎注释

［1］互乡：乡名。　［2］见在：现时存在。　［3］与：许。　［4］往：往日行径。　［5］周元公：周敦颐。　［6］王介甫：王安石。　［7］出自《荀子·宥坐》。少正卯：春秋时期鲁国的大夫，官至少正，能言善辩，被称为“闻人”，孔子认为他是“小人之桀雄”。

◎解析

此章明孔子有教无类之旨。孔子教人只求人人皆能迁善改过，即使互乡之童往日行径多有不善，但孔子不追其既往，不逆其将来，反而嘉许他能洁身进善。刘宗周认为于此正见圣人仁爱之心。

◎原文

子曰："仁远乎哉？我欲仁，斯仁至矣。"

欲仁仁至，一阳来复[1]之几也。只旦昼心[2]一转便是仁，觉得不仁，便是仁至时，才觉得是仁，已不是仁矣。然则何以能自复而乾[3]？曰：必有事焉而勿正，心勿忘，勿助长也，则进于乾矣。[4]曰：何事？曰：开除积习。

如手欲恭便恭，足欲重便重，事亲欲孝便孝，事长欲弟便弟，此欲仁仁至之实也。

人终日欲仁仁至，却只坐在暗中，故圣人醒之。

且莫求仁，回头识我[5]。

◎注释

［1］一阳来复：《易·复》："反复其道，七日来复。"复卦之象为一阳复生于卦下。此阳复之象体现天道的生生不息。 ［2］旦昼心：出自《孟子·告子上》："其日夜之所息，平旦之气，其好恶与人相近也者几希。则其旦昼之所为，有梏亡之矣。牿之反复，则其夜气不足以存；夜气不足以存，则其违禽兽不远矣。" ［3］乾：乾健之道。 ［4］出自《孟子·公孙丑上》。宋儒以"勿正、心勿忘、勿助长"为修德的工夫。 ［5］我：指良发的仁义之心。

◎解析

刘宗周认为欲仁之心为阳复之几，即本心生发的生生之几。仁心恒欲求着善，引导着人积善成德，所谓欲孝、欲悌便是仁心所欲。可见，欲仁之良心开出“致仁”的工夫，促使着人践行仁义，以至于仁至。刘宗周指出求仁的工夫只须顺遂良心而行动，既不助长，也不放失。

◎原文

陈司败[1]问：“昭公知礼乎？”孔子曰：“知礼。”孔子退，揖巫马期而进之，曰：“吾闻君子不党，君子亦党乎？君取于吴为同姓，谓之吴孟子。君而知礼，孰不知礼？”巫马期以告。子曰：“丘也幸！苟有过，人必知之。”

昭公知礼之对，臣子之谊委合[2]如此。然自问者观之，委是党矣。司败之讥，恰是正论。司败之讥既是，则夫子自当引过。此是平实道理，若下一辨语，露出讳君之意，便是我辈人心事。圣人初然亦实无为君讳过之心，只是忠爱所发，自然如此。及司败一言，正触著平日迁善改过学问，不觉忻然[3]受领。亦不是含糊受过，借以明礼，若然，亦是我辈人心事。亦不专指知礼一对为过，盖指平日说来，而举今以证，故幸之深。自是切己痛痒，并无诸般回护之情。看圣人终始，只一个至诚心，随处圆满，无纤毫夹带，便处处是道理。今以我辈心事窥圣人，何啻[4]千里！司败旁观之口，不可以得圣人之道；后人旁观之眼，尤不可以得圣人之心。

常人之过，人知处得九分，己知处得一分；圣人之过，人知处得一分，己知处得九分。说圣人有过，已是骇[5]人之说。圣人犹有不知之过，至为人所知，益奇。此意最宜理会，学者便当长一格。

问：夫子视周公之过，何如？曰：孔子之过，不亦宜乎！周公处宗社之几，而以兄弟败[6]，犹然伯鲧之试[7]耳。

◎注释

［1］司败：官名，即司寇。［2］委合：确实应当。［3］忻（xīn）然：喜悦貌，愉快貌。［4］何啻（chì）：岂止、不只。［5］骇（ái）：愚蠢无知。［6］指周公辅助周成王之时，周公弟弟管叔、蔡叔和霍叔与纣王之子武庚发动叛乱，周公则在召公的支持下，联合大军东征讨伐，最终平定叛乱，杀武庚、诛管叔、放逐蔡叔、贬霍叔为庶人。［7］出自《尚书·尧典》："帝曰：'咨！四岳，汤汤洪水方割，荡荡怀山襄陵，浩浩滔天。下民其咨，有能俾乂？'佥曰：'于！鲧哉。'帝曰：'吁！咈哉，方命圮族。'岳曰：'异哉！试可乃已。'帝曰：'往，钦哉！'九载，绩用弗成。"

◎解析

刘宗周强调孔子言昭公知礼，乃是忠爱所发，并非为君讳过；且闻过之时，能欣然迁善改过，可见孔子之心至诚，无一毫私意夹带其中。

◎原文

子与人歌而善，必使反之而后和之。

许师[1]述曰：《书》曰："诗言志，歌永言。"《记》曰："夫歌者直己而陈[2]德也，动己而天地应焉，四时和焉，星辰理焉，万物育焉。故歌者上如抗[3]，下如队[4]，曲如折[5]，止如槁木[6]，倨中矩[6]，句中钩[8]，累累乎端如贯珠[9]。"歌之义大矣，深矣！古之君子，琴瑟在御，歌咏恒有之。子于是日哭则不歌，曾子曳履而歌[10]。兴于《诗》者，其必习于《诗》可知。

圣人一体万物，要在天下各尽其情，而无沴郁[11]之病，则圣人之元气有以嘘[12]之也。观夫子与歌一事，可见老安少怀如斯而已。

◎注释

［1］许师：许孚远。［2］陈：陈设。［3］上如抗：形容歌声高亢，犹如抗举。［4］下如队：队，同“坠”。形容音声低沉，如似坠落。［5］曲如折：折，转折。形容歌声婉转曲折。［6］止如槁木：形容歌声戛然而止，如枯木静寂一般。［7］倨（jù）中矩：倨，直而折曲。矩，画直角或方形用的曲尺。形容直而折曲的歌声，方正如矩。［8］句中钩：钩，圆规。形容委婉的歌声，圆曲如规。［9］累累：连续不断，排列成串。此句形容乐曲连续不断如连贯起来的珍珠。［10］出自《庄子·让王》：“曳维而歌《商颂》，声满天地，若出金石。”曳（yè）履：拖着鞋子。［11］沴（lì）郁：指灾害之气积聚。［12］嘘（xū）：吹气。

◎解析

古人认为诗歌可以吟咏人的志向，抒发人的情感，帮助人调和志气、成就德性。刘宗周指出孔子与物同体，气象浑然，如一元之气周流不息，所歌所咏无非生发仁德、施教成善。

◎原文

子曰：“文，莫吾犹人也。躬行君子，则吾未之有得。”

博文为入道之门。然必反身力践而要于成德，斯称躬行君子。“躬行”云者，心得之而措[1]诸躬，即身是道也。行得尽，渣滓便化，上下与天地同流，虽圣人犹以为歉[2]，况学者乎！夫博约虽一事，然圣人犹易言博而惓惓[3]于反躬之难如此，则世之徒博而不约者，盖亦多矣。

文者，道之华也。圣人于文无不学，故曰“文莫犹人”，非言语文辞之谓也。敛华而归实，则躬行君子之道矣。

曰“未之有得”，则不敢不勉可知。

◎注释

［1］措：施行。　［2］歉：不足。　［3］惓（quán）惓：真挚诚恳。

◎解析

刘宗周依旧强调“博约”的工夫，博学作为约礼的工夫，约礼便作为博学的归所。博学的过程总是在践行着义理，在躬行中养成礼义，由此约于道。

◎原文

子曰：“若圣与仁，则吾岂敢？抑为之不厌，诲人不倦，则可谓云尔已矣。”公西华曰：“正唯弟子不能学也。”

夫子方自谓“学而不厌，诲人不倦，何有于我”，而至此又身任之而不辞，何也？曰：夫子未尝任也。夫子一生学问，实从事此二语而恒觉分量之难尽，又终不敢自诿[1]其难也。黾勉[2]从之，或庶几万一云尔，故曰“抑”。抑云者，疑之也，犹以今日期明日也。若自以为不厌，则厌矣；自以为不倦，则倦矣。何有于我，正其深于无厌倦之实而其心终未敢以为是也。一生苦心，至此几欲呕矣。公西华智足以知夫子，有赞叹而无疑问，真知夫子实践此二语，而仁圣之学正不外是，虽欲辞其名而不得也。夫学固以求仁也，而极于圣也。

曰“云尔”，犹云极口道尽，不过如此，犹是口舌承当[3]者。

孔子以仁合圣，孟子以智之事合圣之事，惟其智尽，所以仁至。此孔、孟之学相印证处。

只学而不厌，而通于诲人不倦，正是仁之真面。非必学此仁圣之理，而更以之诲人也。

先师谓："不厌、不倦一副精神，却从何处得来？其言引而不发。"愚窃窥夫子之学，只是发心真，自歇手不住。

问："诸子问为仁，圣人一一有条答，圣人为仁如何？"曰："圣人于诸子法都用得着，更有吃紧工夫，视诸子反下，曰：迁善改过。"未达，曰："时乘六龙以御天也。[4]"

◎注释

[1] 诿（wěi）：推诿，推脱。 [2] 黾（mǐn）勉：勉力，努力。 [3] 承当：承受担当。 [4] 出自《易·乾·彖》。六龙，乾卦六爻。指随六爻之变化而统御于天道。

◎解析

刘宗周指出孔子一生学问在"学而不厌，诲人不倦"上，孔子所学乃是反身躬行仁义，是故学无止境、乐在其中；仁义在人心，以仁义之道教人迁善改过，是故有教无类、诲人不倦。刘宗周重点指出"不厌、不倦"发自本心，乃是勉力躬行仁义的结果。

◎原文

子疾病，子路请祷。子曰："有诸？"子路对曰："有之。《诔》曰：'祷尔于上下神祇。'"子曰："丘之祷久矣。"

夫子从事于迁善改过之学久矣。迁改之学，求无念不可对天知，而凛凛[1]乎陨越[2]之惧也，可不为诚乎？丘之祷久，自是实理实事，非姑漫[3]言以解子路之惑也。若谓素行已合于神明，无罪可悔，则只此一言，便烦子路请祷矣。盖子路起念于祸福，而夫子折之以立命之学如此。

《礼》曰："疾者斋，养者皆斋。"当子路请祷时，正是夫子躬祷时。

赵清献[4]昼有所为，夜必焚香以告于帝。

◎注释

［1］凛凛：态度严肃，令人敬畏的样子。　［2］陨越：颠坠，丧失。　［3］姑漫：姑且随意。　［4］赵清献：赵抃（1008—1084），字阅道，号知非子，谥曰“清献”。北宋名臣。

◎解析

刘宗周认为孔子日用之间莫不从事于迁善改过之学，是故平日所行皆合于神明，并无可悔过的地方。在孔子看来，若能在平日里躬行仁义，不违天道，便能感通神明，也就是祷于神明。相反，子路请祷乃是起念于夭寿福祸的私心。

◎原文

子曰：“奢则不孙，俭则固。与其不孙也，宁固。”

先王制礼，宫室、衣服、器皿、饮食之类，皆有等威[1]，所以防民之僭也。故贵可同贱，贱不可拟贵。如《礼》：天子七庙，诸侯五，大夫三，士一。天子之豆[2]二十六，诸公十有六，诸侯十有二，上大夫八，下大夫六。天子之席[3]五重，诸侯三重，大夫再重。天子崩，七月而葬，五重八翣[4]；诸侯五月而葬，三重六翣；大夫三月而葬，再重四翣。天子之堂九尺，诸侯七尺，大夫五尺，士三尺。天子龙衮[5]，诸侯黼[6]，大夫黻[7]，士玄衣纁裳[8]。天子之冕[9]，朱绿藻十有二旒[10]，诸侯九，上大夫七，下大夫五之类。等威秩然，稍溢于分，即是犯上。或以大夫僭诸侯，或以诸侯僭天子，不可训矣。若俭于分之内，则固陋而已，固可饰也，是故管仲三归反坫[11]，贤大夫也而难为上；宁晏子豚肩不掩豆[12]、一狐裘三十年者之难为下也。《春秋》僭乱相仍，其祸尽从奢上来。盖先王文胜之后，人情日导于滥觞，而一切典章文物皆为乱臣贼子僭拟[13]之阶，故夫子训之。贾谊流涕汉事，有慨于屋壁帝服、娼优后饰[14]。彼恭俭之朝且然，而况于后世乎！

◎注释

[1] 等威：指与身份、地位相应的威仪。 [2] 豆：古人盛食的器具。 [3] 席：席垫。 [4] 翣（shà）：古代棺饰物。 [5] 龙衮（gǔn）：天子礼服，绣有龙纹。 [6] 黼（fǔ）：古代礼服上半黑半白的花纹。 [7] 黻（fú）：古代礼服上黑青相间的花纹。 [8] 玄衣纁（xūn）裳：赤黑色的上衣与浅绛色的裳。 [9] 冕（miǎn）：古时大夫以上的王侯所戴的礼帽。 [10] 旒（liú）：古代帝王礼帽前后的玉串，用朱、绿二色编织的丝绳串联起来。 [11] 三归反坫：三归，三种解释，其一指筑有三台，其二指三处采邑，其三指娶三姓之女。反坫，反爵的用具，以土为之，在两楹之间。 [12] 豚（tún）肩不掩豆：豚肩，猪腿。豆，盛物的器具。指供奉用的猪腿小得不能掩盖豆器。 [13] 僭拟：越分妄比。 [14] 出自贾谊《新书》：“古者以天下奉一帝一后而节适，今富人大贾屋壁得为帝服，贾妇优倡下贱产子得为后饰，然而天下不屈者，殆未有也。”指百姓住房的墙壁用帝王的衣服做装饰，民间歌伎使用皇后的服饰。

◎解析

刘宗周指出圣王制礼各有差等，以明贵贱长幼的秩序，防范在下者僭越、在上者放纵，使得在位者皆能各安其分。春秋之世，礼法崩坏，人情恣意，乱臣贼子无不始于奢靡而终于僭越。孔子不仅指出奢靡的弊病，同时也认为礼当其分，不能过于节俭，如晏子“豚肩不掩豆”便过于俭，反而鄙陋。

◎原文

子曰：“君子坦荡荡[1]，小人长戚戚。”

天地是这样，万物是这样，人心也是这样。

◎注释

［1］坦荡荡：平坦宽广。

◎解析

在刘宗周看来，天地万物乃至人心，其运行之道皆中正宽广。

◎原文

子温而厉，威而不猛，恭而安。

圣人全副气象，得之切磋琢磨之后。浑然圭璧[1]，不露些子端倪。虽文章也，而即性道也。故弟子记之，三者一时并现。温与威，阴阳之互藏其宅，而恭安又阴阳之各止其所也。愚谓学者当自恭而安入。

横渠十五年学个恭而安不成，程子曰："可知学不成有多少病在？"愚按：伯淳于十二年尚除个喜猎心[2]不去，只此是一病除、百病除。

◎注释

［1］圭（guī）璧：贵重的玉器。此处形容孔子通体莹洁光明，如璧玉一般。　［2］喜猎心：本指程颢看到打猎，激起旧日的爱好而心喜。后比喻旧习难忘，触其所好，便心情愉悦而跃跃欲试。

◎解析

在刘宗周看来，"温而厉，威而不猛"展现出孔子的气象如璧玉一般浑然圆润、通体光明，既温润又严肃，如阴阳合德，也就是既有中正的仪则，又有平和的气象。"恭而安"则体现孔子的修德工夫，也就是在日用之间居处恭、执事敬，时常躬行仁义以求心安理得。

泰伯第八

◎原文

子曰："泰伯[1]，其可谓至德也已矣！三以天下让，民无得而称焉。"

圣人于商、周之际，扶万世君臣之防，既表有二事商之德矣，又追论其始，溯周家世及之自，则泰伯之德实与文王并隆。以泰伯之德，当商、周盛衰之际，固已浸浸[2]有得天下之势，不于其身，必于其子孙，自荆蛮一逃[3]而商之天下直已身让之矣。圣人见端知末，逆知其（一有"将然"字。）必至之势而早决其无可等待之机，此真能让天下者也。故曰"三让"。今人凡事到临局处，亦无可奈何，只得听时势所转，时当汤、武，不合做征诛事，时当尧、舜，不合做揖让事。若先一著做，直可由得自己，虽造化任其斡旋[4]，故曰："先天而天弗违，后天而奉天时。"天且弗违，而况于人乎？况于鬼神乎？泰伯之让，真天地人鬼之所避者也。（一"故曰先天"下作"若到形势已成，虽圣者不能不随时而转"。）如舜避尧之子于河南，禹避舜之子于阳城，而天下之民归之。如武王观兵，（一有"孟津"字。）诸侯不期而会者八百，欲让天下，其可得乎？如泰伯者，真能让天下者也。或曰："逆知[5]数世之必有天下，而托之荆蛮以志让，其事不几于诞乎？"曰："泰伯善继太王之志，与伯夷同义，所以全人伦也。""然则太王废嫡立少，非乎？"曰："泰伯知季历父子有圣德，可以光后稷[6]之烈，故让贤而去，非太王所废也。若夫太王之不能不属意于季历也，亦文王舍伯邑考[7]而立武王之心也，天与贤则与贤也。”“然则太王志翦[8]商乎？”曰：“后人见周家王业实定于太王、季历授受之间，故谓翦商始于太王，而诗人歌之，非谓太王志于翦商也。”“然则泰伯让天下于周乎？”曰：“若然，则泰伯挈[9]商之天下假手于弟若侄，悖乱甚矣。乌乎称至德？”“然则‘民无得而称’者何也？”“商、周兴衰，决在四世之后，与文王三分有二之势不同，后人亦见得季历之后，至文、武而有天下，与泰伯全不相及，是天命未尝归泰伯也，安得让？故无由称之。”“然则泰伯与文王孰贤？”曰：“文王何可当也！只让天下一节，都做得恰好到至处。文王终有取天下之势，而坚让天下之节，其事难；泰伯始有取天下之兆，而坚让天下之心，其情深。”

◎注释

［1］泰伯：姬姓，周太王古公亶父长子。太王传位于季历及其子姬昌，太伯和仲雍避让，迁居江东，建立吴国。　［2］浸浸：渐渐。［3］出自《史记·吴太伯世家》：“吴太伯，太伯弟仲雍，皆周太王之子，而王季历之兄也。季历贤，而有圣子昌，太王欲立季历以及昌，于是太伯、仲雍二人乃奔荆蛮，文身断发，示不可用，以避季历。季历果立，是为王季，而昌为文王。太伯奔荆蛮，自号句吴。荆蛮义之，从而归之者千余家，立为吴太伯。”　［4］斡（wò）旋：调解周旋。　［5］逆知：预知，逆料。　［6］后稷：周朝的先祖。　［7］伯邑考：周文王的长子。　［8］翦（jiǎn）：歼灭。　［9］挈（qiè）：提拿。

◎解析

刘宗周详细探讨泰伯让天下之事，认为泰伯既非持商之天下让于弟侄，也非志于翦商而让于贤者。泰伯善于体察太王之志，为了使季历及姬昌继承王位，也为了使父亲不至于为难，毅然逃奔荆蛮、文身断发，以示不用之志。泰伯之德可谓至孝且义，既能全人伦，又能为天下计。

◎原文

子曰："恭而无礼则劳，慎而无礼则葸[1]，勇而无礼则乱，直而无礼则绞[2]。君子笃于亲，则民兴于仁；故旧不遗，则民不偷[3]。"

礼者，理也。所行当乎理而后无弊，非徒调剂乎节文之间者。朱子曰"礼者，天理之节文"是也。凡人劳扰周章[4]，用妄用讦[5]处，都是私意。

凡浅似直，讦亦似直；戆[6]似勇，不逊亦似勇；怯似慎，巧亦似慎；愚似恭，谄亦似恭。大勇若怯[7]，大直若诎[8]，大慎若发机[9]，恭而安。

君子化天下，只有是仁。仁道莫先于亲亲，推其余，"民吾同胞，物吾与也"[10]，而况故旧乎？天下化之，自是酿成春温长养气象，无残刻浇漓[11]之意。此盛世之化也。

凡人于故旧易遗，不遗者厚之至也。

◎注释

[1] 葸（xǐ）：害怕，畏惧。　[2] 绞：急切。　[3] 偷：淡薄。　[4] 劳扰周章：劳苦烦扰、仓皇惊惧。　[5] 讦（jié）：揭发他人隐私或攻击他人短处。　[6] 戆（gàng）：鲁莽。　[7] 大勇若怯：指外表惧怯，事实上却十分勇敢的人。　[8] 大直若诎（qū）：指外表好似委曲随和，内心却十分正直的人。　[9] 发机：指顺应时机而发。　[10] 出自张载《西铭》。指将人民视为同胞，将万物视为同类。形容天地万物同为一体。　[11] 浇漓（lí）：指社会人情、风俗淡薄。

◎解析

刘宗周指出礼的内涵在于合乎义理。如恭、慎、勇、直，凡出于天理良心，自然中和有节；出于私意则或刚或柔，皆不得正理。成德之事，只是躬行仁义；为仁则始于亲亲，推及于仁民爱物。

◎原文

曾子有疾，召门弟子曰："启予足，启予手。《诗》云：'战战兢兢，如临深渊，如履薄冰。'而今而后，吾知免夫！小子！"

曾子一生精神，息息反躬，循顶至踵[1]，彻体承当[2]，都无放过处。稍放过，便有不及贯处。如人元气一毫不贯，便有痿痹[3]之病，故医书以手足痿痹为不仁。此言最状仁体。曾子之学所以为仁也。仁以为己任，不亦重乎！死而后已，不亦远乎！人以为弘毅也，不知实得之小心。从小心中流出，方能塞天地、贯古今。然则战兢惕厉[4]，乃是为仁，初非漫无事者也。仁者，人也。启予足，启予手，皆是也。

曾子学问最朴实，到底无跌磕[5]破绽。他行一寸，得一寸。

程子病革，门人或曰："先生之学，正要此处用。"程子曰："道著用，便不是。"予曰："道著不用，亦不是。"

◎注释

[1] 循顶至踵：比喻不辞辛劳，不顾身体。 [2] 承当：承受担当。 [3] 痿痹（wěi bì）：肢体萎缩麻痹不能动作的病。 [4] 惕（tì）厉：警惕，戒惧。 [5] 跌（diē）磕：碰撞。

◎解析

刘宗周主要指出，曾子以求仁为己任，其工夫从戒慎恐惧的仁心流出，是故曾子时时反省其身，识得身心所发的仁德，当下承当。在刘宗周看来，曾子反躬自得，行一寸便得一寸。

◎原文

曾子有疾，孟敬子问之。曾子言曰：“鸟之将死，其鸣也哀；人之将死，其言也善。君子所贵乎道者三：动容貌，斯远暴慢矣；正颜色，斯近信矣；出辞气，斯远鄙倍矣。笾豆之事，则有司存。”

曾子自善其将死之言，恐以病革颠错[1]，诚意不能动人，故先言之，以启人之听。其与人为善之意何如哉！

道者，圣贤大学之道，本之为格致诚正，出之为修齐治平是也。事只是琐碎细务，制度节目之详皆是，笾豆其类也。君子之治，举其本而末自该[2]，遗本而逐末者陋也。君子笃恭而天下平，不大声色，只是此意。

曾子言动容貌三者是究竟语，又是下手语。

蔡虚斋[3]曰：“若是真道德性命，必有见于威仪之际与动容之间；若是真学问文章，必有见于当官之法与治家之政。”旨哉，言乎！

曾子学问都就躯壳[4]上讨论，最有持循。一则一，二则二。

◎注释

[1] 颠错：颠倒错乱。　[2] 该：完备。　[3] 蔡虚斋：蔡清（1453—1508），字介夫，别号虚斋，明代理学家。　[4] 躯壳：指有形的身体。

◎解析

刘宗周引用蔡清之论指出，道德性命与礼义节文一体相关，也就是道事一体，即大学之道无非在格致诚正、修齐治平的事业当中。曾子以仁为己任，平日慎独求仁之功，只在动容貌、正颜色、出辞气之间，直接从躯壳血气上下手。

◎原文

曾子曰："以能问于不能，以多问于寡，有若无，实若虚，犯而不校，昔者吾友尝从事于斯矣。"

大舜好问好察，询于刍荛[1]，禹不矜不伐，文王望道未见，孔子我无能焉，颜渊若无若虚，自古圣贤同一血脉。盖圣人之所以为圣者，只是进进不已，百尺竿头无穷尽，知不足故也。若才自以为有得便住了，如颜子之学，不到圣人地步不止也，故曰："惜也！吾见其进也，未见其止也。"后人一得而妄自尊大者，陋矣。

圣人与途人言，亦自有一种发明处恁地[2]有益，只是抹杀能不能、多寡之相，便觉精意有灌输以。以能问不能，以多问寡，真不知能与多之在己、不能与寡之在人，惟欲以人之多益我之寡，以人之能益我之不能，故曰"若无若虚"。此等气象，如天地之大，何所不容受？何所不巽[3]人？虽犯而不校[4]者。就而想之，居然深潜纯粹体段，天下归仁工夫，非颜子孰能与于斯乎！

犯而不校，正是学问得力处。有人于此，其待我以横逆[5]，君子必自反也，曰："我必不仁也，必无礼也，我必不忠。"故常人，圣人之师也；不善人，善人之师也。

以能问于不能，以多问于寡，有若无，实若虚，所存者神；犯而不校，所过者化。

谢上蔡[6]别伊川先生久，先生曰："贤向做得恁工夫？"上蔡曰："近来也只去得一'矜'字。"先生曰："可谓切问近思矣。"

◎注释

[1] 刍荛（chú ráo）：指割草砍柴的人。 [2] 恁（nèn）地：如此，这样。 [3] 巽（xùn）：同"逊"，谦让恭顺。 [4] 犯而不校：校，计较。指受人冒犯也不计较。 [5] 横逆：指强暴不顺理的行为。

[6] 谢上蔡：谢良佐（1050—1103），字显道，称“上蔡先生”，北宋道学家。与游酢、吕大临、杨时号称“程门四先生”。

◎解析

此章曾子盛赞颜子。在刘宗周看来，诸如舜、禹、文王、孔子、颜子皆能进德不已，由此达到圣人的地步。就此章来看，颜子气象广博，虚怀若谷，虽德行崇高、学问广博，但不以为有、为实，唯以求仁为旨趣，虚心好学，进进不已。

◎原文

曾子曰：“可以托六尺之孤，可以寄百里之命，临大节而不可夺也。君子人与？君子人也。”

托孤寄命，不是等闲事。如伊尹、周公之任是也。当此等事任，生死利害，动辄踏著[1]，是吾人大节关系处。才胜者多行险侥幸[2]之计，此心未必对天地、质鬼神，到紧关一著便差，直是卖国家、叛君父而不恤；德胜者又未必济天下事，徒以身殉[3]而已，如文信公[4]、方逊志[5]是也。必也才、诚两合，非君子其人不能矣。托孤寄命，必是临大节而不可夺者。但可托可寄处，亦有许多斡旋，方克有济。而大节不夺者，乃其所以济天下之本也。古人济大事，全靠脚根（一有“立得”二字。）定，只是不从身家名位上起念便是。凡可夺处，皆是此等作祟[6]也。（一作“孽”。）诚极则精，精极则变，一切作用皆从此出。诚中之识见是大识见，诚中之担当是大担当，是为大学术、大经纶，故君子非有才之难而诚之难。古人办此，亦鲜其人，伊、周而后，诸葛武侯其庶几乎！其次，霍子孟[7]、韩魏公[8]、郭汾阳[9]差足当万一。

“临大节而不可夺也”，是就上抽出言之，其气一直贯下。托孤寄命，是大节不夺之事。大节不夺，是托孤寄命的心肠。

霍光出入殿廷有常度，不失尺寸；金日磾[10]不忤视[11]，汉武即属以少主，知人哉。

君子计是非，不计成败。如陆秀夫[12]抱赵氏幼主投崖山，何尝不是托孤寄命？到此，虽圣人无下手安，安论才不济？

◎注释

［1］动辄（zhé）踏著：指行动举止之间。［2］行险侥幸：指冒险行事以求得意外的成功。［3］狥：通“殉”。［4］文信公：文天祥（1236—1283），初名云孙，字宋瑞，又字履善，号浮休道人、文山。南宋政治家、文学家、抗元名臣，与陆秀夫、张世杰并称为“宋末三杰”。［5］方逊志：方孝孺（1357—1402），字希直，又字希古，号逊志，又称缑城先生。明初官员，在“靖难之役”中不降燕王而死。［6］作祟（suì）：指人或某种因素作怪捣乱。［7］霍子孟：霍光，字子孟，霍去病异母弟，西汉中叶政治家。汉武帝临终时，拜大将军、大司马，受命托孤辅政，封为博陆侯。其后辅佐汉昭帝。昭帝死后废立昌邑王刘贺，拥立汉宣帝即位，掌权摄政。［8］韩魏公：韩琦（1008—1075），字稚圭，自号赣叟，北宋政治家、词人。韩琦为北宋名相，辅佐三朝。在宋夏战争中，与范仲淹率军防御西夏；之后又与范仲淹、富弼等主持“庆历新政”。［9］郭汾阳：郭子仪（697—781），字子仪，唐朝政治家、军事家。郭子仪为唐朝著名将领，先后平定安史之乱，在吐蕃攻破长安后，驱逐吐蕃敌军；在吐蕃和回纥入侵时，单骑说服回纥，合兵大破吐蕃。［10］金日磾（jin mì dī）：字翁叔，初为匈奴休屠王太子，兵败为霍去病所降，进入长安，赐姓为金。后汉武帝临终时，随霍光接受顾命，辅助汉昭帝，鞠躬尽瘁。［11］忤（wǔ）视：逆视，对视。［12］陆秀夫：（1236—1279），字君实，又字宴翁，别号东江，南宋左丞相，抗元名臣，与文天祥、张世杰并称为“宋末三杰”。崖山海战兵败，背着卫王赵昺赴海而死。

◎解析

刘宗周强调托孤寄命的人必得“才诚”兼备，也就是不仅得有济世任事的大才，还得有赤诚忠义的是非之心。德才兼备的人不仅可临大节而有大担当，而且能出谋划策，济世安民。

◎原文

曾子曰："士不可以不弘毅，任重而道远。仁以为己任，不亦重乎？死而后已，不亦远乎？"

仁也难说"重"。圣贤却重视之，如执玉[1]，如捧盈，举之如不胜，而后能胜也。此任仁之真力量也。任仁者，真须用全副精神，肢体发肤，合下承当，无丝毫缺漏处。此便是"弘"。造次必于是，颠沛必于是，便是"毅"。真能弘者，取道必远，不远则前功尽废，终无所任矣。"弘毅"者为仁之功也。"仁以为己任，不亦重乎；死而后已，不亦远乎"，乃所以为弘毅也，任重道远，不是为仁者独如此。仁者人也，有是人则有是仁，推诿不得，歇住不得，故不可以不弘毅。弘毅，正所以任仁者。然则弘毅与仁二乎？一乎？曰：仁是性，弘毅是性之良知良能恢张干济[2]处。仁体自是弘毅，二而一也，即本体为工夫也。

仁不越几席之微，而天地万物囿[3]焉。学者不得小小承当，如清、任、和[4]等，才举得一边，便遗却一边。仁者见之为仁，智者见之为智亦然。如发育峻极[5]，三千三百，大莫载，小莫破，都是此中孕出。君子尊德性而道问学，致广大而尽精微，极高明而道中庸，温故而知新，敦厚以崇礼，此全副精神也。然君子不从大处求，只从微处求，故约而易操，求而即至，重而轻，远而近。

"死而后已"，死亦未已，尧、舜其心至今在。

程子曰："学者须先识仁，义、礼、智、信皆仁也。"

◎注释

[1] 出自《礼记·祭义》："孝子如执玉，如奉盈，洞洞属属然如弗胜，如将失之。"孔颖达疏："言孝子对神，容貌敬慎，如执玉之大宝，如

奉盈满之物。" [2] 恢张干济：恢张，扩大、发扬。干济，成就。指发扬成就。 [3] 囿（yòu）：局限。 [4] 出自《孟子·万章下》："伯夷，圣之清者也；伊尹，圣之任者也；柳下惠，圣之和者也；孔子，圣之时者也。" [5] 出自《中庸》："大哉，圣人之道！洋洋乎，发育万物，峻极于天。优优大哉！礼仪三百，威仪三千。待其人然后行。故曰：苟不至德，至道不凝焉。故君子尊德性而道问学，致广大而尽精微，极高明而道中庸。温故而知新，敦厚以崇礼。"

◎解析

刘宗周认为天地万物莫不处于生生之仁中，有是人便有是仁，故人不容不求仁。圣贤觉之，以仁为己任、为重任，所谓"任重道远"。所谓"弘"便是用全副精神去发明仁心、承当仁德，所谓"毅"便是终日尽仁心之利用，颠沛造次必于是。刘宗周指出仁为本体，弘毅为发明本体的工夫，体用一源，即本体为工夫。另外，刘宗周指出求仁在几微处求，也就是在日用细微处时时承当此德。

◎原文

子曰："兴于诗，立于礼，成于乐。"

天地之化，生于春，长于夏，敛[1]于秋，成于冬，而化功毕矣。"兴"也者，始而亨者也，立且成者，性情也。

《六经》之教，皆以阐人心之蕴，而示人以为学之方也。诗以劝善惩恶，教主"兴"，故人得之以兴，兴以人心所自兴也；礼以范情约性，教主"立"，故人得之以立，立以人心所自立也；乐以穷神达化，教主"成"，故人得之以成，成以人心所自成也。诗、礼、乐之教，君子无日不从事焉，而所得有浅深，故所资于《六经》者，若有先后之不同如此。君子亦循序以造之而已矣。

诗只是"思无邪"，礼只是"敬"，乐只是"和"。兴于诗，兴于善也；立于礼，立于敬也；成于乐，成于和也。

善学如农之有畔[2]，动无越思，《六经》亦学者之畔也。孔子曰“信而好古”，又曰“好古敏求”，此之谓也。

◎注释

[1] 敛（liǎn）：收敛，聚集。 [2] 畔：田界。

◎解析

在刘宗周看来，诗歌本于人的性情，最易感动人心，故学诗可以兴起人的好善恶恶之心，由此劝善惩恶，故兴于诗便是兴于善；礼义有明确的节文度数，能约束人的行为举止，故立于礼便是立于敬；乐则穷神达化，滋养人的性情，成就和序的气象，故成于乐便是成于和。刘宗周认为君子无日不从事于诗礼乐之教，三者所兴、所立、所成乃是仁义本心自行兴发，开出安立的工夫，以至于成德成善，养成和序的气象。

◎原文

子曰：“民可使由之，不可使知之。”

百姓日用而不知，固也。然君子之化民也，悬[1]之以大道之的而民率由焉。耕田凿井，顺帝之则，何知之有？此王道也。若杀之而怨[2]，利之而庸，迁善而知其自，则陋矣。

“由仁义行，非行仁义也”，天德也；“民可使由之，不可使知之”，王道也。

◎注释

[1] 悬：公布。 [2] 出自《孟子·尽心上》：“杀之而不怨，利之而不庸，民日迁善而不知为之者。”庸，功。朱熹《孟子集注》：丰氏曰：

“因民之所恶而去之，非有心于杀之也，何怨之有？因民之所利而利之，非有心于利之也，何庸之有？辅其性之自然，使自得之，故民日迁善而不知谁之所为也。”

◎解析

刘宗周在此区分天德与王道。就个人成德而言，自然须知晓仁义之道，由仁义而躬行。但就在上者施行王道而言，施教劝善才是行之有效的方式，是故君子设立政教、制定礼法，以此引导、规劝、约束民众形成良好的社会秩序。

◎原文

子曰：“好勇疾贫，乱也。人而不仁，疾之已甚，乱也。”

好勇疾贫，小人之乱也。人而不仁，疾之已甚，君子所以致乱也。好勇者，天付以狼戾[1]之性，而疾贫者又不安于贫贱之常，此等奸人必为乱首。如韩侂胄[2]望节钺[3]而不得，终杀赵汝愚[4]以乱宋。人而不仁，力可除则除之，力不能除，则优容而化导之，可也。若疾之已甚，则小人至于无可容而且得有辞于我，必反受其毙矣。即赵汝愚恶侂胄而靳[5]节钺之赏，终以至乱是也。不特此也，如宋人攻安石，卒遗绍圣[6]之祸；唐人攻宦官，卒有甘露之变[7]。自古以来，祸败之几，往往然矣，戒之哉！

◎注释

[1] 狼戾：凶狠、暴戾。　[2] 韩侂胄（tuō zhòu）：（1152—1207），字节夫，南宋权相。韩侂胄任内贬谪宗室赵汝愚，禁毁朱熹理学，史称“庆元党禁”；同时，追封岳飞为鄂王，追削秦桧官爵，力主抗金，后因将帅乏人而功亏一篑。　[3] 节钺（yuè）：符节与斧钺。古代天子授予将帅以示威信的信物。　[4] 赵汝愚：（1140—1196），字子直，南宋宗室，

南宋名臣、学者。宋孝宗崩逝后，赵汝愚策划实施“绍熙内禅”，奉嘉王赵扩即位，以功升任右相。后遭韩侂胄诬陷，贬死衡州。［5］靳(jìn)：吝惜，不肯给予。［6］绍圣（1094—1098）：宋哲宗赵煦的第二个年号。［7］甘露之变：公元835年，唐文宗和李训、郑注等策划诛杀宦官，以观露为名，欲将宦官头目仇士良骗来诛杀；后仇士良发觉，双方展开激烈战斗，结果李训等重要官员皆为宦官所杀，由此株连上千人。

◎解析

朱熹《论语集注》指出“好勇而不安分，则必作乱。恶不仁之人而使之无所容，则必致乱”。刘宗周引用韩侂胄、王安石等人的事例详细阐发“疾”之致乱。

◎原文

子曰：“如有周公之才之美，使骄且吝，其余不足观也已。”

才者，性之作用也。或仁之为恻隐，或义之为羞恶，或礼之为辞让，或知之为是非，皆是也。才未尝不美而骄吝[1]之私贼焉，则岂才之故也哉？亦失其美而已矣。知有才便骄，自擅其才，而不能舍己从人，便吝。二者同体而互发，总是器小情状，所为小有才，未闻君子之大道者。到此便须学问。人不学，未闻道，则有才鲜不至于骄且吝者。

凡人矜夸鄙吝之气无日不生，况挟[2]美才乎？适足以济其骄吝而已。骄吝反作主张，才却是骄吝中余剩物。

◎注释

［1］骄吝：矜夸而鄙吝。［2］挟：持有。

◎解析

刘宗周指出性为才之体、才为性之用，如仁义礼智为性体之德，恻隐、羞恶、辞让、是非便是性体显露的知能之才。才出自性体，本来纯良善美，若被骄吝等私念遮蔽，则难以成用。是故君子当求学以闻道，摒除私念，成才之利用。

◎原文

子曰："三年学，不至于谷，不易得也。"

利禄之溺人久矣，于是有干禄[1]之学。当其学而无非谷也，况三年乎？三年学而心不至于谷，则其学纯矣，岂易得哉？充斯志也，虽遁世不见知而不悔，惟圣者能之乎！

学以至于圣人之道也，非谷之谓也。至道，则终身向往而不足；至谷，则一念驰骛[2]而有余。此学中开不得丝毫窦漏[3]，才漏便是伪学。

◎注释

［1］干禄（lù）：求取功名利禄。 ［2］驰骛（wù）：奔走趋赴。［3］窦（dòu）漏：纰漏、错漏。

◎解析

孔门强调义利之辨，刘宗周在此也指出求道与干禄的区别：学以求圣人之道，则以仁为己任，终身向往而不倦、不足；学以干禄，则一心偏于求利，不仅废置道德学问，而且助长自身的私念贪欲。

◎原文

子曰："笃信好学，守死善道。危邦不入，乱邦不居。天下有道则见，无道则隐。邦有道，贫且贱焉，耻也；邦无道，富且贵焉，耻也。"

君子之于道也，真知而信之难。知水火之不可蹈而信之，知饥渴之与于饮食而信之，信之笃也。人生开头露面，要做天地间第一等人，第一件事，不是胡乱摸索一场，须直下发个皈依心，思天之所以与我、我之所以灵于万物者是何体段，思士之所以希贤、贤所以希圣是何工夫，于此信得及，更不作含糊牵制[1]想，方是"笃信"，可谓志于道矣。此作圣第一义也。圣人劈头说个"笃信"，是信甚物？不假借资[2]，不落方所[3]，直是自心自信、一日千里者。由是而好学不倦，所谓"学如不及，犹恐失之"是也。有弗学，学之弗能，弗措也；有弗问，问之弗知，弗措也；有弗思，思之弗得，弗措也；有弗辨，辨之弗明，弗措也；有弗行，行之弗笃，弗措也；此之谓"好学"。[4]由是而学在我矣，可守之而弗失矣。"夭寿不贰，修身以俟之"，所以立命也，守之至也。虽守之也，非化之也。君子之于道也，必至于善而后要其成。义之精，仁之熟，从容中道，圣人也。此之谓善道。学至此成矣。夫如是，则道之在我者，妙于时措[5]而不穷，可以独善，可以兼善，可以烛危乱之先几，可以准出处之常法，动无死地，道必因时，其所得于善道之力者深乎！君子之学，无时不在，而必于隐见[6]之际独观其大者，非漫为涉世之缘而无关于学术者也。有道而不见，必其道不足以见者也，可耻也；无道而不隐，必其道不足以隐者也，可耻也。所学之谓何而碌碌[7]如是？士君子之居，恒谈学术，说道理亦易，只格此两关，令人躲遁不去。有道不废，无道则免，千载而下几人哉！子云之仕莽[8]，龟山之应蔡[9]，子陵之披裘[10]，君子议之。只为初然合下便信不笃，又无学问之功，执德不弘，见道不的，胸中有许多私意廓除不去，未免临境扰扰，居恒心下打不过，到此愈著忙了。龟山之出也，朱子讥其做人苟且，且随众鹘突[11]，切中病根。龟山平日学问杂禅，只作宽大体面，无吃紧得力处，是以有此出处。“笃信好学，守死善道”八字，是我辈四大项工夫，一步蹉跌不得。学者勖[12]之。

有道则见，无道则隐，到守死处已不会错。若孔、颜用行舍藏时，又有佳境在，非君子善道，不能也。生熟安勉之别也。

◎注释

［1］牵制：约束。　［2］借资：借助，凭借。　［3］方所：具体方向处所。　［4］出自《中庸》：“有弗学，学之弗能，弗措也；有弗问，问之弗知，弗措也；有弗思，思之弗得，弗措也；有弗辨，辨之弗明，弗措也；有弗行，行之弗笃，弗措也。人一能之己百之，人十能之己千之。”措，措置休废。　［5］时措：郑玄：“时措，言得其时而用也。”　［6］隐见：隐居与出世。　［7］碌碌：平庸无能。　［8］子云：扬雄。莽：王莽。西汉末年，王莽篡政而建立新朝，扬雄并没有为汉尽忠，反而仕于莽。　［9］龟山：杨时。蔡：蔡京。　［10］子陵：严光。《后汉书》载：“（严光）少有高名，与光武同游学。及光武即位，乃变名姓，隐身不见。帝思其贤，乃令以物色访之。后齐国上言：‘有一男子，披羊裘钓泽中。’”帝疑其光，乃备安车玄纁，遣使聘之。三反而后至。”　［11］鹘（hú）突：混乱、不清楚。　［12］勖（xù）：同“勗”。勉励。

◎解析

在刘宗周看来，“笃信”“好学”“守善”三者之间相互关联。“信”出自“真知”，如真知水火不可蹈、饥食渴饮，自然能笃信此理；是故人若能真切地体知天所与我的德性，真识得自身的仁义之心，自然能笃信圣人之道。人果能信得此心，自然好善、乐学，不至于道则此心弗措，自然孜孜不倦的进进不已，所谓“好学”便是识仁笃信的工夫。既然好学在于求仁志道，那么好学便是守善，也就是在“学而时习”的工夫不断存养善心，达到义精仁熟、从容中道的境界。

另外，刘宗周认为上述工夫直接关联到“有道则见，无道则隐”的处世之道，指出学者若能真正笃信好学，当身处清明有道之世，自然能发挥自身才能兼济天下；若不能“守死善道”，必至学问不纯、执德不弘，以至于临境失节，如扬雄仕莽、杨时应蔡一般苟且失节。

◎原文

子曰：“不在其位，不谋其政。”

位，凡局于上下皆是。君子居官，只尽心于职之内不侵越[1]于职之外，所以明守分[2]也。

陈恒弑其君。孔子沐浴而请讨，曰：“以吾从大夫之后，不敢不告。”[3]犹然明个分守，况其他乎？

◎注释

[1] 侵越：侵犯越界。　[2] 守分：职守、本分。　[3] 出自《论语·宪问》。陈恒：田恒，称田成子，因家族出自陈国，又称陈恒。公元前481年，田成子发动政变，杀死齐简公，拥立齐简公之弟为国君，即齐平公。之后，田恒独揽齐国大权。

◎解析

刘宗周指出君子为官须尽心尽力地做好分内之事。

◎原文

子曰：“师挚之始，《关雎》之乱[1]，洋洋乎盈耳哉！”

夫子自卫反鲁之后，适师挚在官之始，官守得而古乐明。凡作之郊庙朝廷者，自《关雎》之乱以往，洋洋乎其盈耳也。其大道晦明之会乎？惜乎不及睹师挚之终也。

乐之以《关雎》乱也，其以风化终乎？

始作，翕如也；从之，纯如也，皦如也，绎如也，以成。[2]洋洋乎盈耳哉！

◎注释

［1］乱：指乐曲的最后一章。　［2］出自《论语·八佾》。翕（xī）如：指音乐开始演奏时，各种音符合聚。纯如：纯粹和序的样子。皦（jiǎo）如：清晰分明的样子。绎（yì）如：相续不绝的样子。

◎解析

孔子论《关雎》则“乐而不淫，哀而不伤”，论“乐”则知乐曲翕如、纯如、皦如、绎如般起承转合。

◎原文

子曰：“狂而不直，侗而不愿，悾悾而不信，吾不知之矣。”[1]

人之气质，不失之高明，则失之卑暗，而气质之性终不锢其义理之性。狂者必直，侗者必愿，悾悾者必信，自习染胜而三者并漓[2]，此圣人所不解，人心之变，可胜穷乎？

◎注释

［1］侗（tóng）：幼稚，无知。愿：谨厚。悾（kōng）悾：无知无能的样子。　［2］漓（lí）：浅薄，浇薄。

◎解析

刘宗周认为人性本善，义理之性本可以宰治气质。譬如狂妄无知的人若依照本性，则自然欲求诚实守信；若沉溺在习气私念当中，则终日为习气所役使，难以尽其本性之善。

◎原文

子曰："学如不及，犹恐失之。"

"学如不及，犹恐失之"，直是一念万年，一日千里。

圣贤直忙了一生，优游何济。"学如不及，犹恐失之"与"勿忘勿助"同一步骤。

既向前去，仍作退后见，何所不至！

此道在我，得之难，失之易。君子学以至道，不得玩愒[1]承当，须用全副精神打并一路，时时淬厉[2]，进一级复距一级，将此道终比看作前一重公案，望望而趋如不及，然而犹恐其失之也。如不及则恐失矣，此非意之也。此道无穷，念念奋犹漫无及处，一念辍[3]则堕落千仞，终不及矣，虽得之，必失之。此君子所以自强不息也与！

"学如不及"，有登先之势；"犹恐失之"，有殿后之势。总是一条精力。

不及便是失，不进便是退。

◎注释

［1］玩愒（kài）：指贪图安逸，旷废时日。 ［2］淬厉：磨炼锋刃。比喻发愤进修。 ［3］辍（chuò）：中止，停止。

◎解析

刘宗周认为"学如不及，犹恐失之"指明出为学的工夫。孔门之学只是躬行仁义，好学之心便是求仁之心；仁心自然生生不息，此进学之心也便不倦不厌。是故学者果真有心求仁，自然进学不已，生怕有所不及；但又只能顺时而进，唯恐有所失，此便是“仁心自勿忘勿助”的进学工夫。

◎原文

子曰：“巍巍乎！舜、禹之有天下也，而不与焉。”

圣人之心，洞乎无物，视天下之大，何足撄[1]其胸中，故心普[2]而天下冒[3]，心运而天下转，将天下入在二圣人心中，湛然不堪些子，何与之有？此心体也，即性分也。

“巍巍乎”，言其道之至极而无以加也。圣人之道不可见，但投之以势分[4]之得失，而人心之盈歉见矣。一有所动便是内不足，附之以韩、魏之家[5]，如其自视欿然[6]，则过人远矣，况有天下而不与乎？此直是性分圆满光洁，无丝毫牵累处，视天下之大，总无碍吾胸次，故不必与，不必不与，适得吾体而已。此圣人之道所以超天下而独存，亘万古而立极也。

圣人之心，只是凝然不动，将天下置在胸中，了不关涉，如一点浮云过太虚。如说我大而天下小，便有区别相。

天下一物也，圣人视外物无大小，都作等闲看，打过得箪食豆羹关，便打过得天下关。

当是时有是事，当是事有是理。圣人之心，廓然而大公，物来而顺应，此“不与”真面目也。

◎注释

[1] 撄（yīng）：扰乱，纠缠。 [2] 普：广大，普遍。 [3] 冒：覆盖。 [4] 势分：权势，地位。 [5] 出自《孟子·尽心上》：“孟子曰：‘附之以韩魏之家，如其自视欿然，则过人远矣。’”韩魏，晋国世卿

之家。　[6] 欿（kǎn）然：不自满。

◎解析

刘宗周主要借此章来论“心体”。他指出圣人之心圆满光洁，一方面心体廓然大公，与万物感通为一体，成就万物之用；另一方面心体之用无洪纤巨细之分，随感而应，不滞于任何事物，故无丝毫牵累，如“太虚”一般，所谓“不与”。

◎原文

子曰：“大哉尧之为君也！巍巍乎！唯天为大，唯尧则之。荡荡乎民无能名焉！巍巍乎其有成功也！焕乎其有文章！”

古今立君道之极者，莫如尧。君道，一天道也。尧道则天，故其为君也大矣哉！圣人立道之极，冥然色臭[1]之表，系万民之元命，所为神也者，妙万物而为言者也。惟天於穆而万物之命托焉，故生生化化而不穷，欲名天之所以生、所以化，不可得也。惟圣不显而万民之命托焉，故生生化化而不穷，欲名圣之所以生、所以化，不可得也。若是者何也？天普万物而无心，圣人同天而无为，不见而章，不动而变，无为而成，何名之有！此天道也。“无能名”不是玄远莫测，只是普物无私、因物付物，而我不尸[2]其功，万物莫知其所自，故无名。《易》曰：“乾始能以美利利天下。不言所利，大矣哉！”惟圣亦然。惟无名故大，故曰“荡荡乎民无能名焉，巍巍乎其有成功也”，而不知其所以成。“焕乎其有文章”而不知其所以见，卒归之“无能名”而已。此分明上天气象，故曰“唯天为大，唯尧则之”，呜乎大哉！

天道主生物，君道亦主生物。就生物上见其大，只是无不生，卒莫知其所以生，故曰大。成功，成生物之功在，在天曰岁功[3]。文章，成功之象也，在天为日月星辰、风雨露雷之变化。“巍巍乎其有成功也！焕乎其有文章”，正所为“民无能名”也。

尧际[4]中天之会，宇宙一新，光被四表，格于上下，但见其巍然、焕然而已。二句俱是想象赞扬之词。

◎注释

[1] 色臭：声音、气味。出自《诗·大雅·文王》："上天之载，无声无臭。" [2] 尸：指持有。 [3] 岁功：一年的时序。 [4] 际：当，适逢其时。

◎解析

此章称赞尧的德行，刘宗周着重围绕"民无能名"展开解释。在刘宗周看来尧所行之道即是天道。天道生化万物，无声无臭，其所以生、所以化莫可名状，所谓妙万物之神；尧之治天下同天而无为，也就是顺应万物之道、因物付物，让万物各得其养，而莫知其所自，也就是"无名"。另外，刘宗周指出"文章"为生物所成功之象，也就是天下文明、和序的景象。

◎原文

舜有臣五人而天下治。武王曰："予有乱臣十人。"孔子曰："才难，不其然乎？唐、虞之际，于斯为盛。有妇人焉，九人而已。三分天下有其二，以服事殷。周之德，其可谓至德也已矣。"

唐、虞之际，揖让而有天下，五臣[1]佐命焉。商、周之际，征诛而有天下，十乱之臣[2]，或为疏附，或为后先焉。上下古今人才之盛，尽于此矣。夫子于此而有感焉，曰"才难，不其然乎"，以唐、虞之际而仅以五人著，以有周之兴而仅以十乱称，且复借才于妇人也，况夏、殷以降乎？才难信已。虽然，我周之才观唐、虞之际逊矣，必也溯周之德乎？夫德莫大乎君臣之义，文王三分天下有其二，天下之势浸归于周矣，而文王弥[3]靖[4]其事殷之节，万古之臣极立矣。周之德其可为至矣！以德若此，岂不继揖让之德而再见也哉？

亘开辟以来，君极唯尧，子极唯舜，臣极唯文王，师极唯孔子。

问：文王之时，还是天命未绝于纣否？曰：圣人之心即是天命。文王事殷之心，即商纣未亡之命，所谓“先天而天弗违”者。武王何如？曰：后天而奉天时。

◎注释

［1］五臣：禹、稷、契、皋陶、伯益。［2］十乱之臣：乱，治；十臣，周公旦、召公奭、太公望、毕公、荣公、太颠、闳夭、散宜生、南宫适以及文母。［3］弥：更加。［4］靖（jìng）：恭敬。

◎解析

此章孔子感慨“人才难得”。刘宗周主要指出文王事殷立下万古君臣之义，其事殷之心接续着天命。

◎原文

子曰：“禹，吾无间然矣。菲[1]饮食，而致孝乎鬼神；恶衣服，而致美乎黻冕；卑宫室，而尽力乎沟洫。禹，吾无间然矣。”

地平天成，万世而下，追禹之烈矣。然而德衰之讥起焉，故夫子特表而出之。“无间”者，全体流行，浑然至善，无可间隙也。菲饮食，恶衣服，卑宫室，圣人绝不从形骸起念，绝不以天下之大加乎一身，方见恬淡以澄神，撙节[2]以先天下，而敢以骄侈灭厥德乎？至于其所以治天下，则无所不用其力，鬼神之孝，黻冕[3]之美，沟洫[4]之尽力，惓惓[5]乎天地神人之寄，无一念之不兢焉。此处血脉，却从菲饮食、恶衣服、卑宫室中流出来，绝无痕迹，绝无转换，此天理周流浑然至善处，故曰“无间”。

寻常之心，于此圆满，于彼即欠缺，即把捉到圆满，仍有合缝在。

观大禹之心，直是浑成无迹。三“而”字可玩。

尧其天乎！舜其协帝[6]乎！禹其人巧之极，可夺天工，其在天人之间乎！

◎注释

［1］菲（fěi）：薄。 ［2］撙（zǔn）节：节省、节约。 ［3］黻（fú）冕：朱熹《论语集注》：“黻，蔽膝也，以韦为之。冕，冠也，皆祭服也。” ［4］沟洫：田间水道。 ［5］惓（quán）惓：真挚诚恳。［6］出自《尚书·舜典》：“曰若稽古帝舜，曰重华协于帝。”

◎解析

此章称赞禹的德行。刘宗周认为禹之心浑然天理，未有一毫人欲，故菲饮食、恶衣服、卑宫室，全然以天下为重，兢兢业业于天地神人之事。

子罕第九

◎原文

子罕言利与命与仁。

功利之学，圣人所不言；命与仁，圣人亦不轻言之，恐滋[1]人玄远之惑也。今人动喜说“无声无臭”，此是言命也。又喜说“不学不虑”，是言仁也。朱子辟子静“心行路绝，善恶双泯”，曷不曰圣人罕言命与仁？

古人之学，先拔利根而终达于性命。今之学者，先勘[2]性命而终近于利。

子雅言求仁之功，而未尝直指仁体，又曰“天何言哉，四时行焉，百物生焉”，是未尝言利也。

三者罕言，即是孔子一生学问。子曰：“不怨天，不尤人，下学而上达。知我者其天乎！”

◎注释

［1］滋：滋生。　［2］勘：研究。

◎解析

刘宗周主要借此章批评当时学者好高骛远，只知空谈“无声无臭”的玄妙之理，以及“不学不虑”的顿悟之法，反而落入谋道的私利之中。在刘宗周看来，孔子罕言利乃是教人拔除利根，以仁为己任；而求仁之法在日用孝悌以至于仁民爱物当中，也就是在日用之间切实为善去恶，由此下学而上达仁体。

◎原文

达巷党人曰："大哉孔子！博学而无所成名。"子闻之，谓门弟子曰："吾何执？执御乎？执射乎？吾执御矣。"

达巷党人慕夫子之大，而以博学无名者当之，不足以知圣矣。夫圣人之学，亦何事于博哉？子闻之若爽然自失者，乃谓门弟子曰："久矣夫！予之不善学也。予将返而之约乎？约则可执也。吾何执？执御乎？执射乎？吾执御矣。所执弥[1]下，所守弥约而易操。予虽成名于御，而甘之。又何以博而大为哉？"圣人之学，未尝不博而一以贯之，乃所以反约也。圣人既不欲以博自居，又不遽[2]以一贯自道，而姑以执御名，以见反约之有地，欲人思而自得之耳。

圣人执御，正是下学上达，非姑自谦。盖学以持循此心之天理而已，只萌一泛滥高远之念，天理便陡然而忘。圣人言"执御"，是从至卑下处著精神，恁地笃实辉光。

古人之学，于礼、乐、射、御、书、数无所不学，非是漫然。

◎注释

［1］弥（mí）：更加。　［2］遽（jù）：遂，就。

◎解析

刘宗周主要以"博学约礼"解析此章，一方面博学并非为名，乃是躬行仁义，由此约于礼义；另一方面，人伦事务无不是约礼之学，是故约礼又只是博学，孔子所谓"执御"正是为仁之学。

◎原文

子曰："麻冕，礼也；今也纯，俭。吾从众。拜下，礼也；今拜乎上，泰[1]也。虽违众，吾从下。"

礼之大者在纲常名教，其小者在制度文为。子曰："三代之礼相因，而所损益可知也。"夫损益之礼，与时宜之。周衰，文胜而靡矣，救文之弊莫若忠，故俭可从也。（一作"故礼之在所损益者，俭可从也"。）纲常之礼，万古不易。失则僭，僭则乱，渐不可长，故拜上不可从也。（一作"故礼之在于朝廷者，泰不可从业"。）圣人（一有"斟酌"字。）于时俗从违之际，而所以教天下万世者至矣。

人心之变，侈则必泰，其病授之风俗而世道随之，《春秋》之时，臣弑其君者有之，子弑其父者有之，其病皆从奢侈中来，故曰："奢则不孙。"（一有"弑父与君，皆由此作"句。）圣人就礼之变处指点人心善反之机，先从奢处救得一半，却从不孙处横绝末流，此圣人挽回《春秋》气化大作用也。

夷王之时，王始下堂而见诸侯。其后一变拜于堂上，可见上替则下陵[2]。

◎注释

［1］泰：骄慢。　［2］上替下陵（líng）：陵，通"凌"。指上下失序，纲纪废坠。

◎解析

刘宗周结合"奢则不孙"一章进行分析，指出一方面周文奢靡成蔽，孔子以夏忠、殷质来补救，故对于"麻冕"等礼节更倾向于从俭；另一方面春秋之世，诸侯大夫奢靡骄慢，致使上下僭乱，故孔子希望恢复周礼以截断人情奢靡的祸乱。

◎原文

子绝四：毋意，毋必，毋固，毋我。

毋意、毋必、毋固、毋我，此心体也。人心与太虚同体，不惹纤毫物累，才有物累，四者便循环而起。始焉无中生有，忽起一意；已而执意不化，必然如此；而辗转一意，如坚垒之莫破，则固矣；究也以客为主，认贼作子，成为我矣。返而勘之，果我乎？人乎？以为真，如人入梦境，种种苦乐认作在我，一觉便应释然，此一意之变幻也。圣人之心，从江汉秋阳洗暴过来[1]，渣滓浑化，天理周流，何四者之累哉！四者不分是理是欲，总是气拘物蔽。

于浑然无物之中而生一意，又于倏[2]起之意转成为必、固、我，此是梦中做梦。

意、必、固、我，其人心之危乎？

如声色货利之念才一动，其势有必然者，如火之始然、泉之始达，不可御也。由是而满腔之中尽被贮满，无余仗处。星星不灭，便为燎原；涓涓不绝，终成江河，若实有诸已者然，故曰“固”。

圣人绝四，知几其神乎！君子诚其意，不远之复也。小人有我而罔觉，迷复之凶也。

人欲之机，自浅而深，由微而著。

四者有一端，则人心死。

子绝四，其夫子之仁乎？

子绝四，圣人之心置在何处？曰：绝四之外更无心。

问：意、必、固、我，与声、色、货、利有浅深否？曰：看他四者之心从何处起。

问：杨慈湖[3]“不起意”如何？曰：是亦意也。慈湖说无意，正是硬捉住，安得毋？只是欲善恶双泯，绝去好意见，正要与他自起灭，只莫起拣择心，正阳明子所谓“又落无声无臭见解”是也。学者只从

“慎独”入，斯得。

不曰无而曰毋，何如？曰：生生不息，不使不仁者加乎其身。（一曰“四者有一端则心死，吾于绝四见圣心之仁”。）

◎注释

［1］出自《孟子·滕文公上》：“江汉以濯之，秋阳以暴之，皓皓乎不可尚已。”赵岐注：“秋阳，周之秋，夏之五六月，盛阳也。” ［2］倏（shū）：极快地，忽然。 ［3］杨慈湖：杨简（1141—1226），字敬仲，号慈湖，南宋心学家。

◎解析

刘宗周从天理人心上展开探讨，认为“意必固我”起于人心私欲。人心本来处于天理周流运转当中，随感而应万事，廓然大公，无丝毫物欲之累。倘若人心执持于意念，难以化解，便辗转于欲望执念中，积习出一个私我来，所谓“梦中做梦”。

刘宗周认为孔子“绝四”乃是诚意知几之学。人心未尝无意念，其工夫只在诚意，也就是存得好善恶恶之意，不使不仁加于身，所谓“毋”。刘宗周借此批评杨简“不起意”的思想，认为“不起意”恰是要把捉意念。

◎原文

子畏于匡，曰：“文王既没，文不在兹乎？天之将丧斯文也，后死者不得与于斯文也；天之未丧斯文也，匡人其如予何？”

孔子之道，由文王而后溯于尧、舜，是尧、舜为鼻祖而文王其祢[1]也。后死者，皆文王之裔而孔子其嫡也，故曰“文王既没，文不在兹乎”，所谓“文、武之道，未坠于地。在人，贤者识其大者，不贤者识其小者”是也。夫文，非孔子之所得而私也，不以为私而无乎不合，乃见圣人之大，分明天地气象，如曰“文不在我乎”，则小矣。斯文在兹，天将以启后死者乎？使天丧斯文，则后死者不与于斯文矣。苟其未丧斯文也，后死之托，非予而谁？匡人其奈之何！君子亦可以自信矣。

道之可见者谓之文，故曰“在兹”。洋洋乎发育万物，峻极于天，“礼仪三百，威仪三千”皆是也。

人得与斯文，便是天未丧斯文，圣人以天自处如此。如说天未欲丧斯文，故使我得与于斯文，便听天分付了，与是我与，不与是我不与，与天何涉？

“后死”，是文王以后，极之万世而下皆是。圣人胸襟大，直欲继往开来，不只图目前未丧者。

非谓匡人不能害我，圣人只自信以天，便令匡人无权。

夫子其天乎？通天下为一体，连万古为一息。

◎注释

[1] 祢（mí）：古代对已在宗庙中立牌位的亡父的称谓。

◎解析

宋明儒者建构了自尧、舜、禹、汤、文、武、周公、孔、孟再下至宋儒的道统论，此章所言文王之文便是远接尧、舜，下启孔子的道统。刘宗周认为文王之文即天道之可见者，此文便是发育万物的天道，非文王、孔子所私传，先得者传之以启后来者，后来者后得之又以启后世。在刘宗周看来，孔子得天命而知天命恒流行不息，故自信此道此文不可丧。

◎原文

大宰问于子贡曰：“夫子圣者与？何其多能也？”子贡曰：“固天纵之将圣，又多能也。”子闻之，曰：“大宰知我乎！吾少也贱，故多能鄙事。君子多乎哉？不多也。”牢曰：“子云：‘吾不试，故艺。’”

执御自鸣，言不贵博也；多能鄙事，言不贵多也。然则执御非鄙事乎？曰：所骛[1]者多则道亦艺，所守者约则艺亦道。前章病在博，此章病在多，其旨一也。

博学是就道理上理会，只是汗漫无归[2]，故圣人以所执反之。多能是就才伎[3]上铺张，更为粗恶，故圣人直鄙之而已。

不多者，一而已矣。有一在，便是多多种子。“上天之载，无声无臭”，至矣。

不知反约，如温公[4]念“中”字，亦是多。

圣人初学时恁地埋头，事事经历过来，使此心有所持循而不放，得鱼忘筌，回视平生得力处，殊觉索然无味，故曰鄙事。

子曰“多闻，择其善者而从之，多见而识之”，又曰“多识前言往行，以蓄其德”，可见多不足病也，徒多为病耳。阳明子曰：“博学者，学此者也。”堕体黜聪，直信本心，更无余事者，非圣人不多之旨矣。

◎注释

[1] 骛（wù）：追求。 [2] 汗漫无归：漫无目的。 [3] 才伎（jì）：才能技艺。 [4] 温公：司马光（1019—1086），字君实，号迂叟，世称“涑水先生”。北宋政治家、史学家、文学家。

◎解析

刘宗周多次围绕“博约”探讨即体即用的工夫，指出“约礼”在于“博学”，“博学”只是“约礼”。孔子博学、多能并不是为了追求技艺，而是在游于艺的躬行中成就道德，是故学越博、能越多，所择、所识也就越多，所蓄养的德行也就越盛。

◎原文

子曰："吾有知乎哉？无知也。有鄙夫问于我，空空如也，我叩其两端而竭焉。"

人之心，虚而已矣。生一分知识，便窒一分天理。

圣人尝从事于求知之功矣，及其知之也，何曾益得分毫？适还得夫妇之愚而已。就中查检，欲寻一聪明知解之端而不得，一似无知者，故云"有鄙夫问于我，空空如也"，亦何知之有哉？鄙夫无知而两端自跃，含知于虚。圣人以鄙夫之知还之鄙夫，圣人亦何知之有？空空之问，两端之竭[1]，此圣人与人浑成一体，递来递往，无纤毫隔壅处，却都从无知中孕出。

天命流行，物与无妄；圣非有余，凡非不足。

才拈一物，便有两端。如有是则有非，有本则有末，有精则有粗，才有过便有不及，两端之道，阴阳而已。

空空孕出两端，两端孕出万象，（一作"万象出于两端，两端出于空空"。）物物各具一太极也。圣人无知，因物付物，此天地之所以为大也。

◎注释

[1] 竭：此处指无所不尽地告知。

◎解析

明代儒者大量探讨"知识与良知"的问题，刘宗周在此也有涉及。刘宗周基本认为良知心体虽然流行于万事万物，但又不滞于一物一所，是故良知虽然无所不知，但又不依赖知解而知。孔子之心纯粹道心，只是因物付物、随感而应，故其心、其知浑然中虚、空空如也，一似无知者。同时，刘宗周以太极解释“空空之心体”，以阴阳解“两端”，所谓“空空孕出两端，两端孕出万象”，正如《易传》所言“易有太极，是生两仪，两仪生四象，四象生八卦”。

◎原文

子曰：“凤鸟不至，河不出《图》，吾已矣夫！”

伏羲氏作则河出《图》，文王兴则凤鸟鸣于岐山，天人感应[1]如此。圣人身不行羲、文之道，而致叹于《春秋》气数之阨[2]也。

久矣夫道之不行也！一征[3]之梦寐，再征之天道。

◎注释

[1] 天人感应：哲学概念。一般指天意与人事交感相应。汉代儒者从“元气说”角度立论，认为天人相类能相互感染，上天能影响人事、预示灾祥，人的行为也能感应上天。宋儒则依据“天命之谓性”立论，认为天命为人性之本，人通过穷理尽性便可上达天命。以体用来看，就本体而言，天为人之体，故天人本无间；就工夫而言，人尽其性体之用，便可合于天，所谓天人合一。　[2] 阨（è）：同“厄”，厄运。　[3] 征：征验。

◎解析

此章孔子叹世道衰乱，难以行王道。

◎原文

子见齐衰者、冕衣裳者与瞽者，见之，虽少必作，过之必趋。

陆子[1]曰：“墟墓兴哀宗庙钦，斯人千古不磨心。”子见齐衰[2]

者、冕衣裳者与瞽者[3]，遇可哀而哀，遇可敬而敬，遇可矜[4]而矜，虽少必作[5]，过之必趋，亦适得乎常心而已。圣人只是全体周流，随感而发，溥博渊泉而时出之[6]，常人则从埋没中感动，故是不同。

◎注释

［1］陆子：陆九渊。　［2］齐衰：丧服。　［3］瞽（gǔ）者：失明的人。　［4］矜：怜悯，怜惜。　［5］作：起身。　［6］出自《中庸》。

◎解析

刘宗周指出孔子浑然道心，日用行止无不是仁体周流，故随感而应，当哀、敬、矜之时自然哀之、敬之、矜之。

◎原文

颜渊喟然叹曰："仰之弥高，钻之弥坚；瞻之在前，忽焉在后。夫子循循然善诱人，博我以文，约我以礼。欲罢不能，既竭吾才，如有所立卓尔。虽欲从之，末由也已。"

颜子之学，才发轫[1]便诣极，只为从文、礼处得力来，便当一日千里。后人欲一齐放过，谓文既足以溺心而礼亦不免于执着，绝意去智，专用力于末由[2]之境，微者堕于空寂，放者入于猖狂，佛、老之教行而圣道裂矣。

欲从末由，被颜子指点此机括[3]出来，便开后人窦漏[4]。后人却将末由处硬欲致其从事之力。

◎注释

［1］发轫（rèn）：指事情的开端。　［2］末由：末，无。指无所用力。　［3］机括：关键。　［4］窦漏：疏漏，纰漏。

◎解析

刘宗周强调为学之法在博学中约于礼，反对绝意去智、用力于末由之境的顿悟之法。

◎原文

子疾病，子路使门人为臣[1]。病间[2]，曰："久矣哉，由之行诈也！无臣而为有臣，吾谁欺？欺天乎？且予与其死于臣之手也，无宁死于二三子之手乎？且予纵不得大葬，予死于道路乎？"

圣人致谨于死生之际，将些小错失看作天来大，又将门人罪过担在自家，何等严切！无非自策自厉也。此曾子易箦同意。

贤人之学，只是择善不精，才动便有过当处，便是恶。家臣之举，理不合如此，非欺天而何？天者，理而已矣。欺天者，谓不信于理也。"无臣而为有臣"，此非由之罪，而夫子身受之罪也，故曰："吾谁欺？欺天乎？且予与其死于臣之手也，无宁死于二三子之手乎？"二三子也，由以为臣则诈矣，还其为二三子而于心安、于理得矣。"且予纵不得大葬，予死于道路乎"，以见家臣之不必具也，皆所以解欺天之罪意。

◎注释

［1］为臣：指以家臣治丧。　［2］病间：病愈。

◎解析

子路瞒着孔子为"臣"本是要尊圣人，但按照礼法，孔子不得有"臣"，故孔子得知此事后深感不安，正如曾子临死易席一样。可见，圣贤时刻存戒慎恐惧之心，不敢一毫逆心欺天，所谓欺天便是欺于理。

◎原文

子贡曰："有美玉于斯，韫椟而藏诸？求善贾而沽[1]诸？"子曰："沽之哉！沽之哉！我待贾者也。"

圣贤用世之心同，而用世之权则异。求贾而沽，用世心太热，究竟必枉道狥人，失其美矣。圣人直欲以道易天下，不得终藏，又不得漫出，时至则行，圣人亦不失时而已。沽之心愈切，则待贾之念愈殷，待贾乃所以沽也。

子贡设藏与沽二条以质夫子，而夫子只以沽意答之，但言外见得子贡之求不若夫子之待。曰"待"，正见夫子未尝有顷刻忘天下之心。

◎注释

[1] 沽（gū）：买卖。

◎解析

在刘宗周看来，一方面孔子怀用世之心，欲以道治理天下，故"待贾而沽"；另一方面孔子又非屈己求沽，只是顺时而动，用则行、舍则藏，所谓求仁得仁。

◎原文

子欲居九夷。或曰："陋，如之何？"子曰："君子居之，何陋之有？"

天下无邦，圣人九夷之居，盖有激之心也。"君子居之，何陋之有"，亦权论耳。闻浮海而喜，则曰"无所取材"[1]，至此殊不复然者，一以抑子路之勇，一以广或人之陋。

◎注释

［1］出自《论语·公冶长》。

◎解析

刘宗周认为孔子“欲居九夷”只是权说，和“乘桴浮于海”所体现的意思一样，皆是孔子叹世道衰乱，王道难行。“乘桴浮于海”一章，孔子借机贬损子路之勇，此章孔子则点拨问者之陋。

◎原文

子曰：“吾自卫反鲁，然后乐正。《雅》《颂》各得其所。”

礼乐是治天下大经大法。春秋之时，周道陵夷[1]，礼乐大坏，遗籍虽在而守府[2]无人，日流于散乱，久矣。圣人之道不行，而思欲以身留文、武之道，传之万世，故自卫反鲁之后，惓惓[3]正乐焉。《雅》《颂》失所，则郊庙朝廷之礼坏而治化塞矣，先王所以正心、修德、洽神人、和上下之意泯矣。失在乐章，病在世道，圣人身任正乐之责，使文、武之道焕然复明于世，厥功伟矣。

言《雅》《颂》则《国风》在其中，《关雎》其乱也。

◎注释

［1］陵夷：渐趋于衰微。　［2］守府：保存先王的府藏。　［3］惓(quán)惓：深切思念，念念不忘。

◎解析

刘宗周认为周衰世乱，礼乐虽存于典籍，但不存于人。孔子上承文武周公之道，身体力行以传道立教，将礼乐之道发明于世，所谓正乐而乐正。

◎原文

子曰："出则事公卿，入则事父兄，丧事不敢不勉，不为酒困，何有于我哉？"

君子之道，常道也。即之甚易，体之实难。即如"出事公卿，入事父兄，丧事不敢不勉，不为酒困"，亦仅仅眼前道理，却有许多分量不易承当，精心密勘，遗漏实多，虽圣人亦歉然[1]不敢自信焉。"何有于我哉"，此实落语也。学者儆[2]之。

◎注释

[1] 歉然：不满足的样子。 [2] 儆（jǐng）：警醒，反省。

◎解析

刘宗周认为孔子所论虽是日用眼前的道理，但其旨贯通着仁义之道，有许多分量，是故任重道远，不可不尽心勉力。

◎原文

子在川上曰："逝者如斯夫，不舍昼夜。"

《诗》云："维天之命，於穆不已。"又曰："文王之德之纯，纯亦不已。"然则无息者其道之体乎？道不可见，乘气机而流行，阖辟[1]于其间，此逝者机也。故曰"一阴一阳之谓道"，万化推迁皆是也。川上之机，其撰[2]更真，令人目击而会心，故夫子叹之。

"逝者如斯"，天命流行也。天地之化，运而不息，则生生不穷。如人元气运，则肢体血脉日日充长。于此，见人心中真有故有新之机。

◎注释

［1］阖辟（hé pì）：闭合与开启。　［2］撰：指运作。

◎解析

刘宗周认为孔子以川流不息形容天道流行不已。道体虽无声无臭，但发用在阴阳变化中，所谓“一阴一阳之谓道”，也就是阴阳往来阖辟即道体生生运化。具体到人的存在，仁义之命生生不穷，即一身之元气周流不息，是故躬行仁义便能长养血气。

◎原文

子曰：“吾未见好德如好色者也。”

《大学》言诚意，曰“如好好色”。此好德之诚也，非由外铄我也，我固有之也。然往往不能如好好色者，何哉？人亦反而求之。

民之秉彝[1]，好是懿[2]德。其未有至者，亦只为声色货利之逐耳。圣人盖欲致醒于消长之际云。

◎注释

［1］彝（yí）：常理。　［2］懿（yì）：美好。

◎解析

刘宗周引《大学》“如好好色”以及《诗经》“好是懿德”解“好德如好色”。人心良能喜好好色而厌恶恶色，《大学》以此比拟人良心有好善恶恶的至诚之意，好善恶恶便是喜好懿德，此便是人所秉的彝则。学者若能存得此好善恶恶的真意，自然能为善以成德。

◎原文

子曰："譬如为山，未成一篑，止，吾止也；譬如平地，虽覆一篑，进，吾往也。"

吾人学问，希[1]圣达天，有无限阶级[2]，尽由人造。譬如为山乎！山至高，然为之即是，为是我为，不为是我不为，此非他人可得而与焉者。虽未成一篑，末路无几，若吾欲止则止矣。假令杜[3]一止心，则虽一篑之基，立进穹窿[4]，何难之有？亦吾自往而已。吾可往而卒不往，初路犹是，末路犹是，亦终于无成也。

为山平地，悬绝天渊，一念进止，立转关键，人心亦神矣哉！

◎注释

[1] 希：希冀，盼望。 [2] 阶级：层级。 [3] 杜：杜绝。 [4] 穹（qióng）窿：指山体高高隆起。

◎解析

孔子为学，不厌亦不已；颜子求道，只进而不止。为学之道譬如为山，只一篑未进，便会前功尽弃；若日进一篑，便能积少成多。刘宗周重点突出为学在己。

◎原文

子曰："语之而不惰者，其回也与！"

体道之勇，莫如颜子。未语时生意洋洋，原有全体不息之心。才经指点，天机迅发[1]，如蛰虫发于春雷，草木滋于时雨，停滞不得，何其神也！语下承当，无等待，无凑合，颜子于圣人之道，相为一体，并授受之迹亦化矣。

◎注释

［1］迅发：指迅速显发。

◎解析

天道流行，其生意溥博渊深，随着时境感应万事万物。在刘宗周看来，颜子在孔门体道最深，其心纯粹道心流行，一闻夫子指点，便当体识得仁心，进德不止。

◎原文

子谓颜渊曰："惜乎！吾见其进也，未见其止也。"

道本无穷，故学无止法。"吾见其进也"，日进无疆，竭才以赴而不已也。"未见其止"，即进也。圣人独窥颜子心法，故勘的如此，不作窥测[1]见。惜之者，颜子没而此学亡也。

学之不厌，与请事[2]、不惰[3]、欲罢不能[4]同一脉络。颜子真是夫子后身，后来罕俪[5]。

◎注释

［1］窥测：窥探测度。　［2］出自《论语·颜渊》："颜渊问仁。子曰：'克己复礼为仁。一日克己复礼，天下归仁焉。为仁由己，而由人乎哉？'颜渊曰：'请问其目。'子曰：'非礼勿视，非礼勿听，非礼勿言，非礼勿动。'颜渊曰：'回虽不敏，请事斯语矣！'"　［3］出自该篇"语之而不惰者，其回也与！"　［4］出自该篇"夫子循循然善诱人，博我以文，约我以礼，欲罢不能"。　［5］罕俪（lì）：少有伦比。

◎解析

孔子在上章与此章皆称赞颜子好学。刘宗周强调学即学道，道无穷则学不已。

◎原文

子曰："苗而不秀[1]者有矣夫！秀而不实者有矣夫！"

甚矣，学贵有成也。如苗而不秀，秀而不实，无为贵学矣。"有矣夫"者，未定之辞也。苗未尝不能秀且实也，有以不秀且实者，贼其苗者也。

◎注释

[1] 朱熹《论语集注》："谷之始生曰苗，吐华曰秀，成谷曰实。"

◎解析

宋儒认为心如谷种，具生生之道，心所生发的四端便是苗，作为人成德的根基。四端本可激发人为善去恶，正如谷苗吐华、成谷一般；若苗而不秀、秀而不实便是戕贼人心本来的善端。

◎原文

子曰："后生可畏，焉知来者之不如今也？四十、五十而无闻焉，斯亦不足畏也已。"

君子终身造诣，皆自后生中发轫。从此自弃，永无长进之机，必堕落人后者，故曰："少壮不努力，老大徒伤悲。"

后生可畏，焉知来者不如今日之可畏也？四十、五十而无闻焉，将来卑琐龌龊[1]，如此贱亦甚矣，何畏之有？

陶侃[2]曰："大禹圣人，犹惜寸阴；至于吾人，当惜分阴。"

◎注释

[1] 龌龊：拘于琐碎，限于狭隘。 [2] 陶侃：(259—334)，字士行，晋朝名将。

◎解析

学者在少壮之时应当勤勉好学，积蓄才能，长养德行。如此，在中年之时，才能有所闻而立于世。

◎原文

子曰："法语[1]之言，能无从乎？改之为贵。巽与之言，能无说乎？绎之为贵。说而不绎，从而不改，吾末如之何也已矣。"

君子与人为善之道，只做得六七分，到紧关一著，人须自力。不然，君子亦无如之何者。

法语之言，不得不从，从即改之机也。巽与[2]之言，不得不悦，悦即绎[3]之机也。改者从之实，绎者悦之至也。悦而不绎，从而不改，是为下愚不移者，虽法语、巽言无所用之，将如彼何哉？

进言者，道主法而权主巽[4]，有并行不悖之理。

◎注释

[1] 法语：作为法则的言语。 [2] 巽（xùn）与：顺从，附和。 [3] 绎（yì）：寻找头绪。 [4] 出自《易·系辞》："巽以行权。"孔颖达疏："巽顺以既能顺时合宜，故可以权行也，若不顺时，制变不可以行权也。"

◎解析

刘宗周提出“道主法而权主巽”。一方面，道为法则，不可不从，从即是改之机，切实从道改过便能迁善；另一方面，道随时变易，行道只是顺时以制变，正如巽言一般，时发之境总是生发着主导人心的情绪，行权之人须透过这些情绪，察觉其中的道理，由此顺应事物之道来制变。

◎原文

子曰：“三军可夺帅也，匹夫不可夺志也。”

志，气之帅也。气之刚大，塞天地，配道义[1]，皆志为之。今人只无志者多，恁地鹘突[2]。若志一立，天地鬼神避之，何夺之有？富贵不能淫，贫贱不能移，威武不能屈，皆此志也。故曰志立而学半。

圣人才志于学，便贯到从心所欲不逾矩。

◎注释

［1］出自《孟子·公孙丑上》：“其为气也，至大至刚，以直养而无害，则塞于天地之间。其为气也，配义与道；无是，馁也。” ［2］鹘（hú）突：混乱、不清楚。

◎解析

刘宗周在此谈到“志气”关系。宋明儒者继承孟子“养气”说，认为“志”为“气”的主宰，“气”为“志”的流行，两者一体相关。君子立下求道之志，当躬行仁义以养志，由此刚毅之志养成刚大之气。

◎原文

子曰："衣敝缊袍[1]，与衣狐貉者立而不耻者，其由也与？'不忮不求，何用不臧？'[2]"子路终身诵之。子曰："是道也，何足以臧？"

人有言：学问一事，开大眼孔，竖立一硬脊梁，只为富贵贫贱打不破。打得义利关，便打得生死关。

学莫先于内外之辨。见内重则见外轻，此非有超于天下之识力不能。子路不耻衣敝缊袍，与箪瓢陋巷同一胸次，非徒勉强矜持之力，直破忮求之根矣。融得尽渣滓，便浑化，上下与天地同流，乐亦在其中矣。子路终身据于德也，孔、颜之乐依于仁也，为乐之道有守而后可以达化，故曰"何用不臧"。若终身诵之，只是就平日得力之地用功，更无求进之机，何臧之有？不特此也，即夫子从心，颜子卓尔，才欲安顿其中，亦非臧矣。故君子之学日新而不已。子贡曰："《诗》云'如切如磋，如琢如磨'，其斯之谓与？"可与言臧矣。

子路地步尽高，只输却颜子"未见其止"精神。赐也愿息，冉求自画，子路终身诵之，皆半途而废也。

"忮"是妨人利己，"求"是贪得无厌，两念相为表里。

◎注释

［1］衣敝缊（yùn）袍：敝，坏。缊袍，以乱麻为絮的袍子。指贫者所穿的衣服。 ［2］出自《诗·邶风·雄雉》。忮（zhì），嫉妒。臧（zāng），善，美好。

◎解析

刘宗周指出，一方面子路能够打破义利关，如颜回一般，皆能不耻恶衣恶食，安贫而好道；但另一方面，子路只是喜夫子的赞许，并没有时刻进于道，同子贡、冉求一般，皆未能达到学无止境的境地。

◎原文

子曰："岁寒，然后知松柏之后雕[1]也。"

"岁寒，然后知松柏之后雕也"，当是时，松柏重于世矣。物固有穷而见节如此者。

贤人君子处乱世而见，则道益贞，后雕见节，非君子之心也，时遭其穷，不得不然。松柏之性，阳春如此，岁寒如此，圣人为世之肉眼者醒耳。

◎注释

［1］雕：同"凋"，凋谢。

◎解析

"岁寒"象征危难之世，君子身处危难关头，最易见到忠贞大义。

◎原文

子曰："知者不惑，仁者不忧，勇者不惧。"

知，所以知此道也。真知道者，不可眩[1]以几微，故不惑。仁，所以体此道也。真体道者，不可牵于情欲，故不忧。勇，所以强此道也。大勇者，不可夺以变故，故不惧。知、仁、勇，皆进学之力，不惑、不忧、不惧，体道之实功也。

为学之功，就觉察处入门，则曰知，择善之谓也，故不惑。不惑之知，真知也。就体验处融洽则曰仁，诚身之谓也，故不忧。不忧之仁，至仁也。就知精仁熟处担当则曰勇，自强不屈之谓也，故不惧。不惧之勇，大勇也。

学问居恒无所验，惟临是非、遇利害，平时疑惑者到此不疑惑，平时忧惧者到此不忧惧，然后于道有得。此非知、仁、勇之学不能。

三者工夫一齐并进，然知仁有次第，即知及仁守[2]之谓；勇者，圣学之所以成始而成终者也。

知之真切笃实处即是仁[3]，仁之灵觉明莹处即是知，知仁之全体不息处即是勇。

◎注释

［1］眩（xuàn）：迷惑，迷乱。 ［2］知及仁守：出自《论语·卫灵公》："子曰：'知及之，仁不能守之，虽得之，必失之；知及之，仁能守之，不庄以莅之，则民不敬；知及之，仁能守之，庄以莅之，动之不以礼，未善也。'" ［3］化用于王守仁"知之真切笃实处，即是行；行之明觉精察处，即是知"。

◎解析

刘宗周以"心学"解"知、仁、勇"，指出知、仁、勇源自良知心体的流发。一方面"知"即良知之知，本来明莹而自知，所谓"不惑之知"，"仁"便是知之体，浑然与物同体，所谓"不忧之仁"，"勇"则指仁生生不已、流行不息，所谓"不惧之勇"；另一方面，学者致知则不迷乱，故不惑，体仁则不牵于情欲，故不忧，自强不息则不夺于变故，故不惧。

◎原文

子曰："可与共学，未可与适道；可与适道，未可与立；可与立，未可与权。"

三千之从游，可与共学乎？七十子之彦[1]，可与适道矣。冉、闵、由、赐之徒，可与立。颜氏之子，可与权。

可与共学，则已有志于圣人之学也。由是学焉而有得，则适！君子之于道也，盈科而后进，所谓“必有事焉而勿正，心勿忘，勿助长也”，助之长者，非徒无益而又害之，亦失其故步而已矣。

君子之教人也，必因其材而笃焉。可与共学，则与之以（旧无“以”字。）为学之方，令其学焉而有得，则适道之阶也；若得力方在学中，而遽与（旧有“之”字。）言道，则惑矣，故未可与适道。可与适道，则与之以适从之路，令其适道而有至，则立之基也；若得力方在道中，而遽与言立，则倚[2]矣，故未可与立。可与立，则（旧无“与立则”三字。）与之以卓立之归，令其立焉而能迁，则达权之渐也；若得力方在立中，而遽与言权，则胶[3]矣，故未可与权。夫学不要于权，未至也。然其序有阶而进有渐，君子亦岂能强聒[4]而逆施[5]之也哉！岂所为循循之教非乎？

道者，近管于吾心，而散见于事物之间。耳听、目视、手持、足行，无非是物，其当然而不易者，即其自然而然者也，其物之有权乎？适道而学半，达权则成矣。

权者道之体也。道体千变万化，而不离乎中，非权而何？《易》曰：“巽以行权。”言入道之微也。权居无事，因物付物而轻重准焉，言天下之至静而不可测也，言天下之至动而不可离也。权之理主常，而准诸事主变，理即事，事即理。其常也，乃所以为变也。汉儒“反经合道”之说诚非，朱子谓“权之与经，亦须有辨”亦非也。天下有二道乎？“嫂溺，援之以手者，权也”，正是道理合当如此，乃所为经也。故谓权非反经而言也。然则经何辨乎？曰：经者权之体，权者经之用。合而言之，道也。礼仪三百，威仪三千，皆经也。神而明之，妙用出焉，权也。二而一者也。

金仁山[6]曰：“吾儒之道，理一而分殊。理不患其不一，所难者分之殊耳。”

“立”之恰好处便是权。

◎注释

[1] 彦（yàn）：指有才学、德行的人。　[2] 倚：倚恃，仗恃。　[3] 胶：胶固，固执。　[4] 强聒（guō）：唠叨不休。　[5] 逆施：悖理行事。　[6] 金仁山：金履祥（1232—1303），字吉父，号次农，自号桐阳叔子。宋元之际的儒者。浙东学派、金华学派的中坚，“北山四先生”之一，学者尊称为“仁山先生”。

◎解析

刘宗周首先论及学、道、立、权之间的递进关系。在儒家看来，人伦事务无不是学，通过学而时习的工夫便可上达天道，是故学而有成便可适道。学者若能进学不已，不断积蓄德行，日用动静莫不遵循礼义，则卓然有所立。学者常立于理，则能与天地同体，随顺事物之道而行权制宜。

其次，刘宗周重点论述“经权”问题。他提出“理事一体”，理为体，事为用，事只是理所行之事，理只是事所用之理。所谓“经”便是理，作为万物运化的理则；所谓“权”便指事物各自得其理而行其用，也就是事物各自行其权宜。由此刘宗周指出“经权一体”，经为权之理，权为经之用，以此反对汉儒“反经合道”以及朱子“权之与经，亦须有辨”的说法。

◎原文

“唐棣之华，偏其反[1]而。岂不尔思？室是远而。”子曰：“未之思也。夫何远之有。”

圣人闻《沧浪》之歌而启自取之机，触《唐棣》之诗而反不远之道，皆得意忘言，化朽腐为神奇。斯道散殊耳目之表，一经指点，顿令生意跃跃。风人[2]之旨，意在言外。圣人之说《诗》，亦意在言外。如镜花水月，不容拟议[3]，恰证无上妙道。

悟风人之旨，可以言道矣。悟圣人之说《诗》，可以言学矣。

◎注释

［1］反：翻动。指唐棣花翩翩摇摆。　［2］风人：指古代采集民歌风俗等以观民风的官员。　［3］拟议：拟订，筹划。

◎解析

刘宗周指出道散布在耳目之间，如孔子在耳闻《沧浪》之歌、目触《唐棣》之诗时，便能体征生生之道。

乡党第十

◎原文

孔子于乡党，恂恂如也，似不能言者。其在宗庙朝廷，便便言，唯谨尔。

《乡党》一章，乃是仁体周流，一滴不漏处。

优优[1]大哉，礼仪三百，威仪三千。《乡党》章，其孔子一部《曲礼》[2]乎！

孔子于乡党则道在乡党，在宗庙朝廷则道在宗庙朝廷。孔子于乡党而孝弟之道著矣，其在宗庙朝廷而忠爱之道著矣。恂恂，逊实之貌。似不能言，恂恂之状也。便便，辩而有伦也，唯谨之状也。

方应乾[3]曰："道始家庭，达于乡党，是做人第一步。他日立朝庙，交邻国，至辙环四方，俱在此起脚，故以冠篇。"

◎注释

[1] 优优：宽裕的样子。 [2]《曲礼》：《礼记》的一部分，记载大量礼仪规范与典章制度。 [3] 方应乾：方拱乾之兄，桐城人。

◎解析

《乡党》一章集中记载了孔子的容仪。刘宗周指出仁与礼相为表里，仁道体现在日常仪礼中，礼的本质也建立在仁义之上。孔子在乡党，则孝悌之道蕴含在“恂恂如也”的礼让中；孔子在宗庙朝廷，则忠爱之道体现在“便便、唯谨”的对答、恭敬中。

◎原文

朝，与下大夫言，侃侃如也；与上大夫言，訚訚[1]如也。君在，踧踖[2]如也，与与如也。

孔子之在朝也，有时与下大夫言，则侃侃如也，意尽而词直，下交不渎[3]也；有时与上大夫言，则訚訚如也，礼恭而气舒，上交不谄[4]也。临之以君臣，则踧踖如也，天威咫尺，直无行足处；与与如也，敬而安也。圣人竭一心以致主，在谏诤敷陈[5]之外，但有敬可象而已。其作用张弛则流露于朝列[6]济济之间，精神贯彻，协恭和衷[7]，推而准，动而化，其道盖出于此。衰亡之习，士大夫各为朋党，小人既阴贼以倾君子，而君子又凌厉[8]恃气，矫枉过正，动以口舌招尤[9]，全无感动人处，于是贤不肖相加而国脉从此斫[10]矣。宋熙宁[11]之祸，程伯子与安石言：“天下事非一家私议，愿平意以处之。”安石愧服，盖有孔氏遗矩焉。其它概主攻击，不胜不休，持论愈坚而藩篱愈固，适以成安石之拗[12]耳。故曰：“新法之祸，吾党激成之。”总之，士大夫不能以体国为心，必有意见之病。

◎注释

［1］訚（yín）訚：和悦地直言劝告。　［2］踧踖（cù jí）：恭敬而不安的样子。　［3］渎（dú）：轻慢。　［4］谄：谄媚，奉承。　［5］谏（jiàn）诤敷（fū）陈：指直言规劝，详尽陈述。　［6］朝列：指朝廷官员。　［7］协恭和衷：指勤谨合作，和睦同心。　［8］凌厉：气势高昂。　［9］尤：怨恨。　［10］斫（zhuó）：指削断，断裂。　［11］熙宁：北宋时宋神宗赵顼的年号（1068—1077）。　［12］拗（niù）：执拗，固执。

◎解析

此章刘宗周详细展示孔子在朝的为官之道。孔子对待下大夫不轻慢，对待上大夫不谄媚，对待君主则恭敬有持，皆能张弛有节，又能直陈己言、直舒己意。借此，刘宗周感慨世道衰乱，为官之道不复存在，士大夫相与为朋党，小人君子各自侵凌，致使朝政混乱，国家衰败。

◎原文

君召使摈[1]，色勃如[2]也，足躩如[3]也。揖所与立，左右手。衣前后，襜如[4]也。趋进，翼如也。宾退，必复命曰："宾不顾[5]矣。"

"君召使摈"，为摈以主邻国来聘也。"揖所与立"者，揖同摈也，揖左人则左其手，欲传主命于宾也；揖右人则右其手，欲传宾命于主也。或左或右之间，而衣之前后襜如，言曲折中度，非身不动也。

◎注释

[1] 摈（bìn）：摈相，导引宾客，执赞礼仪。 [2] 勃如：指容色变得庄重。 [3] 躩（jué）如：指脚步变快。 [4] 襜（chān）如：指（衣服前后摆动）整齐的样子。 [5] 顾：回头。

◎解析

此章详述孔子为摈相之事。

◎原文

入公门，鞠躬如[1]也，如不容。立不中门，行不履阈[2]。

过位[3]，色勃如也，足躩如也，其言似不足者。摄齐[4]升堂，鞠躬如也，屏气似不息者。出，降一等，逞[5]颜色，怡怡如也。没阶，趋，翼如也。复其位，踧踖如也。

孔子趋朝，入门则敬，过位则加敬，升堂则愈敬，至屏气不息，无可加矣，便是阴极阳生之候。故出，降一等而舒矣。此圣心之变化也。怡怡如者，亦适得吾常敬之体也。翼如踧踖，非复起敬也，臣度然也，安舒中有踧踖也。圣人惨舒[6]之气，如四时之代谢，绝无痕迹。

◎注释

[1] 鞠躬如：杨伯峻《论语译注》："这'鞠躬'两字不能当'曲身'讲。这是双声字，用以形容谨慎恭敬的样子。" [2] 阈（yù）：门坎。[3] 过位：指经过国君的座位。 [4] 摄齐（zī）：齐，衣裳的下摆。指提起衣裳的下摆。 [5] 逞：释放，放松。 [6] 惨舒：汉·张衡《西京赋》："夫人在阳时则舒，在阴时则惨，此牵乎天者也。"

◎解析

此章记载孔子在朝的容仪。刘宗周将孔子由趋朝到退朝之间容色辞气的变化，形容为阴极阳生的过程，如四时代谢般和序有节。

◎原文

执圭，鞠躬如也，如不胜。上[1]如揖，下如授。勃如战色，足蹜蹜[2]，如有循。享礼，有容色。私觌[3]，愉愉如也。

承君之命，主于敬，而致君命于邻，则又当纾[4]之以悃款[5]之诚，务畅两国之欢，故其道主于和。

圣人执圭聘问，君命在躬，其敬自不容已。享礼则聘礼成矣，私觌则聘礼终矣。其精神变化，总是无敢慢中来，非始敬而终弛也。

◎注释

［1］上：指向上举。［2］蹜（sù）蹜：指脚步紧凑狭窄。［3］私觌（dí）：指以私礼相见。［4］纾（shū）：宽裕。［5］悃（kǔn）款：诚挚。

◎解析

此章记载孔子为君聘于邻国的礼仪。刘宗周重点指出孔子行礼，虽然容色、动作由庄恭转向和悦，但自始至终不违恭敬之心。

◎原文

君子不以绀緅[1]饰，红紫不以为亵服[2]。当暑，袗絺绤[3]，必表而出之。缁衣，羔裘；素衣，麑裘；黄衣，狐裘。[4]亵裘长，短右袂[5]。必有寝衣[6]，长一身有半。狐貉之厚以居。去丧，无所不佩。非帷裳[7]，必杀[8]之。羔裘玄[9]冠不以吊。吉月[10]，必朝服而朝。齐[11]，必有明衣，布。齐必变食[12]，居必迁坐。食不厌精，脍不厌细。食饐而餲[13]，鱼馁[14]而肉败，不食。色恶，不食。臭恶，不食。失饪，不食。不时，不食。割不正，不食。不得其酱，不食。肉虽多，不使胜食气[15]。唯酒无量，不及乱。沽酒市脯[16]不食。不撤姜食，不多食。祭于公，不宿肉[17]。祭肉不出三日。出三日，不食之矣。食不语，寝不言。虽疏食菜羹，瓜祭[18]，必齐如也。

圣人衣服之节，饮食之节，只与常人同。但百姓日用而不知，圣人则知之而与百姓同其日用，故曰："人莫不饮食也，鲜能知味也。"程子曰："予兄弟吃饭从喉里过，他人吃饭从脊梁过。"彼所谓知者过之、愚者不及也，贤者过之、不肖者不及也。

◎注释

[1] 绀（gàn）緅（zōu）：绀，深青扬赤色。緅，绛红色。 [2] 亵（xiè）服：家居便服。 [3] 袗（zhěn）絺（chī）绤（xì）：袗，单衣。絺，细葛布。绤，粗葛布。 [4] 缁（zī），黑色。羔裘，用紫羔制的皮衣。素，白色。麑（ní），幼鹿。 [5] 袂（mèi）：衣袖。 [6] 寝衣：一说睡衣，一说被子。 [7] 帷（wéi）裳：古代朝祭的衣服。用整幅布制成，没有裁剪缝纫。 [8] 杀（shài）：减少，裁掉。 [9] 玄：黑色。 [10] 吉月：月朔。 [11] 齐：同“斋”，斋戒。 [12] 变食：指不饮酒、不食荤。 [13] 食饐（yì）而餲（ài）：饐，腐败发臭。餲，经久变味。 [14] 馁（něi）：腐烂。 [15] 食（sì）气：杨伯峻《论语译注》：“食气，饭料。” [16] 沽酒市脯（fǔ）：指买来的酒与肉脯。 [17] 指参加公祭所得的胙肉不留到第二天。 [18] 瓜祭：瓜，或作“必”。指饭前祭祀。

◎解析

此节记载孔子衣服、饮食等礼节。

◎原文

席不正不坐。

乡人饮酒[1]，杖者[2]出，斯出矣。乡人傩[3]，朝服而立于阼阶[4]。

孔子曰：“吾观于乡而知王道之易易也，观于乡饮酒之礼而孝弟之道达于下矣，观于乡人傩之礼而忠敬之道达于下矣。”[5]

◎注释

[1] 指行乡饮酒礼。 [2] 杖者：老人。 [3] 傩（nuó）：古代驱逐疫鬼的仪式 [4] 阼（zuò）阶：东阶。 [5] 出自《礼记·乡饮酒

义》。易易：非常容易。

◎**解析**

刘宗周引述《乡饮酒义》所论表明乡人饮酒、傩之礼中蕴含王道。

◎**原文**

问[1]人于他邦，再拜[2]而送之。康子[3]馈药，拜而受之，曰："丘未达[4]，不敢尝。"

交道贵敬。圣人拜送、拜受，一于礼而不苟如此。未达不尝药，示无所欺也。

◎**注释**

[1] 问：指托人问候。 [2] 再拜：拜两次。 [3] 康子：姬姓，季氏，名肥，谥"康"，史称"季康子"。春秋时期鲁国的正卿。 [4] 未达：指不了解药性。

◎**解析**

此章论交道。孔子与人交往，意诚而恭敬。

◎**原文**

厩焚。子退朝，曰："伤人乎？"不问马。

圣人爱人之心胜，故于厩焚而问之，不暇问马也。如曰"伤人乎否？问马"，则圣人似有分别处，亦犹夫人情而已。然则圣人终不问马乎？曰：一时倥偬[1]处不暇处问及之，正足想见其爱人迫切之情，后虽问马，不害其为不问也。

◎注释

［1］倥偬（kǒng zǒng）：事情纷繁迫促的样子。

◎解析

刘宗周指出孔子爱人心切，是故在马厩失火时，第一时间询问是否伤到人。孔子并非不关心马匹，只是爱人心切，故先问人而不及问马。

◎原文

君赐食，必正席先尝之。君赐腥[1]，必熟而荐[2]之。君赐生，必畜之。侍食于君，君祭，先饭。疾，君视之，东首[3]，加朝服，拖绅[4]。君命召，不俟驾行矣[5]。

圣人饮食起居，于事君独至焉，亦礼当然也。曰“东首”，则迁南牖可知。

◎注释

［1］腥：生肉。［2］荐（jiàn）：祭献。［3］东首：面朝东。［4］拖绅：指腰间悬挂的大带。［5］指不等车辆驾好马便先走。

◎解析

此节主要记录孔子事君之礼。

◎原文

朋友死，无所归[1]，曰：“于我殡[2]。”朋友之馈，虽车马，非祭肉，不拜。

圣人处朋友，道义之爱，骨肉之情，无所不至。死而殡，必拜祭肉，情至义尽也。

◎注释

［1］无所归：指无人收殓。 ［2］殡（bìn）：指料理葬事。

◎解析

此章记录孔子交朋友之义。

◎原文

寝不尸[1]，居不容[2]。

学者每言睡时做主张。圣人寝而不尸，息中有生，仍是勿忘勿助机缄[3]，所谓通乎昼夜之道而知也。居不容，申申、夭夭是也。

◎注释

［1］尸：指睡卧似死人。 ［2］居不容：指平日居坐，不需做到像祭祀、见客时候的容仪。 ［3］机缄（jiān）：事物变化的紧要之处。

◎解析

刘宗周指出孔子平日生息皆能通乎昼夜之道，所谓寝而不尸，正是息中有生。

◎原文

见齐衰[1]者，虽狎[2]，必变。见冕者与瞽者，虽亵[3]，必以貌。凶服者式[4]之。式负版[5]者。有盛馔，必变色而作[6]。

迅雷风烈必变。升车，必正立，执绥[7]。车中，不内顾，不疾言，不亲指。

圣人升车有容，只是心存诚敬，自无所忽。

程子济舟而遇飓风，舟几覆，同舟者皆惧，先生危坐自若。人问之，曰："心存诚敬耳。"程子未必忘戒心，遇患而儆[8]，亦道耳。圣人升车，则正立执绥，岂忘偾败[9]乎！

◎注释

[1] 齐衰：丧服名，次于最重的斩衰。以粗麻布制成，因其缝齐，故称为"齐衰"。 [2] 狎：亲密。 [3] 亵：常见。 [4] 式：同"轼"，车前横木。此处指用手伏轼，身体前倾以示同情。 [5] 负版：手持国家图籍。 [6] 作：站起。 [7] 绥（suí）：指登车时手挽的索。 [8] 儆（jǐng）：使人警醒。 [9] 偾（fèn）败：覆没，覆败。

◎解析

此节表明孔子平日往来、临变、升车等都心存诚敬。刘宗周引述程颐济舟遇风的例子进一步加以说明。

◎原文

色斯举矣，翔而后集。[1] 曰："山梁雌雉，时哉时哉！"子路共[2]之，三嗅[3]而作。

圣人之道，时而已矣。翔而后集，于止，知其所止，时止则止也。禽兽且然，而况于人乎？此圣人所以有"时哉"之叹也。三嗅而作，作以时也。《易》曰："动静不失其时，其道光明。"吾夫子以之。弟子记此于《乡党》章之末，其所窥于圣道者微矣。

◎注释

［1］朱熹《论语集注》："言鸟见人之颜色不善，则飞去，回翔审视而后下止。"　［2］共：同"拱"，拱手。　［3］嗅：当作"狊（jú）"，指鸟展双翅。

◎解析

刘宗周主要讨论"时"，认为孔子用鸟时飞时止的例子，形容天道随时变化，以此教导学者动静不违其所处之时，顺应道义而为。

先进第十一

◎原文

子曰："先进于礼乐，野人也；后进于礼乐，君子也。如用之，则吾从先进。"

礼乐，君子用之以养德也。故忠信其质，而礼云乐云其文也。文胜则史，质胜则野，文质彬彬，然后君子。虽然，世人无日不用礼乐而实与之背驰也。缘饰愈多而本心愈丧，用之适为贼性荡情[1]之资而已。"礼，与其奢也，宁俭"，谓其近于本也。先辈风味，大率以朴胜，其后乃渐入于烦缛[2]。盖人心递降而习尚[3]随之，故曰："先进于礼乐，野人也；后进于礼乐，君子也。"习尚之弊久矣，圣人有忧之，故曰"如用之，则吾从先进"。

或曰："周文郁郁矣，先进礼乐，犹以为野何？"曰：制礼乐者，立隆为极，万世弗可加；行礼乐者，国初士大夫气习还多悃啬[4]之意，自后进看，非野而何？

◎注释

[1] 贼性荡情：戕害本性，放纵性情。 [2] 烦缛（rù）：繁复。 [3] 习尚：习俗风尚。 [4] 悃（kǔn）啬（sè）：诚恳、简朴。

◎解析

刘宗周着重从“文质”展开探讨。“质”指人的忠信之质，“文”指助人养德的礼乐节文。“先进”指先行礼乐的先辈，此时还没有过多的文饰，相比于后世行礼乐的人，自然质地淳朴，所谓“野人”。在孔子这个后进礼乐的时代，礼奢文繁，反而空有礼乐等形式，而丧失忠信等实质；是故孔子尚“忠信之质”以救“文之蔽”，故推崇先进礼乐的先辈。

◎原文

子曰：“从我于陈、蔡者，皆不及门也。”德行：颜渊、闵子骞、冉伯牛、仲弓；言语：宰我、子贡；政事：冉有、季路；文学：子游、子夏。

陈、蔡之厄，吾道之不幸也。时异事移，而不无追感于斯。及门之憾，所不能忘情于诸弟子者，岂徒以聚散之迹乎！盖重为斯道惜也。弟子因夫子之言而记相从诸贤，其最著得十人焉。系以四科，或得圣人之一体，或具体而微，盛矣哉。又以见济济多贤，古今罕俪[1]，景附[2]大圣人而共遭患难，为春秋气数之阨也。

唐、虞之际，五臣佐命；文、武之兴，十乱同心。尼山倡道，十哲济美。达而在上，其道行；穷而在下，其道明。

自陈、蔡至终篇，皆记及门之彦，其学术经济之蕴有如此者。中间瑕瑜[3]并存，优劣互见，皆得与闻斯道。圣人陶铸之功于是乎大哉！由今观之，渊之好学，闵子之孝，德行之征也；子贡之亿中[4]，言语之征也；由、求之为邦，政事之征也。

◎注释

［1］罕俪（lì）：少有伦比。　［2］景附：如影附身。比喻依附密切。　［3］瑕瑜（yú）：瑕，玉之斑痕；瑜，玉之光彩。比喻人的短处和长处。　［4］亿中：指料事能中。

◎解析

《先进》篇多记载孔门诸弟子之贤否。刘宗周指出孔门十哲或得孔子某方面智慧，或具体而微，总之可归于德行、言语、政事、文学四科。

◎原文

子曰："回也非助我者也，于吾言无所不说。"

夫子尝曰："吾得回而门人益亲。"甚矣！其有助于师也。曰"无助"者何？此道人人具足，本无假于挹注[1]之烦，善学者得意而忘言[2]，无不悦也。所说非言也。能悦诸心，悦其在我而已。悦之机，我不得而喻诸人。辩难既精，聪明尽黜，何助之有？

圣人之道，浑然全体，不见其有盈歉[3]之分数。贤人之道，就其质之所近，必有所独长，才有所长，便见所是。如宰我、子贡善为说辞，而夫子曰"我于辞命则不能也"，即二子之长，岂无助于夫子者！若渊则于斯道独窥其全，精粗本末，一以贯之，虽欲就浑沦中剖出一端，触发夫子，有所不能，故曰"无助"。"无所不说"，无助之实也。

圣道不落言诠[4]。二三子以言求道，徒以聪明知解窥见迹象之粗，就其所见，亦足发明夫子之蕴，不可谓无助也，抑末矣。善学者得意而忘言，全体亹亹[5]，无不悦也。悦之机，我不得而喻诸人，不违如愚，何助之有？孔、颜授受，直是心心相印，绝无分合，的[6]脉的传，诸子罕俪，故相喻之深如此，诚知回之无助也，即圣人亦岂以言教哉！

◎注释

［1］挹（yì）注：比喻取有余以补不足。 ［2］得意忘言：指不拘泥于字句言辞，既得其意，则忘其言。 ［3］盈歉：多余与不足。［4］言诠（quán）：指言语知解。 ［5］亹（wěi）亹：勤勉不倦的样子。 ［6］的：通“嫡”。

◎解析

刘宗周主要从“得意忘言”展开论述。在他看来，孔门之中唯独颜子能够得意忘言，也就是不落言语知解，由孔子所言直接体征自家的道心，识得在己的仁德，由仁义而行。是故颜子所悦乃是悦其道心，由此窥得道之全体，未尝能剖出一端来触发孔子，故曰“无助”。

◎原文

子曰：“孝哉闵子骞！人不间于其父母昆弟之言。”

古今论孝者，自大舜而下，称闵子焉。皆遭人伦之变而不失其常，非至诚能动，何以与此？故人言易孚[1]而惟无间于父母昆弟之言斯为难，此闵子所以称孝也。

◎注释

［1］孚（fú）：相信。

◎解析

大舜与闵子骞都遭遇相同的家庭变故，两人少时丧母，虽然未得到继母的善待，但都不改孝心，诚心侍奉，努力维系家庭和睦，通过自己的孝行最终感动父母。在儒家看来，为人子、为人兄弟，若能诚心做到父母兄弟不仅无怨言，还大加称赞，可谓至孝之人。

◎原文

南容[1]三复《白圭》，孔子以其兄之子妻之。

放言不检，自是学者大病。只能谨言，精神便收敛，天理存矣。南容学问近里，故三复《白圭》[2]之诗，平生得力之地尽在于此，庶几慥慥[3]君子与？故夫子以其兄之子妻之。

◎注释

［1］南容：南宫适，孔子弟子。 ［2］《诗·大雅·抑》："白圭之玷，尚可磨也；斯言之玷，不可为也。" ［3］慥（zào）慥：忠厚诚实的样子。

◎解析

刘宗周指出南容所得力处在于谨言，言语谨慎自然精神内敛而好德。

◎原文

季康子问："弟子孰为好学？"孔子对曰："有颜回者好学，不幸短命死矣，今也则亡。"

颜子好学，非夫子不能窥见。颜子没而此学亡，须知所学者何事。

颜子专用力于内求，故后儒亟[1]称之，却费一段苦心在此，其所以几于圣也。若曾点、漆雕开，只见得大意。

◎注释

［1］亟（jí）：急切。

◎解析

刘宗周指出颜子所学乃是内求己德，但不离平日学问。后儒不知下学的工夫，只知一味向体上寻求，反而不得要领。

◎原文

颜渊死，颜路[1]请子之车以为之椁。子曰："才不才，亦各言其子也。鲤[2]也死，有棺而无椁。吾不徒行[3]以为之椁。以吾从大夫之后，不可徒行也。"

颜渊死。子曰："噫！天丧予！天丧予！"

颜渊死，子哭之恸。从者曰："子恸[4]矣！"曰："有恸乎？非夫人之为恸而谁为？"

颜渊死，门人欲厚葬之。子曰："不可。"门人厚葬之。子曰："回也视予犹父也，予不得视犹子也。非我也，夫二三子也。"

颜子死，家贫不必厚葬，便是道，安论可徒行不可徒行？曰"以吾从大夫之后，不可徒行也"，亦权论耳。观门人厚葬一章可见。

夫子晚年不得曾子，则学亦不传于后世矣。颜子之死，惜哉！夫人一恸，万古余情。

◎注释

［1］颜路：颜氏，名无繇，字路。颜回的父亲，孔子早期弟子。［2］鲤：字伯鱼，孔子的儿子。　［3］徒行：步行。　［4］恸（tòng）：极其哀伤。

◎解析

颜回家贫，于礼而言，不得厚葬。刘宗周认为孔子不卖车为椁、不许厚葬，都是出于礼制，所谓“徒行”只是权说。

◎原文

季路问事鬼神。子曰：“未能事人，焉能事鬼？”“敢问死。”曰：“未知生，焉知死？”

天地之性人为贵，所以生也。能尽其性，则能尽人之性，所以事人也。有生也者，则有未始有生也者，是生死之说也。有体于明者，则有体于幽者，是鬼神之说也。问事鬼神者，事吾心之鬼神也。子曰“未能事人，焉能事鬼”，即人以达天也；知死者，知未始有生之理也。子曰“未知生，焉知死”，尽性以至命也。幽明、生死初无二理，而学者易溺于玄远之见，至有忽庸行[1]而不修、舍日用饮食而外求道者，故夫子两以儆[2]子路，其所以教天下万世微矣。

人鬼死生，只是一个。才问死与鬼神，便是支离[3]见，故圣人就从一处指点之。盖生可以该[4]死，而溺于死之说者，反至于远生；人可以尽鬼，而溺于鬼之故者，反至于远人。故曰：“下学而上达。”

◎注释

［1］庸行：平常的行为。　［2］儆：警醒。　［3］支离：散乱而无条理。　［4］该：包括。

◎解析

刘宗周将人鬼、生死放在整个大化流行上进行讨论，人生本为无始无终的宇宙流行中的具体一段流行，所谓“死”是就未始有此生而言，也就是指此生之外的流行而言，“生死”所涉也就指向流行全体，是故生之理即是死之理；人之性命作为天道流行的具体展开，人便可依据其生，体会天道流行之妙，所谓“鬼神”便指此流行之妙。是故，对于人的存在而言，人可通过尽自身性体之妙用来上达天道，与天地万物之流行同为一体，由此尽死生之理、人鬼之道。刘宗周认为，人所能凭据的只有自身这一具体的性命展开，也就是只能通过事人来事鬼神之道，由知生而知死生运化之理；若舍此而直接去追求神鬼、天道，反而会因流于空虚而害道。

◎原文

闵子侍侧，訚訚[1]如也；子路，行行[2]如也；冉有、子贡，侃侃如也。子乐。“若由也，不得其死然。”

凡钟[3]阳明之气，必为君子；钟阴暗之气，必为小人。但阳明中有蕴藉发露[4]之不同，则中行、狂狷[5]之别也。闵子之訚訚，刚而中；冉有、子贡之侃侃，爽而直；子路之行行，强而厉，皆载道之器也，故夫子乐之。“若由也，不得其死然”，太刚则折，取祸之道也。不得其死，非谓死之可惜也，死而不得则死也惑矣，岂所为闻道而死者乎？夫子所以裁子路者，意亦至矣。

问：“訚訚和悦，莫近柔媚否？”曰：“和乐者，阳德蔼动之意，春生气象也。冉有、子贡，夏长也。子路并秋杀尽见。”“然则侃侃较胜行行在？”曰：“行行气魄大，乘载不凡。”

◎注释

［1］訚（yín）訚：指说话和悦又明辨是非。　［2］行行：刚强的样子。　［3］钟：积聚。　［4］蕴藉发露：蕴藉，含而不露。发露，显发、显露。　［5］出自《论语·子路》：“子曰：‘不得中行而与之，必也狂狷乎？狂者进取，狷者有所不为也。’”

◎**解析**

刘宗周从“道气”上发论，君子之德载于阳刚健明之气，如闵子、子路、冉有、子贡皆是阳气周流之人，但各有偏重：闵子既刚健又中正，冉有、子贡则爽朗而诚直，子路虽刚强但急迫。孔子知子路过于刚强，是故加以告诫警醒。

◎**原文**

鲁人为长府[1]。闵子骞曰：“仍旧贯，如之何？何必改作？”子曰：“夫人不言，言必有中。”

鲁人为长府，意在聚敛也，故闵子讽止之，其言中矣。论事易，中理难。如治病者药必中病，方是国手[2]。鲁自宣公税亩[3]，哀公作丘赋[4]，损下益上，邦本拨矣。闵子之言，岂漫无当哉！

◎**注释**

［1］长府：库藏名，指鲁国翻修库藏。　［2］国手：指才艺技能冠绝全国的人。　［3］税亩：指按土地亩数对土地征税。　［4］丘赋：春秋时期一种军赋制度。

◎**解析**

刘宗周认为闵子所言乃是讥讽鲁国聚敛财富、损下益上，是故孔子加以赞赏。

◎**原文**

子曰：“由之瑟奚为于丘之门？”门人不敬子路。子曰：“由也升堂矣，未入于室也。[1]”

闻其乐而知其德。由之德著于瑟矣，暴厉之气胜于中和，曾是游圣人之门而成就变化止于是乎？故夫子闻而儆之也。虽然，由之学固已卓然见其大矣！惜也择善不精，履仁未熟，于道犹未至耳。使由此而进，则致广大而尽精微，极高明而道中庸，粹然成德之君子矣。

学莫先于变化气质[2]。气质甚害事，才气拘便物蔽，学者须从躯壳上极力消融，至于渣滓浑化，天理周流，便是究竟工夫。

或问："气质害事，还须涵养否？"曰：能克己，方是真涵养。

夫子裁子路之勇而但教之以进学，便是探本治病之方，非徒就标[3]处挽回者。"然先儒谓学莫先于变化气质，何如？"曰：学乃所以变化气质也。要之，果能变化气质，则学亦无余事。

◎注释

[1] 升堂、入室：升堂比喻有所成，入室比喻更高境界。比喻学问由浅入深，循序渐进，达到更高的水平。 [2] 变化气质：宋儒提出的工夫论。宋儒认为万物皆由气构成，具备性理，其中气质既作为性理运化的载体，又常常遮蔽性理。是故宋儒提出变化气质的工夫，通过修养德性，变化气质中不善的一面，以尽性理的利用。 [3] 标：指相对于"本"的末。

◎解析

刘宗周着重从"变化气质"上进行论述，指出为学的究竟工夫在于变化气质，也就是消融才气之蔽，成全性理的发用。如子路弹瑟之时，刚强暴厉的气性表露在琴瑟的声乐中，是故孔子对子路严加警醒。在刘宗周看来，子路若能变化其刚勇的气质，便可渐进于中和之境，由升堂而渐入室。

◎原文

子贡问："师[1]与商[2]也孰贤？"子曰："师也过，商也不及。"曰："然则师愈与？"子曰："过犹不及。"

师之过，商之不及，各囿于气质之偏，而学问亦如之：师近狂，商近狷[3]也。过者，务外好高，或希心神化而遗下学之功，或起见新奇而忽寻常之理是也；不及者，绳趋尺步[4]，有歉焉不胜之意，而无弘毅之养者也。则其未至于道均矣，故曰"过犹不及"。

过、不及，只是不善学。过之见，多起于近名；不及之见，多起于自足。

问："子张之过，近子路兼人[5]否？"曰："子路气魄实，子张稍浮。""然则与曾点何如？"曰："点神清，子张稍浊。子张问仁，夫子告以能行五者于天下；问政则告之以无倦与忠，尊美屏恶，皆天德王道之大者。想子张气局固不凡，但骋其高远之见，反能病道。至于论士见危授命、执德不弘、尊贤容众处，其所见实有过人者，非复向者[6]堂堂[7]风味。夫干禄之学，邦家之闻，抑其早年未定之见，而其后乃知所以裁之与？"

子曰："道之不行也，我知之矣：知者过之，愚者不及也。道之不明也，我知之矣：贤者过之，不肖者不及也。人莫不饮食也，鲜能知味也。"子夏不及，不可谓愚不肖。然自圣人视之，则亦愚不肖矣。若子张为贤知何疑？圣人欲订定万世学术，故于及门之彦两相衡量，以示大中至正之准，虽同冶其铸，而微分跬步，顿殊千里[8]，以见学术之不可不慎也。虽然，与其过也宁不及，后世朱子之学似子夏而弘毅过之，陆子之学似子张而直截过之，看来朱子较胜陆子。朱子学问笃实，晚年更彻，的是下学上达之矩，庶几中矣；陆子见地尽高，只无下稍[9]，其言曰"予于践履未能纯一"，便是虚见，此其供状也。

◎注释

［1］师：颛孙师，字子张，孔子弟子。　［2］商：卜商，字子夏，孔子弟子。　［3］狷：拘谨无为。　［4］绳趋尺步：指人的举止动作都依照法度。　［5］兼人：出自本篇“求也退，故进之；由也兼人，故退之。”指胜过他人。　［6］向者：以前，往昔。　［7］堂堂：形容气魄盛大。　［8］微分跬步，顿殊千里：指相差毫厘，区别却非常大。　［9］下稍：同“下梢”，指下学工夫。

◎解析

刘宗周借此章详细评点孔门诸学者。在他看来，无论过还是不及都是气质之偏。子张志向高远、气局不凡，但气魄虚浮，不能切实地躬行寻常之理，是故夫子告诫他在日用中躬行恭、宽、信、敏、惠，切实去尊美屏恶。子夏志意笃实，但气魄拘谨，过于循规蹈矩，未必识得礼法内在的仁义之精神，以致在体贴道体上有所不足。进一步，刘宗周联系朱子、象山，认为朱子学问和子夏相似，但朱子在躬行仁义上更加切实；象山则类似于子张立言高妙，但直指本心，不似子张虚浮，但象山下学工夫又同子张一般，并不笃实。

◎原文

季氏富于周公，而求也为之聚敛而附益[1]之。子曰：“非吾徒也。小子鸣鼓而攻之，可也。”

冉有臣季氏，而不能匡救其恶。聚敛之为得罪名教不小，故夫子鸣鼓而攻之。

◎注释

［1］此句指冉有为季氏宰，通过加高赋税来为季氏增益财富。

◎解析

冉有为季氏的宰臣，一方面在季氏祭祀泰山时不能加以劝阻，另一方面为季氏聚敛财富而增加百姓的赋税，不仅上不能匡救季氏，而且下不能施惠于民，实则有违孔门仁义之道。

◎原文

柴[1]也愚，参[2]也鲁，师也辟[3]，由也喭[4]。

四子皆圣门之选也，游、夏、求、予[5]之伦降一格矣。然而气质之偏均不无藉于学问之功，学则虽愚必明，虽鲁必敏，虽辟必信，虽喭必精。厥后[6]四子均荷圣道之寄，而参其最著云。

四子气质，亦就学问上见：愚者躬行有余而解悟不足，于道在离合之间；鲁者担荷甚力而奏功[7]甚难，于学在困勉之候；辟者制乎外而中或不根，神情微有渗漏；喭者规模已成，但未经炉锤，升堂未入于室。然学而不已，则愚可破，鲁可化，辟可实，而喭可文也。厥后曾氏之子独得其传，则进学之力不可诬矣。其三子皆有造就，非游、夏、求、予所及。

◎注释

[1] 柴：高柴，字子羔，孔子弟子。 [2] 参：曾参，字子舆，孔子弟子。 [3] 辟：便辟。 [4] 喭（yàn）：鲁莽。 [5] 游、夏、求、予：指子游、子夏、冉求、宰予。 [6] 厥后：指如此这般之后。[7] 奏功：取得功效。

◎解析

刘宗周注重从“气质”立论。在他看来，柴、参、师、由四人气质各有偏差：子羔在解悟上有所不及，曾子资质鲁钝，子张志趣高远以至于不切实，子路则过于刚勇。此四人若能通过不断进学来变化气质，必然可以担荷圣人之道。

◎原文

子曰："回也其庶乎，屡空。赐不受命，而货殖焉，亿则屡中。"

回无气质之病而好学不惰，纯粹精微，优入圣域，进乎道矣。"屡空"则进道之真境也。君子不违仁，只是富贵贫贱得不处不去之心而已，仁岂远乎哉！谁言义利关浅？只安勉分浅深耳。如子贡岂不灼知无谄无骄之学哉！而此中不免有动，视回心体便觉俗，直货殖[1]而已，往来计较之私，不啻[2]世俗征贵征贱[3]之谋，可鄙孰甚焉？彼其于道中距矣，故曰"赐不受命而货殖焉"，言不受义理之命也。"亿[4]则屡中"，聪明眩而默识疏，道心逗漏处正见于此。此所为不受命也。倘泯其亿中之见，而穷理尽性以至命，亦何货殖云尔哉？

吴康斋[5]夜半思处贫之策，至日中始决。如此计较，便是货殖。然则鲁斋[6]治生之言亦病，如拌[7]一饿死，更有甚计较？然则圣学有死地乎？曰：义不食粟，则亦有死而已。古今处君臣之义皆然，其嗟也可去，其谢也可食，倘终不谢，便终当一死[8]。圣人于辞受取予，一断以义，无纤毫拟议方便法门。如其道，则舜受尧之天下不以为泰；如其非道，则一介不以取诸人。

◎注释

［1］货殖：聚积财物以生殖图利，指经商。　［2］不啻（chì）：如同。　［3］征贵征贱：指寻找物价低贱处购货，寻找可卖高价处出售。　［4］亿：通"臆"。臆测，预料。　［5］吴康斋：吴与弼（1391—1469），初名梦祥、长弼，字子傅，号康斋。崇仁学派创立者，明代理学家、教育家。　［6］鲁斋：许衡（1209—1281），字仲平，号鲁斋，世称"鲁斋先

生”。元代理学家、教育家。 [7] 拌（pàn）：舍弃。 [8] 出自《礼记·檀弓下》：“齐大饥。黔敖为食于路，以待饿者而食之。有饿者，蒙袂辑屦，贸贸然而来。黔敖左奉食，右执饮，曰：‘嗟！来食！’扬其目而视之，曰：‘予惟不食嗟来之食，以至于斯也！’从而谢焉，终不食而死。曾子闻之，曰：‘微与！其嗟与，可去，其谢也，可食。’”谢，表示歉意。

◎解析

刘宗周主要从“义利”上展开探讨。在他看来，颜回一心好学进道，纯粹由仁义而行；子贡则未能打破义利关，尚计较于货殖之事，致使道心不坚，难以成就义理之命。自古儒家皆强调义重于利，如嗟来之食，虽饿死亦有所不能受。

◎原文

子张问善人之道。子曰：“不践迹，亦不入于室。”

道之在人，始于为善人，终于为圣人。善人之道即圣人之学也，而以为质美而未学[1]，误矣。天下岂有不学而可与言善者哉？谓之曰“善人”，则实有为善去恶之功而不徒蹈袭[2]形迹之似矣，故曰“不践迹”。然亦仅能抉得善恶之大关，而于至善之道概乎未之有闻也。善之至便是尽性至命，达于圣人，乃为究竟地。故曰“亦不入于室”，无他，亦学焉而已。

善人大段有质地，只是粗。

如言善人超然自得，不落筌蹄[3]，则无此等高邃。若说天资暗合，不必摹仿陈迹，则善人且未能得门而入也，何遽云未入于室乎？

此章言善人是兼信人，而言入室是美大以上事。

◎注释

[1] 出自朱熹《论语集注》。 [2] 蹈袭：因袭成规。 [3] 筌蹄：

出自《庄子·外物》:“筌者所以在鱼,得鱼而忘荃;蹄者所以在兔,得兔而忘蹄。”筌,捕鱼竹器。蹄,捕兔网。

◎解析

在刘宗周看来,学者成德始于为善,善人之道在于切实为善去恶,而非模仿外在的陈规。为善之人若能进学不已,由穷理尽性以至于命,便可养成圣人之德,自升堂而入室。

◎原文

子曰:“论笃是与[1],君子者乎?色庄者乎?”

浮夸之论,固非君子;即笃实之论,亦不足以信君子,故曰有言者不必有德。

◎注释

[1] 与:赞许。

◎解析

“听其言而观其行”,评判一个人的德行,不能仅仅通过言语来分判,平日言论笃实的人,或许行为上也真诚笃实,但也可能只是做个庄严笃实的样子。

◎原文

子路问:“闻斯行诸?”子曰:“有父兄在,如之何其闻斯行之?”冉有问:“闻斯行诸?”子曰:“闻斯行之。”公西华曰:“由也问‘闻斯行诸’,子曰‘有父兄在’;求也问‘闻斯行诸’,子曰‘闻斯行之’。赤也惑,敢问。”子曰:“求也退,故进之;由也兼人，故退之。”

“闻斯行之”，为学自当如此，何与父兄事？有父兄在，只是不敢径直行将去，若有所禀承[1]者。然道体大段易见得，只是微处难窥，才著小心，便是凑泊处。子路力行可畏，只是粗，兼人处全是气魄用事。如人下食贪多，便嚼不化，胡乱咽下。“退之”者，欲其且事从容，弗遽作向前想也。“求也退，故进之”，猛著一鞭，令人住足不得。圣人造就二贤，具见化工之妙。

师与商是过不及一对，由与求亦是过不及一对，但彼是造道已成言，此以进学之力而言。

◎注释

［1］禀承：承受指示。

◎解析

刘宗周指出子路、冉有在进学上一者过、一者不及。子路为人刚直，义当往则一往无前，不能从容行事，是故孔子以父兄大义来警醒子路。冉有求道半路而废，是故孔子对他加以鞭策。

◎原文

子畏于匡，颜渊后。子曰：“吾以女为死矣。”曰：“子在，回何敢死？”

“子畏于匡，颜渊后”，一时师弟[1]情深，相倚如手足，故曰“吾以女为死矣”，慰喜之情也。曰“子在，回何敢死”，则依归之情亦至矣。

问：颜子果知夫子不与匡人之难否？曰：然。亦信之以天也。子不云乎："天之未丧斯文也，匡人其如予何！"

颜子不死不足奇，只是以生死之权听之夫子，正其乐天知命处。

夫子以斯文为天，颜子以夫子为天。

◎注释

[1] 师弟：老师与弟子。

◎解析

此章重点体现孔子与颜回之间的师生情义。刘宗周认为颜子得夫子之道，如夫子一般乐天知命。

◎原文

季子然[1]问："仲由、冉求可谓大臣与？"子曰："吾以子为异之问，曾由与求之问。所谓大臣者，以道事君，不可则止。今由与求也，可谓具臣[2]矣。"曰："然则从之者与？"子曰："弑父与君，亦不从也。"

由、求以从政之才见称于夫子，盖非碌碌尸位[3]者。然以言乎大臣之道，则亦未有闻也。大臣以学术正君心，周公其选已。臣尽臣道，如责难于君，陈善闭邪，皆是"不可则止"，始终进退，一道而已。二子不从弑逆，亦卓然节概，然见道未明。只从季氏便错，安论所事！

章枫山[4]先生称罗一峰[5]先生可谓正君善俗，如我辈只修政立事而已，亦大臣、具臣之谓也。

◎注释

[1] 季子然：季氏子弟。 [2] 具臣：备位充数之臣。 [3] 尸位：空居职位而不尽职守。 [4] 章枫山：章懋（1436—1521），字德懋，号暗然翁，又号瀫滨遗老。明朝官员。 [5] 罗一峰：罗伦（1431—

1478)，字应魁，一字彝正，号一峰。明代理学家、官员。

◎解析

子路与冉有当过季氏的家臣，在季氏伐颛臾之时，两人都没能劝阻季氏，深受孔子责备。结合此处孔子所言大臣，可见在孔子看来，此二人并不能规正君心、陈善闭邪、不可而止。但是孔子也指出二人尚知君臣大义，绝不会从叛逆之谋。

◎原文

子路使子羔为费宰。子曰："贼夫人之子。"子路曰："有民人焉，有社稷焉，何必读书，然后为学？"子曰："是故恶夫佞[1]者。"

由、求之仕季氏，非出处之正也。复使子羔，既以自贼，又以贼人。而子路不达夫子之意，以为学贵用世，如民人社稷之施，亦学之实也，何必读书然后为学乎？夫子终有难显斥[2]子路者，故但辟[3]之为佞口，谓其口给以求伸，其言近理，终暗于大道也。

◎注释

[1] 佞（nìng）：巧辩。 [2] 显斥：明显地责备。 [3] 辟：驳斥。

◎解析

在刘宗周看来，对于子羔为宰这件事，孔子主要从不可仕季氏上考虑，子路不解孔子之意，虽然认为学贵用世，但蔽于大道。

◎原文

子路、曾皙[1]、冉有、公西华侍坐。子曰："以吾一日长乎尔，毋吾以也。居则曰'不吾知也'。如或知尔，则何以哉？"子路率尔而对曰："千乘之国，摄乎大国之间，加之以师旅，因之以饥馑；由也为之，比及三年，可使有勇，且知方也。"夫子哂[2]之。"求！尔何如？"对曰："方六七十，如五六十，求也为之，比及三年，可使足民。如其礼乐，以俟君子。""赤！尔何如？"对曰："非曰能之，愿学焉。宗庙之事，如会同，端章甫[3]，愿为小相焉。""点！尔何如？"鼓瑟希，铿尔，舍瑟而作。对曰："异乎三子者之撰。"子曰："何伤乎？亦各言其志也。"曰："莫春者，春服既成，冠者五六人，童子六七人，浴乎沂，风乎舞雩，咏而归。"夫子喟然叹曰："吾与点也！"三子者出，曾皙后。曾皙曰："夫三子者之言何如？"子曰："亦各言其志也已矣。"曰："夫子何哂由也？"曰："为国以礼，其言不让，是故哂之。""唯求则非邦也与？""安见方六七十，如五六十，而非邦也者？""唯赤则非邦也与？""宗庙会同，非诸侯而何？赤也为之小，孰能为之大？"

圣人之志，以老安少怀[4]为极致。事即宇宙事，宇宙内事皆吾分内事，此洙、泗学术之宗也。群居讲求，莫非用世之道，如有用我，执此以往矣；如不用我，守此以藏矣。故由之有勇知方，求之足民，赤之礼乐，其施为气象不凡矣。曾点狂者也，胸次洒脱，志趣超远，舍瑟一对，悠然独见性分之全。素位而行，浮云富贵，暮春即景，若曰我何以人之知不知为哉？吾有吾时，吾有吾地，吾有吾群，吾有吾乐而已。盖忧则违之之志也，故夫子喟然叹曰"吾与点也"。子不云乎："用之则行，舍之则藏。"点也见及此，进于道矣，能无与乎？然其如夫子惓惓[5]用世之心何？喟然之叹，岂能已哉！及曾点请问辨三子之异同，而夫子一则曰为国，一则曰为邦，又曰诸侯，惓惓用世之心见乎辞矣。虽然，其言不让，未闻道也。安论二子乎？斯三子而知所以为国，则夫子不必“与点”矣。夫子既与点之见道，而又终与三子之为邦，意盖曰：“不吾知也，则亦为曾点而已。如或知尔，曾点不难为三子，即三子岂可少哉？”呜呼！此夫子之志也。

点即景容与[6]，便是为国以礼手段。

夫子初发问，商个（一作“榷”。）用世之业，（一“用世之业”下作“点即景写出自家意思，便是为国以礼气象”。）觉眉宇间有津津喜色。子路率尔之对，不觉一哂，亦志喜也。及至曾点乃舍却“知尔”公案[7]，别寻个丘壑[8]意味出来，将夫子一片热肠，顿然灰冷，然其道则是，故叹息而与之云。

三子皆以圣贤之学术奏[9]拯溺亨屯[10]之略，欲为天下拨乱世而开太平也。兵凶干济[11]，自是宏远之才；康阜[12]生民，亦非小康之术；宗庙会同，达乎朝廷，行乎邦国，有礼陶乐淑之化。合而观之，三子事业岂小补云乎哉！使夫子而得邦家，则诸子亦皋、夔、稷、契[13]之俦[14]也。

◎注释

[1] 曾晳：曾点，字晳，曾参之父，孔子弟子。 [2] 哂（shěn）：微笑。 [3] 端章甫：端，礼服。章甫，礼冠。 [4] 出自《论语·公冶长》：“老者安之，朋友信之，少者怀之。” [5] 惓（quán）惓：真挚诚恳。 [6] 容与：安闲自得。 [7] 公案：指某一段具有意义的事件，此处指孔子以“知尔”问志这件事。 [8] 丘壑：比喻深远的意境。 [9] 奏：呈现。 [10] 拯溺亨屯（zhūn）：指解救危难、困厄。 [11] 干（gàn）济：指才能足以济事。 [12] 康阜（fù）：安乐丰足。 [13] 舜时贤臣皋陶、夔、后稷和契。 [14] 俦（chóu）：同类。

◎解析

刘宗周基于“用之则行，舍之则藏”立论，认为孔子本有惓惓用世之心，有“老安、友信、少怀”的志向，一定程度上赞赏子路、冉有、公西华的志向，但也提出“为国以礼”的宗旨。同时，刘宗周认为孔子知世道衰乱而道不可行，是故对于曾点尽性乐道、悠然自得的志趣，不免大加赞许。孔子为圣之时者，得志则自然勤勉地为国为邦施行德政，不得志则时止则止、退藏其志，如曾点一般安然乐道。

颜渊第十二

◎原文

颜渊问仁。子曰：“克己复礼为仁。一日克己复礼，天下归仁焉。为仁由己，而由人乎哉?”颜渊曰：“请问其目。”子曰：“非礼勿视，非礼勿听，非礼勿言，非礼勿动。”颜渊曰：“回虽不敏，请事斯语矣。”

仁，性之德也；礼，仁之辨也，辨其远于己者也。就其井然不淆处识是礼，就其杂然拘蔽处识是己。盖天理、人欲之别名也。

人生有己则有仁，有仁则有礼。仁者善之长也，礼者嘉之会也。礼即仁之始而亨者也。仁不可见，而礼有体。礼有体，则别于己矣，不可奸也。“克己复礼”者，撤尽[1]气拘物蔽之障，而复还先天继善之良。如是，则能尽其性矣，仁矣。夫仁是己之仁，而天下其量也。诚一日克复而天下归吾仁焉，谓不足以尽仁乎？然则为仁之功断可识矣。吾克吾己，吾复吾礼，吾致吾一日之力而已，曾别有等待，别有推诿乎哉？夫以由己之事而己自诿之，偷安一日，自弃千古，亦终与于不仁而已矣。然己所逃匿处最难搜检，没于东而生于西，若无有克处。如追赶盗贼，四路兜拿[2]，更无躲闪，方得渠魁[3]、胁从[4]一齐就缚。故请问其目而以非礼勿视、听、言、动告之，直用全体精神，一克尽克矣。非礼勿视、听、言、动者，心存于视、听、言、动之时而不动于己私之谓也。视、听、言、动，一心也。这点心不存，则视听言动到处受病，皆妄矣。必此心时时涵养，时时省察，断然不使非礼者加乎其身，而天理于此周流矣。到此，克无剩法，复无遗体，此为一日克复者也。礼只是一礼，己只是一己，若言视思明、听思聪、言思忠、动思敬，犹近支离。拿这己礼与非礼两行分途判得清楚，随吾心发见之端而致力焉，便是千流会海，万象归宗，精微直截，洞然证此心之本体矣。此为仁者真条目也，颜子于是知所以用力矣，故"请事"云云。"请事"云何？曰：有不善未尝不知，知之未尝复行是也。至于其心三月不违，而所得于圣人之教多矣。此孔门授受第一义也，学者体之。

此章论仁是学问全局。既就形体中直指夫礼而先天之体睹，又就本体中胪列[5]视、听、言、动而后天之用彰；既从天下归仁，著圣仁之功化；又从一日由己，决反约之要归；高之不堕于玄虚，卑之不溺于形器。此万世儒学之极规也。分己礼而对立，其要归于克复而为仁，是虞廷之训也。提一礼以溯性命之体，而合之于睹闻、显见、发必中节，是《中庸》之教也。首括[6]克复为纲领，终分视听言动为四目，壹是修身为本，是《大学》之道也。学者明克复之旨而《六经》无余蕴矣。

或问：仁是善之长，礼是嘉之会？曰：生生而不穷，非元乎？物物而有则，非亨乎？

问：仁是如何名状？曰：先儒或言公，或言觉，或言生，或言爱，亦仅举其动机言，尚遗却静中体段[7]，故不若孟子曰"仁者人也"。试观人耳何以能听？目何以能视？口何以能言？四肢何以能动？非仁而何？《易》曰"乾元统天"，盖曰天之所以为天也。孟子曰"仁者人也"，盖曰人之所以为人也。

天地以生物为心，人也万物资生，人与万物皆生于仁，本是一体，故人合下生来便能爱，便是亲亲，由亲亲而推之，便能仁民，由仁民而推之，便能爱物，故仁者以天地万物为一体。天地以生物为心，人亦以生物为心，本来的心便是仁，本来的人便是仁，故曰"仁，人心也”，又曰“仁者，人也”。

仁只是浑然生意，不落善恶区别见。礼乃是仁之别也，故言仁不言礼，不精。

问：己如何克将去？曰：只是不从己起见便是克，故即克即复。

圣人言克己复礼，后儒多言复礼克己。

礼者，敬而已矣。便是视则还他明，听则还他聪，言则还他物，动则还他恒。

问：夫子告颜子，曷不[8]曰：“戒慎乎其所不睹，恐惧乎其所不闻，不动而敬，不言而信？”曰：显微无间，然勘至视听言动处，更须一则一，二则二。

问：四勿只是一勿否？曰：然。

问：非礼勿视、听、言、动，是动而省察。静时如何工夫？曰：当未视时，此心莹然不起，吾返吾视，早是非礼勿视也，视时可知矣；当其耳不接乎声，则吾却吾听，早是非礼勿听也，听时可知矣；当其未接于言，则吾守之以默，早是非礼勿言也，言时可知矣；当其未交于动，则吾守之以静，早是非礼勿动也，动时可知矣。总是此心常存，动亦定，静亦定，孰为涵养，孰为省察？

问：克己力量如何？曰：未尝致纤毫之力。

问：克，胜也。是以仁胜不仁否？曰：非先有个仁去胜不仁，只胜不仁处便是仁也。曰：毕竟有主人翁可胜盗贼。曰：此头上安头之见也。仁体湛然，不容一物。才有物，不论善恶是非，都是不仁。为仁者正就此处销镕[9]，还他个湛然本体。此克己正当时也。若先据个主人在，便是物欲，所谓认贼作主也。若主人常在，则亦无盗贼可逐。能逐盗贼，便是主人，不必另寻主人。

◎注释

［1］撤尽：除尽。　［2］兜（dōu）拿：兜，围绕。指围捕捉拿。［3］渠魁：指盗寇中的首脑。　［4］胁从：被迫相从者。　［5］胪（lú）

列：陈列。［6］拈（niān）：拿出。［7］体段：本体。［8］曷不：何不。［9］销镕：化解，运化。

◎解析

此章刘宗周所论基本可以反映他作《论语学案》时的思想。首先，刘宗周指出人具仁义之性，能成仁或堕入私欲，若能于己身识得仁体，尽仁之用，便可成就礼义；若未能识得仁体，辗转于私己执持的欲念、意见中，则堕入人欲而灭天理。所谓“克己”便是胜己身的私欲而成就仁德，“克己”即是“复礼”。刘宗周指出“克”并非先得有个仁为主去胜不仁，在他看来，天地人物皆处于生生之仁的流行化育中，人与万物处于流行一体中，是故人生而能爱人，此便是己身发见的仁义之端；人若能当下识仁便是克己复礼，若不能识仁便未克未复，“克己”的工夫在于修养在己的仁德，也就是当下识得仁义之端，顺应此端而利用。

关于工夫论，刘宗周指出体用一源，本体须在诸如视听言动的活动中彰示其用。是故为仁的工夫在“下学上达”中，即为仁须在“己”上用功，在当下视听言动中存得仁心而不动于私欲，也即视听言动纯粹由仁义而行、自觉地践履着礼义，如此便是由非礼的仁义而行、视、听、言。另外，刘宗周对“静而涵养、动而省察”的工夫提出批评。此工夫集大成于朱熹，朱熹认为人于未发时，须得默识静中之动，观未发时气象，涵养此体；已发时，则须识得仁端、体察义理，或反观或穷格。刘宗周则认为涵养、省察只是一项工夫，学者只须常存仁心，则无论动静之时，皆能恒由仁义而行。

◎原文

仲弓问仁。子曰：“出门如见大宾，使民如承大祭；己所不欲，勿施于人；在邦无怨，在家无怨。”仲弓曰：“雍虽不敏，请事斯语矣。”

“出门如见大宾，使民如承大祭”，言此心常存，不以一出门、一使民而有间也。“己所不欲，勿施于人”，则就出门使民此心而推之于万物，能近取譬者也，如是则心体纯矣。“在邦无怨，在家无怨”，亦天下归仁气象也，故曰仁。“请事斯语”，盖仲弓平日已用力于居敬之学，至此闻夫子之言而深契之，不觉其承当之力也。

问：克复乾道[1]，敬恕坤道，何如？曰：克复，天道；敬恕，人道也。

问：陆子静曰“仲弓悟道过于颜子”，何如？曰：只见克己尚艰难，勿视、听、言、动尚支离，而仲弓之训有得于易简之道也；不知敬恕正是克己工夫，为己不易克，故设此方便法，如颜子直曰克之而已，视听言动只是一克，不必说如何是克也。

礼者，敬而已矣。“出门如见大宾，使民如承大祭”，来复[2]之端也；无适不然，而从容中道，则复之至矣。

“己所不欲，勿施于人”，体仁之要，莫切于此，而主敬其本也。

◎注释

［1］出自朱熹《论语集注》：“克己复礼，乾道也；主敬行恕，坤道也。” ［2］来复：出自《易·复》：“反复其道，七日来复。”指一阳来复于卦下，成《复》卦之象。

◎解析

上章颜回问仁，孔子答曰“克己复礼”；此章仲弓问仁，孔子答曰“出门如见大宾，使民如承大祭”。在孔子看来，日用事务无不处于仁道流行中，诸如出门一事亦是仁德生发之地，是故当如接见宾客一般慎重。慎重并不是要端持一颗谨慎的心，而是谨慎事中生发的仁德。是故在诸如出门、使民等事务中，须“战战兢兢，如履薄冰”般地存养显发着的仁德。刘宗周言“心常存”便指时常存得仁心，自然出门、使民皆诚敬不已。另外，刘宗周回应陆九渊关于颜回、仲弓之学的评判，指出“主敬行恕”乃是“克己”的方法，对于颜回而言，工夫只在为仁而克己，不必更求如何克。

◎原文

司马牛[1]问仁。子曰：“仁者其言也讱[2]。”曰：“其言也讱，斯谓之仁矣乎？”子曰：“为之难，言之得无讱乎？”

自仲弓而下，论仁则但告之以求放心之道，使之由此而自得乎本心之理。如讱言，论仁是也。如“居处恭，执事敬，与人忠”，亦是此意。然圣人之言，彻上彻下，无二理也。“仁者其言也讱”，则讱言为仁人之心矣。牛但求仁于言，而宜其见少也，故曰：“为之难，言之得无讱乎！”仁者之言，不必惕[3]于难而后讱。然非为之难，无以见仁者之心。而心之存者讱言之，故仁者先难，又曰“为之难”，总是一个兢业精神。

◎注释

［1］司马牛：司马耕，一名犁，子姓，向氏，字子牛。桓魋之弟，孔子弟子。　［2］讱（rèn）：指言语迟缓谨慎。　［3］惕（tì）：警惕。

◎解析

刘宗周指出，自颜回、仲弓之外，孔子回答其他人问仁，皆就具体存心工夫而言。如司马牛“多言而躁”，孔子以“仁者言讱”对治其病。孔子的目的乃是让司马牛当下反省，觉察自身言多不安的原因，以此启发他能求仁而有所安立，如此言语上自然因有所持守而有条不紊。

◎原文

司马牛问君子。子曰："君子不忧不惧。"曰："不忧不惧，斯谓之君子矣乎？"子曰："内省不疚[1]，夫何忧何惧？"

"君子不忧不惧"，语自有含蓄，故复本之内省，以要其至，则成德之学在于是矣。小人之心易动，只是自信不过，此亦羞恶之心也。诚能就所疚而善反之，亦庶几迁善改过之道耳。

◎注释

［1］疚：内疚。

◎解析

此章与上章、下章皆论及司马牛。据《左传》记载，司马牛之兄桓魋作乱，致使司马牛逃亡他国。可想而知，司马牛平日状态便是既忧且惧，由此孔子针对性地提出"仁者言讱""君子不忧不惧"的教法，所谓"内省不疚"便是存得仁心无一毫歉疚。孔门教法虽多，但自始至终都是启发学者切实去为仁。

◎原文

司马牛忧曰："人皆有兄弟，我独亡。"子夏曰："商闻之矣：死生有命，富贵在天。君子敬而无失，与人恭而有礼，四海之内皆兄弟也。君子何患乎无兄弟也？"

牛有同气之变[1]，而子夏广其所见，其道只在自修。"敬而无失，与人恭而有礼"，言道之在我者当如是，非假之以为涉世之资也。"四海之内皆兄弟"，亦自信其心耳。虽然，如舜化象傲[2]，君子不谓命矣。

◎注释

[1] 同气之变：同气，比喻同胞兄弟。指司马牛之兄桓魋作乱谋反，对此司马牛坚决反对，其后常年逃亡在外。 [2] 详见《史记·五帝本纪》："舜父瞽叟盲，而舜母死，瞽叟更娶妻而生象，象傲。瞽叟爱后妻子，常欲杀舜，舜避逃；及有小过，则受罪。舜事父及后母与弟，日以笃谨，匪有解。"

◎解析

刘宗周认为学者自信其心、修养性命之道，自然与人友善、相为兄弟。

◎原文

子张问明。子曰："浸润之谮[1]，肤受之愬[2]，不行焉，可谓明也已矣。浸润之谮，肤受之愬，不行焉，可谓远也已矣。"

明生于诚。学者才不诚，便昏浊易动。"浸润之谮，肤受之愬，不行焉"，须知此心澄然无滓在，故曰"可谓明也已矣"。明则无乎不明，虽举天下之大，万物之众，皆坐照[3]之有余，非远而何？夫君子之明固不必求之远也，求其所以明而已矣。

◎注释

[1] 浸润之谮（zèn）：谮，谗言。指如水般积聚渗透的谗言。 [2] 肤受之愬（sù）：愬，诋毁、诬陷别人。指切身所受的诋毁。 [3] 坐照：观照。

◎解析

刘宗周强调学者诚修德性、诚行仁义，则不善不加于身，自然身心明朗。

◎原文

子贡问政。子曰："足食，足兵，民信之矣。"子贡曰："必不得已而去，于斯三者何先？"曰："去兵。"子贡曰："必不得已而去，于斯二者何先？"曰："去食。自古皆有死，民无信不立。"

立政凡以为民耳。食以养民，兵以卫民，信以教民，而先王治天下之道不外是矣。三者信为要，食次之，兵又次之。必不得已而去兵，见教养之具隐然[1]有御侮之威焉。又必不得已而去食，见亲上死长之心，隐然有国存与存、国亡与亡之势焉。是以君子居恒，固尝以信为兵食之本；而遇变，尤以信为生民之道也。"自古皆有死，民无信不立"，见国可灭，君可亡，而民心不可不立。此天理之所以常存而世道所以不坠也与！

三代圣王，君民上下相许为一心，固结不散，虽纣亡而顽民历世不变，七国兴而天下竟不肯帝秦。及秦得天下，权[2]使其士，虏[3]使其民，不二世而天下叛之，失民信也夫！

◎注释

[1] 隐然：隐约。　[2] 权：指通过权谋。　[3] 虏：指当作俘虏。

◎解析

此章体现孔子的为政观。孔子强调以德治国，认为民无信则不能立，是故在粮食、军备、信义之间，以信义为要。刘宗周认为信为兵食之本，取得人民的信服，即使没有军备、粮食，民众也能共同抵御外侮。

◎原文

棘子成[1]曰："君子质而已矣，何以文为？"子贡曰："惜乎，夫子之说君子也！驷不及舌[2]。文犹质也，质犹文也。虎豹之鞟[3]犹犬羊之鞟。"

文质同体而异情，质必有文，文乃见质，可合看不可相离，故曰："文犹质也，质犹文也。"阴阳，质也，而阴阳之变化则文也；孝弟忠信，质也，而其所当然之理则文也；视听言动，质也；而动容周旋中礼则文也。才说孝，便须昏定而晨省[4]，冬温而夏凊[5]，舍此便做孝不得；才说忠，便须犯颜授命[6]，鞠躬尽礼，舍此便成忠不得。人知文去而质显，不知文亡而质与俱亡也，故曰："虎豹之鞟，犹犬羊之鞟。"以虎豹之鞟同于犬羊，则质不可见矣。世道不可一日无君子，文胜则为伪君子，文亡则为真小人，故子成欲去文以存君子之质，子贡欲合质以存君子之文，无非为君子谋也。盖子成所为文，乃小人之文，而非君子之文，羊质虎皮者是。子贡所谓文，乃君子之文，而即君子之质，君子豹变[7]者是。得子成之论可以救世，得子贡之论可以明道。

问："文质是表里之体，是对待之体？"曰：道一而已矣，文质其撰也，毕竟是对待之体。道之一而实者为质，道之二而虚者为文，质立而文行焉，若相对待，然其实亦非。一物而两体，阴阳变化之象也，非表里二致之谓也。一而实，二而虚，皆心也，其发而可见者则谓之质，谓之文。仰观于日月星辰之质，则天之文也；俯察于水火土石之质，则地之文也；中体于日用云为[8]之质，则人之文也。

◎注释

［1］棘子成：卫国大夫。 ［2］驷（sì）不及舌：指一言既出，驷马难追。 ［3］鞟（kuò）：去毛的兽皮。 ［4］昏定而晨省：指朝夕服侍慰问双亲。 ［5］冬温而夏凊：冬天让父母觉得温暖，夏天让父母觉得清凉。 ［6］犯颜授命：指冒犯君主威严，为国献出生命。 ［7］君子豹变：出自《易·革》："大人虎变，小人革面，君子豹变。" ［8］云为：言语动作。

◎解析

此章论"文质"。棘子成为了矫正当时文弊，认为君子只须存养其质。子贡则指出没有文彰显质，则虎豹与犬羊难以区别，如同君子小人皆具忠信之质，但君子能成就礼义节文，是故有别于小人。依此，刘宗周指出文质一体，质为文之体，文为质之用。人本具孝悌忠信之质，但必须通过定省礼让、犯颜授命等具体礼仪节文彰显出来。君子小人本都具忠信之质，君子能够躬行忠信、养成礼义，是故君子之文与其质相为一体；小人则蔽于私欲，依靠文饰来装点，反而遮蔽其质，以至于背信弃义。

◎原文

哀公问于有若，曰："年饥，用不足，如之何？"有若对曰："盍彻[1]乎？"曰："二，吾犹不足，如之何其彻也？"对曰："百姓足，君孰与不足？百姓不足，君孰与足？"

救荒莫如节用。节用则薄赋敛[2]，薄赋敛则小民无昏阽[3]之虞，而大君作父母之戴，安富尊荣之业在是矣。鲁饥，所患者不在用度而在民生矣。有若虑切民隐，故亟劝行彻法以苏[4]之，未暇计及于足国也。至曰"百姓足，君孰与不足？百姓不足，君孰与足"，则君民宛然有一体之情，而足国之道固不外足民矣。此为万世荒政之龟鉴[5]也。

◎注释

[1] 彻：周代的田赋制度，即十分抽一的税法。 [2] 赋敛：征收赋税。 [3] 阽（diàn）：临近危险。 [4] 苏：复苏。 [5] 龟鉴：龟，龟甲。鉴，镜子。龟甲可占卜吉凶，镜子可照见美丑。比喻警戒和反省。

◎解析

刘宗周指出救荒莫如节用，节用的实质乃是富足民生。有若所思所虑正好切中民生，是故劝行彻法，指出民生富足则君国富足，民生衰败则国家衰败。

◎原文

子张问崇德辨惑。子曰：“主忠信，徙义，崇德也。爱之欲其生，恶之欲其死；既欲其生，又欲其死，是惑也。‘诚不以富，亦只以异。’[1]”

忠信，德之本也；义，德之制也。“主忠信”，有其本也；“徙义”则日新而不穷，日新之谓盛德，故曰“崇德也”。夫德本固有，而不能不受蔽于有生之情识，则辨惑要焉。从情识用事时一勘即破，如大梦之获醒，便觉本体昭著，从此渐加培养，渐加省察，而天理造其极至矣。

问：“《易》曰‘忠信所以进德也’，此复云‘徙义’何？”曰：《易》“进德”对“修业”而言，此则盛德大业一以贯之者，“知终终之，可与存义也”，则“徙义”之谓也。又曰：“敬以直内，义以方外。”

只是一心，而心所散见处便是义，便有无穷境界。我这主一之心既葆得此理完固，足以为日用云为[2]之本，由是随事精察而力行之，日新又新，转徙无端，小而证之日用饮食，大而察之纲常伦理，无不得其泛应[3]之妙，所谓徙义也。此“道问学”之功也，崇德得力处在此。

◎注释

［1］出自《诗·小雅·我行其野》。朱熹《论语集注》：“旧说：夫子引之，以明欲其生死者不能使之生死。如此诗所言，不足以致富而适足以取异也。” ［2］云为：言语动作。 ［3］泛应：指多方应合。

◎解析

刘宗周认为忠信为德之本，义为德的具体利用。“主忠信”便是常存本体，其工夫便在日用事务中随事精察义理，顺应义理来行动，所谓“徙义”。

◎原文

齐景公问政于孔子。孔子对曰：“君君，臣臣，父父，子子。”公曰：“善哉！信如君不君，臣不臣，父不父，子不子，虽有粟，吾得而食诸？”

政有大纲，君臣父子是也。君尽君道，臣尽臣道，父尽父道，子尽子道，而政无余蕴矣。虽然，君仁则臣忠，父慈则子孝，故曰：正心以正朝廷，正朝廷以正百官，正百官以正万民，远近莫敢不一于正，而无邪气奸于其间者。此“正”之说也。

“君君，臣臣，父父，子子”，含蓄无限道理，九经[1]三重[2]（一有“皆”字。）从此出。

◎注释

［1］九经：有两种解释。其一，指儒家九部经典。其二，指《中庸》

所言“九经”：“凡为天下国家有九经，曰：修身也，尊贤也，亲亲也，敬大臣也，体群臣也，子庶民也，来百工也，柔远人也，怀诸侯也。”[2] 三重：指夏、商、周三王的礼法。

◎解析

刘宗周指出君臣、父子两方面的内涵：其一，君臣、父子各有为人君、为人臣、为人父、为人子的道理。其二，君臣、父子之间相互对等，君对待臣仁义，则臣对待君忠义；父母对待子女慈爱，子女自然对待父母孝敬。另外，刘宗周也指出“政”的关键在“正”，君臣、父子若能自正其心、蓄其德，则朝廷之上，君上仁义而百官忠贞；朝堂之外，民众各自相亲，而家庭社会自然祥和有序。

◎原文

子曰：“片言可以折狱者，其由也与?”子路无宿诺。

子路果断之才，优于从政。虽折狱[1]之难，而片言之下，几无遁情矣。记者申之，曰“子路无宿诺[2]”，则岂立办于剸割[2]之利哉?其忠信之所感孚者固然也。想其诚心质行，可质神明，能令狡伪者献其诚，倾险[4]者输其敬，虽未至于无言靡争之化，亦几有刑清讼简[5]之风焉!

◎注释

[1] 折狱：判决狱讼。 [2] 朱熹《论语集注》：“急于践言，不留其诺也。” [3] 剸（tuán）割：裁决，治理。 [4] 倾险：指用心邪僻险恶。 [5] 刑清讼简：指诉讼、刑狱公正简明。

◎解析

在刘宗周看来，一方面子路行事刚勇果断，故治狱简洁明了；

另一方面子路为人忠信，所谓“无宿诺”，故能取信百姓，使得狡伪、倾险之人皆能因感而致诚。

◎原文

子曰：“听讼，吾犹人也。必也使无讼乎！”

虽然“听讼”末也[1]，必也以德化民，使民“无讼乎”，则非声色之可与几也。是以君子不动而敬，不言而信。彼徒取信于然诺[2]之间，陋矣！

◎注释

[1] 详见朱熹《论语集注》：“范氏曰：‘听讼者，治其末，塞其流也。正其本，清其源，则无讼矣。’” [2] 然诺：允诺。

◎解析

刘宗周在此对比孔子与子路治理狱讼的方法，指出子路只知在折狱、然诺上下工夫，孔子则能返本清源，施行教化，让民众皆能为善进德，由此自然讼少以至于无讼。

◎原文

子张问政。子曰：“居之无倦，行之以忠。”

“居之无倦”，有纯心[1]也；“行之以忠”，有实政也。夫政未有不本于所居者，故先黜倦心以为万事万化之本，而行特举而措之[2]，政在是矣。

◎注释

［1］纯心：纯诚之心。 ［2］举而措之：指施行忠信加诸民众。

◎解析

子张过于虚浮，故孔子教他实存诚心。诚心为民，自然无倦心；有此诚心为本，便能以仁义忠信教化民众。

◎原文

子曰："君子成人之美，不成人之恶。小人反是。"

君子耻独为君子，故成人之美，不成人之恶。小人耻独为小人，故反是。夫小人岂性与人殊哉？不如是，不足以自济[1]其恶也。噫！芝兰难植，荆棘易栽，自世有小人而世道俱受其祸矣！

◎注释

［1］济：弥补。

◎解析

刘宗周以"芝兰难植、荆棘易栽"比喻君子难得、小人易成。君子不仅自身养成德行，而且成人之美、教化他人；小人则既祸害自身又贻害他人。

◎原文

季康子问政于孔子。孔子对曰："政者，正也。子帅[1]以正，孰敢不正？"

政者，正也。凡纪纲法度皆是此理，只行之有本，为人上者亦以身帅之而已。

◎注释

[1] 帅：表率。

◎解析

人君若能修德以正身，民众自然会上行下效。

◎原文

季康子患盗，问于孔子。孔子对曰："苟子之不欲，虽赏之不窃。"

国贫则多盗。上黩[1]货也。上黩货则廉耻不立，教化不行，民起争心，况重以诛求无厌[2]、民不堪命乎？盗贼公行[3]，固其所也。予观末世之政，贪秽成风，京官诛求郡吏，县令掊克[4]小民，催科[5]日巧，听断[6]日滥，无所不至，真白昼为盗也。小民见吏，如逢劫手，每一供应，剜心吸髓，动辄破家；民穷财尽，盗贼横行，官司知而不问，苟饱私橐[7]，传舍[8]而去，后复如之。地方事日弊一日，真大乱之道也。

◎注释

[1] 黩（dú）：贪求。 [2] 诛求无厌：一再苛求索取，不知满足。 [3] 公行：公然行动。 [4] 掊（póu）克：搜括民财。 [5] 催科：催索赋税。 [6] 听断：指听讼狱而加以裁决。 [7] 私橐（tuó）：私囊。 [8] 传舍：古时供行人休息住宿的处所。

◎解析

刘宗周借此章来批判明末乱政。孟子言“上下交征利而国危”，一国之君若只知一味求利，则其臣也就交相征利，如刘宗周所谓京官向地方郡县的官员索利，县令便向百姓搜括财富。长此以往，官员不但无心修治讼狱，反而还会巧立名目来征税索财，也就与盗贼无两样。官府一味横征暴敛，自然官逼民反，民众也就要么落草为寇，要么揭竿而起。

◎原文

季康子问政于孔子，曰：“如杀无道以就有道，何如？”孔子对曰：“子为政，焉用杀？子欲善而民善矣。君子之德风，小人之德草。草上之风，必偃。”

为政不废刑，而刑非所恃也。刑以弼[1]教，教行而善，则刑设而不用矣。然非可求之民也，子欲善而民善矣。呼吸一气，有风行草偃[2]之机焉，视刑杀之所制为何如哉？夫用杀者，其所令反其所好，而民不从，不从上之好也。人主亦慎其所以风之者！

◎注释

［1］弼：辅助。　［2］偃（yǎn）：倒伏。

◎解析

此章与前两章都涉及“正”的问题。在孔子看来，季康子若能好善去欲，自正其身，自然上行下效。刘宗周在此主要提出以刑法辅助德教的思想。

◎原文

子张问："士何如，斯可谓之达矣？"子曰："何哉，尔所谓达者？"子张对曰："在邦必闻，在家必闻。"子曰："是闻也，非达也。夫达也者，质直而好义，察言而观色，虑以下人，在邦必达，在家必达。夫闻也者，色取仁而行违，居之不疑，在邦必闻，在家必闻。"

达在行，闻在名。闻可以征达，而亦可以假达，故子张以闻为达。子张未必以虚誉为闻，但既谓之闻，则伪君子可托以文[1]奸而其病有不可胜言者，与真修达士天壤不侔[2]矣！故夫子既表达者之心，而又借闻以发伪学盗名之情状，为万世学者垂法戒也，严矣哉！达者之心，质有其直而又随事制宜，于凡天理当然之则，有深嗜而笃好焉，然且不敢自以为是也：察言观色以证人之应违，虑以下人以启人之乐告，其深心密诣，全是暗然[3]工夫，而实德之所感孚固已远矣。"在邦必达，在家必达"，自我达之也。闻者之心则不然：色取仁则不质直矣，而且行违则义袭而取矣；又傲然自是，居之不疑，则与观察下人之心异矣。此其一生夸诈之气，固不必问所行之通塞，而借以猎[4]隆隆之誉，亦安往而不得哉？邦家必闻，亦可耻也。一达一闻，情状较然[5]。学者未尝不有志于达而不免托岐[6]于闻，毫厘之差，辨以千里。审之！审之！

质者朴实之谓，而直其理也，好义则事事皆天理矣。色取仁而行违者，矫饰于外貌而不情，事事伤天理也。居之不疑，则终无败露处矣。世多肉眼[7]，被他强口厚颜，恁地朦胧过去也。

闻达同是一般，但达者总是义，闻者总是利，迹似而实违。

◎注释

[1] 文：文饰。 [2] 不侔（móu）：不相等，不等同。 [3] 暗然：幽暗不明显的样子。 [4] 猎：猎取。 [5] 较然：明显、显著。[6] 岐：通“企”，企图。 [7] 肉眼：指世俗的眼光。

◎解析

刘宗周指出“达在行、闻在名”，通达则必定闻名，闻名却不一定通达。在他看来，子张未必务求虚名，但孔子借“闻达”之辨揭示出“求闻”的危害。求达者随顺自身的忠义之质，好善行义，在人际往来中体察他人忧喜、为他人思虑，于事则件件顺理，于人则左右逢源，由此自然闻达于家邦。而求闻者往往只是在行动上做个道德君子，袭取仁义来获取他人的赞誉，如此得来的声誉自然虚有其表，不仅蒙蔽他人，而且戕害自己。

◎原文

樊迟从游于舞雩之下，曰：“敢问崇德、修慝[1]、辨惑。”子曰：“善哉问！先事后得，非崇德与？攻其恶，无攻人之恶，非修慝与？一朝之忿，忘其身以及其亲，非惑与？”

德与慝相为存亡，惑则慝中之蔽也。查勘到此，可谓拔本塞源[2]之见，故曰善。德者贵日崇而崇，苟自以为得则不足崇矣，所谓“必有事焉而勿正，心勿忘，勿助长也”。慝贵日修，而吾修吾之慝，而攻其恶，无攻人之恶，并力自治，无丝毫自恕也。至于人心之惑不一，而忿怒其大者。从一朝之忿而辨之，亦可以得惩忿之功矣。辨惑者，从血气上极力消融，而此心昭莹之体复；修慝者，从物欲上极力克除，而此心纯白之体全，岂所谓崇德之事非乎？学者深察乎此而自得焉，亦庶几善学者矣。

问："崇德何事？"曰：通显微[3]，一体用，皆是也。凡吾德之所当为者，皆是也。

◎注释

［1］修慝（tè）：慝，藏匿在心的邪念。指修治恶念，改正过错。［2］拔本塞源：比喻从根本上解决问题。［3］通显微：指修养德性，省察无声无臭、隐微含藏的性体，修养成显明昭著的大用。

◎解析

刘宗周指出德慝相违，德存则自然为善去恶，所谓修慝、辨惑实则就是修德。孔子答樊迟"先事后得"便是教他修善进德，存此好善恶恶之心，以此克治邪念以及血气之私。

◎原文

樊迟问仁，子曰："爱人。"问知，子曰："知人。"樊迟未达，子曰："举直错诸枉[1]，能使枉者直。"樊迟退，见子夏，曰："乡也吾见于夫子而问知，子曰'举直错诸枉，能使枉者直'，何谓也？"子夏曰："富哉言乎！舜有天下，选于众，举皋陶[2]，不仁者远矣。汤有天下，选于众，举伊尹，不仁者远矣。"

仁者能爱人，能恶人，而其道总归于爱。知以知人，所以成爱也。樊迟未达，疑知之妨[3]乎爱也，故曰"举直错诸枉，能使枉者直"，则以知成仁矣。而樊迟犹未达，谓夫子举错之说若专言乎知，未通乎仁也，曷不以帝王已事观之？举皋陶、伊尹而不仁者远，此圣人之知也，即圣人之仁也。圣人仁知妙于一原，而不见其分布之迹。天下但囿于举错之中而名言莫罄[4]，欲指其孰为仁、孰为知而不可得也。然则圣人之言，其犹天道乎？无所不包而浑然无迹，故曰富哉。

◎注释

［1］举直错枉：举，选拔。直，指正直之人。错，通“措”，废置。枉，比喻邪恶之人。指起用正直贤良，罢黜奸邪佞人。［2］皋陶（gāo yáo）：舜帝之臣，掌管刑狱之事。［3］妨：妨碍。［4］罄（qìng）：显现。

◎解析

刘宗周指出孔子所言“举直错诸枉，能使枉者直”兼仁、智而言。仁者能爱人、厌恶恶人，爱人的实质便是举直错枉，正如舜举皋陶、汤举伊尹；而辨别直枉、善恶须用智，也就是“知人”。在刘宗周看来，孔子言“举错”实则“仁智一原”，也就是为仁之事即是用智之事。

◎原文

子贡问友。子曰：“忠告[1]而善道[2]之，不可则止，毋自辱焉。”

忠告而善道之，大抵匡救如是，则宜见可矣，不可则有止而已，何至强颜不入，徒自取辱乎？不负友，亦不自辱以伤友谊，所为朋友之交。

◎注释

［1］告（gù）：规劝。［2］道：引导。

◎解析

交友之道在于既要尽心给予帮助，又要善于体贴他人。在规劝朋友一事上，若尽心规劝引导不能奏效，便当留下台阶给他人自行反省，避免伤人而辱己。

◎原文

曾子曰："君子以文会友，以友辅仁。"

文谓《诗》、《书》六艺之文，所资于朋友讲习者不浅。而学问之道，乃在于求放心[1]而完其德性，则文直所藉以为为仁之资，而友其辅我者也。学不求仁而徒博文之为见，终无实益，安所辅我者？

此亦圣人博约之训。

◎注释

［1］放心：指放失的良心。

◎解析

刘宗周从"博约"展开分析，指出学文乃是求仁，也就是在博学于文的过程中存养德性。如此，学文既能交友，又能在这一过程中修习仁义。

子路第十三

◎原文

子路问政。子曰："先之，劳之。"请益。曰："无倦。"

学不究乎万物一体之原，则临政出治未有能以身视民、家视事者；诚以身视民、家视事，则有先之而已矣，劳之而已矣。君子以一心之精神，运天下于声色之外，我倡导而民自正，我厉精而事自康[1]，若提纲挈领然而天下治矣。然则先劳之外，又何益哉？人情靡不有初，鲜克有终，亦永持此先劳而已。语曰"一息不运机缄[2]绝"，学如是，政亦如是。

先劳之精神，帝王之气魄，大可虞[3]者，倦而已。

先劳为政，子路固优为之。但要以无倦，则知先劳之心尤有本领，非袭取意气者。由可以益矣。

◎注释

[1] 康：安宁。　[2] 机缄（jiān）：机括辟阖。　[3] 虞：忧虑。

◎解析

刘宗周认为施政者若能存仁心，以济民为本，将民事视作自家的分内事，自然乐意"先之劳之"而此心无所倦怠。

◎原文

仲弓为季氏宰，问政。子曰：“先有司[1]，赦小过，举贤才。”曰：“焉知贤才而举之？”曰：“举尔所知。尔所不知，人其舍诸？”

为政有体要。“先有司，赦小过”，宽大之体也。“举贤才”，则辅理得人而政要举矣。三者俱从廓然大公中流出，非私智小惠也，故曰：“举尔所知。尔所不知，人其舍诸？”以天下之才公天下之举，如天地之化，物各付物，而己不劳焉。至于天下已治，而不知谁之为此，王道也。

天下事才著有心做，便不是。私意济得甚事！

◎注释

［1］有司：官吏。

◎解析

在刘宗周看来，为政之体要在于廓然大公，廓然大公源自仁爱之心，心怀仁义自然“先有司，赦小过”，廓然大公则不以私心乱政，自然举贤才以治天下。

◎原文

子路曰：“卫君待子而为政，子将奚先？”子曰：“必也正名乎！”子路曰：“有是哉，子之迂也！奚其正？”子曰：“野哉，由也！君子于其所不知，盖阙如[1]也。名不正则言不顺，言不顺则事不成，事不成则礼乐不兴，礼乐不兴则刑罚不中，刑罚不中则民无所措手足。故君子名之必可言也，言之必可行也。君子于其言，无所苟而已矣。”

国家名分一不正，而礼乐刑政举受其弊，国非其国矣。“正名”所系，大矣哉！故君子名之必可言，言之必可行，而礼乐刑政举而措之矣。君子于称名之际，其容苟焉而不加之意哉？此孔子所以惓惓于卫政也。或问：“孔子正名当如何？”曰：“使卫君虚心委夫子以政，必当人不与适，政不与间，惓惓于父子一本之良，感格[2]主心，而以天理民彝之不容泯灭者，转移国人之观听，使辄幡然悔悟，迎父聩而逊之位，蒯聩即安然受之而不辞，犹愈于辄之立也。”（一作“犹愈于辄之自立而拒父也”。）或曰：“均一叛父[3]也，舍辄而立蒯聩，于义何居？”曰：“此专为卫辄言，不为蒯聩言当立也。（一有“况聩之得罪更有说乎”。）蒯聩父子之伦，彼一时也；辄父子之伦，此一时也。时移事异，舍见在[4]之纲常而胶[5]先君之死命[6]，是重之逆也。使蒯聩稍有人心，既反国而不自立，自然辄不得已而受之，而所以处父子者，克尽其道，庶几人伦正而名分肃[7]矣。”曰：“使以夷、齐之义揆[8]之，则父子俱（一有‘在’字。）所废，盍立公子郢为正乎？”曰：“废辄立公子郢，周天王义也，非臣子可得而议也。”曰：“后世无霍光、赵汝愚乎？”曰：“以孔子处卫，必当有潜移默夺之权，不至为霍、赵（一有‘废立’字。）之事，如感格得辄父子，（一有‘回心’字。）则已父父、子子矣，何必郢贤？然而卫虽有待政之心思，而孔子终不仕卫者，亦以卫事已定而辄之逆天理、害人心者，终不可与为善，（一作‘终无悔祸之意’。）则亦‘危邦不入，乱邦不居’而已矣。”（一本下云：“迨孔子之去志决而卫事益不可为，凛然斧钺，故托之正名一言，而讨贼之义著于万世矣。”）曰：“陈恒弑君，孔子沐浴而请讨。曷不行于卫辄乎？”曰：“灭国废君既出于天子之义，则孔子固不能行之于与国矣。且讨陈恒而不可为，其如出公何？凛然斧钺，姑托之正名之一言，而讨贼之义著于万世矣。”

◎注释

［1］阙如：空缺下来。［2］感格：感化。［3］叛父：指卫蒯聩密谋除掉南子，得罪于父亲卫灵公。卫辄自立为君，拒不接纳父亲蒯聩回国。［4］见在：现时存在。［5］胶：固执。［6］指卫灵公之命。［7］肃：整肃。［8］揆：揣测。

◎解析

此章讨论“正名”。刘宗周结合卫辄与蒯聩的事例，指出孔子所谓正名首先在于正人伦。孔子若能行卫政，必定感化蒯聩父子，拨正父子名分。刘宗周重点指出当以见在的纲常为本，卫君父子虽然都叛父而不孝，但作为人子的卫辄不应胶固于先君之命，而应行权于当下，肃正父子人伦以安家国。

◎原文

樊迟请学稼。子曰：“吾不如老农。”请学为圃[1]。曰：“吾不如老圃。”樊迟出。子曰：“小人哉，樊须也！上好礼，则民莫敢不敬；上好义，则民莫敢不服；上好信，则民莫敢不用情。夫如是，则四方之民襁负其子而至矣，焉用稼？”

古四民[2]之业皆不废学，即道即艺，而大小则有判矣。故士为四民之首，尤专责以大学之道，修己治人之方，而世道所赖以不坠者也。大人之学，礼、义、信而已。道，一也。而其肃然整齐者谓礼，截然果断者谓义，肫然[3]恳至者谓信，皆性体之流露也。以此明德，即以此亲民，敬服用情之化，有莫知其所以然者。夫如是者，谓果能礼以作民敬，义以作民服，信以作民情，而王道可四达[4]而不悖矣。襁负之至，所为“凡有血气，莫不尊亲”是也。此学问之极功，儒者之能事，初非有待于外而得之者，视区区稼圃一身之图，渺乎小矣。故曰

"焉用稼"。

世不乏长沮、桀溺[5]之辈，如迟者问稼圃，亦从而效之，故夫子斥之。

或问："圣人言大人之道，曷不及仁?"曰：礼、义、信，皆仁也。

◎注释

[1] 圃（pǔ）：指种植蔬菜。 [2] 四民：指士、农、工、商。 [3] 肫（zhūn）然：敦厚的样子。 [4] 四达：通达四方。 [5] 长沮(jǔ)、桀溺：皆春秋时楚国的隐士。

◎解析

刘宗周认为此章孔子依旧详述以德治国的宗旨，所谓礼、义、信莫非仁的流露。在上者若能施行德政，以礼教化民众，以义修治政事，做到诚恳信实，自然能够得到民众的敬重与信服。

◎原文

子曰："诵《诗》三百，授之以政，不达；使于四方，不能专对[1]；虽多，亦奚以为!"

穷经将以致用也，非其用之谓也，明体而已矣。无得于身心性命之间，而欲措之天下国家，无由矣。诵《诗》三百而不达于政，不娴[2]于应对，则亦章句[3]之学而已，虽多亦奚当于用哉？甚矣，章句之学非学也！夫《六经》皆经济之道也，而《诗》三百篇是昭代精神命脉所寄，于当世之用尤切焉！是故本之二《南》以求其端，参之列国以尽其变，而民情土俗之变征矣。正之以《雅》以大其规，而纲纪治乱隆污[4]之运著矣。和之以《颂》以要其正，而先王出身[5]加民之道彰矣。此所谓达于政也。《诗》言志，歌永言，故曰："不学《诗》，无以言。"此所以优于专对也。

◎注释

[1] 专对：指使节出访时随机应对。 [2] 娴：熟练。 [3] 章句：分析文字的章节与句读。 [4] 隆污：比喻世道盛衰。 [5] 出身：奉献自身。

◎解析

刘宗周围绕章句与经济之学展开探讨。在他看来，学者学《诗》若只停留在章句上面，不能通过《诗》兴发自身性情，以此培育自身德性，再进一步推以经世致用，则所学再多也无实用。

◎原文

子曰："其身正，不令而行；其身不正，虽令不从。"

此责人主以身教也。《大学》曰："自天子以至于庶人，壹是皆以修身为本。"又曰："有诸己而后求诸人，无诸己而后非诸人。所藏乎身不恕，而能喻诸人者，未之有也。"许先生[1]曰："此非特临御[2]治民为然，即处妻子、对僮仆亦然。"

◎注释

[1] 许先生：即许孚远。 [2] 临御：指君临天下，治理国政。

◎解析

此章与前面几章提出"上正下效"的思想。一方面为人之主若能自行修德，自然引领下面的民众争相仿效；另一方面人主有德，自然心怀仁义，施行德政。

◎原文

子曰："鲁卫之政，兄弟也。"

圣人并叹鲁、卫之衰乱，而惓惓之意尤在宗国[1]也。圣人目击鲁事之日非，盖已方轨[2]于卫矣。丧亡无日，徒袖手旁观，而无如之何。夫子又曰"死病无良医者"之谓也。虽然，即鲁、卫而天下可知。滔滔[3]者天下皆是也，其容已于周流之迹乎？

◎注释

[1] 宗国：同姓之国。 [2] 轨：依循。 [3] 滔滔：出自《论语·微子》："滔滔者天下皆是也，而谁以易之。"形容混乱。

◎解析

刘宗周认为此章乃是孔子扼腕鲁、卫乃至天下衰乱。

◎原文

子谓卫公子荆，"善居室。始有，曰：'苟合[1]矣。'少有，曰：'苟完矣。'富有，曰：'苟美矣。'"

人情从道义用力多苟且，从身家起念多周旋，孰有能以苟合、苟完、苟美为居室者乎？历始终丰约之途，而处之淡然，无贪得务多之心，则过人远矣。圣人非徒为居室者示训，盖欲学者力破此关，以为入道之路也。

只为此心别有在。

◎注释

［1］合：足够。

◎解析

刘宗周认为孔子此处所言乃是教人破除功利心，在道义上用力，在人情世故上苟且，也就是淡化功利。

◎原文

子适卫，冉有仆[1]。子曰："庶[2]矣哉！"冉有曰："既庶矣，又何加焉？"曰："富之。"曰："既富矣，又何加焉？"曰："教之。"

庶者，治乱之原也。富而教，则王道成矣。孔子策[3]卫，孟子策齐、梁，若合符节。三代而后，富强之术代有举之者，教则罔闻焉。此须人主躬行心术[4]中来，非徒科条[5]约束而已。夫民日有饥寒之困，而上之人方且横征厚敛以迫之。及其民穷盗起，又不务德教，而惟力任五刑以督奸宄[6]，法愈烦而民愈乱，使天下重足而立，民有就死之心而无乐生之望，所谓人与之为怨家、与之为仇，而天下大乱矣。曰富曰教，亦举文、武之政而已，文、武之政布在方策[7]，其人亡则其政息。

时主知富国而不知富民，知任刑而不知任教。

◎注释

［1］仆：指驾驭马车。　［2］庶：指人口众多。　［3］策：激励，促进。　［4］心术：指仁义之心。　［5］科条：法令规章。　［6］奸宄（guǐ）：犯法作乱。　［7］方策：计策。

◎解析

此章依旧体现孔子德政的思想。刘宗周指出人主应躬行仁义，一方面施行惠政，使民众富足；另一方面施以德教，让民众修习礼义。在刘宗周看来，自文武之后，虽有国富之世，但未尝有德教之世，更多的则是施行苛政、暴政之世。

◎原文

子曰："苟有用我者，期月[1]而已可也，三年有成。"

夫子之得邦家者，所谓"立之斯立，道之斯行，绥之斯来，动之斯和"[2]，此实落语也。圣人元气一嘘，天下潜为鼓舞。

圣人秉政，革故鼎新，不待崇朝[3]。七日，而诛乱政大夫少正卯，则弊政非人一举而改观矣。其后纲举目张[4]，随其次第底绩[5]、张弛损益之宜而尽善焉。优游厌饫[6]，需之以三年之久而后治功成，巍巍乎其有成功也，焕乎其有文章。

期月、三年，度其事则然。圣人之道，立斯立，道斯行，绥斯来，动斯和也。

问："三年而成，则仁乎？"曰：过此以往，未之或知，则仁也。

◎注释

[1] 期（jī）月：指一年。 [2] 出自《论语·子张》。 [3] 崇朝（zhāo）：指整个早上或整天，比喻时间短暂。 [4] 纲举目张：纲，网的大绳。目，网的孔眼。比喻做事抓住要领，便能带动细节。 [5] 底绩：指取得成绩。 [6] 厌饫（yù）：饱食，比喻满足。

◎解析

刘宗周引用《子张》篇子贡对孔子的评价，指出孔子若能得位行政，则能“立之斯立，道之斯行，绥之斯来，动之斯和”。鲁定公之时，孔子当政，通过一系列举措使得鲁国渐成大治之势，虽然孔子最终“隳三都”失败，但鲁国若能按照孔子的政策一步步施行下去，必定可以三年有大成。

◎原文

子曰：“‘善人为邦百年，亦可以胜残去杀[1]矣。’诚哉是言也!”

善人之治，以忠厚为本，虽德教未纯，而刑罚非所恃者。至于相继百年，而善政之所浃洽[2]者深矣。胜残去杀，庶几小康之治云尔。夫子目击当时好杀滥刑之弊，而致思于善人之化，若有左券[3]然，故曰：“诚哉是言也。”王者之不作而思善人，亦中行、狂狷[4]之意也。

◎注释

[1] 胜残去杀：指感化凶残的人，使其去恶从善，则可以不用刑杀。 [2] 浃洽：融洽。 [3] 左券：指有把握。 [4] 出自《论语·子路》：“子曰：‘不得中行而与之，必也狂狷乎！狂者进取，狷者有所不为也。’”中行，中庸之道。狂狷，何晏《论语集解》引包咸注：“狂者，进取于善道。狷者，守节无为。”

◎解析

刘宗周认为善人治国虽然不能完全地施行德教，但能够劝善止恶、废用刑罚，成就小康之治。

◎原文

子曰：“如有王者，必世[1]而后仁。”

王者以圣人受命而王天下，其仁覆之德既以天下为一体矣，然而未仁也。仁则不徒肤革[2]之贯通，而在精诚之融洽，有仁心，有仁闻，而天下各尽其性，所谓“不识不知，顺帝之则”[3]是也。王者久道之成，倘亦从一世中转动精神，施为有次第，德教有浅深，非必世何以臻[4]此！天地万物生于仁，成于仁。圣人全天地万物之性，亦还之以仁而已矣。此非岁月俄顷之化可知也。

或问：“以尧、舜之仁不能化四凶[5]，文、武之仁不能化殷顽，意者未仁与？”曰：四凶不能累尧、舜之仁，殷顽不能累文、武之仁，譬之疥癣[6]之疾，于通体元气何壅焉？

或问：“期月、三年、百年、必世，大国五年，小国七年，其时如何？”曰：“百年、必世”，举其概也；“期月、三年”，本孔子作用；“五年、七年”，本孟子作用：亦乘春秋、战国时如此云。孟子五年七年，必为政于天下，其下手视孔子更神捷。盖世愈乱极，则转治愈易，所为事半而功倍也。春秋之时，人亡政息。只一变而复先王之道，便成治功；战国之时，乱极矣，惟发政施仁是收拾天下张本。圣贤俱从肯綮[7]处下手，非姑为空言无当者。

◎注释

[1] 世：指三十年。 [2] 肤革：比喻事物的表面。 [3] 出自《诗·大雅·皇矣》。在宋明理学语境中，“帝则”指天命、天道。[4] 臻：达到。 [5] 四凶：指《书·舜典》：“流共工于幽州，放歡兜于崇山，窜三苗于三危，殛鲧于羽山。” [6] 疥癣（jiè xuǎn）：由疥虫引起的皮肤疾病。 [7] 肯綮（qìng）：本指筋骨结合的部位。比喻事理的关键。

◎解析

刘宗周重点指出推行仁政主要在成就天地万物之性，天地万物皆处于生生化育的仁德中，是故行仁政者须施行教化，以期让民众发明各自的仁心，由此各尽其性。在他看来，虽然王者有心推行仁政，但仁政施行起来并不容易，为政有主次，施教有浅深，是故孔子言“必世而后仁”。另外，刘宗周对比孔孟，指出孔子所处的时代虽然礼崩乐坏，但一变可以复行先王之道，正所谓“齐一变至于鲁，鲁一变至于道”；孟子之世则战乱纷起，须行仁政来彻底扭转衰乱。

◎原文

子曰：“苟[1]正其身矣，于从政乎何有？不能正其身，如正人何？”

从政所以正人也。此为为大夫言。

◎注释

[1] 苟：假使。

◎解析

此章孔子依旧强调在上者须正己来正人。

◎原文

冉子退朝。子曰：“何晏[1]也？”对曰：“有政。”子曰：“其事也。如有政，虽不吾以，吾其与闻之。”

季氏无君，将公朝之政视为一家私事矣，虽政亦事也。冉子受季氏笼络，堕其术中，自以为义，急国政而不之避也，亦愚矣。故夫子醒之曰：此非政也，其事也。如政，则吾且与闻之矣。非夫子不及闻也，不可使夫子闻也。以不可使夫子闻者而独闻于冉子，则冉子周旋私室，果为公义乎？不义乎？于此幡然，亦可以决，引身而避矣。

冉子为季氏家臣，则朝为私朝亦可。但观下文问答，则非常时朝会者，谓之公朝亦可。季氏顺逆，不在公朝、私朝间也。

◎注释

［1］晏：晚。

◎解析

刘宗周重点阐发政与事的差别。“政”指一国的公事，须在朝堂上公开探讨，是故孔子虽不参与，但必定会有所耳闻；既然孔子没有听闻，可见冉子所谓的政必定出自季氏的私堂，是故孔子将之判为“事”，借此批评冉子助长季氏之私，不知避退。

◎原文

定公问：“一言而可以兴邦，有诸？”孔子对曰：“言不可以若是其几[1]也。人之言曰：‘为君难，为臣不易。’如知为君之难也，不几乎一言而兴邦乎？”曰：“一言而丧邦，有诸？”孔子对曰：“言不可以若是其几也。人之言曰：‘予无乐乎为君，唯其言而莫予违也。’如其善而莫之违也，不亦善乎？如不善而莫之违也，不几乎一言而丧邦乎？”

夫子论君道，不一而足。独告定公一言兴丧，立醒昏庸，为万世人主龟鉴。先民有言：“询于刍荛。”人言其可忽乎？圣人就人言略加诠释，即令制治、保邦之道，示于指掌。

于为君难也，则曰知难；于言莫予违也，则申之以善不善，可谓约而尽矣。此无他：知难，敬也；莫予违，肆也。一念敬肆而兴丧因之，虽一言亦赘[2]已也。

◎注释

［1］几：期待。　［2］赘：多余。

◎解析

刘宗周指出“知为君之难”便可起敬心，如此兢兢业业自能兴邦；而“言莫予违”容易滋生肆心，于此须修身养性，不能放任其心，以免一言而乱国害民。

◎原文

叶公问政。子曰：“近者说，远者来。”

观近说而远来，则知人主精神自近及远，有随地灌输之机，非事欢虞[1]要结而已。按《家语》：“叶公问政于夫子，子曰：‘政在说近而来远。’夫荆[2]之地广而都[3]狭，民有离心，莫安其居，故曰：‘政在说近而来远。’”愚按：《家语》所记与《鲁论》不同，盖王伯之辨也。学者知之。

◎注释

［1］欢（huān）虞：欢乐。　［2］荆：指楚国。　［3］都：都城。

◎解析

刘宗周指出孔子针对楚国的政弊提出“悦近来远”的思想。所谓王霸之别，《论语》言“近者说，远者来”主要体现在王者自修己德、己政，使得远近之人皆自悦此政，自来投奔；而《家语》言“说近而来远”似乎更侧重在上位者有针对性地施政，使得近人满足、远人臣服。相比而言，前者显然更体现孔子“修己以安百姓”

的王道政治。

◎原文

子夏为莒父[1]宰，问政。子曰："无欲速，无见小利。欲速则不达，见小利则大事不成。"

王道规模宏远，盖自纯心中流出。一动于计功谋利之私，不免事求可，功求成，取必于旦夕而无宏远之规。此伯术也。故为政者未论政，先论心，则孰有病于欲速、见小两念哉？何也？欲速则政不达矣，所见者小则政之大者废矣。故君子所过者化，所存者神，上下与天地同流，岂曰小补之哉！苏轼进神宗曰："陛下求治太急，听言太广，用人太骤[2]，皆欲速、见小之病也。"

欲速、见小，两念相因。

程子曰："有天德者便可以语王道，其要只在慎独。"

◎注释

［1］莒父：鲁国城邑。　［2］骤：急切。

◎解析

刘宗周认为为政之先须分判王霸之心，王者之政全然出自仁义之心，是故规模宏阔、任重道远；霸者之事出自功利之心，一味计较眼前得失，难成宏远之政。所谓"欲速求成""好得小利"便是计较于眼前而无宏远的规划，是故孔子以此告诫子夏。

◎原文

叶公语孔子曰："吾党有直躬者，其父攘[1]羊，而子证之。"孔子曰："吾党之直者异于是；父为子隐，子为父隐，直在其中矣。”

直之理，无定形。其发于本心而无违忤[2]者是。孔子曰：“斯民也，三代之所以直道而行也。”又曰：“孰谓微生高直？或乞醯焉，乞诸其邻而与之。”又曰：“父子相隐，直在其中矣。”此直之说也。曰“直在其中”者，无直名，有直理也。故曰：从井非仁也，证父非直也。要于理之常而已。

◎注释

［1］攘：偷窃。　［2］违忤（wǔ）：违背。

◎解析

刘宗周认为直之理发自本心，顺应本心所发便是直。父子相亲本是天伦，即使父亲攘羊，为人子必定不忍心揭发父亲，必然为父隐瞒。孔子认为“父子相隐”出自人的情理，体现人伦的基本精神。

◎原文

樊迟问仁。子曰：“居处恭，执事敬，与人忠。虽之夷狄，不可弃也。”

仁体随处周流，学者随所感发而证此体。在居处时为恭，执事时为敬，与人时为忠，皆心存理得之别名也。虽之夷狄而不可弃，则险夷[1]一致，此心纯矣。以是求仁，庶几乎！

湛甘泉氏[2]曰：“随处体认天理”，最得求仁之意。

此道体浑然，无可持循，故圣人就分见处，示人以入德之地。即如居处时言恭，便须手容恭，足容重，坐如尸，立如齐。[3]才不恭，便箕踞[4]倾敧[5]，不成个居处。此心瞒昧不过，便须改，改后方安。从此做工夫，其进自不能已，曾子之学，亦尝从此过。

金仁山[6]曰："吾儒之学，理一而分殊。理不患其不一，所难者分之殊也。"最有味。分殊所以理一也。圣人论仁、四克己之目、居处恭，三言皆是也。

◎注释

［1］险夷：崎岖与平坦。［2］即湛若水。［3］出自《礼记》。尸：指扮作先祖的样子代其受祭的人，孔颖达言"尸居神位，坐必矜庄"。齐：通"斋"，指斋戒。［4］箕踞（jī jù）：指两腿舒展而坐，随意而无礼。［5］倾攲（qī）：倾斜。［6］即金履祥。

◎解析

刘宗周指出万物只是一个天理流行，也就是处于仁体周流不息的生生化育中，而天理总是作为随事发显着的理则，是故工夫便在"随处体认天理"，也就是在诸如居处、执事、与人等事为上体认生发的义理。所谓恭、敬、忠便是体仁而存天理。

◎原文

子贡问曰："何如斯可谓之士矣？"子曰："行己有耻，使于四方，不辱君命，可谓士矣。"曰："敢问其次。"曰："宗族称孝焉，乡党称弟焉。"曰："敢问其次。"曰："言必信，行必果，硁硁[1]然小人哉！抑亦可以为次矣。"曰："今之从政者何如？"子曰："噫！斗筲[2]之人，何足算也！"

士以学道，言非富贵利达之谓也。士学在行己之间，而其竖立之大者，征于使命。行己有耻，则充类尽义，不愧衾影[3]，不辱君命，则行己之道达于天下，虽尧、舜其君民可矣。此其操修纯备、经济宏远、有学有用之品，斯为上矣。其次则学而未适于用者，节不著于四方，而于宗族则称其孝焉，乡党则称其弟焉，亦庶几醇行之君子已。又其次则学焉而未至道者，其行己之概，未必斐然成章，简点[4]言行之间，不踰尺寸，硁硁然小人哉！而立心不二，亦造道之基也，何忝[5]士乎！三者之士品不同，皆儒者之学，圣人之徒也。若今之从政，高者入于功名，卑者趋于利禄，斗筲之器也，视三者之品天壤不侔矣。若夫子产之惠[6]，管仲之仁，晏婴之知，公叔文子之文，武子之愚，令尹子文之忠，文子之清，姑节取焉可也，可谓士乎？故曰“管仲之器小哉”，况其弑父与君，可勿论矣。

陈白沙曰：“名节者，道之藩篱。藩篱不固，其中未有能守者。”

◎注释

[1] 硁（kēng）硁：坚决顽固的样子。 [2] 斗筲（shāo）：比喻才识、器量狭小。 [3] 不愧衾影：表示没有做亏心事。 [4] 简点：检查。 [5] 忝（tiǎn）：辱。 [6] 以下关于诸人的论述详见《公冶长》篇。

◎解析

刘宗周围绕“行己”展开论述，行己乃是行在己的仁义之性，以此指出此章区分了三种士品：其一，士若能尽心尽力，学以致用，内不愧于心，外不辱君命，便为上品；其次，其虽未学到经世致用的地步，但能于宗族、乡党躬行孝悌，亦能成为有德的君子；再其次，其所学虽尚未穷尽性命之道，但能在言行上落实，也算修道之士。在孔子看来，此三类人相比当时从政的那些识短量狭的人，可谓天壤之别。

◎原文

子曰：“不得中行而与之，必也狂狷乎！狂者进取，狷者有所不为也。”

道者，中而已矣。君子之学，中行而已矣。以中为行者，本修道之教而要其至，从容中道，圣人也。亦儒学之极则也。下中行一等则为狂：游神于规矩形迹之外，而独证圣域，进而取古人之学于旦暮者也，其见真矣，而体验似已忽矣。又下狂者则为狷：特立于道之中，而介然[1]有所不为，其践实矣，而觉悟似不足矣。二者就其所学而进之，进取者反于平实，有所不为者扩而大之，则皆可进于中行，而斯道之传，厥有攸赖[2]矣。夫子所以不得中行而思狂狷也。

狂者所见极高，合下便欲为圣人，毕竟非身经历过。如人上长安，便理会京师事务，身尚隔几程也。狷者所守极峻，只是识不宏。宁学圣人而未至，不屑以流俗溷[3]。如人上长安道，怕有他径，只索印步走，不肯趁一帆风也。

孔门颜、曾、闵、冉庶几中行，然曾、闵、冉亦是由狷入。曾点、子张、子路，狂者也。游、夏之徒，狷者也。狂者不易得，狷者往往而是。如子思，可为狷而中行矣；孟子，可为狂而中行矣。要之，得圣人为依归，则狂之进道捷[4]于狷；当圣远言湮[5]之日，则狷之守道笃于狂。宋儒如周子、程伯子[6]，亦中行之士也。然程子谓"茂叔穷禅"，（一有"客"字。）又曰"自见周茂叔吟风弄月，以归有吾与点也之意。""伯子《定性书》（一作"《识仁说》"。）多地位高者事。"则二子固亦由狂而进也。伊川子、朱子[7]，狷者也，而学已美且大。横渠子、南轩子[8]，其狂狷之间乎？邵康节、陆子静[9]，狂者也。康节自成规模，子静独信不疑，始终一说，始终一人，则已囿于狂矣。阳明子，学陆者也，其见有开合；杨敬仲[10]，学陆而失之者也；王汝中[11]，学王而失之者也。自朱子而后，师友渊源多狷者矣。

狂、狷、中行之辨也，盖学术不至之辨也，非异同之辨也。智愚、贤不肖，中庸之名立而异同睹矣。狂者之弊必索隐[12]，狷者之弊必行怪[13]，其遵道而行，半途而废，后世诸品诸端都从狂者化出，废则一也。

◎注释

［1］介然：坚定不移的样子。 ［2］攸赖：指有所依赖。 ［3］溷(hùn)：指苟且过活。 ［4］捷：快捷。 ［5］湮（yān）：埋没。［6］即周敦颐、程颢。 ［7］即程颐、朱熹。 ［8］即张载、张栻。［9］即邵雍、陆九渊。 ［10］即杨简。 ［11］王汝中：王畿（1498—1583），字汝中，号龙溪，明代心学家，王阳明弟子。 ［12］索隐：探索隐晦之道。 ［13］行怪：行怪异之事。

◎解析

首先刘宗周对中行、狂、狷进行解读，指出“中行”为行中庸之道，“狂”指依靠悟性证得道体，但在下学工夫上有所不足；“狷”指循规蹈矩，笃信好学，但觉悟不足。然后刘宗周依据三者内涵对儒学主要道统人物给予分判。

◎原文

子曰：“南人有言曰：‘人而无恒，不可以作巫医。’善夫！”“不恒其德，或承之羞。”子曰：“不占而已矣。”

恒，常，久也。天地之道，恒久而不已也。人得之以为心，则为恒德，善人、君子、圣人之学皆由此而进之，所谓“恒其德”也。“无恒不可以作巫医”，则立德者可知矣。《恒》之九三爻辞曰：“不恒其德，或承之羞。”言立德不恒，可羞孰甚焉。或之者，疑之也。不期羞而羞至，理有固然，无足怪者。夫子诵辞间而叹之，曰“不占而已矣”。试占此《易》辞，而憬然[1]切远辱之思，其于恒也思过半矣。《易》曰：“复，德之本也；恒，德之固也。”惟复乃恒。曰“不占而已”者，其训恒也夫，其训复也夫。

问：“不恒其德，与频复[2]何别？”曰：“频复”以此心之存亡言。

德不恒，则立身皆败矣，其病则自频复始。

先正[3]曰："士君子有三可惜：此生不学可惜，此日闲过可惜，此身一败可惜。"

◎注释

［1］憬（jǐng）然：觉悟的样子。 ［2］频复：指反复无常。［3］先正：指前代的贤臣或君长。

◎解析

刘宗周着重从"恒德"上展开分析，指出天道恒流不已，在人便是生生不息的恒德，学者之学在于存养此恒德。正如孔子所引证，学者若不能存此恒德，不仅难以立身行事，而且还会招致羞辱。

◎原文

子曰："君子和而不同，小人同而不和。"

和本于理。则以是非为同异，即元气之充周；同本于意，则以同异为是非，乃私情之党比[1]。和则不同，同则不和，君子小人之道然也。和是与物无戾，同是与物无异，迹若相似而实相反也。

"周比"言君子小人与人之情，"和同"言君子小人与人之道。发必中节，和也。小人之道，漫无可否，同而已矣。惟和也，所以周；惟同也，所以比。

◎注释

［1］党比：结党朋比。

◎解析

刘宗周简明地指出君子所为和于理，凡事只按照自己的是非心来行动；小人则凡事随声附和，没有自己的主见。刘宗周进一步结合“君子周而不比，小人比而不周”展开分析，指出君子从道而不依附他人，与志同道合的人相往来，所谓“周”；小人不能从道，只能比附他人，所谓“比”。

◎原文

子贡问曰：“乡人皆好之，何如？”子曰：“未可也。”“乡人皆恶之，何如？”子曰：“未可也；不如乡人之善者好之，其不善者恶之。”

乡人好恶不足以尽人者，谓乡人之好恶未可尽信也。惟以乡人之善不善征好恶，而真品睹矣。凡人虽好修，倘一见疑于君子，一见容于小人，则其品必伪。两下合证，如金付烈焰中，更无躲闪。

一乡之好恶，起于一人。只犬吠形，群犬吠声[1]，一乡皆好，不如乡人之善者好之，则好不必众矣；一乡皆恶，不如乡人之不善者恶之，则恶不必众矣。深见雷同之口不足信也。

天下皆好之，何如？曰：未可也。天下皆恶之，何如？曰：未可也。不如天下之善者好之，其不善者恶之。

◎注释

[1] 只犬吠形，群犬吠声：指狗看见形影吠叫起来，其他的狗听着叫声也跟着大声吠叫。比喻没有主见，任意附和他人。

◎解析

此章承接上章的意思，正如刘宗周指出的，乡人皆好皆恶的情况可能是“小人之同”，故不能以此来验证善恶；只有君子“和而不同”，君子能够依照好善恶恶的良心来行动，由此甄别乡人所好所恶的善或不善。是故某事或某人若见疑于君子、见容于小人，则可验证为恶；若为君子所好、为小人所恶，则可验证为善。

◎原文

子曰："君子易事而难说[1]也。说之不以道，不说也；及其使人也，器之[2]。小人难事而易说也。说之虽不以道，说也；及其使人也，求备焉。"

国家用人之柄，归于君子，而小人不与焉。君子从君国上起念，故一面杜幸门[3]，便一面爱惜人才，以全善类。小人从身家上起念，惟要权势利而已，又何人才足惜？求备之心，不过摧折善类，驱除异己为得计耳。怀媢嫉[4]之见，以痼[5]善类。甚矣，国利有君子，而不利有小人也。要之，平恕之心每出于严正，苛刻之心每出于倾邪。君子、小人，于说尤观其深哉！（一作"于说人处观其所隐尤深哉"。）二段俱从转换处洞见心术之微。

◎注释

[1] 说：取悦。 [2] 器之：指根据才能分派任务。 [3] 幸门：指小人晋升的门户。 [4] 媢（mào）嫉：嫉妒。 [5] 痼（gù）：同"锢"，禁锢。

◎解析

刘宗周指出君子忧心家国，旨在为国家选取贤能来任事；小人计较私利，嫉妒贤能，以至于党同异伐，危害国家。

◎原文

子曰："君子泰[1]而不骄，小人骄而不泰。"

道充而泰，气盈而骄。君子小人气象不同如此！

◎注释

［1］泰：安详舒泰。

◎解析

刘宗周从“道气”上立论，指出君子从道而行，所得安详舒泰；小人任由血气而动，或骄或慢。

◎原文

子曰：“刚毅木[1]讷[2]近仁。”

刚毅木讷，气质之性也。善反之，则天地之性存焉，故近仁。言以后天之气溯先天之理，相去不远也。于时保之，是在学矣。盖人性虽固有，而一乘于杂揉之气，即性受其蔽而不可见。惟刚毅木讷一些子不涉形气，分明是仁体发挥处。仁不可见，此为近也。

道心惟微。惟刚毅木讷仿佛情状，故曰近。张子曰：“有气质之性，有义理之性。”可为扩前圣所未发。朱子曰：“子静千差万差，只是不知有气质之性，将那一并粗揉[3]之质都认作性。”

知刚毅木讷近仁，则知为仁之功矣。

刚毅木讷充得尽，渣滓便浑化，上下与天地同流。

刚之体常伸，毅之神常运，惟刚故毅。木者凝然中实，讷者凛然外持，惟木故讷。

天下万物万事，都包孕在仁中。

◎注释

［1］木：质朴。　［2］讷（nè）：言语迟钝。　［3］粗揉：指粗糙杂糅。

◎解析

正如刘宗周所言，万物都处在仁的生生运化中，仁道运化本来无声无臭，只能在具体气质中彰示为气质之性。“刚毅木讷”便是彰显仁德的气质之性，不染杂糅之气，刚毅之人常伸、常运此仁义之道，故能存得仁体；木讷之人内主于忠信，外持守于礼仪，亦能为仁。

◎原文

子路问曰：“何如斯可谓之士矣？”子曰：“切切[1]、偲偲[2]，怡怡[3]如也，可谓士矣。朋友切切、偲偲，兄弟怡怡。”

“切切、偲偲，怡怡如也”，性之德也，仁之体也。仁体生生，贯彻于物我之间，于三者得其情状焉。“朋友切切、偲偲，兄弟怡怡”，则理一而分殊矣。非学造精微，何以有此？故可谓士矣。然则士之所养，可坐而知也，彼兼人而行行者，视此何如？

切切、偲偲、怡怡，而曰如浑然元气无迹，可窥朋友兄弟随境而流，相为表里者。

◎注释

[1] 切切：恳切。　[2] 偲（sī）偲：指互相勉励。　[3] 怡怡：和悦的样子。

◎解析

刘宗周认为切切、偲偲、怡怡为生生之仁体贯彻物我、朋友、兄弟之间的情状。

◎原文

子曰："善人教民七年，亦可以即戎矣。"

子曰："以不教民战，是谓弃之。"

善人之治，以教化为本。教以仁，则民不遗其亲；教以义，则民不后其君。至于七年之久，而上下之所感孚者深矣，岂有难于即戎哉！古者寓兵于农，伍两[1]卒徒之众，即比闾族党[2]之民，驱民而戎，讵[3]曰难之。然而法制禁令天下，能无离心乎？非善人之教久而何以收亲上死长之效也？以不教之民而使之战，民必二矣，非弃而何？

◎注释

[1] 伍两：古代军队编制，五人为伍，五伍为两。 [2] 比闾族党：比，邻里。闾，里巷。古代户口编制，五户为比，五比为闾，五闾为族，五族为党。 [3] 讵（jù）：表示反问，难道。

◎解析

刘宗周将两章合在一起谈论，认为善人以教化为本，通过助养民众的仁义之性，使得民众皆能赡养其亲、忠义于君，由此可变戎狄为诸夏。而民众得忠孝之教，便能存"亲上死长"的忠心，如此自然勇于为国效力。

宪问第十四

◎原文

宪问耻。子曰："邦有道，谷；邦无道，谷，耻也。"

行己有耻，士品也。而惟富贵之士捐[1]廉耻、辱名教实甚。盖士君子当为世道寄重轻。今不问有道无道而徒谷焉：世治无开泰之猷[2]，时危无拯溺之具[3]，平生所学，一切以取世资，为天地间一朽蠹[4]而已，岂不可耻之甚哉！

宋吕夷简[5]谪范仲淹、余靖[6]、尹洙[7]，时高若讷[8]为司谏[9]，不能救。欧阳修遗书若讷，谓"不复知人间有羞耻事"。若讷怒，上之于朝。修并谴。蔡襄[10]作《四贤一不肖》诗以恚之。

士人涉世，欲无灾无难，坐致公卿，非面铠千重[11]不能。人不能有为，只是怕失富贵；只索庸庸，便罢一辈清谨人，尤甚。

◎注释

[1] 捐：抛弃。 [2] 猷（yóu）：谋划。 [3] 具：才能。 [4] 朽蠹（dù）：指祸国殃民的人。 [5] 吕夷简：（978—1044），字坦夫，北宋名相。 [6] 余靖：（1000—1064），本名余希古，字安道，号武溪，北宋名臣，"庆历四谏官"之一。 [7] 尹洙：（1001—1047），字师鲁，北宋大臣，散文家。 [8] 高若讷：（997—1055），字敏之，北宋大臣。 [9] 司谏：谏官。 [10] 蔡襄：（1012—1067），字君谟，北宋名臣，书法家、文学家、茶学家。 [11] 面铠千重：指有多重面具，形

容人善于伪装。

◎解析

刘宗周围绕“行己有耻”展开论述。君子为人处世，所作所为要无愧于心，对于家国要尽心尽力地出谋划策，尤其是在国家衰乱之际，不能只求一身福祸，昧着良心而苟且安生。

◎原文

“克、伐、怨、欲不行焉，可以为仁矣?”子曰：“可以为难矣，仁则吾不知也。”

克、伐、怨、欲[1]，其慝虽微而溃决之势甚力，于此不行焉，是简制[2]于念虑之末而未得其本心之体者然也，故夫子称其难而未知其仁。

颜子“有不善未尝不知，知之未尝复行也”，亦不行也。然颜子“不善”，只是一念绝续[3]之间，就仁中简出[4]不仁来，故为不远之复。原宪“不行”，则已成此四等证候，旋溃旋制[5]，终不能奏廓如[6]之效，则不行之心犹然人伪而已，于仁体何当。

为仁者不讳言克复也，惟慎独而早图之，其庶几矣。

克己是最初工夫，不行是最后工夫，故曰：“知几其神乎!”

曰“可以为难矣”，由其所难而进之，则易矣。

知克、伐、怨、欲之非仁，则必困于心、衡于虑而后作。曰“不行”，分明有容恕意在。

己之累甚微，克、伐、怨、欲，正若红炉片雪[7]与杯水车薪[8]，其势不同。

此心不动于克、伐、怨、欲，方是仁。

克己为仁，克、伐、怨、欲不行，非仁。此内外宾主之辨。

将虞廷“精一”处言，方见“不行”意粗。

问："常人之心，方克、伐、怨、欲诸恶未起时，亦是仁体呈露否？"曰："人苟无事心之功，则亦气机之暂息而已，焉得仁？"曰："平旦之气如何？"曰："须于好恶相近处看是仁义心。学者察识乎此，而有以自胜其人欲之私，则几矣。"

程明道先生十五六时好田猎，既见茂叔，则自谓已无此好矣，茂叔曰："何言之易也？但此心潜隐未发，一日萌动，复如初矣。"后十二年，复见猎者，不觉有喜心，乃知果未也。此心潜隐处，尚是不仁。

问："用力于制私，既不足以为仁，则为仁之功，果安在乎？"曰：上焉克己是也，其次攻其恶、无攻人之恶，及其至则一也。

予始与陆以建[9]论学，谓克、伐、怨、欲不行，正克己工夫。子曰"可以为难矣，仁则吾不知也"，欲其先难而后获也。以建甚不然之。看来不行之心，早是个己也。然学者根器浅，不恁地不得由此进之，扶得个不行心常做主，便是克己力量也。故曰虽愚必明，虽柔必强。

"克复""克伐怨欲"二章，是学问大关键处，于此分晓，更无作说处。

◎注释

[1] 克：好胜。伐：自矜。怨：愤恨。欲：贪欲。 [2] 简制：节制约束。 [3] 绝续：断绝和延续。 [4] 简出：检出。 [5] 旋溃旋制：指一时溃决一时节制。 [6] 廓如：澄清貌。 [7] 红炉片雪：指红炉上着一片雪，立即融化。比喻一经点拨，立即悟解。 [8] 杯水车薪：指用一杯水去扑灭一车燃烧的木柴。比喻功效甚微，无济于事。 [9] 陆以建：人名。

◎解析

刘宗周主要对比"克己"与"克伐怨欲不行"的工夫展开分析。在他看来，"克己"指通过存仁心来胜在己的私情，"克伐怨欲不行"

则仅仅是通过外在的约束来克制情欲，后者相比前者，只是在气机流转上强行节制，并不能深入到仁心道体上，通过存养仁义来节制情气，从根本上克除“克伐怨欲”这四者。

◎原文

子曰：“士而怀居[1]，不足以为士矣。”

士人立志不坚，一切外物动得：居不能累人，只心溺于此，乃为累耳。噫！自一身而外，其居邪？抑寄邪？为士者合下勘破始得。于此勘不破，说甚学！说甚士！

陆子静曰：“彘[2]鸡终日营营[3]，讨个甚么？”

◎注释

［1］居：安居。　［2］彘（zhì）：猪。　［3］营营：奔走追逐。

◎解析

士人若没有以仁为己任的大志，便容易沉溺眼前利害得失，终日营营以求安适。

◎原文

子曰：“邦有道，危[1]言危行；邦无道，危行言孙[2]。”

君子所以贞操而措之天下者，行也。行不危，则以道殉人矣，安论有道无道哉？至于言，则显晦随时。合言于行而各中其则，皆所以妙用世之权也。盖有道之言不危，则危行不著；无道之言不孙，则危行不全。其斯以为用世之准乎！

《剧秦美新》[3]非孙也。

危行易，危言难；危言易，孙言难。

◎注释

［1］危：一说高峻，一说正直。　［2］孙：同“逊”，谦逊，卑顺。　［3］《剧秦美新》：王莽篡汉自立，建立新朝。扬雄作《剧秦美新》一篇，指斥秦朝，美化新朝。

◎解析

此章与首章皆论及君子的处世之道。在刘宗周看来，君子应随着世道兴衰来行权处变。君子持守道义，在政治昌明之世，自然一心为国为民，所言所行皆不违道义；但在政治昏暗之世须明哲保身、有所权变，所行所为自然要遵循道义，但不必为了一时言辞争胜而招致祸患，此所以孔子言“言孙”。

◎原文

子曰：“有德者必有言，有言者不必[1]有德。仁者必有勇，勇者不必有仁。”

有德之言，言其所当言；仁者之勇，为其所当为而已。未尝取必于言与勇也。取必于言，则言可饰也，能必有德乎？取必于勇，则勇可矫也，能必存仁乎？多言贼德，乱勇害仁，讵[2]曰有无云哉？甚矣！言与勇之不足贵也。故君子务本。

◎注释

［1］不必：不一定。　［2］讵（jù）：岂，难道。

◎解析

刘宗周主要就“君子务本”立论。学者一心修德存仁，自然能够言所当言、为所当为，也就“有言”“有勇”；若不能修德，一味在言行上袭取美名，不仅只是徒有虚名，而且还会戕害德性。

◎原文

南宫适问于孔子曰：“羿善射，奡荡舟，俱不得其死然。禹、稷躬稼，而有天下。”夫子不答。南宫适出。子曰：“君子哉若人！尚德哉若人！”

羿、奡[1]不终，禹、稷王天下，自是宇宙大常。适特举例以见修悖殊途，而天人之应终有不爽[2]者。推斯志也，其行法俟命之心乎？故夫子于既出而称之，曰“君子哉若人，尚德哉若人”。其人品之真、学术之正，于此独窥其深矣。然而夫子不答：适所言是实理实事，即夫子亦更无发明处。圣人语、默皆教也，必俟其既出而赞美之，以示法戒于天下后世也。

学者诵羿、奡、禹、稷事，亦知有警策处，可以有志于道矣。

颜子夭，盗跖[3]寿，正自肉眼看来。孔、颜道在万世，安在无土不王？如田氏篡齐[4]，六卿分晋[5]，即身仅免于刑诛，后世有余戮焉。学者须高视万古始觑破，不然白璧不可为容[6]，容多后福，能不绌[7]英雄汉子！

◎注释

［1］朱熹《论语集注》：“羿，有穷之君，善射，灭夏后相而篡其位。其臣寒浞又杀羿而代之。奡（ào），《春秋传》作‘浇’，浞之子也，力能陆地行舟，后为夏后少康所诛。” ［2］不爽：不差。 ［3］盗跖（zhí）：相传为古代的大盗，生性暴虐，横行天下。 ［4］田氏篡齐：指战国初年田完后代田和取代姜姓吕氏齐康公成为齐侯的事件。 ［5］六卿分晋：指春秋后期，晋国范氏、中行氏、知氏、韩氏、赵氏、魏氏六卿秉持国政，相互兼并，导致晋室瓦解，最后分立为赵、韩、魏三国。 ［6］容：即

南官适。 [7] 绌（chù）：制服。

◎解析

此章刘宗周所论涉及德福是否一致的问题。在他看来，像羿、奡等谋权篡位的人不得善终，像禹、稷等有仁德的人得到天下，本是天道人伦的常理。君子所谓“福”应该放在整个历史长河中来判断，譬如颜子虽然短命，但其德行却能光耀万世。

◎原文

子曰：“君子而不仁者有矣夫，未有小人而仁者也。”

判别易，清楚难。如子夏出见纷华靡丽而悦，入闻夫子之道而悦，便不清楚。以不仁求君子，只在一念之微，须君子自知自证始得，故曰“有矣夫”，盖疑之也。若小人，直可决[1]其不仁矣。吾于是而知仁体之微也：以君子存之而不足，以小人丧之而有余。学者惟日有孳孳[2]而已。

子曰：“加我数年，五十以学《易》，可以无大过。”故曰“若圣与仁，则吾岂敢”，又曰“学而不厌”。

小人之不仁，可以观仁。门人曰：“盗必以夜乎？”曰：“然。”

◎注释

[1] 决：断定。 [2] 孳（zī）孳：勤勉不怠。

◎解析

刘宗周指出仁心显露之迹隐微，即使君子，若不能切实地识得仁心，也可能落入不仁。孔子知道求仁不易，是故终日之间只是孜孜不倦地为学进德。至于小人，既无求学之心，又终日辗转于私欲中，也就无心为道、不能成仁。

◎原文

子曰："爱之，能勿劳乎？忠焉，能勿诲乎？"

亲不爱其子，则己爱之能勿劳[1]乎？臣不忠于君，则己忠焉能勿诲[2]乎？劳以为爱，诲以为忠，道若相成而理有固然者，君子亦求尽乎忠爱之实而已。

◎注释

[1] 劳：劳苦。　[2] 诲：教诲。

◎解析

刘宗周指出君子有忠爱之心，还须尽忠爱之实。

◎原文

子曰："为命，裨谌[1]草创之，世叔讨论之，行人[2]子羽修饰之，东里[3]子产润色之。"

郑国一辞命而人效其长，要于共济，宛然同寅[4]协恭气象，其有造于郑多矣。当时秉国之成者子产也，集众思，广众益，尤可以为相天下者法云。

◎注释

[1]《左传》："郑国将有诸侯之事，子产乃问四国之为于子羽，且使多为辞令，与裨谌乘以适野，使谋可否，而告冯简子使断之。事成，乃授子太叔使行之，以应对宾客，是以鲜有败事。"裨谌（bì chén），郑国大夫。世叔，即子太叔，名游吉。子羽，公孙挥。　[2] 行人：官名。掌

朝觐聘问，接待宾客之事。 [3] 东里：地名。子产所居。 [4] 同寅：同僚。

◎解析

刘宗周认为此章体现出子产秉政的理念，也就是协同百官，广泛听取同僚的意见，以集思广益共济国事。

◎原文

或问子产。子曰："惠人也。"问子西[1]。曰："彼哉！彼哉！"问管仲。曰："人也。夺伯氏[2]骈邑[3]三百，饭疏食，没齿无怨言。"

王降而论伯。大夫随世以论品矣。非有功于世道者，不足称也。春秋之时，王室日微而民生促矣。郑有子产，庶几以生民为念者，其犹存先王之遗爱乎？故曰"惠人也"。楚有子西，则与闻僭王猾夏[4]之恶者，出于人理乎？"彼哉，彼哉"，恶之也。若夫至春秋三百年来之权较，则管仲一人而已。仲之尊周室、攘夷狄，以其君伯天下，即桓公夺伯氏骈邑以与管仲，没齿无怨言，而知仲之功真有以服天下后世之心者。仲真人杰也哉！以视子西，功罪不两立者也；以视子产，加人一等，瞠[5]乎后矣。夫子此言，春秋人物之权衡乎？

◎注释

[1] 子西：芈姓，熊氏，名申，楚国令尹。朱熹《论语集注》："能逊楚国，立昭王，而改纪其政，亦贤大夫也。然不能革其僭王之号。昭王欲用孔子，又沮止之。其后卒召白公以致祸乱，则其为人可知矣。" [2] 伯氏：齐大夫。 [3] 骈（pián）邑：齐国城邑。 [4] 猾（huá）夏：侵扰华夏、中国。 [5] 瞠（chēng）：表示惊叹。

◎解析

此章为孔子对春秋人物的评价。子产以生民为念，施行惠政以助民产。子西虽然有功于楚国，但却有助楚昭王僭越称王的过失。管仲辅助齐桓公称霸诸侯，以尊崇周室、驱逐戎狄，有功于后世。

◎原文

子曰："贫而无怨难，富而无骄易。"

贫而无怨，非有真学术、大涵养不能，故曰"难"。富而无骄，则犹可矜持[1]于意见之间者，故曰"易"。夫子盖就学问中勘难易，非就世情上较难易也。

◎注释

［1］矜持：恪守。

◎解析

刘宗周主要指出孔子所论"难易"是就学问道德而言。

◎原文

子曰："孟公绰[1]为赵魏老则优，不可以为滕薛大夫。"

夫子只就孟公绰权任使而鲁政日暗矣。有人而不善用，与无人同，何以能国？滕薛大夫，国小而政简，且坐踬[2]焉，况鲁大夫乎？

卫灵公无道，用仲叔圉、祝鮀、王孙贾，各当其才则不丧。[3]鲁不能用一公绰，然则鲁之不竞[4]也甚于卫矣。

房琯以将败[5]；黄霸[6]以丞相损功名；王安石为翰林学士有余，

处辅弼不足，卒以败宋。

◎注释

［1］孟公绰：鲁国大夫，三桓孟氏族人。 ［2］踬（zhì）：跌倒，挫折。 ［3］出自此篇：“子言卫灵公之无道也，康子曰：‘夫如是，奚而不丧？’孔子曰：‘仲叔圉治宾客，祝鮀治宗庙，王孙贾治军旅。夫如是，奚其丧？’”仲叔圉（yǔ），孔文子，卫国大夫。祝鮀（tuó），字子鱼，卫国大夫。王孙贾，卫国大夫。 ［4］不竞：不强。 ［5］房琯：（697—763），字次律，唐朝宰相。房琯率兵收复两京之时，因不通兵事，又用人失误，在陈涛斜兵败而归。 ［6］黄霸：（前130—前51），字次公，西汉时期名臣，官至丞相。

◎解析

刘宗周引述诸多事例旨在说明为政当量才而用，孟公绰为人清心寡欲，适合做大国的顾问，但不一定适合处理小国的政务。

◎原文

子路问成人。子曰：“若臧武仲[1]之知，公绰之不欲，卞庄子[2]之勇，冉求之艺，文之以礼乐，亦可以为成人矣。”曰：“今之成人者何必然？见利思义，见危授命，久要不忘平生之言，亦可以为成人矣。”

世不乏材质之美者，苟不学，未闻道也，道即当人之体是已。礼之为言节也，乐之为言和也。性之德也，合外内之道也，不离气质而实不倚于气质。礼乐合德而气质融，若即此文彼。然则学以尽性之谓也，成人者尽性践形、参天地而成位乎中是也。兼长非圣门之学也，如必欲合四者而后文之，则颜子之沉潜先让卞庄矣，曾子之鲁先让冉求矣，焉得闻道哉？子路有兼人之质而失之不学，故夫子曰“人道不必兼成也，求其所以自成而已”。若武仲诸人而文之以礼乐，亦可以成人矣。盖知、廉、勇、艺皆生质之美，而偏以才技不化而为德性之累，故必要于礼乐之文而后为成也。仅若武仲之知，非知也；公绰之廉，非仁也；卞庄之勇，非勇也；冉求之艺，非道也，乌乎成？今之成人者，苟其忠信之德足以辨义利、决死生、贞[3]久暂，则大本立，亦庶无忝[4]于人道矣，而非吾之所为成人也。彼其于礼乐之道未有闻也，由亦要其至者而已。子曰“由也升堂矣，未入于室也”，此两者成人之别也。《诗》云：“如切如磋，如琢如磨。瑟兮僩兮，赫兮喧兮。”文之以礼乐，当如是也。

◎注释

［1］臧武仲：臧孙纥（hé），谥“武”，鲁国大夫。［2］卞（biàn）庄子：鲁国卞邑大夫。［3］贞：贞守。［4］忝（tiǎn）：辱。

◎解析

刘宗周主要围绕“德性”与“气质”展开分析，指出德性必须通过气质来显用，气质也必须顺遂德性来成其利用，是故“知、廉、勇、艺”等材质必须用来成就礼乐之德。在孔子看来，成人的实质就是成德，所谓“辨义利、决死生、贞久暂”实质上就是存养忠信之德。

◎原文

子问公叔文子[1]于公明贾[2]曰：“信乎，夫子不言，不笑，不取乎？”公明贾对曰：“以告者过也。夫子时然后言，人不厌其言；乐然后笑，人不厌其笑；义然后取，人不厌其取。”子曰：“其然，岂其然乎？”

道不远人。公叔文子能由之，公明贾能道之。可见“百姓日用而不知”乃是精义妙道，特行不著、习不察耳。故曰：“终身由之而不知其道者众也。”时然后言，乐然后笑，义然后取，此亦斯民日用之理，而及其至，虽圣人亦有所不能焉。故曰：“其然，岂其然乎？”审疑之也。在文子固然而不自知其所以然，夫子就昏昏恁地中，一提一醒，使人反身而自得之也。

凡人何尝不时然后言、乐然后笑、义然后取？但有至不至耳。学者但察识，扩而充之始得。

◎注释

［1］公叔文子：公孙拔，卫国大夫。　［2］公明贾：姓公明，名贾，卫人。

◎解析

刘宗周认为公叔文子等人虽然日用妙道，但未必知晓其中的所以然之理，而孔子所谓“其然，岂其然乎”正是一提一醒，教人反身自省，察识个中道理。

◎原文

子曰：“臧武仲以防求为后于鲁，虽曰不要[1]君，吾不信也。”

子曰：“晋文公谲[2]而不正，齐桓公正而不谲。”

五伯莫盛于桓、文，皆假之也。而就事而论，正谲辨焉。桓、文之事在征伐会盟。会盟之大者，于齐则盟于首止[3]，定太子以安王室；于晋则盟于践土[4]，挟天子以令诸侯：并假尊王之义而正谲分。征伐之大者，于齐则伐楚，责包茅[5]之不贡；于晋则伐卫以致楚，而阴谋以取胜：并假攘夷之义而正谲分。故夫子大阐其微云。

五伯事业加无源之水，一发骤涸。独秦穆[6]一《誓》自根底流出，其规模当有天下。

◎注释

［1］要：要挟。　［2］谲（jué）：诡诈。　［3］首止：地名。［4］践土：地名。　［5］包茅：成束捆绑的菁茅草。古代祭祀时，用来滤酒去滓。春秋时楚国的贡物。　［6］秦穆：秦穆公。

◎解析

此章涉及孔子对齐桓公与晋文公的评价。刘宗周结合两人尊王攘夷的事迹展开详细的论述。齐桓公为诸侯盟主，率领诸侯尊崇王室，以楚国不纳贡为名讨伐楚国，可谓名正言顺。晋文公称霸诸侯，却是挟天子以令诸侯，以阴谋来攻伐他国，所作所为可谓诡诈。

◎原文

子路曰："桓公杀公子纠，召忽死之，管仲不死。"曰："未仁乎？"子曰："桓公九合诸侯，不以兵车，管仲之力也。如其仁，如其仁。"子贡曰："管仲非仁者与？不能死，又相之。"子曰："管仲相桓公，霸诸侯，一匡天下，民到于今受其赐。微管仲，吾其被发左衽[1]矣。岂若匹夫匹妇之为谅也，自经于沟渎而莫之知也。"

子路责管仲不死，自是君子守身常法。如子贡便看得宽了。子路只断断责他不死，不落第二见，即死孔悝之兆也。仲从子纠出奔，未定君臣之分，于此一死，是匹夫而殉义者，虽不可谓至忠，亦成就一是矣。但春秋时终不可以无管仲一人。仲固素有挟持，必欲以功名显于天下，故隐忍不死，卒行其志耳。当其与鲍叔共奉公子而出奔也，三人固已逆知襄公之必乱而各居奇货，待时而发，以匡内难，亦臣子同心许国之至谊也。小白先入，则仲固相桓；子纠先入，则叔亦相纠。

管、鲍素相知，才识相似，故两分所事，惟召忽最正，可为仲副。方发乱，三人奉两公子，如拯溺救焚，利于先入。先入定祸乱，则当有齐国矣，不必问孰为兄、孰为弟。桓公、子纠势不相容，而鲍叔三人可相为用。召忽一死，可尽周旋之义，可无憾于子纠矣。仲何为而复死哉？请囚而入，心在桓公，犹其在子纠也。鲍叔言于桓公以为相，二人匡齐之志始尽。孔子曰："殷有三仁焉。"三人微似之。但三人皆非见得道理合当如此，不免有诡遇[2]获禽之意。区区召忽，又不过匹夫之谅。总之管仲之事，略[3]其心而取其功可也。夫子生于衰周，目击僭王猾夏之祸而身不能用，一腔热血无处可洒，不觉追念管仲之功，至以为到今受赐，盖伤今之无仲也，自是痛痒相关。子路、子贡只从一身起见，故云。

◎注释

［1］左衽（rèn）：衣服前襟向左侧开。指古代夷狄服装。　［2］诡遇：指打猎时不依规定而追杀猎物。比喻用不正当的手段追求功利。　［3］略：忽略。

◎解析

刘宗周围绕公子纠与小白（桓公）争位的事，详细论述"管仲不死"的缘由。在他看来，管仲、鲍叔、召忽皆一心为国效力，三人侍奉两位公子出逃避难，乃是为齐国未来作打算。当此之时尚无君臣之义，即使桓公与公子纠互不相容，此三人依旧能为未来齐君所用。管仲有大才，侍奉公子纠既已尽其所能，虽然比不上召忽刚烈，但也不必拘泥此等匹夫之节，况且管仲后来辅助齐君称霸诸侯以匡救天下，可谓有大功于后世。刘宗周认为孔子见世道衰乱，是故特意突显管仲的功绩。

◎原文

公叔文子之臣[1]大夫僎，与文子同升诸公。子闻之，曰："可以为文矣。"

按，《谥法》：经天纬地曰文，勤学好问曰文。舍是无考。文子荐贤一事，直是虚心无我，有古大臣之概，非不学无术者比矣。"可以为文"者，深嘉之也。臧文仲文矣，而展禽[2]愧易名[3]矣。推贤让能，千载盛事，盖非虚心克己、以身殉国者不能也。

◎注释

［1］臣：家臣。 ［2］展禽：柳下惠，姬姓，展氏，名获，字子禽(一字季)。 ［3］易名：指为死者立谥。

◎解析

刘宗周指出公叔文子为国选能，能举荐家臣，可谓虚心无我。

◎原文

子言卫灵公之无道也，康子曰："夫如是，奚而不丧？"孔子曰："仲叔圉治宾客，祝鮀治宗庙，王孙贾治军旅。夫如是，奚其丧？"

宾客主邻国之聘问者，宗庙以治内，军旅以治外，文事武备皆得其人，国奚丧之有？主德虽昏而犹明于任人得计安国家之要者，国之不亡非幸也。愚观后世若齐文宣帝[1]，荒淫狂悖甚于桀、纣，然能知杨愔[2]之贤，委以国事，卒保首领；宋南渡诸君颇无失德，只任奸臣柄国[3]以亡。故曰：二老[4]归而周炽，三仁去而殷墟，子胥死而吴亡，种、蠡存而越霸。

◎注释

［1］齐文宣帝：高洋（526—559），字子进，鲜卑名侯尼于（一作“侯尼干”）。南北朝时期北齐开国皇帝。 ［2］杨愔（yīn）：（511—560），字遵彦，小字秦王。北齐宰相。 ［3］柄国：执掌朝政。 ［4］二老：伯夷、叔齐。

◎解析

卫灵公虽然无道，但能任贤使能，让卫国免遭丧亡。刘宗周在此引述诸多事例说明任贤使能的重要性。

◎原文

子曰：“其言之不怍[1]，则为之也难。”

其言不怍，精神一并外泄，安能有为？士君子躬行实难，惟凝聚之极，方有全力，可以胜天下之重而不靡[2]，可以至天下之远而不仆[3]，只其言之不怍，定可以卜其难为矣，奚必计及言之不可复哉？故君子耻其言而过其行也。

子曰：“古者言之不出，耻躬之不逮也。”言之不怍，无所耻也。

逊国[4]时，金川失守，杨士奇[5]、胡俨、解缙、金幼孜、黄淮、周是修会于吴溥邸中，约同死节，诸臣皆慷慨激发，独是修无言泣下。已而溥问其子与弼曰：“诸叔何如？”与弼时方七岁，对曰：“独周叔死耳。”

羞恶之心，正在此处用。

◎注释

［1］怍（zuò）：惭愧。 ［2］靡：散乱。 ［3］仆（pū）：跌

倒。　［4］逊国：指朱棣取代朱允炆称帝。　［5］杨士奇等皆为明初大臣。

◎解析

刘宗周结合孔子“言行”观展开探讨。在孔子看来，君子所言建立在自身能够躬行的基础上，以言过其实为耻。学者若无相应的才能，一味高谈阔论而不知羞恶，势必会因难以躬行而失信于言。

◎原文

陈成子弑简公。孔子沐浴而朝，告于哀公曰：“陈恒弑其君，请讨之。”公曰：“告夫三子[1]。”孔子曰：“以吾从大夫之后，不敢不告也。君曰‘告夫三子’者！”之三子告，不可。孔子曰：“以吾从大夫之后，不敢不告也。”

请讨陈恒，自是宇宙大义，非专为三家发。当时周政不纲，失礼乐征伐之柄，孔子举而归之鲁，亦《春秋》意也。公曰“告夫三子”而三子不可，则鲁为齐续矣。故曰：“以吾从大夫之后，不敢不告也。”夫子既私言之以自伤其志，而又诵言之三家以寒乱臣贼子之胆，则所以扶天理、植[2]人心而挽回春秋世道而不坠者，意独至矣。

愚按：使夫子之言得行，则将义足以克齐，取罪人而归法于天王，天王一举而号令诸侯。由是天子得以收诸侯之权，诸侯得以收大夫之权，大夫得以收陪臣之权，政教号令复出于一，而文、武之道复兴于世矣。当是时，周仅得中主，上命鲁为方伯，用孔子以周、召之任，必将发明二帝三王之道，以致主于尧、舜，所为三年之成、必世之仁，直于吾夫子亲见之矣。惜乎哀公之不足有为也！

问：“《左传》：告哀公曰：‘陈恒弑其君，请讨之。’公曰：‘齐强鲁弱久矣，子言伐之，何也？’孔子曰：‘民之与者半，以鲁之众加齐之半，可克也。’而程子以为非孔子之言。如此则以力不以义矣，然否？”曰：“谓圣人此举以义不以力则可，谓义必废力则不可。圣人临事而惧，好谋而成，非徒虚张名义而不切当日之情事者，况以破强弱之惑乎？斯实语也。”

◎注释

［1］三子：即季孙、仲孙、孟孙三氏。　［2］植：根植。

◎解析

刘宗周指出孔子欲通过征讨陈恒来匡救纲纪，如果哀公能用孔子之言，则不仅可通过伐齐来正纲纪，还能借此进一步号令诸侯，辅助周天子收天下之权。

◎原文

子路问事君。子曰：“勿欺也，而犯之。”

勿欺者，本吾学之不欺者而持以事君，则仕不欺君是也。忠也而犯之，所以致吾忠也。前章曰“忠焉，能勿诲乎”，犯而欺焉有矣，未有忠而勿诲者也，故曰：“勿欺也，而犯之。”饶双峰[1]曰：“今人自家好色、好货，却谏其君勿好色、好货，皆是欺君。”愚谓：理固微然，若因自己好色、好货，便坐视君之好色、好货而不谏，岂人臣之谊哉？孟子曰：“畜君何尤？畜君者，好君也。”苟其由衷之性，则虽不能正己正物，亦卓然社稷臣矣。但夫子告子路，必要其至者。

◎注释

［1］饶双峰：饶鲁（1193—1264），字伯舆，一字仲元，号双峰。南宋理学家。

◎解析

在刘宗周看来，所谓“勿欺”指不欺忠君爱国的良心，依靠良心来行事，宁可触犯君上也要勇于指正其过失，真正为君为国来考虑。

◎原文

子曰：“君子上达，小人下达。”

君子就其上而达焉，则天理是也；小人就其下而达焉，则人欲是也。上下之分，只在一念之微[1]，而达之机自不能已。此君子小人之品所以分也。

◎注释

［1］一念之微：指在细微的善念与恶念转变之间。

◎解析

刘宗周指出君子上达就是存天理，小人下达便是遂人欲；一念之间，存天理即是去人欲，遂人欲即是灭天理。

◎原文

子曰：“古之学者为己，今之学者为人。”

古今之学一也，而学之用情则异。为己者，学以成己也。学之道本如是也。若不求在己而或以利、或以名，但从毁誉得丧起念，是为人也，学斯伪矣。为己、为人之微，判古今学术之辨，其成就不啻天壤。学者慎之。

格此一关，则后儒逗漏[1]尽多，凡事不甚狼狈便过去。

◎注释

［1］逗漏：透漏。

◎解析

刘宗周指出为学之道在成己，为己便是成就自身的德性，为人却是辗转于名利。

◎原文

蘧伯玉[1]使人于孔子。孔子与之坐而问焉，曰："夫子何为？"对曰："夫子欲寡其过而未能也。"使者出。子曰："使乎！使乎！"

欲寡过未能，此圣学真血脉。日进无疆之道，庶其在于此。子曰"不善不能改"，又曰"五十以学《易》，可以无大过矣"是也。伯玉之贤，夫子相许有素，至此更从使者发其一生精神，有独契其好学之心者，故及其既出而赞叹如此。其开示学者之心亦至矣。

近世如邓文洁[2]公，晚年学问有得，其兄问之，曰："弟近日只查己过。"病革，谓子弟曰："万事万念皆善都不算，只一事一念不善便算。"

问："欲寡过，如何未能？"曰：圣贤看得自己通身都是病，直是千疮百孔，须实实用功方得。我辈几时得到与天为一处？虽然，天地之大也，人犹有所憾。

谁肯认自家不是处？即驾言[3]改过，亦援引圣不自圣之意，作一段好话柄耳。勘至此，直发一笑。

◎注释

[1] 蘧伯玉：名瑗，卫国大夫。 [2] 邓文洁：邓以赞（1542—1599），字汝德，号定宇，谥曰“文洁”。明代理学家。 [3] 驾言：托言。

◎解析

刘宗周围绕“寡过”展开论述，重点引述邓以赞的例子，指出寡过的工夫在于时刻反身省察，一有不善当即觉察，当即迁善改过。学者若着实用功于寡过，自然日进其道，直至心体无一毫亏损，日用之间皆中道而行。

◎原文

曾子曰：“君子思不出其位。”

心之官则思。此人心无息之体也。人心无不思而妙于无思，思得其职也，故谓之“思不出其位”。位者，人心之本体，天理是也。君子心有常运，随其日用动静，莫非天理之本，然欲指其纤毫渗溢[1]而不可得也。此即《艮》卦《象辞》之意。圣门思诚之学，固所雅言，故曾子发明简要之旨以示训，非必得之《易·象》也。按，《易·象》曰：“兼山，艮。君子以思不出其位。”体艮、止之义有如此者。而《卦辞》曰：“艮其背，不获其身；行其庭，不见其人。”盖言止也。

思不出位，宇宙皆吾分内。

问：“人有出位之思否？”曰：“孟子曰：‘思则得之，不思则不得也。’”出位，非思也，念也。炯然有觉者思之体，倏然[2]无根者念之动。

非礼勿视、听、言、动。居处恭，执事敬，与人忠。君子思不出其位也。

程子曰："心要在腔子里。"

◎注释

［1］渗溢：渗漏、溢出。　［2］倏（shū）然：形容变化极快。

◎解析

刘宗周认为"思"指本心的发用，"位"指心之本体。人心无不思，思不出位便是尽心体之用，也就是在日用动静中止于义理、不违职分。

◎原文

子曰："君子耻其言而[1]过其行。"

君子先行其言而后从之，则行可过也，言不可过也。言过于行，可耻孰甚焉！此君子所以不言而躬行也。

不必说十分话只做九分为过，只占先一步，正是过处。

◎注释

［1］而：用法同"之"。

◎解析

此章教人躬行其言、言不过实。

◎原文

子曰："君子道者三，我无能焉：仁者不忧，知者不惑，勇者不惧。"子贡曰："夫子自道也。"

君子之道者三，即君子所以成德也。成德之要，曰知、仁、勇。而君子之道管[1]于此矣。不忧之仁，仁之至也；不惑之知，知之至也；不惧之勇，勇之至也。于不忧、不惑、不惧中，见君子之心粹然天理，渣滓尽化，非上达天德者不足以语此。故夫子歉然[2]曰“我无能焉”。盖实体诸己而其心容有不敢自信者，非特谦辞也，此学而不厌之心也。而子贡曰“夫子自道也”，言仁、知、勇之道正非夫子不能全，此言乃所以自道其实也，猥[3]云“无能”，圣不自圣云尔。若子贡亦知足以知圣人矣。

◎注释

［1］管：管辖。　［2］歉然：不满足貌。　［3］猥（wěi）：谦辞。

◎解析

前文《子罕》已经论及“仁者不忧，知者不惑，勇者不惧”，此章刘宗周主要凸显为学进德是一个生无所息的过程，孔子自道“无能”彰显出学而不厌的进德之心。

◎原文

子贡方[1]人。子曰：“赐也贤乎哉？夫我则不暇。”

方人，非圣人之所暇也，乌得为贤？正欲其反观自镜，深自引愧，以为进德之地云尔。故曰“夫我则不暇”。仍就方人之见而提醒之，深于教矣。

子贡方人，须从师弟分上一勘，贤不贤始得。

◎注释

［1］方：通“谤”，指责别人的过失。

◎解析

在刘宗周看来，孔子言“我则不暇”实则是在批评子贡，让子贡反观自省，在自己的德行上用功。

◎原文

子曰：“不患人之不己知，患其不能也。”

圣人每从人不知处割俗学之肺肠[1]，使之反而从事于为己，非以所能邀知遇[2]也。圣人雅言之，其旨切矣。

◎注释

[1] 肺肠：比喻关键的部分。　[2] 知遇：相交，相识。

◎解析

刘宗周指出此章依旧为孔子教人反求诸己。

◎原文

子曰：“不逆[1]诈，不亿不信，抑亦先觉者，是贤乎！”

逆亿，非觉也。故不逆亿而先觉者为贤。先觉者，卓立于物情[2]之表而随感随照也。圣贤心体至诚，未尝以诈与不信待人，但物来坐照，自无遁情耳。

问：“不逆亿矣，容有不先觉者否？”曰：先觉非用察识之谓，只良知不蔽而已。如子产受欺于校人[3]，舜受欺于象，正不失为先觉者。

如觉人诈，觉人不信，正是逆亿处。先觉者，有觉而不用者也。

周子曰：“明不至则疑生。以疑为明，何啻千里？”此逆亿之说也。

◎注释

［1］朱熹《论语集注》："逆，未至而迎之也。亿，未见而意之也。诈，谓人欺己。不信，谓人疑己。" ［2］物情：事物的情状、道理。［3］校人：管理池沼的小吏。

◎解析

刘宗周从道体感应流行上立论，认为圣人中道而行，随所感而应变，是故不逆不亿。

◎原文

微生亩谓孔子曰："丘何为是栖栖[1]者与？无乃为佞[2]乎？"孔子曰："非敢为佞也，疾固也。"

既不敢为佞，又疾固，必也圣乎！清任和[3]，其犹病诸。

枉道求合，君子耻之。此在贤者有所不为，而况圣人乎？惟圣人体道甚至，时行则行，时止则止，未尝有一定之权，何固之有？固者，我见也。圣人无我，何固之有？

乐行忧违[4]，确乎其不可拔，非固乎？曰：从一身起念则遁世为贞，从天下起念则周流非佞，并行而不悖也。

◎注释

［1］栖栖：忙碌不安的样子。 ［2］佞（nìng）：指有口才。［3］清任和：出自《孟子·万章下》："伯夷，圣之清者也；伊尹，圣之任者也；柳下惠，圣之和者也；孔子，圣之时者也。" ［4］乐行忧违：出自《易·乾》："乐则行之，忧则违之。"指所乐的事就去做，所忧的事则避开。

◎解析

刘宗周认为孔子栖栖于天下，以道为己任，能行便行、不行便止，既非求功利，又非固守陈理。

◎原文

子曰："骥不称其力，称其德也。"

或曰："以德报怨，何如？"子曰："何以报德？以直报怨。以德报德。"

"以直报怨，以德报德"，自是称物平施[1]，天理人情之至。直则忘怨不较[2]，不枉法以伸情，亦不匿情以市[3]德；德则无德不报，于天理之中，伸人情之至。两者皆物来顺应之常，而不萌一毫私意于其间，所以为圣人之道也。

推此意便须知明处当，万物各得其所。

或曰：以德报怨，亦谓小怨之可捐者，非父兄之雠[4]之谓。然不直亦甚矣！故圣人因之以告或人，而至理亦不外是。

◎注释

[1] 称物平施：指根据物品的多少，做到施与均衡。 [2] 较：计较。 [3] 市：同"饰"，粉饰。 [4] 雠：同"仇"。

◎解析

刘宗周重点指出"以直报怨"相比"以德报怨"，一方面能将当下的怨愤等情绪直接发泄并排解掉，避免长时间滞留心中造成不必要的后续矛盾；另一方面能让当事人通过调解情绪来助长心中的德性，以免道德流于外在的形式。

◎原文

子曰："莫我知也夫！"子贡曰："何为其莫知子也？"子曰："不怨天，不尤人，下学而上达。知我者其天乎！"

圣人未尝有求知之心。莫知之叹，正自言平生所学无可见知耳。此子贡所以有"何为"之问也。谓夫子之道必有其可知者在乎，不知圣心原不从知不知起念。上下天人，坦然顺应之而不拂[1]，何怨尤之有！不怨不尤，此心正有用在。圣人一生精神合并不厌之学，学而云下者，逊生安[2]而起功于困勉，讳性天而择术于射御，执心弥下而造道弥真，自能寻向上去，日就月将，即所学达之矣。此其暗然[3]为己之学，真有不愧屋漏而上通于帝命者。"知我者其天乎"，非意之也。即心即天，即独知即天知，以见人之终不我知也，此圣人所以为圣人也。莫知而后见圣人之心真，则世人之急急于邀知者，吾不知其于知何如之病也，圣人亦乐乎人之我知也哉？

老子曰"知希我贵"[4]，则有逃知之心矣。圣人真是无可知处，知我其天，道其实也。

圣人将上一乘工夫让人做，只做中人以下学问，故曰"下学"。如发愤忘食，直是钝根[5]，如此其进自不能已，所谓"上达"也。达者，足此通彼之谓，自卑而高，积小而大也。圣学不喜道顿[6]，下学之学，正学不得道顿，随学随达，机非二致，而自下而上，功由积累，至于达天知化，则有莫知其所以然者，非才学便达天德也。发愤忘食，乐以忘忧，一时之学达也；志学而从心所欲，不踰矩，终身之学达也。

学人事而达天理，训上下亦通。但未见圣学吃紧精神，如子臣弟友间是学，未能处是下学。圣人言未能何有，不一而足，为是难若刻厉，恁地埋头去。

学只是遏人欲，存天理。

◎注释

[1] 拂：违背。 [2] 出自《礼记·中庸》："或生而知之，或学而知之，或困而知之，及其知之，一也。或安而行之，或利而行之，或勉强而行之，及其成功，一也。"生知，指不用问学求知，直接顺应天性所知来行动。困勉，指通过勤勉的学习来明性达道。 [3] 暗然：幽隐深远的样子。 [4] 出自《老子》："知我者希，则我者贵。" [5] 钝根：指根性愚钝。 [6] 顿：指顿悟之法。

◎解析

在刘宗周看来，"知"有良知与认知的区分。良知为天命之德，本非认知所能知晓。孔子之学只是求己身的良知，以顺应天命而行，所谓"尽心知性而知天"，是故孔子所行从根本上就无关乎是否为人所知。另外，刘宗周重点讨论"下学上达"的工夫，指出孔子施教只是教人在人伦事务上做工夫，通过不断进学来积蓄德行，由此上达天德。

◎原文

公伯寮[1]愬[2]子路于季孙。子服景伯[3]以告，曰："夫子固有惑志于公伯寮，吾力犹能肆[4]诸市朝。"子曰："道之将行也与？命也。道之将废也与？命也。公伯寮其如命何！"

命，我之命也。命自我立，兴废之机，我制之矣。"公伯寮其如命何"，言非寮之力所与也。君子惟行法以俟命[5]而已矣。废行而曰"将"，圣人不以一成之见胶未定之天，亦不以因应[6]之心晦前定之理，有如此者。

◎注释

［1］公伯寮（liáo）：公伯氏，名寮，字子周。　［2］愬（sù）：诋毁。　［3］子服景伯：子服氏，名何，谥“景”。鲁国大夫。　［4］肆（sì）：陈尸，指诛杀公伯寮。　［5］俟命：等待天命。　［6］因应：随机应变。

◎解析

刘宗周认为“命”指人所禀受的天命，命的兴废在于人是否能尽性知命。天命流行本来神妙变化，没有固定的范式可以执持，君子只能随时应感以修身俟命。

◎原文

子曰：“贤者辟[1]世，其次辟地，其次辟色，其次辟言。”子曰：“作者七人矣。”

贤者辟世：处乱世而长往[2]，鸿飞冥冥[3]。此其最高云。其次则辟地：危邦不入，乱邦不居，犹然局蹐[4]于世网之中。其次辟色，机[5]斯著矣。其次辟言，机斯晚矣。论洁身之义，则三者递而上之，不若辟世之为高。而君子所遇不同，容或有待时而后决者，以言乎洁身之义则一也。而下章复继之曰“作者七人矣”，以见天地闭、贤人隐[6]，深足为世道之痛也。七人无所指。当时若沮、溺、丈人、晨门、荷蒉、太师挚[7]诸人之流，皆从事于辟世云云者，视圣人无可无不可，若失之固，而洁身辟乱以待天下之清，亦不诡[8]出处之正者。其清风高节、明哲保身之谊，千载而下，不可多得。夫子曰“作者七人矣”，推尊之意亦独至矣。

春秋自逸民[9]诸人外，其藏名远举[10]，若丈人、长沮、桀溺、楚狂、晨门、荷蒉、微生亩得七人焉。

或问："辟世则果矣。辟地、辟色、辟言，犹近圣人栖栖否？"曰：论隐之义毕竟以早见远举为高，《易》所（一有"以"字。）讥"尾遯[11]"（一作"遯尾"。）也。今但见圣人周流辙环[12]，便忘却"无道则隐"一段公案，出处之道几不明于后世矣。

章文懿[13]公曰："康斋[14]出处第一著，白沙[15]第二著，一峰[16]第三著，如我辈，又是第四、五著了。

◎注释

［1］辟：同"避"。　［2］长往：一去不返，指避世隐居。　［3］鸿飞冥（míng）冥：指鸿雁飞向高远的天际。比喻超然世外，以远祸患。［4］局蹐（jí）：谨慎恐惧的样子。　［5］机：事物发生的征兆。［6］出自《易·坤·文言》："天地变化，草木蕃；天地闭，贤人隐。"指天地闭塞昏暗，贤人隐退匿迹。形容社会衰乱。　［7］长沮、桀溺、丈人事见《微子》，晨门、荷蒉事见《宪问》，太师挚事见《泰伯》。　［8］诡：违反。　［9］逸民：指节行超俗、遁世隐居的人。　［10］远举：走避远方。　［11］《遁》卦爻辞。　［12］辙环：比喻周游各地。　［13］章文懿：章懋（1437—1522），字德懋，号暗然翁，晚年又号瀫滨遗老，谥"文懿"。明代大臣。　［14］康斋：吴与弼。　［15］白沙：陈献章。［16］一峰：罗伦（1431—1478），字应魁，一字彝正，号一峰。明代理学家。

◎解析

此章主要论"洁身隐逸之义"。周末世道衰乱，正如《易》所谓"天地闭、贤人隐"，当时众多贤人随着所遇的境况或避世，或避地，或辟色，或辟言，在刘宗周看来，《论语》中提及的诸如沮、溺等人便是这些明哲保身的高洁之士，孔子所谓"用之则行，舍之则藏"便体现出"时止则止"的隐逸之道。

◎原文

子路宿于石门。晨门[1]曰："奚自？"子路曰："自孔氏。"曰："是知其不可而为之者与？"

知其不可，旁观者自明。圣人身寄世道，若当局而迷者，直是不忍分明。一如子视父母病，虽不可救，无不下药之理，虽既死而犹望复焉。圣人直看得世道尚有可为而为之，非漫为是无益之行也，其如终不可为何哉？晨门本讥圣人不知时而故以为知之者，正欲醒之也，可为婉而讽矣。

◎注释

［1］晨门：掌管城门开闭的人。

◎解析

在刘宗周看来，孔子虽然知道世道衰乱、王道难行，但依旧不舍匡救世道之心。在外人看来虽是当局而迷，但对于孔子而言，只是尽此拳拳不忍的仁心。

◎原文

子击磬于卫，有荷蒉[1]而过孔氏之门者，曰："有心哉，击磬乎！"既而曰："鄙哉，硁硁[2]乎！莫己知也，斯已而已矣。深则厉[3]，浅则揭。"子曰："果[4]哉！末之难矣！"

"有心"之言，真知夫子之心事矣。既而曰"鄙哉，硁硁乎"，言此心固而不化也。既已莫己知矣，亦可以已矣。深则厉，浅则揭，与时卷舒[5]，不亦善乎？荷蒉方自视甚圆，而不知圣人视荷蒉甚果也，故曰“果哉”，断坏[6]他忘世之见，正为硁硁解嘲也。浅深制宜，他看恰好在，只了得自己出处一节犹不难，圣人直为其难耳。圣人之难，以世为一身而拯溺亨屯[7]者是。

“深则厉，浅则揭”，自是圣人家法，但荷蒉看得固，圣人看得圆。此圣贤之别也。

◎注释

[1] 荷蒉（kuì）：盖隐逸之士。 [2] 硁（kēng）硁：形容磬声。[3] 出自《诗·邶风·匏有苦叶》：“深则厉，浅则揭。”朱熹《论语集注》：“以衣涉水曰厉，摄衣涉水曰揭。” [4] 果：坚决。 [5] 卷舒：卷起与展开，指进退。 [6] 断坏：指贬损。 [7] 亨屯：解救困厄。

◎解析

刘宗周以“果”与“圆”区分荷蒉与孔子之道。荷蒉虽然知晓随时进退的道理，但只在自己这一身上用功，果于忘世这一端。孔子则将天地万物视作浑圆一身，在世道兴亡上时行时止，所行所为可谓“难”。

◎原文

子张曰：“《书》云：‘高宗[1]谅阴[2]，三年不言。’何谓也？”子曰：“何必高宗？古之人皆然。君薨，百官总己以听于冢宰三年。”

父母之丧，达乎天子。上古圣人以孝治天下也。天子有天下之责，故制为冢宰听政之礼，使孝子之情伸于上而天下晏然[3]。观古人皆然，则此礼为万世不易之经矣。后世丧礼隳坏[4]，襄公以墨缞临戎[5]，则在天子可知。故圣人垂训，以示天下万世云。

◎注释

［1］高宗：商王武丁。　［2］谅阴：指居丧时所住的房子。［3］晏（yàn）然：安宁。　［4］隳（huī）坏：败坏，毁坏。　［5］出自《左传·僖公三十三年》："遂发命，遽兴姜戎，子墨衰绖。"杜预注："晋文公未葬，故襄公称子，以凶服从戎。"墨缞：黑色丧服。

◎解析

此章论上古丧礼。天子一方面为了守孝，另一方面为了治天下，因此制定冢宰听政之礼。孔子关注的重点乃是古人重视孝道。

◎原文

子曰："上好礼，则民易使也。"

民之难使也久矣：威劫[1]之而愈叛，法笼之而愈畏，心存则百体[2]自顺，心放则百体皆乖。君子之于民也，亦犹是也。上好礼，宅心于齐庄[3]中正之体，而出身加民无非是物，故可以摄天下之精神而通为一体，如身之使臂，臂之使指，故民易使也，盖言顺也。

上好礼，只是毋不敬。敬则有以消天下狡慢[4]之情而归于顺，故易使。礼主于教，而默寓[5]于刑政之中者也。

上好礼，能以礼让为国是也。以礼导民，则民皆式于规矩而作其忠敬之心，故易使。亦莫敢不敬之意。

◎注释

［1］劫：威逼，胁制。　［2］百体：指各个部分。　［3］齐（zhāi）庄：斋戒以示庄敬。　［4］狡（jiǎo）慢：诡诈、散漫。　［5］默寓：暗中寄托。

◎解析

刘宗周指出“使民”之道在于安抚民心、使民顺服。君子若能存中正仁爱之心，施行德政，依据礼法来行事，自然能取得民众的信服，让民众归顺自己。

◎原文

子路问君子。子曰：“修己以敬。”曰：“如斯而已乎？”曰：“修己以安人。”曰：“如斯而已乎？”曰：“修己以安百姓。修己以安百姓，尧、舜其犹病诸！”

言君子便须参天地、赞化育。然其道则求诸己者。己非人与百姓对待之己。“修己”亦不为安人、安百姓起念，只求得一己而已。《传》曰：“如琢如磨者，自修也。”敬者，圣学终始之要，修己之心法也。敬修之道，在肃然收敛此心而主于一，不显亦临[1]，无斁亦保，湛然无复非几[2]之扰，至于反身而诚，则己得其己矣。己得其己，则静虚动直，天地万物咸归在宥[3]，无所以及人而人自安，即以修之者安之也，故曰：“修己以安人。”无所以及百姓而百姓自安，即以修之者尽安之也，故曰：“修己以安百姓。”安人、安百姓，在修己中实有是事，非意之也。语君子至此，则存神过化[4]，上下与天地同流，虽尧、舜犹病之矣。尧、舜之学，只是一敬。然修无止法，修而安无限量，尧、舜亦毕生做不了。学者但当敬修而无失，可也。

“小心翼翼，昭事上帝；上帝临汝，无贰尔心”[5]，是敬修正当处。

修己以敬，正是尊德性而道问学。

程子曰：“敬胜百邪。”

古来无偷惰放逸的学问，故下一“敬”字，摄入诸义。就中大题目，只是克己复礼、忠恕、一贯、择善固执、慎独、求放心便是。后儒将敬死看，转入注脚去，便是矜持把捉，反为道病。

拈出“敬”字，良多苦心。如曰“敬只是心中无一事也”，又曰“惟忘敬而后无不敬”，不免翻案之说，使后人藉口[6]。而谓“打破敬字，方能入道”，几于小人之无忌惮而圣学晦矣！

◎注释

［1］出自《诗·大雅·思齐》：“不显亦临，无射亦保。”不显，幽隐不明。临，临视。无射，即“无斁（yì）”，不厌倦。保：保持。此处主要指通过主敬来存养本心，不倦于持守此道，使得幽隐潜行之道随时照临在己身。 ［2］非几：非理。 ［3］宥（yòu）：宽仁；宽待。 ［4］出自《孟子·尽心上》：“夫君子所过者化，所存者神，上下与天地同流。”赵岐注：“过此世能化之，存在此国，其化如神。” ［5］出自《诗·大雅·大明》。 ［6］藉口：借口。

◎解析

首先，刘宗周重点从“心体”上立论。所谓“己”指己身良发的仁义本心。仁心与天地万物处在生生一体的流行中，是故学者若能尽仁心之用，便可以处置万事。正如刘宗周所言，君子只须随时修养自己的仁德，不必生起“安人”“安百姓”等念头，当此心不忍他人、百姓受难之时，当即扩充此心，便能安人以及安百姓，所谓“修己”而人安、百姓安。

其次，刘宗周指出“修己”的工夫只是“主敬存诚”，通过存养此心来修身成德。所谓“敬”不是通过心气来把持此心，而是“无贰尔心”地顺应心体良知的运化，尽得此心之用，所谓“勿忘勿助”。在刘宗周看来，孔门诸如“克己复礼、忠恕、一贯、择善固执、慎独、求放心”无不是尽心知性的工夫。

◎原文

原壤[1]夷[2]俟[3]。子曰：“幼而不孙弟，长而无述焉，老而不死，是为贼！”以杖叩其胫。

原壤夷俟，示放达也。平生情状尽露于此，故夫子历举其生平而痛斥之，以声名教之辟[4]，以杖叩其胫，若使之因而知改。然则犹有故人之谊乎？使老而知改，不屑之教诲焉。朝闻道，夕死可矣。

所恶于原壤者，为其贼道也。春秋去先王之世未远，始生老氏，为惑世诬民之祖。当时一种好异之民，起而应之，如原壤者不少。观其行径，大是诡怪不常，可喜可愕[5]，至易至简。由是天下学士靡然从风，转相[6]祖述，愈流愈远，一变而为杨、墨，再变而为申、韩，三变而为苏、张[7]，终变而为佛氏之学，以还其初旨。嗣后[8]士大夫往往以佛氏之说文[9]老氏之奸，精者窃《道德》之唾余以学佛，粗者拾翕张[10]之机锋以学禅，而杨、墨、申、韩、苏、张之意时时出没其间。终宇宙世界，学道人只是此局。

◎注释

[1] 原壤：孔子的故人。 [2] 夷：蹲踞。 [3] 俟：等待孔子。 [4] 辟：驳斥。 [5] 愕：惊讶。 [6] 转相：互相，递相。 [7] 指苏秦、张仪。 [8] 嗣后：从此以后。 [9] 文：文饰。 [10] 翕张：闭合与舒张。

◎解析

此章孔子批评原壤不守礼义而放任自适。刘宗周借此批评异端之学。在他看来，异端源自老氏之学，后世诸如杨、墨、申、韩、苏、张、佛氏之学无不从老氏之学演变而来。

◎原文

阙党[1]童子将命。或问之曰："益[2]者与？"子曰："吾见其居于位也，见其与先生并行也。非求益者也，欲速成者也。"

圣人无能益童子，但有损之而已。童子少而不学，恃其聪明才智，俨然以成人自命而无求益之心，惟取必于速成而已。古人八岁而入小学，则教以洒扫应对进退之节，礼、乐、书、数、射、御之文。十五而入大学，则教以大学之道、修己治人之方。至七年而小成，九年而大成，如彼其渐也，速成何为哉？故圣人以将命裁之，欲使之挹[3]损于礼法之场，以消躐等[4]之见也。使童子由于此而果知所以益，则虽一日而千里可矣。

◎注释

［1］阙党：孔子在鲁国所居地名，又名阙里。　［2］益：上进。　［3］挹：同"抑"。　［4］躐（liè）等：超越等级，不循次序。

◎解析

刘宗周引朱熹关于为学次第的论述，指明学者当由洒扫进退之学，逐步进益到修齐治平的大学之道。孔子贬损童子，正是见其学做大人模样，欲速其成，不能诚心求学。

卫灵公第十五

◎原文

卫灵公问陈[1]于孔子。孔子对曰："俎豆[2]之事，则尝闻之矣；军旅之事，未之学也。"明日遂行。

问："卫灵问陈，一语不合，明日遂行。无伤于悻悻[3]乎？"曰："道不行矣，不去何为？圣人处此，直脱然[4]无丝毫计较。才计较，便不成行矣。所谓进礼退义盖如此，若有激而行便不是。"

圣人仕止[5]久速，莫作死格局看。如谓此必当速、彼必当久，便是可不可之见。

圣人不但言军旅之未学，而先动之以俎豆之礼，有许多委曲在。

◎注释

［1］陈：军队陈列。　［2］俎（zǔ）豆：礼器。　［3］悻（xìng）悻：愤恨难平的样子。　［4］脱然：舒展不受牵累的样子。　［5］仕止：指出仕或隐退。

◎解析

在刘宗周看来，孔子或进或退无不依循心中的礼义。卫灵公有意于军旅之事，无意于行德政，孔子见"道"不可行，也就离开了卫国。

◎原文

在陈绝粮，从者病，莫能兴。子路愠见，曰："君子亦有穷乎？"子曰："君子固穷，小人穷斯滥矣。"

子路尝诵不忮不求[1]之言，可谓能自信矣。至此又信不过，看穷是分外事一般，分明被感遇[2]动了。平生得力，当在何处？乃知其未闻道也。故下章有"知德"之叹。子曰："贫与贱，是人之所恶也，不以其道得之，不去也。"此固穷之谓也。

遁世不见知而不悔，惟圣者能之。信矣夫！

君子处穷，若固有之，素位而行[3]也。小人穷斯滥矣，愿乎外也。

◎注释

[1] 不忮（zhì）不求：忮，嫉妒。指既不嫉妒也不贪得。 [2] 感遇：遭受的境遇。 [3] 素位而行：出自《中庸》："君子素其位而行，不愿乎其外。"孔颖达疏："素，乡也。乡其所居之位而行其所行之事，不愿行在位外之事。"

◎解析

刘宗周从闻道的角度展开论述，指出君子以道为己任，不受外在境遇的影响，是故君子不因穷困而动心起念，只是素位而行。子路虽然平日诵读不忮不求的道理，但并未真正安于道义。

◎原文

子曰："赐也，女以予为多学而识之者与？"对曰："然，非与？"曰："非也，予一以贯之。"

子曰："多闻，择其善者而从之，多见而识之。"此"多学而识之"之谓也。识者，随其所学而本诸心，使弗忘也。由多而识，就事物讨归宿也。圣人之学固是如此。但所学虽多，只是一理；多学而识，只是一以贯之：非舍多学而识之外，别有一贯也。"然，非与？"正疑得恰好，道是多，又有超于多者，故云只喝个"一"不出来，非也。言我之多学，莫作"多"看了，只是一贯耳。一者，学之归也；贯者，学之融会自得之机也。一无体，即多而在；贯无迹，即识而融。圣人之学，自日用动静所及，随处理会，只是一理，认得是一，方为我有。

"一贯"之说本无二致，但此章直指学脉，前章直指道体。道亦学，学即道也。

后儒之学，多教人理会个"一"，便未必多学。圣门不如此。以子贡之颖悟，犹不轻示，必俟其学有得，方道破。若先道破，便无持循[1]处。不若且从"多学而识"自寻来路，久之须有水穷山尽时，所见无非一者。是一乃从多处求，故曰"博我以文，约我以礼"。圣门授受如印板[2]，颜、曾、赐皆一样。

◎注释

[1] 持循：遵循。　[2] 印板：本指用以印刷的底板，此处比喻相同的教学方式。

◎解析

刘宗周重点从"一"与"多"的关系上立论。宋儒提出"理一分殊"的思想，指出天地之间只是一个天理流行，万物的存在虽各自殊异，但皆处于一源之理的运化中。刘宗周发挥这一思想，进一步提出"一无体，即多而在"的思想，一便是多学所归旨的理，并在多学而识的工夫得以贯通，所谓"非舍多学而识之外，别有一贯"。在孔子这里，"学而识"并非以博多为目的，而是随所学来成德。刘宗周进而对比孔子与后儒之学，指出孔子多教人下学工夫，通过博文来约礼、进学以修道，以此批评后儒一味追求玄妙之理，反而忽略了学而识的工夫。

◎原文

子曰："由！知德者鲜矣。"

德性人所固有，但行不著、习不察[1]，鲜能知之。知德者深造自得，全体洞然，有不究其阃奥[2]不已者，虽力行如由，犹或病之，况其他乎？夫子呼由而深叹其鲜能也。他日又曰："由！诲女知之乎！"自知自证，何难之有？

知德者知性中之德也，知其性则知天矣。

朱注："此章疑为'愠见'发也。"知不知，正在此处证。扬子云[3]曰："非徒知之，实允[4]蹈之。"此之谓也。

◎注释

[1] 出自《孟子·尽心上》："行之而不著焉，习矣而不察焉，终身由之而不知其道者众也。"朱熹《孟子集注》："著者，知之明；察者，识之精。言方行之而不能明其所当然；既习矣而犹不识其所以然。所以终身由之而不知其道者多也。" [2] 阃（kǔn）奥：指精微深奥的道理。[3] 扬子云：扬雄。 [4] 允：信，实。

◎解析

德性虽然为人所固有，但不一定能被其人所觉知。刘宗周引用孟子"行不著、习不察"之说指明不能知德的原因，指出学者须通过切实地体察来深造自得，体察自身的德性。

◎原文

子曰："无为而治者，其舜也与？夫何为哉？恭己正南面而已矣。”

君道以“无为”为至，古帝王之所同也。独称舜者，舜躬圣人之德而绍[1]尧致治，凡敬天授时、封山浚[2]川、命德讨罪，既代终于摄政二十八载之日，而及其格于文祖[3]，首辟四门，以来天下之贤，乃命禹为司空[4]平水土，命后稷播时百谷，命契司徒敷五教，命皋陶作士听五刑，命垂共工若予工，命益虞掌山泽，命伯夷秩宗典三礼，命夔典乐教胄子[5]，命龙纳言出纳惟允。九官奋庸[6]熙[7]帝之载，而天下大治。舜劳于求贤而逸于任人，若泯其有为之迹，故曰：“无为而治者其舜也与。”夫天下本无为也，舜亦何为哉？但见其恭己正南面而已矣，更无所为也。敬德之至，穆然[8]如天运于上而四时行、百物生，自莫知其所以然者，此无为之象也，其斯以为君道之极乎！

自古清净无为独称黄帝，时当然也。老子之教本于黄帝，其言曰：“我无为而民自化。”至欲绝圣弃智，复结绳而用之，则非无为之旨矣。君道无为而无不为，无为者敬而已，敬则知要，知要则事理。尧、舜兢兢业业，而唯不得舜、禹、皋陶为己忧，急先务也。治至于唐、虞无不为矣，而诵（一作“颂”。）无为者，乃不归黄帝而归之舜，固知老氏之教不可以治天下也，故晋以黄、老亡。故曰：“居敬而行简，以临其民，不亦可乎？居简而行简，无乃太简乎？”

“恭己正南面而已矣”，言君道尽于此也。舍恭己外，绝无声臭[9]可窥，故曰“夫何为哉”，语意呼应，倒喝法也。

◎注释

[1] 绍：连续，继承。 [2] 浚（jùn）：疏通。 [3] 文祖：尧的太庙。 [4] 以下皆为职官。司空：掌水土营建之事。司徒：掌理教化。共工：掌管百工事宜。纳言：掌传达王命。 [5] 胄（zhòu）子：古代帝王或贵族的长子。 [6] 奋庸：努力建立功业。 [7] 熙：兴盛。 [8] 穆然：和敬的样子。 [9] 声臭：指形迹。

◎解析

刘宗周引用《舜典》所载舜的事迹，表明舜能恭己有德，求得贤能之人治理天下，虽自身不亲自任事，但能够分工百官建立功业，可谓无为而无不为。孔子言“无为”便是主张在上者居敬而自修其德，由此安人以至于安百姓。另外，刘宗周指出老子所谓“无为”主张绝圣弃智，回到原始生活状态，与儒家“无为”并不一致。

◎原文

子张问行。子曰：“言忠信，行笃敬，虽蛮貊之邦行矣；言不忠信，行不笃敬，虽州里行乎哉？立，则见其参于前也；在舆，则见其倚于衡也。夫然后行。”子张书诸绅[1]。

此心此理，随处发见，于言为忠信，于行为笃敬，一而已矣，故在舆犹是，立亦犹是。忠信笃敬所以行也，“立，则见其参于前；在舆，则见其倚于衡”者，所以密其忠信之功也。“夫然后行”，苟不如是则不诚，未有能动者，故曰：“行有不得，反求诸己。”学者体认通塞[2]之机，一丝未彻，自难假合。乃谓诚不能动物，是诬性也。参前、倚衡，反身而诚也。推之东西南北海而准，其此之谓乎？

立则见，在舆则见，是实有所见。我辈只恁地昏昏，虽食有不知味者。漆雕开曰：“吾斯之未能信。”所见合当如此。

子张才高意广，看学问事但等闲做过，只隔立与在舆一关，顿令爽然自失。书绅一举，乃做上大人生活，从此一日千里者。

◎注释

［1］绅：古代士大夫束腰的大带子。　［2］通塞：通畅与阻塞。

◎解析

孔子认为君子一言一行都应时刻依循道德，随其所处，或立或在舆，皆能忠信笃敬。刘宗周以本心天理来诠释忠信之德，认为此心此理随处发见，学者只需时刻反求诸己，体认当体发见的性理，自然能忠信笃敬。

◎原文

子曰："直哉史鱼[1]！邦有道如矢，邦无道如矢。君子哉蘧伯玉[2]！邦有道，则仕；邦无道，则可卷而怀[3]之。"

"直哉史鱼"，臣品之正也。"君子哉蘧伯玉"，道学之纯也。有道、无道，只是一节，更无夹杂转移处，故谓之直。可仕、可止，只是一理，更无系累鹘突[4]处，故谓之君子。都从他心体表[5]出来。学者学伯玉之学，而行史鱼之志，其可矣。

如史鱼者何处得来，只尸谏[6]一事，凛然日月争光。

看来无道则止，只为仕无益于国，无济于君，如史鱼死而忠感其君，何必卷怀乎？

◎注释

[1] 史鱼：史，官名。鱼，名佗，卫国大夫。 [2] 蘧伯玉：姬姓，蘧氏，名瑗，字伯玉，卫国大夫。 [3] 卷、怀：卷，收；怀，藏。指藏身隐退。 [4] 鹘突：混乱、不清楚。 [5] 表：显露。 [6] 尸谏：指史鱼临死遗言以谏其君。后指以死谏君。

◎解析

刘宗周认为史鱼为官忠直，是学者立志的榜样；蘧伯玉可仕可止，随时处道，是学者为学的榜样。

◎原文

子曰："可与言而不与之言，失人；不可与言而与之言，失言。知者不失人，亦不失言。"

学者才默[1]便失人，才语便失言，一无恰好处，只此心物蔽在。知者虚而能觉，自能知语知默，物来顺应，当境精明，何失之有？洪钟[2]之善鸣也，以其虚乎！

能尽语默之道，则能尽出处[3]之道；能尽出处之道，则能尽死生之道。

◎注释

［1］默：沉默。　［2］洪钟：大钟。　［3］出处：出任与退隐。

◎解析

刘宗周主要从良心虚灵而言。心体本来虚灵明觉，随着处境自能判断当下应当"默"还是应当"语"。学者尽道工夫只在破除意见私欲之蔽，顺应当下醒觉人心的精明之知。

◎原文

子曰："志士仁人，无求生以害仁，有杀身以成仁。"

一边是求生以害仁，一边是杀身以成仁，几人看得清楚，就下一割？惟有志之士必遂其志，成德之人必成其仁。志一决而莫违，心已安而无累。君子之于仁，直以身殉之而已。

志于仁之为志，成其志则仁矣。然古今仗节死义[1]之士，其品亦有不同者，及其至则一也。

只为死得恰好，故谓之仁。好仁者无以尚之，其杀身成仁之谓乎？

方逊志[2]先生临难，晓门人廖镛[3]曰："汝读书几年，尚不识个'是'字。"

◎注释

[1] 仗节死义：指坚守节操，舍生取义。 [2] 方逊志：方孝孺。[3] 廖镛：(1414—1480)，字景声。

◎解析

志士仁人以求仁为志、行仁为义，所行所为无不依循仁义，虽死亦无憾。

◎原文

子贡问为仁。子曰："工欲善其事，必先利其器。居是邦也，事其大夫之贤者，友其士之仁者。"

圣人论仁，只是直求本心。论为仁，只是亲师取友是吃紧工夫。即居是邦也，何地无仁贤而失之所贵乎？我有善下之心，惟事其大夫之贤者，友其士之仁者，则逊志时敏[1]、迁善改过之益在其中矣。

◎注释

[1] 逊志时敏：出自《书·说命下》："惟学逊志，务时敏，厥修乃来。"指谦虚其心，且时时勤勉不懈地努力向学。

◎解析

刘宗周认为孔子论仁，只是教人寻求自家本心；论为仁的工夫，便教人在亲亲、长长、亲师、取友等人伦上存养此仁义本心。

◎原文

颜渊问为邦。子曰："行夏之时，乘殷之辂，服周之冕，乐则韶舞。放郑声，远佞人。郑声淫，佞人殆。"

王者继天立极，财成天地之道，辅相天地之宜，以左右民，莫大乎时。昔尧命羲、和："钦若昊天！历象日月星辰，敬授人时。岁三百六旬有六日，以闰月定四时成岁。允厘百工，庶绩咸熙。"[1] 其定时之法：首命羲氏正仲春，次命羲仲正仲夏，次命和氏正仲秋，次命和仲正仲冬。举仲以概孟季，而正四时之中，则建寅[2] 之法肇于是矣。自夏受唐、虞之禅，其法因之不改。其四时之书有《夏小正》，视唐、虞益加密焉。若日月昏旦之次，分至启闭[3] 之期，雷风冰雪雨旸[4] 水旱之节，百谷草木稊秀[5] 之候，羽毛鳞赢蠕动蛰兴陟降离陨鸣响之应[6]，以及王者因时行政、庆赏刑威之准，三农以时获植耕敛[7] 作息之宜，靡不毕及。此夏时之善，而万世帝王宪天出治之道无踰此矣。此圣人行夏时之意也。殷、周以征诛得天下，其敬时授事，固未尝有外夏正之遗，而建统改岁则递而更之，取以新天下之耳目也。殷以冬十二月为岁首，则建丑之月也。《伊训》曰："惟元祀。十有二月乙丑，伊尹祠于先王，奉嗣王祗见厥祖。"[8] 是也。周以冬十一月为岁首，则建子月也。《泰誓》曰："惟十有三年春，大会于孟津。"《武成》曰："惟一月壬辰旁死魄。"[9] 盖十三年春正月二日也。班固《律历志》曰："初发师，以殷十一月戊子，日在析木箕七度。是夕也，月在房五度。房为天驷。后三日为周正月辛卯朔，合辰在斗前一度。明日壬辰，晨星始见。至戊午渡师于孟津，二月四日癸亥，至牧野，夜陈，甲子昧爽而合。"[10] 按：析木为建亥之月，于夏为十月，殷为十一月，周为十二月。殷人建丑，故殷十一月正周之十二月，故越三日而为周正月，则周以冬为春矣。所云"十三年春"果何为耶？则出于后儒牵合，以明周正建子之证也。而蔡沈[11] 注以为建寅之月，则殷、周之时序固不能改乎夏矣。故箕子畴，四五纪：一曰岁，二曰月，三曰日，四曰星辰，五曰历数；又八庶征：曰岁、月、日、时无易。[12]曾以箕子之明，武王之圣，曾不能访羲、和万古不易之序，而谬冬为春、春为夏？审如是也，政教号令又安所出乎？至秦，事不师古，但取更新厌胜之意而以孟冬为岁首。按《史记》：始皇推五德终始[13]之传，以为周得火德，秦代周德，从所不胜。方今水德之始，改年始朝贺皆自十月朔。然则秦固以冬十月为岁首，而非以冬十月为春正月也。知秦则知殷、周二代矣。董仲舒曰："《春秋》受命，改正朔，易服色。"而胡文定公曰："《春秋》以夏时冠月谓周之冬正月，而圣人改之为春王正月也。"若是则春夏秋冬之序在周不易而圣人乃易之，是以行夏时而先紊[14]天道矣。而其发明"春王正月"之义则曰："正次王，王次春，春者天之所为，正者王之所为也。"其意曰：上承天之所为，而下正其所为；正王道之端，其大者在任德不任刑云尔。圣人承天心，正王道之端，而反以冬为春，失任德之意，则又何取于《春秋》之名哉？然则"春王正月"之序即《鲁史》之旧，即"武王革命，惟十有三年春"以来之序也。知武王之时不必冬而春，则《春秋》之时可知矣。然而《春秋》所书时令，往往有不合者，则其义何居？

王者宪天出治，莫大于时。时者，天道。君道即天道也。治之而争夺息，道之而生养遂，教之而伦理明，皆时之所为也。上古圣人之治天下，一时也，而法莫备于夏，且载在《夏小正》一书。其"钦若昊天，敬授人时"之道，一本尧、舜之遗而润色之，要于尽制焉。万世治天下大经大法具是矣。故夫子尝曰"吾得夏时焉"，而至此首以告颜子也。区区改正朔，其余事也。若夫世道循环之运，人心风俗升降之机，不过文质二者。圣人通其变，使民不倦，神而化之，使民宜之。乘殷之辂，所以崇质也；服周之冕，所以右[15]文也。文胜则返之以质，质胜则辅之以文，斟酌二代而趋于一中，并行不悖，所以推而准、动而化也。由是治定功成而乐作焉，尤所以鬯[16]宇宙之元气而归于必世之仁也，舍韶舞又奚则哉？协和风动，万古一时也；凤凰来仪，百兽率舞，和之至也。乐法韶舞，而宛然臻斯世于唐、虞之域矣。至于蠹政[17]之大者，莫如郑声与佞人：郑声淫，淫人心也；佞人殆，覆人国也。放之！远之！二端之害似是而非，其中人主之惑甚于神丛[18]狐孽，非人主端本澄源、修身建极、彻日月之明而迅雷霆之断，鲜有不中其祸者也。夫治乱之机危矣哉！以二帝三王之法治之而不足，以郑声佞人丧之而有余。自古帝王未议经纶，先图儆戒，有以也。圣人用世之道，首法天时以为覆冒[19]群生之本，而又礼准其中，乐奏其和，无非本之天道。至于法外之防，则所为“敕天之命，惟时惟几”也。君道一天道也，呜呼大哉！

达则规四代之礼乐，帝王逊其事功；穷则修六籍之儒宗，帝王逊其道术。故曰：“自生民以来，未有盛于孔子。”

四代礼乐不是剿（一作“沿”。）袭[20]，圣人只明得学问事，自于上天下地、往古来今都包孕在这里。溥博渊泉，而时出之也。或问：所学何事？曰：“克己复礼为仁，一日克己复礼，天下归仁焉。”更论恁古和今！

◎注释

［1］出自《尚书·尧典》。允厘：治理得当。熙：兴盛。　［2］建寅：古人以十二地支配称十二个月，以冬至所在的夏历十一月配子称为建子之月。由此类推，建丑为夏历十二月，建寅为夏历正月。　［3］分至启闭：分，春分、秋分。至，夏至、冬至。启，立春、立夏。闭，立秋、立冬。泛指节气。　［4］旸（yáng）：晴天。　［5］稊（tí）秀：指草木发芽、吐穗。　［6］羽毛鳞蠃（luǒ）：指鸟类、哺乳类、鱼类、昆虫等生物。陟（zhì）降：上下升降。鸣呴（hǒu）：鸣叫。　［7］耕敛：出自《孟子·告子下》：“春省耕而补不足，秋省敛而助不给。”指耕种与收获。　［8］元祀：元年。王：太甲。祗：恭敬。　［9］孔安国《尚书传》：“旁，近也。月二日，近死魄。”死魄：月亮有光的部分为明，无光部分为魄。死魄指朔日之后月明渐增而月魄渐减。　［10］箕、房、斗：二十八星宿名。晨星：启明星，即金星。昧爽：天将晓而尚暗之时。　［11］蔡沈：

(1167—1230)，一名蔡沉，字仲默，号九峰，南宋学者。［12］出自《尚书·洪范》。［13］五德终始：战国末期阴阳家邹衍的学说。指水、木、金、火、土五德相生相克和终而复始的循环变化。［14］紊(wěn)：乱。［15］右：崇尚，重视。［16］鬯(chàng)：同"畅"。［17］蠹(dù)政：败坏朝政。［18］神丛：指神灵依托的群树。比喻仗势的权臣。［19］覆冒：覆盖，庇护。［20］剿(chāo)袭：剽窃，抄袭。

◎解析

刘宗周首先花大量篇幅阐述"时"的重要性，认为"时"指代着随时变易的天道，无论日月星辰、天地万物无不处于各自运化的时序中，是故《尧典》首列敬天授时的事迹。尧命羲和观天地运化之象，厘定四时，取万物运化之时而成天下大经大法，使得政事民生皆有法可依、有治可循。自尧舜传至夏商周，虽然殷、周建统改岁，但在刘宗周看来，殷、周依旧继承夏之时，只是更改岁首而非另立春正，在此他批评"以冬为春"的改正朔之说。

另外，刘宗周认为"乘殷之辂，服周之冕"体现孔子一贯的"文质"思想，孔子见周末文蔽，是故提倡损"周文"来增益"殷质"，使得文质相辅相成。总之，在刘宗周看来，法天时、变文质、正雅乐彰示出孔子明道改制的用世之道。

◎原文

子曰："人无远虑，必有近忧。"

远虑者，远大之虑，非行险以侥幸，徒偷旦夕之安者。如是则虑慎以动，动罔[1]不臧[2]，小而尤悔[3]之乘、大而祸败之迫，庶几其免矣。人无远虑，其如近忧何？

《诗》云："迨天之未阴雨，彻彼桑土，绸缪牖户。今此下民，或敢侮予!”[4]可为远虑。燕雀处堂[5]，噬脐[6]何及也。噫!

◎注释

［1］罔：无。 ［2］不臧：不吉，不善。 ［3］尤悔：过失、懊悔。 ［4］出自《诗·豳风·鸱鸮》。彻：剥取。桑土：桑根之皮。［5］燕雀处堂：比喻居安而不知危，毫无警惕之心。 ［6］噬脐（qí）：比喻后悔不及。

◎解析

刘宗周重点论述“远虑”，远虑经由慎重地思虑与谋划，正如《鸱鸮》“未雨绸缪”所言。人若能凡事深谋远虑，自然动无不善，免于“尤悔”以至“祸败”。

◎原文

子曰：“已矣乎！吾未见好德如好色者也。”

此必有为而重言之也。如好[1]好色，可为诚矣，无以尚之之谓也。故又曰：“我未见好仁者。”

◎注释

［1］好（hào）：喜好。

◎解析

喜好美好的事物、厌恶丑陋的事物乃是人之常情，人心亦如此，良心诚能好善恶恶、好仁而恶不仁。人若能顺从此心所好所恶，诚直地好而为之、恶而去之，自然为善成德。

◎原文

子曰："臧文仲其窃位者与？知柳下惠之贤而不与立也。"

人臣之不忠于君父也，譬诸小人，其犹穿窬[1]之盗也与？其未得之，患得之；既得之，患失之者，盗也。《易》曰："晋如鼫鼠，贞厉。"[2]据非其有而唯恐失之，非窃位而何？窃位之情形无穷，而独于蔽贤一节窥其大者。秉轴[3]君子，念之也哉！

◎注释

[1] 穿窬（yú）：打洞穿墙行窃。　[2] 出自《易·晋》九四爻辞。晋：晋升。鼫（shí）鼠：许慎《说文》："鼫，五伎鼠也，能飞不能过屋，能缘不能穷木，能游不能渡谷，能穴不能掩身，能走不能先人。"指像鼫鼠一般既贪婪又没有一技之长。　[3] 秉轴：比喻执政。

◎解析

臧文仲知道柳下惠贤能却不任用，刘宗周形容他如穿窬之盗，窃居本非他应得的官位，致使贤能之人不能得到任用。

◎原文

子曰："躬自厚而薄责于人，则远怨矣。"

君子尽其在我而已矣。人有不及，可以情恕，非意相干，可以理遣[1]，何过督[2]之有？此君子所以一体天下而无怨也与？《中庸》曰："正己而不求于人，则无怨。"然则怨不生于人，而生于我乎？

◎注释

[1] 理遣：从事理上得到宽解。　[2] 督：责罚。

◎解析

刘宗周指出君子为人处世只在尽其本心。人皆有本心，一方面君子尽其本心自然无怨虑之忧，另一方面君子责人只是启发他人去尽心，无需过于督责。

◎原文

子曰："不曰'如之何，如之何'者，吾末如之何也已矣。"

"如之何，如之何"，非悬想也。自修自证，自叩[1]自灵[2]，辗转寻求，必恍然而后即安，所谓深造自得者也，进德修业皆是也。此非可取贷[3]于他人之力也明矣。"不曰'如之何，如之何'"，虽人将如之何哉？程子曰："他人食饱，子无馁乎？"使人可如之何也，则不属我之事矣。即欲倩[4]人索如何，仍是骑驴觅驴[5]。如何如何，只索自家寻取。语曰："卤莽焉而耕，亦卤莽焉而获；灭裂焉而耘，亦灭裂焉而获。"[6]

◎注释

［1］叩：叩问，询问。　［2］灵：灵明，明觉。　［3］取贷：指向别人借取。　［4］倩：请，央求。　［5］骑驴觅驴：比喻事物本在自己身上，反而向外寻求。　［6］出自《庄子·则阳》："君为政焉勿卤莽，治民焉勿灭裂。昔予为禾，耕而卤莽之，则其实亦卤莽而报予；芸而灭裂之，其实亦灭裂而报予。"灭裂，粗疏草率。

◎解析

刘宗周从反求诸己立论。"如之何，如之何"指反躬自省，也就是思忖、明觉自身的本心。君子若能时常自修自证，自然进德修业。

◎原文

子曰："群居终日，言不及义，好行小慧，难矣哉！"

言不及义，将一切伦常日用都束之高阁，却只习一等行险侥幸之事，自谓得计[1]，习惯自然，世教人心俱受其病，有莫究其终者，曰难矣哉！不言得失利害，而只绝其出于人道之外也。

群居讲学，出禅入佛，惯用棒喝[2]，正是圣人攒眉[3]事。

◎注释

[1] 得计：计策得当。 [2] 棒喝：佛教用语。禅师启发弟子开悟的方法。或用棒打，或大声一喝，或棒喝交施，使弟子当下开悟。 [3] 攒眉：皱紧眉头。表示忧虑不快。

◎解析

在刘宗周看来，学者群居当讲习伦常礼义，所言所行应依仁由义。据此，他批评那些要么聚众谋利、要么高谈佛道的现象。

◎原文

子曰："君子义以为质，礼以行之，孙[1]以出之，信以成之。君子哉！"

君子之道不可见，而义其质也。义也者宜也，宜于理之谓义，日用动静皆是也，所为义也。义以为质，道体立矣。而礼则所以行之也，中之至也；孙则所以出之也，和之至也；信则尤所以成始而成终者也，诚之至也。此君子之所以为君子也，故曰："君子哉！"

就君子上见出义、礼、孙、信，故曰："君子哉！"

◎注释

［1］孙：同“逊”。

◎解析

刘宗周认为君子之道不可见，彰显在义、礼、孙、信之中。君子之道源自本心生发的仁义之理，能尽此理谓之义，所谓“义以为质”；而尽理的工夫又在日用之礼的施行中，谦逊便是礼之用；工夫涉及始终，“信以成之”便指自始至终按照本心来行。

◎原文

子曰：“君子病无能焉，不病人之不己知也。”

子曰：“君子疾没世而名不称焉。”

君子不病人不知已，既反求于所能矣。至于没世无称，平生碌碌，直与草木同腐耳。君子一念及此，而早夜皇皇[1]，图所为三不朽[2]者，其容已乎？然则君子之学，既杜[3]生前之名心，而又激死后之名心，非得已也。总欲了吾分内事而已。

“名”之一字，正须在没世后觑破。此方是亭亭丈夫。

◎注释

［1］皇皇：彷徨不安的样子。　［2］三不朽：出自《左传·襄公二十四年》：“太上有立德，其次有立功，其次有立言，虽久不废，此之谓不朽。”孔颖达疏：“立德，谓创制垂法，博施济众；……立功，谓拯厄除难，功济于时；立言，谓言得其要，理足可传。”　［3］杜：杜绝。

◎解析

在刘宗周看来，有羞耻心的人一旦念及没世无称、平生碌碌，自然生发戒惧之心，激励自身奋发图强，尽心尽力于分内之事。

◎原文

子曰："君子求诸己，小人求诸人。"

古之学者为己，今之学者为人。同一学也，而所为不同。其辨在隐微之际。君子求诸己，小人求诸人，则显而易见者也。求诸己者，求则得之；求诸人者，心劳日拙[1]矣。

◎注释

[1] 拙（zhuō）：笨拙。

◎解析

刘宗周结合"为己、为人"来解读此章，指出求诸己即是为己之学，也就是依循自身德性来安身立命。

◎原文

子曰："君子矜而不争，群而不党。"

矜者斩斩[1]自持，不争，则非绝物矣；群者油油[2]与人，不党，则非殉物矣。此君子持世之准也。矜而争，其失小；群而党，其失大。

◎注释

[1] 斩斩：整肃貌，整齐貌。　[2] 油油：和悦恭谨貌。

◎解析

刘宗周提出君子虽然矜守道义、与人和善，但不因自持而争、合群而党，既不绝于物也不殉于物。并且，刘宗周特别指出“党”的危害性。

◎原文

子贡问曰：“有一言而可以终身行之者乎？”子曰：“其恕乎！己所不欲，勿施于人。”

求终身之行于一言，可谓善学矣。其恕乎？言举斯心推诸彼而已矣。心体与天下相关。仁者，“己欲立而立人，己欲达而达人”是也。“己所不欲，勿施于人”，恕之端也，仁之方也。学者苟[1]随所在而扩充之，则全体大用无不由此出矣，非终身可行之道哉！

恕之一言，终身可行，即忠恕一贯之旨。

如心为恕，心合是这样，还他这样。如心之爱以为仁，固恕也；如心之宜以为义，如心之别以为礼，如心之知以为智，亦恕也。此易简之道也。

实有是恕，即是忠。

◎注释

[1] 苟：如果，假使。

◎解析

刘宗周主要围绕“恕”展开探讨，以“如心”训“恕”，也就是指顺应心体良知来行动。“心合是这样，还他这样”预设着本心有良知良能的道德意向，如自然能爱人、别是非之类，“如心”便是顺应此心所知所志来行动。就“己所不欲，勿施于人”而言，心体所不欲为恶不仁，顺应此不欲也就自然不忍心损害他人。

◎原文

子曰："吾之于人也，谁毁谁誉？如有所誉者，其有所试矣。斯民也，三代之所以直道而行也。"

世衰道微，人心不直，无复三代之遗久矣。而圣人犹不忍以叔季[1]之道待其民，而曰斯民也，即三代之所以直道而行之民也，则圣人挽回气化之情深矣。无毁无誉，所以为直也。道在人心，万古如一日也。道则犹是道，故民亦犹是民。圣人不过先得斯民之所同然耳。因斯民之道而觉斯民而已无所与焉。此天地之所以为大也。

◎注释

[1] 叔季：指衰乱将亡的末世。

◎解析

在刘宗周看来，人皆有道心，直心而行便能得道。三代之民能直心行道，是故有三代之治。孔子忧患世道衰微，是故以所得之道来施教，以期觉醒斯民，使他们都能明觉自身的道心，循此道来安身立命。

◎原文

子曰："吾犹及史之阙文[1]也，有马者借人乘之。今亡矣夫！"

子尝曰"文胜质则史"，春秋文胜之习，于一史得其概矣。吾犹及史之阙文也，则我生之初，犹未泯先进[2]之遗也，而今不然矣。有马者借人乘之，庶几[3]大道为公之一端也，而今又不然矣。文胜则质亡，故人皆习于偷[4]而不胜其自私自利之见，其不流为禽兽者几希！此风一倡，至于战国，苏季子[5]曰："贫穷则父母不子，富贵则亲戚畏惧。"贾谊曰："秦人家富子壮则出分，家贫子壮则出赘。借父耰鉏，虑有德色；母取箕帚，立而谇语。"[6]则文胜必至之势也。然则周道其敝于文乎？

春秋良史莫如左氏，然春秋二百四十二年之纪载，何辨而多凿[7]也？范甯[8]曰："左氏艳而富，其失也诬。"韩愈曰："左氏浮夸。"夫子叹阙文，殆谓是与？此《春秋》所以作也。

或云"有马者借人乘之"，正是史阙文也。张子曰："史阙文，祝史[9]阙文也。"

◎注释

[1] 阙文：谨慎存疑的文字。 [2] 先进：出自《论语·先进》："先进于礼乐，野人也；后进于礼乐，君子也。如用之，则吾从先进。"指质地淳朴的人。 [3] 庶几：相近、差不多。 [4] 偷：苟且。 [5] 苏季子：苏秦，字季子。战国时期著名的纵横家。 [6] 出分：指分得部分家产自立门户。出赘（zhuì）：指男子入赘女方家。耰（yōu）鉏：鉏，同"锄"，指农具。箕帚（jī zhǒu）：洒扫的器具。 [7] 凿：穿凿附会。 [8] 范甯：东晋大儒、经学家。 [9] 祝史：祝官、史官的合称。

◎解析

朱熹《论语集注》引杨氏曰："史阙文、马借人，此二事孔子犹及见之。今亡矣夫，悼时之益偷也。"刘宗周认为"史阙文"体现文不胜质的先进遗风，"马借人"也展示出周济他人的美德；周末文蔽，流于私利，以至于抛弃忠信之质，是故两者在孔子之世难以看到。

◎原文

子曰："巧言乱德，小不忍则乱大谋。"

有言者不必有德。"巧言"者，工于言者也，弥近理而大乱真，丧德而似德，故乱乎德。"小不忍"者，顾小则失大，大谋莫决，能无乱乎？溺于小小利害，首尾莫能一割，若煦煦[1]姑息[2]者然，是小有所不忍则远大之图能无茫然乱乎？《易》曰："利武人之贞，志治也。"[3]乱则不治，言无断也。巧言似德而乱德，小不忍似谋而乱谋。进德居业者知之！

小不忍如妇人之仁，谓小之乎不忍也。若匹夫之勇，是小不忍也。一语不可两解，两意不能相兼，且匹夫之勇，无谋者也，曷云乱谋？《书》曰："必有忍乃克有济。"从含忍之忍，自与不忍语意不类。

◎注释

［1］煦煦：和顺的样子。　［2］姑息：苟且偷安。　［3］出自《易·巽》初六象辞。

◎解析

刘宗周指出"巧于言者"不仅不能实实在在地修养德行，而且粉饰言行，装作有德的样子，以至于乱德。关于"小不忍"，刘宗周针对朱熹《论语集注》并举"妇人之仁、匹夫之勇"提出批评，认为"忍"不能解释为"含忍、忍隐"，而应基于孟子"不忍人之心"来理解；"小不忍"便如妇人之仁，沉溺于小事所生的不忍，不能发奋图谋远大的事业，是故乱大谋。

◎原文

子曰："众恶之，必察焉；众好之，必察焉。"

众好恶，不可不察，固也。曰必察之者，见圣人之好恶未尝求异于众人，而第[1]欲自证于吾心。以吾心之好恶衡众人之好恶，而好恶乃定，即从众可也，违众亦可也，要于其当而已矣。故唯圣人能致好致恶，亦唯圣人能以众好众恶。

问："众人好恶何故与圣人不同？"曰："众人之情，或泛而不察，或私而不公，则好恶亦仅得其概[2]而已，不察故也。使能察焉，则善恶之情虽有遁[3]焉者，寡矣。虽然，非至虚不能察。"

◎注释

[1] 第：但。 [2] 概：大略。 [3] 遁：隐匿。

◎解析

刘宗周指出人的良心诚能好善恶恶，圣人识得良心的好恶，故能以此衡量众人好恶的得当与否。

◎原文

子曰："人能弘[1]道，非道弘人。"

《中庸》曰："率性之谓道。"离人则道之名不立，故曰"大哉圣人之道"，又曰"待其人而后行"，此"人能弘道"之说也。言人能自弘于道之中而非道操其弘也，故又曰"非道弘人"。然则自谓不能者，是诬人也；谓人不必弘而听道之弘者，是诬道也。

◎注释

［1］弘：扩大，光大。

◎解析

刘宗周指出道不能独立于人而存在，总是显明在人心知觉中，作为生生之德，是故道须人来成就与弘扬。

◎原文

子曰："过而不改，是谓过矣。"

人心未有有过而不自觉者。旋[1]觉旋改，何过之有？过而不改，不即改也，是谓过矣，其不流而为恶者几希！

◎注释

［1］旋：表示同时进行。

◎解析

刘宗周指出人心灵明，当下有过便能知觉，即觉即改自然无过；觉而不改，必然流转为恶。

◎原文

子曰："吾尝终日不食，终夜不寝，以思，无益。不如学也。"

思者圣功之本，即学中之能事。然亦曰"慎思"而已，非荒唐无据者也，是之谓思。诚若终日不食、终夜不寝以思，则思而荒矣，何益之有哉？夫惟反而从事于学，乃知斯道只在当人之身，学之即是，博而约之、好古而敏求之，进进不已则益矣，所为下学而上达也。此之为学未尝废思，而所由殆[1]与忘废寝食者异情，则亦止谓之学而已矣。夫言学，则不言思可也。故圣人但曰“学而不厌”。

终日不食，终夜不寝，只为有意见在，故入艰僻[2]一路去。若反观默识，自不应如此。

发愤忘食，乐以忘忧，妙在勿忘勿助间。此圣人之善学也。终日不食，终夜不寝而无益，助之长也。非徒无益，而又害之。

所思合是，才致思便已不是道，愈思愈隔。而今试举得仁是甚样？只索就日用间平铺做去。故曰：“居处恭，执事敬，与人忠。”如此而已矣。

◎注释

［1］殆：大概。　［2］艰僻：艰深生僻。

◎解析

刘宗周认为“思”是随着学所开展的思虑，既非茫然无据的思索，也非陷入某一意见的穷索。学作为成德之事，总能打开相应的义理之境。在成德工夫中，思被利用来明察其中的义理，以助人穷理尽性。可见，“思”只是随着学来成其利用，非学者有意致思，正所谓“勿忘勿助”。

◎原文

子曰：“君子谋道不谋食。耕也，馁在其中矣；学也，禄在其中矣。君子忧道不忧贫。”

君子谋道不谋食。道外无学，非富贵利达之学也。夫人亦知得失之辨乎？“耕也，馁在其中矣”，谋食有余贫也；“学也，禄在其中矣”，谋道有余禄也。富于道之谓禄，贫于道之谓贫。得道则失贫，故君子但忧道之不我得，而卒未尝动念于贫也，谓将以道易贫也。“谋道不谋食”，殆谓是与？圣人慨世之学而干禄焉者，故惓惓[1]致晓如此云。

◎注释

［1］惓（quán）惓：真挚诚恳。

◎解析

刘宗周指出“富于道之谓禄，贫于道之谓贫”，所谓“贫富”乃就得道与否而言。是故君子时常忧道、谋道，自然能得其禄而无贫可忧。

◎原文

子曰：“知及之，仁不能守之，虽得之，必失之。知及之，仁能守之，不庄以莅之，则民不敬。知及之，仁能守之，庄以莅之，动之不以礼，未善也。”

君子之学，知之真，守之固，大而化之，斯全学也。“知及之”者，择乎中庸是也。知之所及即是仁，但未必能服膺[1]勿失耳。非礼勿视、听、言、动，仁也，守之至也。意想之及，非知也；把持之守，非仁也。知及仁守，君子之学有真得矣，然非充积之盛，徒有中而忽乎外者以语庄莅[2]无由矣，则亦无以作民敬矣。非存神过化、上下同流，则动民之礼犹未见所性之节文，而欲民自至于中，不可得也，则亦岂得为尽善之学哉！故君子从“仁守”以后，随处体认天理，本诸身，征诸庶民，必要乎尽善而后已，盛德大业，一以贯之，其斯以为全学乎？

知仁并进。才有觉便是知，常常觉去便是仁守，才守得便须显微无间，体用一源，庄礼一齐俱到，不如此不能守矣。但工夫有生熟之不同，只得次第检查去。

陆子静曰："《论语》中多有无头说话，如'知及之，仁能守之'，不知所及者、所守者何事？"又曰："知之所及者及此也，仁之所守者守此也。"程子曰："仁也者，仁此者也。言将知去及此理，仁去守此理，则知仁是一物，理是一物，如何打合得？"

礼者，敬而已矣。以此治身，即以此动天下。动犹至诚动物[3]之动，动不以礼，则敬德在我犹有间隔处，未能尽人物之性也。所谓声色之于化民，末也，乌乎善？

◎注释

[1] 服膺：衷心信服。 [2] 莅（lì）：临，表示临民。 [3] 指天道至诚，生生不息，运化万物。

◎解析

首先，刘宗周提出"知仁并进"，知与仁并不是两件事；人心随时显发着仁道，"知及之"便是明觉此仁，"仁守之"便是顺承所知去躬行。其次，刘宗周认为"知及仁守"的工夫须随事而用，既要以此修身又须以此治天下，"庄以临之"便是恭敬己身以信孚于民，"动之以礼"便是以礼教化民众。

◎原文

子曰："君子不可小知，而可大受也；小人不可大受，而可小知也。"

从道德起经济[1]，则所受者大。从才技出挥霍[2]，规规[3]乎小已。出乎大则入乎小，出乎小则入乎大。此君子、小人之分也。

◎**注释**

［1］经济：经世济民。 ［2］挥霍：发挥，指功用。 ［3］规规：浅陋拘泥之貌。

◎**解析**

君子、小人之分只在是否以修德为本。君子修德进业，自然能担当经世济民的大任；小人持守才技，自然终身拘泥于小利。

◎**原文**

子曰："民之于仁也，甚于水火。水火，吾见蹈而死者矣，未见蹈仁而死者也。"

此甚醒人以仁也。仁者，人也。即水火虽至切于民生乎，而仁尤甚，何也？不仁则不人，不人则不生。仁则生，虽死而生，然则起死回生，莫仁若矣。以生[1]为生[2]，则人固生于水火而有时而死，若蹈之而死者。然以生生而生，仁能死人乎？故曰："民之于仁也，甚于水火。"

蹈水火而死，言终身托[3]于水火而死也。

◎**注释**

［1］生：生存。 ［2］生：指生命的意义与价值。 ［3］托：依赖。

◎**解析**

刘宗周区别水火之生与仁之生生。人虽然需要依赖水火维持生存，但是人的性命远不止水火之生。人最本己的价值蕴藏在天命授予的仁义性命中，人须不断地利用自身的仁义之性，展现生命的生生不息，成就人生的意义；相反，人若仅仅停留在谋生的阶段，虽苟且偷生但与死无别。

◎原文

子曰："当仁不让于师。"

颜渊曰："舜何人也？予何人也？有为者亦若是。"此当仁不让之谓也。程子曰："言学便以道为事，言人便以圣为志，何让之有？"胡云峰[1]曰："颜、曾游于夫子之门，未尝以当仁之事逊于夫子，旨哉！"

当仁不让于师，只是极当仁之量，不听人独占地步也。

◎注释

[1] 胡云峰：胡炳文（1250—1333），字仲虎，号云峰，元代理学家。

◎解析

此章论仁。人之道便是仁道，为学只是尽仁道，是故当仁不让。

◎原文

子曰："君子贞[1]而不谅[2]。"

四时之贞也，言天道贞于终也。于人则为智，智者贞之蕴也，故知是知非而不失其常。谅则执一不通，为有我之私而已。"贞而不谅"，其君子守道之至乎？

◎注释

[1] 贞：正。 [2] 谅：不分是非而固执于信。

◎解析

“贞”表示得正道。人皆有是非之心，具有知是知非的良知之智，循着良知来成智，便可守常道。君子贞守常道须随时变易，不能固守某一规则、道理，所谓“贞而不谅”。

◎原文

子曰：“事君，敬其事而后其食。”

不徒[1]曰任事而曰“敬其事”，一乃心也，何暇顾利禄乎？公尔忘私，国尔忘家，其是之谓乎！

◎注释

[1] 徒：只，仅仅。

◎解析

刘宗周认为“敬”体现臣子以诚心事君，以大公之心来为国为君分忧。

◎原文

子曰：“有教无类。”

有教无类，分明天地气象。善恶之类虽殊，而天地生物之心，初无拣择，栽培倾覆[1]，物之自取则[2]然。天地无心也，圣教亦然。

有如时雨化之者，有成德者，有达材者，有答问者，有私淑艾[3]者，又有不屑之教诲也者。其无类也夫！其辨类也夫！

◎注释

［1］倾覆：比喻竭尽所有。　［2］则：理则。　［3］出自《孟子·尽心上》："君子之所以教者五：有如时雨化之者，有成德者，有达财者，有答问者，有私淑艾者。此五者，君子之所以教也。"私淑艾，朱熹《孟子集注》："人或不能及门受业，但闻君子之道于人，而窃以善治其身。"

◎解析

刘宗周一方面形容孔子施教如天地生物一般，对于任何人都能倾囊相授，使得人人皆能有所自得；另一方面引孟子所言指出孔门虽然有教无类，但能辨类以因材施教。

◎原文

子曰："道不同，不相为谋。"

道一而已，一则无弗同。不同者，非我之异于彼而彼之有异于我也。大同之中，忽起藩篱，吾儒与异端之名始立，吾儒方独伸其是而异端且自执其迷，两相角以求胜，若冰炭之不相为用也。君子其如异端何哉？虽然，为吾道谋者姑[1]力持同异之辨，毋使以异为同，相谋而蚀[2]，犹庶几乎！

韩愈曰："孔子必能用墨子，墨子必能用孔子。"此见不到处，遗衣大颠[3]，毕竟惑其说。

◎注释

［1］姑：姑且。　［2］蚀（shí）：损伤。　［3］遗衣大颠：大颠，唐代著名高僧，俗名陈宝通。韩愈担任潮州刺史期间，与大颠和尚交好，其后韩愈调任袁州刺史，临行前与大颠告别，惜别之际韩愈脱下官服相赠。

◎**解析**

在刘宗周看来，大道本为一，即孔门所传之道；有别于儒家之道，便是自起藩篱而为异端；异端害道，不可相谋，是故不容不严辨正道与异端。

◎**原文**

子曰："辞达而已矣。"

《易》曰："修辞立其诚，所以居业也。"[1] 可与达矣。

◎**注释**

[1] 孔颖达注："辞谓文教，诚谓诚实也；外则修理文教，内则立其诚实，内外相成，则有功业可居，故云居业也。"

◎**解析**

此章涉及辞与诚的关系。辞为文而诚为质，在孔子那里，文质本是一体相关，修辞便是立诚。

◎**原文**

师冕[1] 见，及阶，子曰："阶也。"及席，子曰："席也。"皆坐，子告之曰："某在斯，某在斯。"师冕出。子张问曰："与师言之道与？"子曰："然。固相师之道也。"

子曰："吾无行而不与二三子者，是丘也？"又曰："天何言哉？四时行焉，百物生焉，天何言哉！"此与师言意也。谢上蔡监西场竹木，为诸生讲"子见齐衰"者及"师冕见"一章，曰："一部《论语》只如此看。故子张问曰‘与师言之道与’？可为独窥其微矣。只此是道，便只此是学。子张实认得来，不是凿空疑问者。故夫子曰然，而又申之曰：是道也，固相师之道也。言非有我之所得私也。天无私覆，地无私载，日月无私照，其（一有“惟”字，误。）圣人之道乎！子张求道于夫子之身，所见真；夫子求道于天地万物之固然，所见大。（一作“夫子行道于天地万物之间，所过者化”，上“所见真”，亦添“者”字。）一部《论语》，正合如此看。”

相师之道不是旧格子[2]，圣人仍作旧格看。

如（一作“知”。）此是道，便知不如此非道。知相师之道，便知子臣弟友（一作“人伦日用”。）之道。

◎注释

[1] 师冕：师，乐师，瞽者。冕，名。 [2] 旧格子：指旧有的规章。

◎解析

刘宗周引述谢良佐的观点，一方面指出孔子待人接物只是中道而行，另一方面强调子张着实窥见孔子会见师冕所彰示的待人之道。

季氏第十六

◎原文

季氏将伐颛臾[1]。冉有、季路见于孔子，曰："季氏将有事于颛臾。"孔子曰："求！无乃尔是过与？夫颛臾，昔者先王以为东蒙[2]主，且在邦域之中矣，是社稷之臣也。何以伐为？"冉有曰："夫子欲之，吾二臣者皆不欲也。"孔子曰："求！周任[3]有言曰：'陈力就列，不能者止。'危而不持，颠而不扶，则将焉用彼相矣？且尔言过矣。虎兕[4]出于柙[5]，龟玉毁于椟中，是谁之过与？"冉有曰："今夫颛臾，固而近于费[6]。今不取，后世必为子孙忧。"孔子曰："求！君子疾夫舍曰欲之，而必为之辞。丘也闻：有国有家者，不患寡而患不均，不患贫而患不安。盖均无贫，和无寡，安无倾。夫如是，故远人不服，则修文德以来之。既来之，则安之。今由与求也相夫子，远人不服而不能来也，邦分崩离析而不能守也，而谋动干戈于邦内。吾恐季孙之忧不在颛臾，而在萧墙之内[7]也。"

季氏将伐颛臾，是无鲁也，亦无王也，将则必诛。故夫子因二子之见而力诛之，又姑置季氏而先斥二子，始终一辞。《春秋》讨贼，必先治其党而后为恶者孤也。夫颛臾，固先王之封国也，而耳附庸于鲁，称社稷之臣。季氏何以伐为哉？二子者独不能矢[8]大义而折其邪心乎？然且曰"夫子欲之也"，则如"陈力就列"之谓何？不特此也，尔实有匡救之责而莫之举，则季氏之恶，尔实成之，是谁之过与？直令冉求无回避处，于是辞穷而遁，遂有“后世必为子孙忧”之说，既曰欲之矣，又舍曰欲之，而必为之辞，支吾辗转，欲盖弥彰，故圣人疾之。摘发至此，如秦镜照胆[9]，邪谋毕见矣。“丘也”以下，又发明利害以破子孙忧之说，因坐二子误国之罪，而讨罪之义无余蕴矣。君十而臣一[10]，均也。均则和，和则安。均故无贫，和故无寡，安故无倾。内治既修，何患远人之不服哉？今由、求之相夫子也，以服远则无德，以安内则不均，而徒从臾其君以干戈之事，衹以速萧墙之祸耳，可为忠于所事哉？然则始终误季氏者，二子也，故曰：“求！无乃尔是过与？”是役也，圣人力攻二子，既声大义之不可伐，而又深切利害之情，愈驳愈证，如老吏入狱，一字不可平反。令闻者感动，卒寝[11]颛臾之伐。圣人有功于宗国，大矣！

◎注释

［1］颛臾（zhuān yú）：春秋国名，故城在今山东省费县西北，为鲁国的附庸。　［2］东蒙：山名，在山东省费县西北。　［3］周任：古代的一位史官。　［4］兕（sì）：犀牛。　［5］柙（xiá）：关闭猛兽的笼槛。　［6］费（bì）：季氏采邑。　［7］萧墙之内：萧墙，鲁君所用的屏风。指鲁君。　［8］矢：陈述。　［9］秦镜照胆：详见《西京杂记·卷三》。传说秦宫有方镜，广四尺，高五尺九寸，能照见人的五脏六腑，鉴别人心邪正。　［10］出自《礼记·王制》：“诸侯之下士视上农夫，禄足以代其耕也。中士倍下士，上士倍中士，下大夫倍上士，卿四大夫禄，君十卿禄。次国之卿，三大夫禄，君十卿禄。小国之卿，倍大夫禄，君十卿禄。”指君主所受禄为卿大夫的十倍。　［11］寝：停止，平息。

◎解析

刘宗周详细解析此章孔子与冉有、子路的对答，指出孔子首先申明不可伐颛臾的大义，其次斥责二人“助纣为虐”之过，三者发明治国之道，可谓即破即立，既申明大义大道，有功宗国，又借机施教弟子，令闻者感动。

◎原文

孔子曰："天下有道，则礼乐征伐自天子出；天下无道，则礼乐征伐自诸侯出。自诸侯出，盖十世希不失矣；自大夫出，五世希不失矣；陪臣执国命，三世希不失矣。天下有道，则政不在大夫。天下有道，则庶人不议。"

先王治天下，有五礼、六乐、八征、九伐[1]，以统一宇内。故系子于天，谓之天子。降及春秋，而自诸侯出，又自大夫出，又自陪臣[2]出，礼乐征伐乱于杂出，而清议[3]自庶人出矣。此极乱之征也。权出于下则乱，乱而无所归则散，而庶人且将挈[4]其权以归之一人，而天下复治。故曰："得乎丘民而为天子。"此宇宙升降之大机也。周子曰："天下势而已矣。势有轻重也，极重而不可反。识其重，而亟[5]反之，可也。反之，力也。识不早也，力不易也。力而不竞，天也；不识不力，人也。天乎？人也。何尤！"呜呼，其唯圣人乎！

◎注释

[1] 五礼：古代吉、嘉、宾、军、凶五种礼仪。六乐：指黄帝、尧、舜、禹、汤、周武王六代的古乐。八征：指识别人才进行的八种考查。九伐：指对九种罪恶的讨伐。 [2] 陪臣：家臣。 [3] 清议：对时政的批评议论。 [4] 挈（qiè）：持、举。 [5] 亟：急切。

◎解析

此章论天下大势。春秋之世，大夫乃至家臣专政，礼法政令不得其正，致使世道衰乱。刘宗周引用周敦颐所论，指出为人君者当早识天下之势，尽心尽力来匡扶天下。

◎原文

孔子曰："禄[1]之去公室，五世矣。政逮于大夫，四世矣。故夫三桓之子孙，微矣。"

禄去公室，则政在（"在"一作"逮"。）大夫。五世四世之及，修短异也。势极重则必反，五世希不失矣。然则三桓子孙之微也，宜在今日乎？理有固然，无足怪者。是时阳货[2]专政，已执桓子，为三桓浸微之渐，故云。

◎注释

［1］禄：指政权。［2］阳货：名虎，字货。鲁国大夫季平子的家臣，在季平子死后，囚禁季桓子，专权管理鲁国的政事。

◎解析

此章承接上章所论。鲁国自季氏执掌国政到孔子之世，历经文、武、平、桓共四世；况且到桓子之世，家臣阳虎窃取国政，可见三桓渐微。

◎原文

孔子曰："益者三友，损者三友。友直，友谅[1]，友多闻，益矣。友便辟[2]，友善柔[3]，友便佞[4]，损矣。"

直友最益人，其次莫若谅，又其次莫若多闻，三者皆益友也，即得其一而益矣。便辟则不直，善柔则不谅，便佞谓口给御人而无闻见之实者，皆损友也。

◎注释

[1] 谅：信实。 [2] 便辟：善于迎合他人。 [3] 善柔：工于媚悦他人。 [4] 便佞：巧言善辩，逢迎他人。

◎解析

此章论友，益友多直诚信实，损友则曲意逢迎。

◎原文

孔子曰："益者三乐，损者三乐。乐节礼乐，乐道人之善，乐多贤友，益矣。乐骄乐，乐佚游，乐宴乐，损矣。"

君子之学，察之性情隐微之地，而圣狂之介[1]已判然矣。其油然而生、飙然[2]而莫制者，好乐之情是也。或动焉以天，益之几也，"乐节礼乐，乐道人之善，乐多贤友"是也。其动焉以人，损之几也，"乐骄乐，乐佚游，乐宴乐"是也。三益者，发乎情，止乎理，履中蹈和[3]，有自然之节焉，而又不自满假[4]，津津然道人之善，且友人之贤，其流露于物我之间者，无念非上达也，故益。三损者，任其情之所发而不知简[5]，或气盈而骄，或气偷而佚，或神溺而宴，欲败度，纵败礼，无念非下达也，故损。学者深察乎此而致力焉，于以存天理之本然，遏人欲于将萌，则学问之功思过半矣。故君子必慎其独也。

三者所乐在此，则所忧在彼。

《礼》曰："敖不可长，欲不可纵，志不可满，乐不可极。"三益之谓与？反是则损矣。

益者之乐，从忧勤惕厉中来，故与损者相反。《蟋蟀》之诗曰："无已太康，职思其居。好乐无荒，良士瞿瞿。"[6]三益有焉。王艮[7]《学乐歌》曰："学即乐，乐即学。"其损乎？益乎？君子慎诸！

◎注释

［1］介：界限。　［2］飙然：骤然。　［3］履中蹈和：指躬行中庸之道。　［4］满假：自满自大。　［5］简：同“检”，检点。　［6］太康：过于享乐。居：所处的职位。瞿（qú）瞿：勤谨的样子。　［7］王艮：（1483—1541），字汝止，号心斋，明代哲学家。王阳明弟子，泰州学派创始人。

◎解析

刘宗周从心性论的角度展开讨论。人心有好乐之情，好乐出自本心便为好善而乐仁之情，益己亦益人，自然有此三乐；若好乐流于私欲，便会顺着情绪、气性而流转，或骄或佚或溺于宴乐，以至于败坏礼义。是故君子须持敬存养良心的好乐，存天理以遏人欲。

◎原文

子曰：“侍于君子有三愆[1]：言未及之而言谓之躁，言及之而不言谓之隐，未见颜色而言谓之瞽[2]。”

三愆，益儆学者洗心[3]惕虑[4]，以为受教之地也。身处函丈[5]而心不在焉，或失之语，或失之默。三愆随之，虽日侍君子，日奉君子之言，祇[6]以水投石而已矣。

才一启口，得三愆。推此多少般，不可胜数！迁善改过，从此处得力，便是吃要学问。

可与言而不与之言，失人；不可与言而与之言，失言。言未及之而言，谓之躁；言及之而不言，谓之隐；未见颜色而言，谓之瞽：教学皆失也。谚云：“盲棋对瞎着。”

◎注释

［1］愆（qiān）：过失。　［2］瞽（gǔ）：瞎。　［3］洗心：摒除心中的恶念或杂念。　［4］惕虑：戒慎思虑。　［5］函丈：旧时讲席间相隔一丈，以容人听讲，故有此称。　［6］祗：只。

◎解析

刘宗周围绕心来论“三愆”，心不在焉便会出言不当，君子若能敬存其心自然慎言慎行。

◎原文

孔子曰：“君子有三戒：少之时，血气未定，戒之在色；及其壮也，血气方刚，戒之在斗；及其老也，血气既衰，戒之在得。”

君子自少至老，无非肆力[1]于学。其大要在存理遏欲，消融血气之累而已。血气有盛衰，而此心随时而受役焉：少则中于色，壮则中于斗，老则中于得。三者递为君臣[2]，未有已也，故君子戒之。防乎其防，求其不堕坑堑[3]中，当是如何力量？学者思之。

◎注释

［1］肆（sì）力：尽力。　［2］君臣：指主次。　［3］坑堑（qiàn）：坑沟，指险恶的困境。

◎解析

刘宗周指出消融血气的方法，在于存天理而遏人欲。儒家认为修养德性的同时，也是在通过蓄养礼仪来调节血气、容貌等仪表。所谓“三戒”实则是通过修德来实现的。

◎原文

孔子曰："君子有三畏：畏天命，畏大人，畏圣人之言。小人不知天命而不畏也，狎大人，侮圣人之言。"

无不畏者，君子之心法，三畏其大端也。畏即敬之所发也。畏天命，畏其命我者也。君子知天命之在我，而敢弗畏乎？畏大人，畏其型[1]我者也。畏圣人之言，畏其训我者也。皆所以密畏天之功也。三畏，一畏也。若小人，安知有天命哉？小人之心死久矣，自绝于天，不胜其亵越[2]之罪，何畏之有？况于大人乎？况于圣人乎？举无有动其畏者矣。然则三畏所以成君子，而不畏乃成小人。敬肆[3]之关，严矣哉！

事其大夫之贤者，友其士之仁者，即畏大人也。

◎注释

［1］型：指作为某某的楷模。　［2］亵越：轻慢而违礼。　［3］敬肆：恭敬与放肆。

◎解析

刘宗周认为"畏"出自人的恭敬之心。恭敬心源自天命所受，存得此心便是畏天命；顺应此心事贤友仁，便是畏大人；躬行此心而不放肆，便是畏圣人之言。

◎原文

孔子曰："生而知之者，上也；学而知之者，次也；困而学之，又其次也；困而不学，民斯为下矣。"

人生而有知矣，自圣人以至于涂人，一也。其有不知者，物蔽之也，甚焉则困矣，然而未尝无知也。上焉者，其唯生知乎？德性之知，即有生而完具之，从容中道，圣人也。其有不知者，可学而知也，学生知之知，“择善固执”是也，故次也。虽困，可学而知也，学学知之学，“人一己百，人十己千[1]”是也，是又其次也。及其知之，一也。困而不学，自暴自弃，斯下愚矣。夫自生知以至于困知，同一知，实同一学。不学而后圣狂霄壤[2]焉，天乎？人也。故君子学之为贵。

◎注释

［1］形容以百倍的努力向学。 ［2］霄壤：天与地。比喻相去极远。

◎解析

刘宗周将“知”诠释为人的德性之知，即生而有的良知。人皆有良知，存则得之，不存则失之。圣人于其良知能即感即应，从容中道而行；常人则因蔽于物欲，不能当下明觉此知，须在日用学习中择善进德；愚者则更须困勉进学，来求得此知。

◎原文

孔子曰：“君子有九思：视思明，听思聪，色思温，貌思恭，言思忠，事思敬，疑思问，忿思难，见得思义。”

道生于一，天之数也。天体圆，径一而围三[1]，故置一得三。又三三而九，为天数之终，而天下之能事毕矣。此所以成变化而行鬼神也。吾道一贯，而三省、三畏、三戒、三德举其纲，九思尽其变矣。

九思者，君子检身克己之功，无所不至，有随在而致吾之思者。君子一举目而惟恐乱吾明也，求吾之明而已矣；一倾耳而惟恐眩吾聪也，求吾之聪而已矣。推而色与貌、言与事、疑、忿、见得，无不皆然。思之，思之，随感而自得之，而天理之在我者，无不各止其所矣。

此之谓思诚。九思，一思也，故曰："吾儒之道，理一而分殊。"

前六思实而可据，后三思虚而易忘。六者克己之全，三者进学之要。

君子之学，首严于视听而此心出入之关键扃[2]矣，又求之色貌之全焉，又求之言动之大焉，又求之念虑之微焉，又求之性情之隐焉，愈约愈精，此心几无渗漏之地矣。又终之以义利之辨，而天理人欲之几，有益证其真者。格此一关，方合道耳。目有所加，言动有所措，学问更无余事矣。九思，终见得是学问路头，彻首彻尾之道。

◎注释

［1］径一而围三：指直径为一，则周长为三。 ［2］扃（jiōng）：关门，关闭。

◎解析

按照刘宗周的解释，"思"源自本心的发用，当人心为外物所感时，自然会生发相应的义理，正如在举目、倾耳之时会有求明、求聪的理，"思之"便是顺应此理求索的工夫。刘宗周认为君子九思涉及人的各个方面，由色貌、言动以至于念虑、性情，莫非致思存理之地。

◎原文

孔子曰："见善如不及，见不善如探汤。吾见其人矣，吾闻其语矣。隐居以求其志，行义以达其道。吾闻其语矣，未见其人也。"

好善恶恶之诚，即求志达道之蕴也。学始于修己而终于用世，乃潜见[1]则异致[2]。士固有有体而未有其用者，缮修[3]之密，身心性命之间粹如也。语有之："见善如不及，见不善如探汤。"非乎？若夫本穷养为达施[4]，尧舜君民直于吾身亲见之，则非命世[5]之大人不能与于斯矣。语有之："隐居以求其志，行义以达其道。"非乎？斯二者皆圣人之所愿见也，而有见、有未见：所见之幸，固足寄斯道之轻重；而所未见，乃关世道隆污[6]之运，圣人之所感深哉！

行义达道，自伊、周而后绝响矣！有宋诸儒在，差足当之。然隐而未见，行而未成，以语达道，无当焉。然则有其道，无其时，不能达也；有其时，无其道，不能达也。孔、孟既不遇，而萧、曹、王、魏[7]之伦，终不能致于王，茫茫万古，可胜惜哉！

◎注释

［1］潜见：指隐居和出世。　［2］异致：不同情状。　［3］缮修：即修缮。　［4］穷养、达施：出自《孟子·尽心上》："穷则独善其身，达则兼济天下。"　［5］命世：治理国家。　［6］隆污：比喻世道盛衰。　［7］萧：萧何。曹：曹参。王：王安石。魏：魏征。

◎解析

刘宗周认为"见善、见不善"一句是就人人皆有的好善恶恶的心体而言，而"求志达道"则指心体之用。人心好善恶恶，是故见善如有不及、见不善如探汤一般。学者穷则独存此心、养此志，达则推及此心以济世育民，如此自然行义达道。另外，刘宗周认为达道与否，不仅关涉行道者自身的修养，而且还与时命有关。

◎原文

齐景公有马千驷，死之日，民无德而称焉。伯夷、叔齐饿于首阳之下，民到于今称之。其斯之谓与？

齐景、夷齐之论，即南宫适羿、奡、禹、稷之论[1]。圣贤矫切世情如此。

◎注释

[1] 详见《论语·宪问》。

◎解析

南宫适指出羿、奡无德而不得其死，禹、稷有德而有天下。刘宗周指出此章与南宫适所论的大义一致，皆推崇道德。

◎原文

陈亢[1]问于伯鱼[2]曰："子亦有异闻乎？"对曰："未也。尝独立，鲤趋而过庭。曰：'学《诗》乎？'对曰：'未也。''不学《诗》，无以言。'鲤退而学《诗》。他日又独立，鲤趋而过庭。曰：'学《礼》乎？'对曰：'未也。''不学《礼》，无以立。'鲤退而学《礼》。闻斯二者。"陈亢退而喜曰："问一得三：闻《诗》，闻《礼》，又闻君子之远其子也。"

子所雅言，《诗》、《书》、执礼皆雅言也。即家庭授受，不过如此，有异闻乎？陈亢得伯鱼之说而自喜也。意曰吾今而知《诗》之不可不学矣，又知《礼》之不可不学矣，又知学《诗》、学《礼》之外，不能有加于子矣，故曰"问一得三"。陈亢深信圣人之教，故若惊若慰以志喜，非实以圣人为远子也。不然，《诗》《礼》之闻，岂自今日乎？

学《诗》者由歌咏而得其情，学《礼》者由节文而通其意。学问大段自《礼》入，然必学《诗》方能开发性情为进学之地，故《诗》先而《礼》后。后来无人理会此教法，宜子禽击节叹赏[3]。

◎注释

[1] 陈亢：字子禽，孔子弟子。　[2] 伯鱼：孔鲤，字伯鱼，孔子

儿子。 [3] 击节叹赏：本指欣赏音乐时，因赞赏而随着节奏打拍子。后指对诗文、音乐等的赞赏。

◎解析

刘宗周认为学《诗》能兴发人的性情，开发进学之地；学《礼》则让人修习礼仪来通达性情。

◎原文

邦君之妻，君称之曰“夫人”，夫人自称曰“小童”；邦人称之曰“君夫人”，称诸异邦曰“寡小君”；异邦人称之，亦曰“君夫人”。

闺门，风化之始也。故称名之礼，夫子盖尝举之。曰“邦君之妻”，则系重于邦君矣，故君称“夫人”，明有匹也；自称曰“小童”，明有尊也；邦人称之曰“君夫人”，尊君也；称诸异邦曰“寡小君”，逊于君也；异邦人称之，亦曰“君夫人”，亦尊君也。循名责实，则妾媵[1]固不可以僭夫人，夫人亦不可以耦[2]邦君，而邦君所以端[3]刑于之化者，自不容已矣。记者及此，有《关雎》《麟趾》之思乎？

◎注释

[1] 妾媵（yìng）：指诸侯嫁女时充作陪嫁的侄娣。 [2] 耦：相对。 [3] 端：端正。

◎解析

此章论邦君之妻的称呼，刘宗周认为此章体现称名之礼。

阳货第十七

◎原文

阳货欲见孔子，孔子不见，归孔子豚[1]。孔子时其亡也，而往拜之，遇诸涂。谓孔子曰："来！予与尔言。"曰："怀其宝而迷其邦，可谓仁乎？"曰："不可。""好从事而亟[2]失时，可谓知乎？"曰："不可。""日月逝矣，岁不我与。"孔子曰："诺。吾将仕矣。"

孔子见阳货与见师冕，同一化工（一作"天德流行"。）之妙。

圣人处阳货问答，皆是至诚中流出，绝无矫饰避忌[3]之情，自合所过者化。（一作"自是规矩方圆之至"。）不仁不知之说，既据理而答之矣，及云"日月逝矣，岁不我与"，分明打动圣人心事，故直应声而赴之曰"吾将仕矣"。当是时，宁复知货之不可仕？又宁知天下之终不可仕？念日月之如斯，姑以自决其忧天悯人之怀而已。甚矣，货之言得我心也！其如道之终不可行哉！感时念仕，祇增圣人太息[4]而已。

子曰："甚矣！吾衰也。久矣！吾不复梦见周公。"却被阳货道破来。

佛肸[5]召则欲往，公山弗扰[6]召则欲往，阳货见则曰仕。皆是当下意，更没下梢。知此，方知圣人天地万物一体血脉。（一作"之怀"，下云"随触而见，不必实事可为，亦不必后念相续"。）若云佛肸、公山可往，此必不可仕，真是说梦。

孔子不见，只是守道之心。观《孟子》证“入不见诸侯”[7]事可见。

◎注释

［1］豚（tún）：小猪。 ［2］亟（qì）：屡次。 ［3］避忌：因忌讳而回避。 ［4］太息：叹息。 ［5］佛肸（bì xī）：晋大夫赵氏的家臣，为中牟的县宰。 ［6］公山弗扰：姓公山，名不狃（也作弗扰），字子泄。季氏的家臣。 ［7］详见《孟子·滕文公下》。

◎解析

刘宗周认为孔子或不见或往拜或仕，都是随着当下所感作出的至诚之应，也就是在阳货欲见之时，出于守道的诚心故不见；面对阳货归豚之礼，又不容不往拜还礼；而在与阳货问答后，被其言打动，感念日月流逝，生发忧天悯人之怀，故有将仕之心。总之，孔子随感而应，只是尽其当下所发的真诚之心，与阳货、佛肸、公山诸人本无关联。

◎原文

子曰：“性相近也，习相远也。”

此孔门第一微言，为万世论性之宗。“性相近”犹云相同，言性善也。圣人就有生以后，气质用事，杂揉不齐之中，指点（一有“出”字。）粹然之体，此无啬[1]，彼无丰，夫何间然者？（一作“曰相近”。）但人生既有气质，此性若（一作“便”。）囿[2]于气质之中，气习用事，各任其所习而往，或相倍蓰[3]，或相什百，或相千万而无算，圣贤庸愚，判若天壤矣。此岂性之故也哉！（一作“有曰习相远”句。）夫习虽不能不岐于远，然苟知其远而亟反之，则远者复归于近，即习即性，性体著矣。此章性解纷纷，只是模[4]一“近”字。语云：“执柯以伐柯，其则不远。睨而视之，犹以为远。”此“近”之说也。两下只作一处看，故曰“夫道一而已矣”。千万人千万世较量若是一个。若是仿佛相远，便是善与利之间，差之毫厘、谬以千里矣。此个争差些子不得。今说“习相远”，亦只差些子便了。难说相近是一尺，相远是寻丈。如两人面孔相像，毕竟种种不同，安得为近？且所为“近”，果善乎？恶乎？善恶混乎？善只是一个，恶亦只是一个，有善有恶便是天渊，岂有善恶总在一处者？如说恶则恶是一个，如说无善无恶则近在何处？盖孔夫子分明说性善也。说者谓孔子言性只言近，孟子方言善、言一。只为气质之性、义理之性分析后，便令性学不明，故谓孔子言性是气质之性，孟子言性是义理（一作“理义”。）之性。愚谓：气质还他是气质，如何扯著性？性是就气质中指点义理者，非气质即为性也。清浊厚薄不同，是气质一定之分，为习所从出者。气质就习上看，不就性上看。以气质言性，是以习言性也。圣人正恐人混习于性，故判别两项分明若此。曰“相近”云者，就两人寻性，善相同也。后人“不相近”之说，始有无善、无不善，可以为善、可以为不善，有善、有不善之说，至荀卿直曰“恶”、扬子曰“善恶混”，种种滥觞，极矣。

◎注释

［1］啬（sè）：刻薄。　［2］囿（yòu）：被限制。　［3］倍蓰（xǐ）：倍，一倍。蓰，五倍。　［4］模：描述。

◎解析

此章刘宗周详细分析孔子的人性观。宋儒认为孔子“相近”之性指气质之性。气质之性一般是就性理在气质中发用而言。具体来说，若性理运化气质，便能成善；若性理被气质遮蔽不能成用，便流于不善。是故宋儒认为气质之性有善、有不善，所谓“近”既蕴含本性相同之义，又蕴含利用不同之义，是故言“近”不言“同”。

刘宗周对宋儒的说法提出批评，认为性只是气质中彰显的义理，性为本体，不可与气质相混。孔子区分性与习，恰是要人在气习中认取本来的善性，所谓“相近”实则是就人人相同的本性而言。人性虽相近，但是人因气质用事，导致各自的积习有所不同，所谓“习相远”。

◎原文

子曰：“唯上知与下愚不移。”

此章承上文而言“习相远”，则尽天下圣狂之路矣。然习固听人[1]所移，非一定之权也。中材之士，习于善则善，习于恶则恶。唯上知者生而习于善，下愚者生而习于恶，皆不可移，则气质若囿之久矣。虽然，习也，有性焉，君子不谓习也。愚按：性只是一性，习只是一习，非相近之外，复有上知下愚。而谓上知、下愚皆不待习也，如此则三品之说[2]也。

◎注释

［1］听人：随人。　［2］三品之说：董仲舒将人性分为“圣人之性”“中民之性”和“斗筲之性”。韩愈继承董仲舒的性三品说，把人性分为上、中、下三品。

◎解析

刘宗周认为此章接续上章探讨“性”与“习”的关系。所谓“智愚”指人的气质。智者能发挥材质之用，修习德性，积习善行。愚者难以明心见性，不能助养德性，任由气习任事，流于恶而不知返。

◎原文

子之武城，闻弦歌之声。夫子莞尔而笑，曰：“割鸡焉用牛刀？”子游对曰：“昔者偃也闻诸夫子曰：‘君子学道则爱人，小人学道则易使也。’”子曰：“二三子！偃之言是也。前言戏之耳。”

武城有弦歌之风，教化达矣。大道而小试之，可喜也，故圣人有莞尔之喻。偃若有未喻其意者，爰[1]述所闻而对曰“君子学道则爱人，小人学道则易使”，言武城之治，举而措之道者也。君子、小人皆在斯道范围之中，而爱敬联为一体，和气溢于两间矣。曰“二三子！偃之言是也”，达乎治理矣，非徒言之，实允蹈之。“前言戏之耳”，志喜也。若子游，可为不负所学矣。

道之所该[2]者广，而礼乐其大端也。

◎注释

[1] 爰：于是。 [2] 该：同“赅”，完备。

◎解析

刘宗周指出孔子闻“弦歌之声”，知武城教化风行，故赞誉治理有方；子游未喻其意，故详述治理之道；两人一来一往间，将教化之道展露无遗。

◎原文

公山弗扰以费[1]畔，召，子欲往。子路不说，曰：“末之也已，何必公山氏之之也。”子曰：“夫召我者，而岂徒哉？如有用我者，吾其为东周乎？”

鲁自季桓子据费，公室遂衰。时公山畔费，是以陪臣执国命，而托于强公室、弱私门者。然乱臣贼子岂足与有为？而说者乃谓圣人实欲借以行道，则堕于子路之见矣。闻召欲往者，一时感动之心若迫焉，若赴焉，己不自知，而人亦不得而喻也。子路不说，正谓公山之往，必难行道也。圣人不必计道之行不行，而先卜人之用不用，故视公山一召，若非徒然者。当时止因费事感动圣心，故漫作痴想，谓公山庶能用我耳，意者亦吾道大行之机乎？夫今天下第[2]无用我者耳，如有用我者，吾其为东周乎！周道之衰也，平王东迁，下陵[3]上替矣，圣人岂一日忘东周之业？为之云者，挽东周复于文、武、成、康之旧也。盖东周废兴，圣人真以为分内事，为是吾为，不为是吾不为，第卜诸用我者何如，又安知公山之召非其机也哉？此圣人所以欣然欲往也。

◎注释

［1］费：鲁国城邑。［2］第：只是。［3］陵：同“凌”，侵犯。

◎解析

刘宗周认为孔子以东周兴废为分内之事，是故见公山“畔费”来削弱私门以强公室，顿然生发济世的仁心。孔子“欲往”并非欲借此行道，而是由于“畔费”一事感发其心，此心欲挽救周世，是故欣然欲往。

◎原文

子张问仁于孔子。孔子曰：“能行五者于天下为仁矣。”请问之。曰：“恭，宽，信，敏，惠。恭则不侮，宽则得众，信则人任焉，敏则有功，惠则足以使人。”

仁者，此心之生。理无不生也，则无不行也，有不行则生者息矣。君子求仁于吾心而得行之之脉（一作“物”。）焉。（一下有“曰五者，五者何”六字。）恭、宽、信、敏、惠是也。此心常运于天下，如川流之不息，则仁体得矣。五者在吾心，即其在天下者也。无以作民敬，非恭；无以作民怀，非宽；无以作民孚[1]，非信；无以作民劳，非敏；无以作民顺，非惠。有一于此，非行也。能行五者于天下，实有是五者之分量，则心体得矣，仁矣。

行五者于天下，是本体。能行五者于天下，是工夫。

心能生，五者一齐俱到，故从行处见五者。若借五者为推行之具[2]，便须心是心、理是理，（一作“心自心、理自理”。）则于此圆满，于彼欠缺，即及于天下，亦迹[3]而不神矣。

张子曰：“颜子有不善，未尝不知，知之未尝复行也。知不行，则知行矣。”

◎注释

［1］孚：为人所信服。　［2］具：资具。　［3］迹：印迹。

◎解析

刘宗周认为“恭、宽、信、敏、惠”出自仁心，仁心生生发用，自然要作民敬、怀、孚、劳、顺。是故人君若能推其仁心，自然能行仁政。

◎原文

佛肸召，子欲往。子路曰：“昔者由也闻诸夫子曰：‘亲于其身为不善者，君子不入也。’佛肸以中牟畔，子之往也，如之何？”子曰：“然，有是言也。不曰坚乎，磨而不磷；不曰白乎，涅而不缁。[1]吾岂匏瓜也哉？焉能系而不食？”

不善不入，士君子守身之常法，虽圣人不能踰也。故曰：“然。有是言也。”言有是道也。虽然，亦恃我有以自信而已。不善不入，良恐其磷且缁耳。若坚白自信者，方将用天下而不为天下用，尚何磨涅之病乎？如是则安往而不自得哉？可行可止，与时乘而我不与焉，故曰："吾岂匏瓜也哉？焉能系而不食？"此圣人自状出当时欲往之心（一作"不能自已之心"，误。）有如此者。

圣人体道之至，动无辙迹，流行坎止，一乘化机之自然，其要归于不可磨涅而已。不系之道，即是坚白之道。坚白之道，即是不善不入之道。但子路拘滞在形迹中，圣人反求在我，超然物表，恁地活泼，无一切心，无一切法，然则佛肸可往乎？曰：何可往也，不曰"然有是言"乎？

坚不磷，白不缁，神无方也；焉能系而不食，易无体也。圣人就不善不入中，推敲出究竟学问，非谓佛肸之召必可往也。

按：《春秋》定公八年，季寤[2]、公钽极、公山弗扰皆不得志于季氏，叔孙辄无宠于叔孙氏，叔仲志不得志于鲁，故五人因阳货谋作乱，欲去三桓，以季寤更季氏，以叔孙辄更叔孙氏，己更孟氏，遂执季桓子。壬辰，将执季氏于蒲圃而杀之。季氏适出孟孙氏，阳货劫公与武叔以伐孟氏，成宰公敛处父[3]与阳氏战于南门之内，又战于棘下，阳氏败，阳货脱甲，如公宫，取宝玉大弓以出，入于讙阳关，以叛。九年夏，阳货归宝玉大弓，奔齐，又奔宋，遂奔晋适赵氏。

十年春，及齐平。夏，公会齐侯于夹谷。孔子相，齐人来归郓、讙、龟阴田。秋，叔孙武叔憾公若藐[4]，使为郈宰，杀之郈。马正[5]侯犯[6]以郈叛，武叔、懿子围郈，弗克。二子及齐师复围郈，侯犯出奔齐，乃致郈。后二年春，仲由为季氏宰，将堕三都。于是叔孙氏堕郈。季氏将堕费，公山不狃、叔孙辄帅费人以袭鲁。公与三子入于季氏之宫，登武子之台。费人攻之，弗克，入及公侧。仲尼命申句须、乐颀[7]下伐之，费人北，国人三追之，败诸姑蔑。二子奔齐，遂堕费。将堕成，公敛处父谓孟孙："堕成，齐人必至于北门，且成，孟氏保障也。无成，无孟氏也。子伪不知，我将不堕。"冬十二月，公围成，弗克。

又按，《史记世家》：定公九年庚子，孔子年五十一，公山不狃以费畔季氏，召夫子，欲往而卒不行。定公以孔子为中都宰，一年，四方则之。遂为司空，又为大司寇，十月，相定公会齐侯于夹谷，齐人归鲁侵地。十二年，使仲由为季氏宰，堕三都，收其甲兵。孟氏不肯堕成，围之，不克。十四年，孔子五十六，摄行相事，诛少正卯。与闻国政三月，鲁国大治，齐人归女乐[8]以沮[9]之，孔子行。

合《春秋》《史记》观之，公山之畔，即在阳货执季桓之后，孔子犹未用事于鲁，故召而欲往，及孔子仕鲁为司寇，乃因三桓以堕三都。侯犯之畔，畔叔孙，非畔鲁也。公山不狃率费人以袭鲁，袭季氏也。惟成尚私于孟孙，故孔子得因叔孙、季孙以堕二都，而终不堕一成，盖亦事异势殊也。三都之堕，正是欲往之心为东周第一义也。使孔子果赴公山之召，则固可借公山以堕费而还之公室，因以及于郈、成，但其势逆，其名不正，枉尺直寻[10]，故夫子卒不往，必有待于司寇之用。既堕三都，而东周之业为之兆矣，始知圣言不我诬也。然终不及堕成者，何也？始焉方欲往公山，于鲁则期月也，乘衅蹈瑕[11]而动。既用事于鲁，又因三桓以去陪臣，总之欲强公室耳。权固不可预设也。后人未考经传本末，或疑公山之叛，即谓帅师袭鲁之日。则孔子既为鲁司寇矣，又何以召而欲往？岂有用我之路乎？

◎注释

［1］坚：坚固的东西。磷：薄。白：白色的东西。涅（niè）：染黑。缁（zī）：黑色。　［2］季寤：季桓子的庶弟。公钼极：季武子长子公弥的曾孙，季桓子的族子。叔孙辄：字子张，叔孙武叔的庶子。叔仲志：叔孙氏分支叔仲氏叔仲穆子之子，叔孙武叔的族弟。　［3］公敛处父：公敛阳，孟孙氏孟懿子的家臣，成邑的邑宰。　［4］公若藐：叔孙氏的族人，郈邑的邑宰。　［5］马正：养马的官员。　［6］侯犯：叔孙氏家臣，郈邑马正。　［7］申句须、乐颀：鲁国大夫。　［8］女乐：指歌姬舞女。　［9］沮：败坏。　［10］枉尺直寻：出自《孟子·滕文公下》：“枉尺而直寻，宜若可为也。”朱熹《集注》：“枉，屈也；直，伸也。八尺

曰寻，所屈者小，所伸者大也。”比喻损失小部分以求更大的收获。
[11] 乘衅（xìn）蹈瑕（xiá）：指利用机会、趁空子。

◎解析

首先，刘宗周指出孔子因时处道，不被外在环境所侵扰，故不因磨涅而废道；对于佛肸、公山弗扰之召，只是顺应感发的用世之心而欲往。其次，刘宗周引述《春秋》与《史记》的记载，指出公山弗扰召孔子发生在叛季氏的时期，此时孔子打算借机堕费邑而强公室，其后任司寇而堕三都，正是贯彻此番意图，可见孔子始终以强公室、兴东周为志向。

◎原文

子曰："由也，女闻六言六蔽矣乎？"对曰："未也。""居！吾语女。好仁不好学，其蔽也愚[1]；好知不好学，其蔽也荡；好信不好学，其蔽也贼；好直不好学，其蔽也绞；好勇不好学，其蔽也乱；好刚不好学，其蔽也狂。"

程子曰："大凡有题目[2]事，易合。"然则仁、知、信、直、勇、刚皆有题目事，故圣人题之为六言，而六蔽随之，谓其在假合也。资[3]性得于偶近，而用意持循，容有过中失正之弊，以语闻道则未也，故君子学焉而已矣。六言，一学也；学，一理也。好学者求吾心之理而得之也，得此理于仁而不愚矣，得此理于知而不荡矣，得此理于信而不贼矣，得此理于直而不绞矣，得此理于勇而不乱矣，得此理于刚而不狂矣，何蔽之有？六蔽不生，即六言亦属强名之，其于道也几矣。

不就六言学，只明得一理。此理明，更无余事。善学者反躬而自得之，以尽乎己耳。

◎注释

［1］朱熹《论语集注》："愚，若可陷可罔之类。荡，谓穷高极广而无所止。贼，谓伤害于物。勇者，刚之发。刚者，勇之体。狂，躁率也。"［2］题目：名义。　［3］资：凭借。

◎解析

刘宗周主要指出"学"在于求得本心之理，能明得"六言"之理自然无蔽。

◎原文

子曰："小子！何莫学夫《诗》？《诗》，可以兴，可以观，可以群，可以怨。迩[1]之事父，远之事君。多识于鸟兽草木之名。"

《诗》教主于兴，故学《诗》为小子第一义。可兴，又学《诗》第一义。而观者因吾兴之机而实证之也。可群，可怨，事父，事君，皆反观之地，无非得之于兴者。多识于鸟兽草木之名，则穷物理之当然，而得吾心之皆备，又安往而非兴起之余事哉？故曰："小子何莫学夫《诗》？"

◎注释

［1］迩（ěr）：近。

◎解析

刘宗周主要凸显《诗》能兴发人的性情，而兴发的性情蕴含进德之机，也就是生发着相应的义理，于此不断存养与修习，自然可观、群、怨、事父、事君等。

◎原文

子谓伯鱼曰："女为《周南》《召南》矣乎？人而不为《周南》《召南》，其犹正墙面而立也与？"

《诗》不可不学，而其要则二《南》尽之矣。君子得之，以修身而教于家，则治国平天下之道在是矣。此《大学》之教也。《传》曰："自天子以至于庶人，壹是皆以修身为本。"身不修则家不可得而齐，虽闺门之内，几席之近，有伥伥[1]乎其不可行者，与面墙何异哉？君子求端于二《南》，而先王以肃肃雍雍[2]之德，刑[3]于寡妻，被于南国，裕于子孙者，有如是也。文王我师也，有为者亦若是而已矣。

◎注释

[1] 伥（chāng）伥：无所适从的样子。 [2] 肃肃雍雍：出自《诗经·大雅·思齐》："雍雍在宫，肃肃在庙。不显亦临，无射亦保。"指整齐庄严，雍容和谐。 [3] 刑：通"型"，法式，典范。

◎解析

刘宗周认为学习二《南》可体察其中的修齐之道，正如文王修养己德，以身示范于妻子、兄弟，由此齐家而推及邦国。

◎原文

子曰："礼云礼云，玉帛云乎哉？乐云乐云，钟鼓云乎哉？"

礼不废玉帛[1]而玉帛非礼也，乐不废钟鼓而钟鼓非乐也。因文而达其意，亦可以得礼乐之谓矣。虽然，礼云礼云，非玉帛云乎哉？乐云乐云，非钟鼓云乎哉？在人思而得之。

◎注释

［1］玉帛：玉器和丝织品。

◎解析

孔子此番论述主要指出礼具中和之质与礼节之文，文与质一体相关。玉帛与钟鼓作为礼之文，本应彰显中和之道，不可流于外在的形式。

◎原文

子曰："色厉而内荏[1]，譬诸小人，其犹穿窬[2]之盗也与？"

色厉内荏，方泰然自以为君子矣，无乃小人之尤乎！比诸小人中，其犹穿窬之盗也与？其善匿而畏人知，一也。此等情状如揭肺肝，觑破时不值半钱，虽小人亦不齿之。故君子作德，诚之为贵。

◎注释

［1］荏（rěn）：软弱。　［2］穿窬（yú）：指翻墙头或钻墙洞的盗窃行为。

◎解析

"色厉内荏"的人虚伪而不知耻，面对过错，只知道遮掩而草草应付，不能在当下"畏人知"的"怯"情中觉知当中的羞耻之意，顺应此"羞"而惭愧自省，由此转入悔过迁善的行动中。可见，人虽不能无过失，但一有过失，能够诚直地体察过失所生发的羞愧之情，明觉当中的悔过而欲补救之意，顺应此意去行动，便是在迁善改过。此章与后面所言"愚之直与诈"的问题可同观。

◎原文

子曰："乡原，德之贼也。"

"乡原"之名，自孔子始立。盖指学圣人之道而伪焉者，其托迹[1]近于中庸，最足以当乡人之好，而其阉然[2]媚世之情，尤令贤愚尽厌，故其谨愿[3]之称始于乡人，终述于天下后世。所为一乡皆称愿人，无所往而不为愿人也，则亦题之为"乡愿"而已矣。曰"德之贼"者，自有乡愿之学术，而流俗趋之以为便，小人托之以文[4]奸，人心世教从风而靡，其害至于子弑父、臣弑君而有所不顾也。其为德之贼为何如哉？盖伪学之蔽如此！

古来无此名目，自圣人题破，包尽古今伪学之品。必曰"乡愿"者，为他起手从流俗污世中来，固是（一作"不离"。）本色，虽出神入圣，缪巧[5]无穷，只是乡人伎俩。

学君子不得，必为色厉内荏；学圣人不得，必为乡愿。

色厉内荏，正是乡愿之流。为他未熟在，故中外两般。若乡愿是浑成一愿，外不厉，内不荏，经几多锻炼来方恰好。正是窃盗有败露时，乡愿是盗狐白裘[6]手也。（一末句作"乡愿愈做，规模愈好，讫难窥其破绽"。）

◎注释

［1］托迹：寄托形迹。　［2］阉（yān）然：出自《孟子·尽心下》："阉然媚于世也者，是乡原也。"隐蔽、掩藏的样子。　［3］谨愿：谨慎。　［4］文：文饰。　［5］缪巧：智谋与巧诈。　［6］狐白裘：用狐腋的白毛皮做成的衣服。

◎解析

"乡愿"之人虽仰慕圣人之道，但只是求圣人之名，学个圣人模样。其人在处世行事间，为得中庸之名，无不曲尽周全，以至于媚世合污。刘宗周认为孔子以“乡愿”二字包罗古今伪学，并且结合上章对比分析“色厉内荏”与“乡愿”。

◎原文

子曰：“道听而涂说，德之弃也。”

道听涂说者，学事口耳[1]，随所闻而腾说[2]之，不胜其夸诞之情也。此其精神漏泄无余，虽有天理之存焉者，寡矣。非自弃其德乎？然则畜德乃在默而成之，不言而信者乎！

◎注释

［1］口耳：指口传耳闻的肤浅之学。　［2］腾说：指传播言论。

◎解析

在刘宗周看来，蓄养德行在于学者自行修养己身的德性，尚且不能在闻见之知中讨工夫，更何况将精神耗费在道听途说上？

◎原文

子曰：“鄙夫可与事君也与哉？其未得之也，患得之；既得之，患失之。苟患失之，无所不至矣。”

“鄙夫”只是乡人之庸庸者，本无大破坏处，只富贵一念割不下，便当无所不至。初然只是鄙夫，后来是大奸大恶，若出两截人，殊不知其为必至之情也。若谓鄙夫不可与事君，初然亦信不及，故圣人姑自疑其辞曰“与哉”，其旨严矣。

鄙夫正后世所谓“好人”便是，何必陋恶？圣人穷[1]奸邪之祸，而止以鄙夫概之，欲人主辨奸之微也。

乡原、鄙夫，皆是圣人题[2]画出，其情状亦甚不相远。

◎注释

［1］穷：揭穿。 ［2］题：标签。

◎解析

此章论鄙夫与前几章论“色厉内荏”“乡愿”意思一致，刘宗周认为鄙夫为乡愿一类人，实质上都贪求名利，故患得患失。

◎原文

子曰：“古者民有三疾，今也或是之亡也。古之狂也肆[1]，今之狂也荡；古之矜也廉[2]，今之矜也忿戾；古之愚也直，今之愚也诈而已矣。”

人生不能无气质之偏，已为所性之累矣。而天地之性未尝不呈露于气质之中，识其偏而善反之，古之人所以尽性也。何至以古人之疾而今或亡之哉？今之人非无古人之疾也，而重坏于习染之私，知诱物化，任其质之所溺而不知反，回视最初面目，已失其真。盖疾犹是也而症已非矣。狂者次于中行，故为肆；矜亦狷之流，故为廉；愚则多木讷之意，故为直。三疾，古人盖尝因之以入道矣。今也狂流而荡矣，非肆也；矜流而忿戾矣，非廉也；愚流而诈矣，非直也。名存而真亡，故“或之”。或之，疑之也，欲人反而自叩[3]其有亡也。

◎注释

［1］肆：指不拘小节。 ［2］廉：棱角，形容品行端方。 ［3］叩：叩问。

◎解析

《子路》篇言“不得中行而与之，必也狂狷乎。狂者进取，狷者有所不为也”，刘宗周重点指出此处狂、矜是次于中行的狂者与狷者，狂者进取是故率性肆意，狷者有所不为是故端方持守。古人之疾出于进德修业，人虽有气质之偏，但都依循德性来变化；今人则不知修德，一味顺应气质的流变，以至于狂者越发放荡，矜者一味计较，愚者自欺而欺人。

◎原文

子曰：“恶紫之夺朱也，恶郑声之乱雅乐也，恶利口之覆邦家者。”

天下盖有以邪而奸[1]正者，若紫夺朱、郑声乱雅乐是也。此犹其小者！国家摇乱，国是倾陷，正人莫如利口[2]，其乱正之势，亦犹紫夺朱、郑声之乱雅，然极其祸，能令人主之心为其所中而不觉，能令天下之大人之情为其所簧鼓[3]而不自持，直举人国而覆亡之，犹反掌耳，可畏哉！是圣人所以深恶而痛绝之也。惟仁者能恶人。其有知三者之足恶，盖亦鲜矣。

◎注释

[1] 奸：抵触。 [2] 利口：强嘴利舌。 [3] 簧鼓：用好听的话蛊惑别人。

◎解析

刘宗周重点阐述“利口覆国”，指出利口能蛊惑人主与大人之心，致使国家危亡。

◎原文

子曰："予欲无言。"子贡曰："子如不言，则小子何述焉？"子曰："天何言哉？四时行焉，百物生焉，天何言哉！"

久矣夫！圣人之不得已而有言也。可言，非道也。圣人虑以言求道而反格[1]于进，故慨然有"无言"之叹。子贡曰"子如不言，则小子何述焉"，盖借疑问以发夫子之蕴也。夫道，即天之所以为天也。天何言哉？"上天之载，无声无臭"是也，而"四时行焉，百物生焉"，莫非道也。天亦卒归于无言而已，以无言之天，显设于四时百物而非滞于有；以时行物生之天，复归于无言而非沦于无，所为"体用一原，显微无间"者也。至哉天乎！述道者述此而已。然则道固有超于言者矣，又有不言而言者矣，而猥欲以言述之，不几于愈言而愈晦乎？

予欲无言，圣人分明一天矣。盖学至于忘言，始拈此义，云非专为立教说，"天何言哉"，以身证也，若言圣同天，更嫌比拟在。或云："观天则知圣人矣。"程子曰："非也。观圣人则知天矣。"又曰："言'体天地之化'，已剩一'体'字。"

此圣人知命以后学（"学"字一作"觌[2]体拈证"。）处。

此道惟颜子足以知之，故曰："不违如愚。退而省其私，亦足以发。"周子曰："'予欲无言。''天何言哉？四时行焉，百物生焉，天何言哉！'然则圣人之蕴，微颜子殆不可见。发圣人之蕴，教万世无穷者，颜子也。圣同天，不亦深乎！"

"无言"处正是道妙，"四时行，百物生"是无言之撰[3]，故始终曰"天何言哉"。

子曰："默而识之，何有于我？"圣人固自以有言之病道也，故慨然叹曰"欲无言"。盖将学进于忘言，而以神道设教[4]也。

◎注释

［1］格：阻碍。　［2］觌（dí）：见。　［3］撰：规律，条理。［4］神道设教：出自《易·观·彖》："观天之神道而四时不忒，圣人以神道设教而天下服矣。"指圣人仰观俯察，发明天地之道，以此教化众人。

◎解析

刘宗周以道诠释天，指出道为天地流行之道，其运化神妙不测，无声臭形迹，不可以言语来描述，故孔子以"无言"来指涉；另一方面，天道所运虽然无声无臭，但实质上只是万物各行其性命，所谓"四时行，百物生"。总的来说，天道无言与万物存有为"体用一源，显微无间"的关系。孔子知天道不可言语来求，故发明"默而识之"之教。

◎原文

孺悲[1]欲见孔子，孔子辞以疾。将命者出户。取瑟而歌，使之闻之。

许师[2]曰："'取瑟而歌'一段气象，虽拒孺悲以不教，而平心和气，不大声色，其所以为圣人与！"

◎注释

［1］孺悲：鲁国人，曾向孔子学习士丧礼。　［2］许师：即许孚远。

◎解析

刘宗周引许孚远之论，认为孔子"取瑟而歌"彰显圣人气象。

◎原文

宰我问："三年之丧，期已久矣。君子三年不为礼，礼必坏；三年不为乐，乐必崩。旧谷既没，新谷既升，钻燧改火，期[1]可已矣。"子曰："食夫稻，衣夫锦，于女安乎?"曰："安。""女安，则为之！夫君子之居丧，食旨不甘，闻乐不乐，居处不安，故不为也。今女安，则为之!"宰我出。子曰："予[2]之不仁也！子生三年，然后免于父母之怀。夫三年之丧，天下之通丧也，予也有三年之爱于其父母乎!"

三年之丧，盖体人子必至之心而为之，非以强世者也。求礼于玉帛周旋，求乐于钟鼓节奏，而伤人子之心，抑惑矣。时物之变，人子盖用以寄追感之情而未能恝然[3]者。短丧之说，无亦未尝反而自得其心乎？故圣人借予之身，动予之心，而曰："食稻衣锦，于女安乎?"若曰"此女之心而非他人之所能为也"，予犹未得于心，而遽曰"安"，亦口给[4]而已，"女安则为之"，言必有所不安也。三年之丧，食旨不甘，闻乐不乐，居处不安，此亦仁人孝子必至之心也。而予独安之，予独为之，予独非人子乎？予之不仁也，姑俟[5]其既出而复责之，而欲其知所悔悟心而徐得其不安之实也。亲亲，仁也。此不学而知，不虑而能之心也。"子生三年，然后免于父母之怀。""予也有三年之爱于其父母乎?"直打到痛痒相关处。有三年之爱于其父母而不思所以竭罔极[6]之报，其亦不仁之甚者矣！医书以手足痿痹为不仁，莫痿痹于此矣。食稻衣锦，君子曰不仁而不可为也，此三年之丧所以为通丧也。然昔者子夏既除丧而见，夫子与之琴，和之而不和，弹之而不成声，作而曰："哀未忘也。先王制礼而未敢过也。"子张既除丧而见，与之琴，和之而和，弹之而成声，作而曰："先王制礼，不敢不至焉。"夫礼，丧必三年。贤者俯而就，不肖者企而及，有由来矣，未闻其食稻衣锦以为安也。若宰予，抑亦屈己以明道者与？

◎注释

［1］期：一年。　［2］予：即宰我。　［3］恝（jiá）然：冷淡，漠不关心。　［4］口给：巧言善辩。　［5］俟：等待。　［6］罔极：出自《诗·小雅·蓼莪》：“父兮生我，母兮鞠我……欲报之德，昊天罔极。”无穷尽。

◎解析

此章论“三年之丧”。宰我主要从利害上分析，认为可变三年为一年。孔子先以心之“安不安”诘问宰我，以期兴发宰我的本心，让其自行反省其所言于心安不安；而后申明君子居丧，自然心哀而食旨不甘、闻乐不乐、居处不安，故难为礼乐。刘宗周在此援引子夏、子张的例子，详细说明居丧不乐的普遍之情。人子亲爱父母乃人的良心，父母爱子亦发自亲爱之心。父母生养子女，三年才免于怀，可见父母之心。故人尽其亲爱父母之心，不容不尽心尽力，三年权且只能抚慰其哀，又岂忍心计较三年的长短与否。

◎原文

子曰：“饱食终日，无所用心，难矣哉！不有博弈[1]者乎？为之，犹贤乎已。”

人心不可无所用。无所用则昏昧放逸，恶日长矣，况饱食终日，一无所用乎？故曰：“难矣哉！世不有博奕者乎？”博奕虽贱而用心则已勤矣，为之犹贤乎无所用心者矣。则是天下尽出博奕下也，亦愚不肖之甚而已矣。然则君子之欲用其心者，曷不师智于博奕而通之？

泛用其心，不可也；杂用其心，不可也。其唯博奕乎？不专心致志则不得也。君子之志于道也，如博奕之用其心则几矣。此圣人所以醒人于博奕也与？

人心有全力，只是不肯用。用而不尽，与不用同。

心无方所，用者亦无方所，而曰“无所用心”者，岂有所以为乎？事父母而竭其力，事君而致其身。

程子曰：“某写字时甚敬，只此便是学。”可为知所用心矣，推之无往不然。

◎注释

［1］博奕：掷骰子、下围棋等游戏。

◎解析

刘宗周主要强调人心不能无所用，心不用则放逸，学者须时时在事上用其心，发明心体本有的大用，由此修养心性。即使博弈为小事，也能由此专其心、养其志。

◎原文

子路曰：“君子尚勇乎？”子曰：“君子义以为上。君子有勇而无义，为乱；小人有勇而无义，为盗。”

义者，勇之为体也。义在是即勇在是，故除却勇可不道。若见义不为，义非我有，非勇亦非义。圣人就勇之是处看是义，故曰“君子义以为上”。使徒恃血气之勇，而义不存焉，则亦为乱为盗而已。乱则非勇也，盗则非勇也，然则“义以为上”其为大勇乎！乱与盗，视真正英雄只在是非间。学者辨之。

君子徒勇，必纵恣而不循理，故为乱；小人徒勇，必暴悍而不循分[1]，故为盗：皆恶之别名也，非作乱为盗之谓。

◎注释

［1］分：本分。

◎解析

刘宗周指出，义为勇之体，存义则自然有勇。君子循理为义，不恃于血气私欲，自然可去乱胜邪，由此养成浩然勇毅的气节。

◎原文

子贡曰："君子亦有恶[1]乎？"子曰："有恶：恶称人之恶者，恶居下流而讪上者，恶勇而无礼者，恶果敢而窒者。"曰："赐也亦有恶乎？""恶徼[2]以为知者，恶不孙以为勇者，恶讦[3]以为直者。"

圣贤恶恶之严，皆克己进得之要，而维世淑人亦寄于此。人心之恶，不可胜穷，其大端若：称人之恶者，浮薄之情也；居下流而讪上者，倾险之习也；勇而无礼者，逆乱之节也；果敢而窒者，猖狂之见也。有一于此，皆德之贼，故圣人恶之。殆有异焉，极其情，得无徼而托之知乎？讦而托之直乎？不孙而托之勇乎？以恶为德，何啻千里！而析理不明，不免以似乱真，且益肆其遂非[4]长恶之习，盖亦为恶者必至之情也。恶恶，晰天理、人欲之几而一破其假借之见，庶几有拔去病根之意，于所为称人恶四者之恶不使得以加身矣。此子贡之恶所以合于夫子也。

子贡之恶是申明上文，如凡下讪上者未有不托于直，知、勇亦然。

◎注释

［1］恶（wù）：憎恶。　［2］徼（jiāo）：窃取，抄袭。　［3］讦

(jié)：攻击别人的短处或揭发别人的隐私。　［4］遂非：坚持、掩饰错误。

◎解析

人心诚能恶恶好善，刘宗周指出孔子所恶四恶、子贡所恶三恶，皆是恶其所恶，使不善不加诸身。

◎原文

子曰："唯女子与小人为难养也，近之则不孙，远之则怨。"

女子小人难养，自古皆然。知此，便须得反身正物之道。区区谋[1]所以养之之术，鲜克胜者。

◎注释

［1］谋：谋求。

◎解析

刘宗周指出学者待人接物，应求处置之道而非求其术。

◎原文

子曰："年四十而见恶[1]焉，其终也已。"

君子十年而幼学，至四十而强仕，则其学成矣。"年四十而见恶焉"，老大之悲乃在今日矣。已矣乎，无可复为矣。"其终也已"，惜哉！是以君子欲及时以勉学也。

◎注释

［1］见恶：被人厌恶。

◎解析

刘宗周认为此章主要教导学者勉力进学。

微子第十八

◎原文

微子去之，箕子为之奴，比干谏而死。孔子曰：“殷有三仁焉。”

三人自靖自献[1]于先王，生死去就，行各不同。而爱君忧国之忱，无纤芥[2]可疑，各成一是而已。（一“而爱君”三句作“而心同”。）心之尽处，即道之至处，故曰“仁”。就其仁而观之，亦止谓之忠。忠之至也仁，一也。以此事亲为孝，以此事君即为忠。故仁人即是孝子，即是忠臣。孝子不必仁者，宗族称孝之谓也；忠臣不必仁者，子文、荀息[3]之谓也。仁可以该[4]忠孝，忠孝未必尽仁，故圣人于三人，不曰忠而曰仁，所以表忠臣之极思也。令尹子文忠矣，然不曰不忠，而曰“未知焉得仁”，盖原心之论。屈原之忠，忠而过，观过斯知仁矣。

三人一节进一节做：始诤[5]之以去，继诤之以奴，终诤之以死，无可复为矣。于此而国破君亡，亦可以自靖于先王矣。三人似商量熟虑，（一作“极思共虑”。）各就一件做去。（一下有“均之可以靖献于先王”句。）观《微子》之诰一篇可见，所为同心报国也。说至此，方见得三人之义凛然，方（一作“色色”。）是仁。须知三子去合当去，奴合当奴，死合当死。去者非为存宗祀，悟君之道始在一去。微子为纣庶兄，分义当去。箕子艰贞正志，又有一段委曲精诚出万死一生处，此际甚难，直是哭不得、笑不得，此策更无转动。比干方才撒一死，是临了著数。

（一作“比干方效之以死，是末后极思底尽处”。）若说箕子偶然不撞著纣怒，故未死，比干不幸而死，似未尽当时靖献心事。万一俱死俱不死，岂不有憾？且圣贤生死在手，岂（一作“何”。）系于纣？

◎注释

［1］靖献：指臣下尽忠于君上。　［2］纤芥：细微，细小。［3］子文：斗縠於菟，芈姓，字子文，楚国令尹。荀息：姬姓，原氏，名黯，字息，晋国大臣。　［4］该：同“赅”，包含。　［5］诤：谏诤。

◎解析

此章孔子评价商末大臣微子、箕子、比干为三仁。刘宗周围绕此指出，三人皆爱君忧国，谏诤不可，故当去则去、当奴则奴、当死则死，只是尽其仁孝忠义之心。另外，刘宗周区分仁与忠孝，指出仁为体，忠孝为仁之用，尽仁心则自然尽忠尽孝；而忠孝为具体一事，未必能穷尽仁道蕴含的全体之德。

◎原文

柳下惠为士师[1]，三黜。人曰：“子未可以去乎？”曰：“直道而事人，焉往而不三黜？枉道而事人，何必去父母之邦？”

子曰：“不有祝鮀之佞，而有宋朝之美，难乎免于今之世矣。”然则直道可容乎故？故展禽[2]亦然。惠不能枉道以求容，而姑栖迟[3]于父母之邦，犹有忠爱之意焉，然其如天地万物一体之谊何？孔子便不然。惠终置身于世外，迹混[4]心超，故列之为逸民。

此是油油[5]不自失的面目盎然，想见其人，和而不流，其惠之谓乎？

◎注释

[1] 士师：狱官。　[2] 展禽：即柳下惠。　[3] 栖迟：游息。　[4] 迹混：即“混迹”，隐居在市井。　[5] 油油：悠然自得的样子。

◎解析

此章展示柳下惠正直的品格。刘宗周主要指出柳下惠大隐隐于市，和而不流，超然于世间。

◎原文

齐景公待孔子曰：“若季氏，则吾不能；以季、孟[1]之间待之。”曰：“吾老矣，不能用也。”孔子行。

齐景公商[2]所以待孔子，而曰：“以季氏则吾不能，姑以季、孟之间待之乎！”又曰：“恐吾老矣，不能用也。”同是一时商量语，才商量，志疑矣，安能用贤？所为执狐疑[3]之心者，来谗贼之口；持不断[4]之意者，开群枉之门。晏婴之沮[5]有由矣。此孔子所以行也。记者不载晏婴沮孔子之事，而专坐罪于景公，固以见圣道兴废非婴所能与，而且不能于用贤者，主道不断云耳。此著出处，总误一“待”字。“吾老矣，不能用也”，言但恐终不能用孔子也，亦自谦之辞，非果不用也。

◎注释

[1] 朱熹《集注》：“鲁三卿，季氏最贵，孟氏为下卿。”　[2] 商：商量，商议。　[3] 狐疑：狐狸生性多疑，故以此形容人因多疑而犹豫不决。　[4] 不断：指犹疑不能决断。　[5] 晏婴之沮（jǔ）：沮，阻止。指晏婴等齐国大夫反对齐景公任用孔子。

◎解析

刘宗周认为此章不罪晏婴而坐罪于景公，旨在揭示景公非明主，对孔子存狐疑之心，实则未有真正起用孔子之心。

◎原文

齐人归女乐，季桓子受之，三日不朝。孔子行。

既志事于齐人，又归罪于季桓，若鲁无定公。然定公已制于齐人，卒为季桓子所误而不克自主。“三日不朝”，鲁之为鲁可知矣，圣人能行道乎？圣人去鲁，本以膰肉[1]不至存委曲之情，而事实坐此，故记者直以女乐一事为孔子行案，诚识圣人出处之大者也。

或问：“孔子去鲁若何？”曰：此孔子最不得已处。孔子方得志于摄相之日，而一旦有女乐之归，（一有“谏诤匡救都无所施”句。）义有可去，必俟膰肉，（一作“犹然迁延于膰肉之至”句。）曰尚有可为，姑为弗闻而安之。及膰肉不至，然后念绝。（一作“义无可留”。）即出昼[2]心事一般，孟子所为“以微罪行”者，正以示臣子去国之情不忍恝然[3]，卒不欲暴其君父之失，如孟子所为“王犹足用为善”是也。总是梦寐东周心事割不断处。（一作“放不下”。）于去齐、卫则不然，固是去他国之道，亦尚无可为之兆，则进退之义可一言决耳。（一云“不特孟子所谓以微罪行也”。）

◎注释

[1] 膰肉：古代祭祀用的熟肉。　[2] 出昼：出自《孟子·公孙丑下》：“千里而见王，是予所欲也；不遇故去，岂予所欲哉？予不得已也。予三宿而出昼，于予心犹以为速。王庶几改之！王如改诸，则必反予。夫出昼而王不予追也，予然后浩然有归志。”昼，地名，齐国边境。[3] 恝（jiá）然：漠不关心的样子。

◎解析

此章论孔子去鲁。《孟子》《孔子世家》等记载孔子在未获膰肉后离开鲁国。刘宗周认为此章揭示孔子真正去鲁的原因，孔子从女乐一事知道不可行，但又不忍去鲁；其心如孟子出昼一样，始终期盼能为国行道；但其后膰肉不至，终知晓难以行道，是故不得已而去鲁。

◎原文

楚狂接舆歌而过孔子曰："凤兮凤兮！何德之衰？往者不可谏，来者犹可追。已而，已而！今之从政者殆而！"孔子下，欲与之言。趋而辟[1]之，不得与之言。

长沮、桀溺耦而耕，孔子过之，使子路问津焉。长沮曰："夫执舆者为谁？"子路曰："为孔丘。"曰："是鲁孔丘与？"曰："是也。"曰："是知津矣。"问于桀溺。桀溺曰："子为谁？"曰："为仲由。"曰："是鲁孔丘之徒与？"对曰："然。"曰："滔滔者天下皆是也，而谁以易之？且而与其从辟人之士也，岂若从辟世之士哉？"耰[2]而不辍。子路行以告。夫子怃然[3]曰："鸟兽不可与同群，吾非斯人之徒与而谁与？天下有道，丘不与易也。"

子路从而后，遇丈人，以杖荷蓧[4]。子路问曰："子见夫子乎？"丈人曰："四体不勤，五谷不分。孰为夫子？"植其杖而芸。子路拱而立。止子路宿，杀鸡为黍而食之，见其二子焉。明日，子路行以告。子曰："隐者也。"使子路反见之。至，则行矣。子路曰："不仕无义。长幼之节，不可废也；君臣之义，如之何其废之？欲洁其身，而乱大伦。君子之仕也，行其义也。道之不行，已知之矣。"

三人言论风旨，大略一辙，而楚狂衰凤之歌飘然有尘外之想，故谓之狂者。夫子下，欲与之言，其属意当最切。沮、溺多溺而不返之意，名称其实，所谓石隐[5]也。丈人一言，而起子路之敬。想当时语次，有周旋中礼处，其操履[6]当在楚狂之上，故邂逅遂成莫逆。夫子闻而嘉之曰“隐者也”，言有道而隐者也。夫子周流楚、蔡之间，不得一遇时主，乃就尘埃中物色数君子，使千载而下，仰其风节，虽数君子之幸乎！而吾道不可为不遇矣。夫春秋之世，固不以孔子之圣贬数君子也。

原旨曰：“欲与之言，亦是镜中看花，未知所言者何事？”

“而谁以易之”，言天下皆乱，谁可以化而易之者？谓天下至此，必不可易也，故夫子反之曰：“天下有道，丘不与易也。”“与”应上“与”字，“丘”应上“谁”字。然则今日之滔滔，非丘与易之而谁与之易也哉？

辟人谓避此适彼，屑屑于去就也。

圣人怃然数语，是尽倾肝膈处。子路憾丈人意，专就二子之见上来，故尚未得圣人忧天悯人之情意，盖曰“君臣有义，尚矣”，使人人高不仕之节，此义不终废乎？夫君臣之于长幼，孰轻孰重？长幼之节且不可废，而况君臣之义哉？“欲洁其身，而乱大伦”，若丈人之见亦惑矣。君子之仕也，正藉以行君臣之义也，非以仕为行道计也。若“道之不行，已知之矣”，其如此义之不可废何？此君子所以周流税驾[7]而不容已也，丈人独何心哉？

◎注释

［1］辟：同“避”。　［2］耰（yōu）：覆种。　［3］怃（wǔ）然：怅然失意貌。　［4］蓧（diào）：竹编的耘田农具。　［5］石隐：隐士。石，《易》言“介于石”，形容心志操守坚定如磐石。　［6］操履：操守，品行。　［7］税驾：税，同“脱”。解驾，停车。

◎解析

首先，孔子对这四人持赞许的态度，认为他们皆有风骨名节，为有道而隐逸的君子。但刘宗周指出他们虽有高风亮节，但只是独善其身，正如子路所言“洁其身而乱大伦”，置君臣大义于不顾，终究不能体会孔子济世为民之心。相比而言，当此春秋之乱世，唯独孔子才能真正改道易世。

◎原文

逸民：伯夷、叔齐、虞仲、夷逸、朱张、柳下惠、少连。子曰：“不降其志，不辱其身，伯夷、叔齐与！”谓：“柳下惠、少连，降志辱身矣。言中伦，行中虑，其斯而已矣。”谓：“虞仲、夷逸，隐居放言，身中清，废中权。我则异于是，无可无不可。”

民以逸称，盖身隐而道超，不受世氛[1]，亦不系情于泉石，翩然人寰之表者也。许师曰：“逸民者，天民之不遇乎时也。如夷、齐抗节于首阳，清而不晦；柳下、少连伸道于三黜，和而不流。皆越隐君子[2]一等矣。”“不降不辱”者，心迹俱超道，与日月争光，尚矣。“降志辱身”者，心与迹判，若拟于降且辱矣，而言行合道，卓乎操履之纯矣。隐居放言，有轻世肆志[3]之意焉，中清中权，亦独行君子之概也。总之，逸民之行，以身志为纲，以夷、齐为案，而数子皆在范围之中。以下故就身志外观言行，又就言行外观清权，所谓得其天机，遗其牝牡骊黄[4]者。于惠、连曰“如斯而已”者，言二子之逸既如斯，则降志辱身非其真矣；其在夷逸、朱张，可知数子皆不降其志、不辱其身者，此其所以为逸也。然则数子皆逸言，而学不尽性，卒未融其有我之见，有所可即有所不可，心有所向而行局于隅[5]、道滞于器矣。惟圣人全体周流，神无方而易无体，何可不可之有？所谓圣人之时者也，其异于逸民者有如此。然则数子固在夷、齐范围之内，而七子又在圣人范围之内，此道之所以集大成也。圣人叙逸民而终自附于七人之后，其所感者深乎！

伦，彝也，秩也。虑者，思之精。虑，善以动也。废中权者，自放以为高而适道之权也。凡言“中”者，皆从容中其道也。

问：“伯夷圣之清，柳下惠圣之和，圣则大而化之矣。如伯夷恶恶之严，而量自容物；柳下惠与人之宽，而介[6]且不易于三公，则亦未始非偏至之行。而所为可不可者，亦惟要其理之是而已，亦何病于中道乎？”曰：“如伯夷之清而后可为圣之清，如柳下惠之和而后可为圣之和，即二子而观之，迥然不相及而成其可不可之见矣。此道中本无清、和相。清、和之名，从气质用事而得之。可不可之病，非谓可在清、不可即在和，可在和、不可即在清，只各就清和中见出。如不屑就不屑去，岂得无成心在？才有成心，即有歧见，一彼一此，胸中若相对待，无往而非可不可之见矣。可不可，正是假象，如镜中花，随感随灭。”

圣人未尝谓七子皆有可不可，但言我之为我有如此者。此圣人自名状最真切处，只是“从心所欲，不踰矩”也。

惟圣人，方认得可不可最真。因其可而可，因其不可而不可，所以能无可无不可。

“德辅如毛，毛犹有伦”[7]，尚病可不可在。圣人之至，无声无臭，至矣。

◎注释

［1］世氛：尘世喧嚣的气氛。　［2］隐君子：隐居的高士。［3］轻世肆志：藐视世俗，放浪心志。　［4］牝（pìn）牡骊黄：本指挑选好马不必拘于毛色性别，后指非本质的表面现象。　［5］隅：角落。［6］介：耿直。　［7］出自《中庸》。輶（yóu），轻。朱熹章句：“《烝民》之诗所言‘德輶如毛’，则庶乎可以形容矣，而又自以为谓之毛，则

犹有可比者，是亦未尽其妙。不若《文王》之诗所言‘上天之载，无声无臭’，然后乃为不显之至耳。盖声臭有气无形，在物最为微妙，而犹曰无之，故惟此可以形容不显笃恭之妙。”

◎解析

此章孔子论逸民。逸民皆得乎道而不遇于时，其德行大致可从身志、言行、清权三方面来看。如伯夷、叔齐，不降身、不辱志，处其道而超然于世间；如柳下、少连，虽然志降而身辱，但不同流合污，所言所行皆合于道；如虞仲、夷逸，行权处宜，隐逸自放，不为世道牵累。刘宗周认为此三者虽然各得其宜，但皆限于可与不可；如伯夷之清、柳下之和，只是得道体的一端，所清所和只是气质用事，尚未处圣人全体周流中。孔子则随时变易、中道而行，可行则行、可止则止，只是依循着道体而流转，故不拘于某一具体的对待中，是故无可无不可。

◎原文

大师[1]挚[2]适齐，亚饭干适楚，三饭缭适蔡，四饭缺适秦，鼓方叔入于河，播鼗武入于汉，少师阳、击磬襄入于海。

太师诸人，以贤者隐于乐工，已非其志矣，况鲁事日非，其君舞《大夏》，设两观，其臣歌《雍》、舞佾，礼乐废坠久矣。诸贤目击僭乱之风，思欲举其职而不可，不去何为？意是役也，其在孔子去鲁之后，故附记于此。盖自是鲁国虚无人矣。三仁去而殷虚，八士兴而周炽[3]。其世道消长之大机乎！

◎注释

[1] 大师：鲁国乐官之长。亚饭、三饭、四饭：皆侑食的乐官。播鼗(táo)：摇小鼓。少师：乐官之佐。 [2] 挚、干、缭、缺、方叔、武、

阳、襄：皆人名。　[3] 炽（chì）：兴盛。

◎解析

按刘宗周所论，鲁国诸乐师皆贤者，见鲁国礼乐废坠，欲去乱而不可，故不得已而散诸四方。

◎原文

周公谓鲁公[1]曰："君子不施[2]其亲，不使大臣怨乎不以。故旧[3]无大故，则不弃也。无求备[4]于一人。"

按：周公之封于鲁也，太公问："何以治鲁？"曰："亲亲而尚贤。"圣人以仁厚培国脉，蔼然[5]有一体充周而无间之气象。此其所以称隆与？亲亲，睦九族也；眷旧，叙[6]勋庸[7]也；敬大臣，重股肱[8]也；量任使，惜人才也：四者皆自君子至仁中流出，得王道致治之要矣。纪纲法度，举而措之耳。

◎注释

[1] 鲁公：周公之子伯禽。　[2] 施：同"弛"，遗弃。　[3] 故旧：老臣故人。　[4] 求备：求全责备。　[5] 蔼然：祥和的样子。[6] 叙：叙用。　[7] 勋庸：功勋。　[8] 股肱：比喻左右辅助的人。

◎解析

在刘宗周看来，周公之论无非"亲亲而尚贤"：亲睦九族、叙用功勋、敬重大臣、量能任使，此四者无不发自君子的仁义之心。

◎原文

周有八士：伯达、伯适、仲突、仲忽、叔夜、叔夏、季随、季䯄。

春秋而降，天地闭，贤人隐，诸君子观于至圣之栖栖，而宇宙升降之机决矣。楚狂、沮、溺之流，既长往而不返，大师、少师而下，又去国而罔顾，尚可为邪？记八士者，思盛王也。夫八士之生，际周之盛，足系一代之兴，则周能用之，周能有之也。不然，春秋大圣人而下，如沮、溺、丈人，遗逸诸人，独不能媲美八士乎？才之用舍，系世道之隆污[1]，信矣！虽然，周能有八士而不能有大圣人者，曰“天将以夫子为木铎者”乎？

◎注释

［1］隆污：比喻世道盛衰或政治兴替。

◎解析

刘宗周借此章指出孔子忧虑世道衰乱、贤人隐逸，故感念周代兴盛时的八士。

子张第十九

◎原文

子张曰："士见危致命，见得思义，祭思敬，丧思哀，其可已矣。"

学问只有生死一关为究竟地，寻常只有义利关。生死即义利之大者。子张劈头说个"见危致命"，便是究竟学问。而继之以"见得思义"，正见其平时所致力处。人未有错过义利关，而能判然于生死之分者也。丧祭二端，又就民生切近之理，密证其躬行，以见其精神无不尽处，而卒未尝远人以为道者。士之操修，于此窥其大矣。故曰"其可已矣"。子张晚年进学最诚，只此数言可立万世儒矩。今必以为出于子张而病之，亦未知为学之要者矣。

《子张》一篇，皆贤人之学，所阶[1]以希圣希天者。学者欲求观于夫子之道，必自此入，于子夏之徒始。

◎注释

［1］阶：凭借。

◎解析

按刘宗周所论，子张所言首先分判生死、义利，得学问之究竟；其后切近民生的丧、祭，彰示人的哀敬之思，可谓授人躬行之端。

◎原文

子张曰："执德不弘，信道不笃，焉能为有？焉能为亡[1]？"

道体无穷，而得之则为德。故执德者必贵弘，信道者必贵笃，君子所以交致其功也。德不极所性之全，而守一得以自封[2]，则不弘；道不证在我之实，而恃虚见以为是，则不笃。若而人者虽日从事于道德之途而支离之守、恍惚之见，无当于学矣。浮沉堕落，恒必由之。曰焉能为有、亡，鄙之也。

执德不弘，信道不笃，两者之病相为表里。所执如此，所信亦如此。一毫自矜，正是信不真处。

世有一项学问，尽有践履，只是拘于所执，必信必果，总为一种意见所缠，无开拓[3]处。叩其中，不过循途守辙[4]，未尝实见得然，所谓"执德不弘，信道不笃"也。此正是半上半落学问，学不得圣人地位，犹为不学，故曰："焉能为有，焉能为亡。"此子张自道。

◎注释

[1] 亡：同"无"。　[2] 封：限制。　[3] 开拓：开发。　[4] 循途守辙：遵规守矩。

◎解析

据刘宗周所论，所谓"执德"并非执持外在的礼节规矩，而是依循自身生发的德性来行动，若学者能尽其全体之性则自然德弘；所谓"信道"并非自恃玄妙之见，而是实实在在地体证此道而有所得。

◎原文

子夏之门人问交于子张。子张曰："子夏云何？"对曰："子夏曰：‘可者与之，其不可者拒之。’”子张曰：“异乎吾所闻：‘君子尊贤而容众，嘉善而矜不能。’我之大贤与，于人何所不容？我之不贤与，人将拒我，如之何其拒人也？”

子夏论交，自是交道之常，如圣人严损益之训是也。但损益未尝无辨，而君子取善之量无穷尽，贤与愚，众与不能，皆君子论交之地，畛别分明[1]而付与各当，无往非善下之益，乃所以成大贤也。又合“我之贤不贤”以见“拒”之一字果无用处，故总承之曰“如之何其拒人也”。子张所见是大贤以上事，如下学者当以子夏为正，学者合而观始得。

子夏言不可非。但庸众之类，但存一拒人之心，将视天下之可与者亦寡矣。此离群索居之病，所以怅怅[2]于投杖[3]也与！

◎注释

[1] 畛别分明：界限分明。 [2] 怅怅：失意的样子。 [3] 投杖：出自《礼记·檀弓》：“子夏投其杖而拜曰：‘吾过矣！吾过矣！吾离群而索居。亦已久矣！’”

◎解析

此章论交人之道。一方面，与人交往能帮助自身成就德行，所谓见贤思齐、见不贤而内自省，是故君子不能存拒人之心；另一方面，人皆好善而恶恶，是故学者若能反求诸己，修养自身的德行，自然会为人所亲近。

◎原文

子夏曰：“虽小道，必有可观者焉。致远恐泥[1]，是以君子不为也。”

苏子瞻[2]曰："道体无大小，方术技艺恐是一理。神而明之，皆足以通神明之德，类万物之情者。但其用则有分矣：大者自一身而达之天下国家，无远弗届[3]；小者内不足以成己，外不足以成物，仅仅取给于一事一物之济而已，何致远之能？是以君子不为也。君子学务其大，谓即大以该小，而未尝以小病大也。"

◎注释

[1] 泥：拘泥不通。 [2] 苏子瞻：即苏轼。 [3] 无远弗届：没有不能到达的地方。

◎解析

按照苏轼所论，小道不足以成己成物，是故君子当学以务大，由修身推至家国天下。

◎原文

子夏曰："日知其所亡[1]，月无忘其所能，可谓好学也已矣。"

君子之于道也，日进而无疆。其所亡者既日有知之，既知之则拳拳服膺[2]而弗失之，至积月之久而终不忘也。所谓"学如不及，犹恐失之"者，此真能好学者矣。倘玩愒[3]日月而忘助之病乘之，如学何？

日日而知之，日日而有之。日日而有之，即日日而熟之。（原本"熟"下少"之"。）日月相禅[4]而未有已也，虽上达天德，可矣。

道体无穷，善学者铢积寸累[5]，一日有一日之功，一月有一月之功，日日用力至一月间，闻见充足，更无一空隙日，便是得一月工夫也。日计不足，月计有余，故日之亡即为月之能，知其所亡，方得葆其所能。

一曰：知无穷，能亦无穷。才有息机，知体便槁。

问："所知何事？"曰：须知所学者何事。君子之学，心学也。知者知此，能者能此。日知之知，一知也，而愈知愈明；月能之能，一能也，而愈能愈熟。

◎注释

［1］亡：同"无"。　［2］拳拳服膺：诚恳信奉，衷心信服。［3］愒（kài）：荒废。　［4］禅：变化更迭。　［5］铢（zhū）积寸累：从细微处累积，比喻积少成多。

◎解析

在刘宗周看来，所知所能源自心体的良知、良能，心体随时感发，其知其能也就无穷；"日知"、"月无忘"便是随着良知感发当即明觉、当即存养，也就是尽知能之利用。

◎原文

子夏曰："博学而笃志，切问而近思，仁在其中矣。"

博学、笃志、切问、近思，皆道问学之事，而求仁之功端不外此故。由"仁在其中"，仁固无往而不在者也。学、问、思、辨，非仁也，而博学、笃志、切问、近思之心，仁也。然则博学者学此者也，笃志者志此者也，切问者问此者也，近思者思此者也，此真能用力于仁者也。谓之"仁在其中"者，谓实有诸中，非若存若亡之见也。仁本在我，非若禄之自外而至，故与凡言在中者异指[1]。子夏盖示人以求仁之学也，亦即下章"学以致道"之意。

学问工夫切近处，正是仁。非心存于此，必待熟而后仁也。学而不厌，则仁安矣，既圣矣。

博学是博文工夫，笃志、切问、近思是约礼工夫。

◎注释

［1］异指：意指不同。

◎解析

据刘宗周所论，博学、笃志、切问、近思之心便是仁心，依循此心去学、问、思、辨，虽是博学于文，但实则上是在求仁约礼。

◎原文

子夏曰："百工居肆[1]以成其事，君子学以致其道。"

道不可强致，善学者莫之致而至之也，所谓自得之也。百工居肆则必有事，必有事所以成事也。"必有事焉而勿正，心勿忘，勿助长也"，所以致道也。

未有不学而致于道者。不致于道，非学也。

◎注释

［1］肆：手工业作坊。

◎解析

刘宗周认为百工之事无不是学之地，也就是进学成德的所在，是故于此成就事物之理自然能致其道。

◎原文

子夏曰："小人之过也必文[1]。"

君子之过，如日月之食，过也人皆见之，真见是过也。"小人之过也必文”，则不可见矣，便是同云[2]密布，掩尽阳光，此心陷溺之极处。

过不可文，而其迁就回护之心则文也。

文过时，已明知自家不是处，却不肯认错，故计出于此。问：“何故不肯认错?”曰：“一认错便无由济恶[3]。”

◎注释

［1］文：文饰，遮掩。　［2］同云：《诗·小雅·信南山》：“上天同云，雨雪氛氛。”朱熹集传：“同云，云一色也。将雪之候如此。”［3］济恶：相助为恶。

◎解析

在刘宗周看来，人的本心诚能知是知非，是故当己身有过，诚能自知自明；也就是人一有过失，其心自会生发羞恶的自知情态。一般而言，常人被羞恶心激荡得难以忍受，顿时会手足无措地形著于外表，但尚不至于掩饰。君子敏慧，善于体察此端，能当即明觉此心教人补救过失的意思，沉浸于悔过自责当中，顺从此忏悔之心着实地改正过失。小人则在这难以忍受之时，顿时私智用事，强行端正言辞、色貌，以此暂时掩盖住羞耻之态，佯装无过错。小人并非没有良知，从“文过”可知，其已然自知当下的不是，由此促发此行动。只是小人不能在“知非”后继续领会，明睿地体察此心的真实意向，是故在此一念之间放过此心，以至于一步步戕害此心。自此以往，其人也就越发心存侥幸，形成陋习私智，以至于麻木不仁。

◎原文

子夏曰：“君子有三变：望之俨然，即之也温，听其言也厉。”

君子有三变，神明而时出之。君子豹变[1]也。“望之俨然，即之也温，听其言也厉”，皆莫知其所以然，故曰“变”。若俨变为温，温变为厉，非变也。

◎注释

[1] 豹变：指像豹子的花纹那样变化。比喻迁善去恶。

◎解析

刘宗周主要指出君子之变在于顺应道体而变化，而非外在的容色变迁。

◎原文

子夏曰：“君子信而后劳其民，未信则以为厉[1]己也；信而后谏，未信则以为谤己也。”

信而后劳其民、信而后谏，至诚而不动者，未之有也。厉己、谤己，则不诚未有能动矣。夫不信以劳民，果厉也；不信以谏主，果谤也。人各有心，其可愚乎？

◎注释

[1] 厉：折磨。

◎解析

在刘宗周看来，人皆有明辨是非的心，对于不诚信的人自然不会相信，也就不会任由他的驱使或者相信他所说的话。可见，君子之于人，必须做到真诚恻怛，才能为人所信服，由此才能真正劳民、谏主。

◎原文

子夏曰："大德不踰闲[1]，小德出入可也。"

大德如生死利害，关系纲常名教处。不踰闲者，守道之严，不踰尺寸也。人苟能力于大者，则小者或出或入间，可弗论也。子夏之言，盖为不能三年之丧而缌、小功[2]之察者训。

小德只就大德中细细推勘出，如孝的大段是，即晨昏小节偶未善，亦无害其为孝，如申生[3]之恭，可也。忠的大段是，即语默去就偶未善，亦无害其为忠，如屈原之忠而过，可也。

◎注释

[1] 闲：指道德的规范、界限。 [2] 缌（sī）：丧服名。五服中最轻者，以细麻布为孝服，服丧三个月。小功：丧服名。五服之第四等，以熟麻布为孝服，视大功为细，较缌麻为粗，服丧五个月。 [3] 申生：晋国太子。

◎解析

"大德"指人伦纲常等大节大义，"小德"则指具体的礼节条文。子夏认为，君子若能遵守大节，在小节上即使有出入亦无妨。

◎原文

子游曰："子夏之门人小子，当洒扫、应对、进退则可矣。抑末也，本之则无。如之何？"子夏闻之曰："噫！言游过矣！君子之道，孰先传焉？孰后倦[1]焉？譬诸草木，区以别矣。君子之道，焉可诬也？有始有卒者，其惟圣人乎！"

师、商论交，毕竟子张胜。游、夏论教，毕竟子夏胜。要之可相合，而未可相非。

子夏笃信谨守，其教人多由规矩节目中入，而本原性命之地，容有未及者。故子游但以洒扫、应对、进退之节当之，非谓其善于洒扫、应对、进退也。洒扫、应对、进退，末也，而有本焉，曰“无本”云者，正恐其逐末而遗本也，故曰“抑”，曰“如之何”，皆疑辞，疑其逐末而遗本也。子游探本之论，亦学者所吃紧，但质之圣门循循善诱之方，不能无病，故子夏从而过之。子夏意谓君子教人之道，执何者为先而传之？执何者为后而倦之？或先或后，初无成法，亦无成心，但生质不一，如草木之区别。然君子之道，岂可强其所未至而从事于诬罔[2]乎？若夫会道器于一原，即始即终，神而明之，则圣人而后能之，岂可概责之门人小子乎？君子未尝限人以圣人之学，而无合下证圣之理，由洒扫、应对、进退而进之，亦可驯至于圣人之域矣。

子游亦见得洒扫、应对、进退便是形而上者，但欲子夏即末探本也。子夏之解，谓本末固是一体，然须圣人便合下理会到此，自学知困勉以下，只可就事事物物中逐节磨炼，使之收拾放心，变化气质，用力之久，有涣然[3]融会处，便是知本也。若先一齐说破本末，彼实未有承当处，徒重其躐等[4]之心、玄远之见而已，非诬而何？子夏所见，最得圣门教法。圣人罕言命与仁，性与天道不可得而闻，如一贯之呼，必俟其学将有得而后及之，若曾子以之示门人，便须道忠恕而已矣。浅深上下各因乎人，何尝执有成法？所谓成德达材、时雨之化然也。合而观之，子游之见即博约之教，子夏之见是循循善诱处。

洒扫、应对、进退，与徐行后长同一作用，本末只一物，大小只一物，恁地剖析不得。

洒扫、应对、进退，须是诚心中流出方是道，慎独工夫便做在此处。

始终无定名，总是本末一致之意，然精粗大小皆在其中。

有始有卒，正是无始无卒，并本末相尽捐了。

朱子讥子静曰："他之说却是使人先见这一个物事了，方下来做工夫，却是上达而下学，与圣人下学上达都不相似。然说他才见了便发颠狂，岂肯下来做？若有这个直截道理，圣人那里教人步步做上去？"又朱子门人尝过子静，且言师门教法。子静为诵"天尊地卑"一章，曰："某教法如此。"愚按：朱子讥子静，分明子夏之见。而子静不免以有始有卒之圣尽概门人小子也。学者辨之。

◎注释

［1］倦：懈怠，厌倦。 ［2］诬罔：欺骗。 ［3］涣然：形容疑虑消除。 ［4］躐（liè）等：不循次序。

◎解析

此章论为学之法。在刘宗周看来，子游与子夏皆知本末一体，也就是洒扫进退之事便是形而上者，由洒扫进退之下学可以上达道体。但在子游看来，子夏教人只做细末的工夫恐怕逐末而遗本。子夏则认为人有材质的区别，只有圣人才能本末一贯，普通人只能由下学的工夫逐节磨炼，渐至融会贯通的地步。刘宗周认为子夏之论得孔子的教法，并且援引朱子和象山的例子，指出学者为学首先当做小学的工夫，由此一步步做上去；谨防一味追求玄远之论，而无切实的工夫。

◎原文

子夏曰："仕而优[1]则学，学而优则仕。"

仕学一理也，亦一事也。通为一事，则学不以仕废也，故仕而优则学；仕亦不以学妨也，故学而优则仕。其必优而后及者，皆纯心之学也。当官而理学问，祇[2]属驰骛[3]之见，况学焉以干禄乎？盖学者两不相妨而相为用，处为真儒，出为名世矣。

◎**注释**

［1］优：有余力。　［2］祇：只、正、恰。　［3］驰骛：奔走趋赴。

◎**解析**

刘宗周指出仕与学相为一理一事，可相为利用。

◎**原文**

子游曰："丧致乎哀而止。"

子游病末世丧礼不情[1]，故以致哀垂训之。致乎哀者，自致其心也。止者，孝子之心无穷，而于礼可无憾矣。

◎**注释**

［1］不情：指空有形式，没有情感。

◎**解析**

在刘宗周看来，致哀就是尽亲亲的孝心。

◎**原文**

子游曰："吾友张也，为难能[1]也。然而未仁。"

曾子曰："堂堂[2]乎张也，难与并为仁矣。"

子张盖贤知之过，其立心主于高远，若有为人所难能者，然以言乎仁则未也。未仁之病，正坐[3]难能中。堂堂气象，望而知其未仁矣。以德行言曰"为难能"，以气象言曰"堂堂"，其病一也。不曰不仁者而曰“未仁”，曰“难与并为仁”，盖即此而反躬切已，从事于暗然[4]之学则仁矣。所谓如此是病，便知不如此是药也。此二贤忠告善道处。

◎注释

［1］难能：即难能可贵。［2］堂堂：形容容貌端正庄严。［3］坐：由于。［4］暗然：出自《中庸》：“君子之道，暗然而日章。”幽隐而深远的样子。

◎解析

此两章评论子张。刘宗周指出子张立心高远，不能反躬切己，是故虽气象堂堂，但不能切实地得仁。

◎原文

曾子曰：“吾闻诸夫子：人未有自致者也，必也亲丧乎！”

“自致者”，身致者也，实有是心而不容已也。人皆有是心，然而夺于情识利害攻取[1]之私，则不能致矣。“必也亲丧乎”，孩提之童，无不知爱其亲者，及亲之丧，则孩提之性于此尽呈，虽欲不致，不可得也。然则良心之在我者，亦可以扩而充之矣。

◎注释

［1］攻取：攻占夺取。

◎解析

在刘宗周看来，人在日用之间，其良心虽然始终呈发，但时常被私智遮蔽；但人在面对亲友去世时，顿时生发的悲哀之心，强烈而不可遏止，自然促使人不容不尽此心、致此哀。

◎原文

曾子曰："吾闻诸夫子：孟庄子[1]之孝也，其他可能也；其不改父之臣与父之政，是难能也。"

此盖为有家者训孝也。圣人以孝治天下，自诸侯而大夫，一也。孟庄子之不改父臣与父政，可谓善继志述事矣。此孝道之大处，故曰"难能"，非谓他事可能而此独不可能也。

◎注释

［1］孟庄子：仲孙速，鲁国大夫。

◎解析

《学而》篇言"三年无改于父之道，可谓孝矣。"孟庄子不改父之臣与政，可谓善继志述事，故其孝心难能可贵。

◎原文

孟氏使阳肤[1]为士师，问于曾子。曾子曰："上失其道，民散久矣。如得其情，则哀矜而勿喜。"

春秋之世，先王抚治天下之道，不复存十一[2]之遗而民无固志矣。失道者，如作丘赋[3]、舍中军[4]而养之之道失，其君大路越席[5]、朱干玉舞[6]，其臣歌《雍》舞佾而教之之道失。民散者，民心皆瓦解而不属于上也，乱亟矣，小人犯刑固其所也。然则民情大可原矣，如得其情，亦仁人之所痛也，而可以明察自喜乎？哀矜勿喜者，岂徒死中求生，尽士师钦恤[7]之责哉？方将穆然深思，若推己而内之沟中[8]，于是乎复先王之道以厝[9]斯民于饱暖礼义之域，而希刑措之化固不容已矣。此曾子为当时人上者发悔罪下民之意，为联合人心之本以救世乱也。然则乱国烦刑[10]，非重其散乎？秦、隋可鉴也。

◎注释

［1］阳肤：曾子弟子。 ［2］十一：指十分之一。 ［3］作丘赋：春秋时郑国大夫子产施行的军赋变革，规定一丘之人出军赋若干。 ［4］舍中军：详见《左传·昭公五年》："五年春，王正月，舍中军，卑公室也。毁中军于施氏，成诸臧氏。初作中军，三分公室而各有其一。季氏尽征之，叔孙氏臣其子弟，孟氏取其半焉。及其舍之也，四分公室，季氏择二，二子各一。皆尽征之，而贡于公。" ［5］大路越席：详见《左传·桓公二年》："是以清庙茅屋，大路越席。"大路，天子乘坐的车驾。越席，结蒲草为席。 ［6］朱干玉舞：出自《礼记·明堂位》："朱干玉戚，冕而舞。"朱干，红色的盾。玉戚，玉饰的斧。 ［7］钦恤：出自《书·舜典》："钦哉钦哉，惟刑之恤哉。"指对刑戮等事谨慎恤悯。 ［8］出自《孟子·万章上》："思天下之民匹夫匹妇有不被尧舜之泽者，若己推而内之沟中。"后以"推沟"为悯民的典范。 ［9］厝（cuò）：安置。［10］烦刑：苛细的刑罚。

◎解析

据刘宗周所论，春秋世道衰乱，上失道而民心散乱，是故民众犯刑，多半有身不由己以及可以原谅之处。君子治理刑狱，不可贪功而不近人情，须切实地体察民情，心怀恤悯之义。

◎原文

子贡曰："纣之不善，不如是之甚也。是以君子恶居下流，天下之恶皆归焉。"

古今诛不善者，莫如商纣。纣之不善，宜不如是之甚也，而天下之恶卒归之，则身自处于不善也。"是以君子恶居下流，天下之恶皆归焉”，惟圣人罔念[1]作狂，狂则甚矣，自取之也。然则纣之不善，果如是之甚者也。

纣之不善，本如是之甚，而曰“不如是之甚者”，欲人谨恶于微而杜下流之势也。孟子曰：“道二：仁与不仁而已矣。”不为尧、舜则为桀、纣，而且自宽曰“我之暴恶未至为纣之甚也”，则纣亦有可原者矣，后之视今，亦犹今之视昔也。悲夫！

◎注释

[1] 罔念：不思为善。

◎解析

刘宗周指出子贡所言是为了警醒学者勿置身不善之地。

◎原文

子贡曰：“君子之过也，如日月之食焉：过也，人皆见之；更也，人皆仰之。”

“君子之过，如日月之食”者何？君子心事光明磊落，绝无一毫掩蔽之情，偶值[1]情理之穷，不能无过，如天道阴阳有沴戾[2]而日月薄蚀[3]者然。日月食而后明，限刻可期。君子随过随改，不远之复似之。其“见”与“仰”，总以见君子改过之意，无不在人眉睫间，若昭昭乎揭日月而行者。此正天理流行处，非必以见且仰征君子之改过也。

“过也，人皆见之”，便是改过下手处。非既见后方更也。皆仰则复其初矣，日月之还明有待，而君子之改过无待，才待则不成改矣。即过、即见、即改，一时事。其有取于日月之食者，只言其有过必改之情同耳。

过出于无心，只是昏，一昏即觉，一觉即化。如周公使兄，孔子讳君，非过也。

◎注释

［1］值：遇到。 ［2］沴（lì）戾：因气不和而生之灾害。 ［3］薄蚀：指日月相掩食。

◎解析

刘宗周主要指出改过是一个即过而即见、即改的过程，也就是一有过错当即觉知，而知之时正是改之初，旋即改过迁善。

◎原文

卫公孙朝问于子贡曰："仲尼焉学？"子贡曰："文武之道，未坠于地，在人。贤者识[1]其大者，不贤者识其小者，莫不有文武之道焉。夫子焉不学？而亦何常师之有？"

圣人之道得统于文武，固非区区滞于大小之见者。贤者识其大，不贤者识其小；贤者见之为大，不贤者见之为小也。大小之见，不足以尽道而道未尝不在是。神而明之，存乎其人。"夫子焉不学"，则无大非小，无小非大，无大无小，则一贯矣。学在是，师在是，何常之有？虽谓能自得师，可也，师文武亦可也。

苟不知所学何事，顿令大小兼举，如说一一而学之，则圣人之学亦穷于识矣。

大小之原，正是文王之德之纯，就此实证，正是一贯处。

◎注释

［1］识：同"志"。

◎解析

在儒家看来，文武之道即是天道，在人便是仁义之道。孔子所学只是修自身的明德，由此自得其师、自成其学。刘宗周重点指出道无分小大，只是贤者见之为大，不贤者见之为小。

◎原文

叔孙武叔语大夫于朝曰："子贡贤于仲尼。"子服景伯以告子贡。子贡曰："譬之宫墙，赐之墙也及肩，窥见室家之好。夫子之墙数仞，不得其门而入，不见宗庙之美，百官之富。得其门者或寡矣。夫子之云，不亦宜乎！"

君子必有志于圣人之学而后有以入圣人之道，所谓得其门而入者是也。得门而入，乃能真见圣道之无穷。宗庙之美，百官之富，一一披示[1]之矣。此见不必远求，反之当身，稽[2]之日用，证之天高地下之间，无不活泼泼地。只限一法，便令东驰西骋，愈求愈远，且有当前错过者矣。善乎！颜子得门而入也，曰"博我以文，约我以礼"，尽之矣。卓尔之见，岂偶然哉！其曰"仰之弥高，钻之弥坚；瞻之在前，忽焉在后"，庶几富美之蕴？虽然，虽欲从之，末由也已。苟得其门而入，更无宗庙之美，百官之富。

宫墙之譬，总见赐之造道浅而易窥，夫子造道大而难测之意，非以门喻外、宫喻中也。使显然有及肩、数仞之悬绝可见，便当程量[3]分明，望宫墙而小天下矣。然则学者非但不见宗庙、百官，并数仞之墙，亦是坐井观天。

喻宗庙之美，百官之富，所性分定故也。

"惟天下至圣，为能聪明睿知，足以有临也；宽裕温柔，足以有容也；发强刚毅，足以有执也；齐庄中正，足以有敬也；文理密察，足以有别也。"[4]可谓富且美矣。

宗庙之美，百官之富，和一处看。

◎注释

［1］披示：揭示，显示。 ［2］稽：考证。 ［3］程量：度量。［4］出自《中庸》。

◎解析

刘宗周引述《中庸》所论圣人之德来形容孔子的富美，并指出孔子只是在日用当中反身自求，躬行仁义，由此修德进道以至于义精而仁熟，养成此富美。

◎原文

叔孙武叔毁仲尼。子贡曰："无以为也！仲尼不可毁也。他人之贤者，丘陵也，犹可踰也；仲尼，日月也，无得而踰焉。人虽欲自绝，其何伤于日月乎？多见其不知量也。"

日月喻其至高，高不可踰，虽欲自绝，终无伤于日月之明也。量，量度也。不知量，言不知量度浅深也。不可踰而欲踰之，非不知量而何？

日月无私照临，日月未尝绝人而人自绝之，自绝之而卒无伤于日月之明，则日月之照临如故，而人又乌容自绝为乎？多见其不知量也。罪过尽重，自圣人看来亦无甚罪，终纳[1]之照临之下而已。此日月之所以为大也。

◎注释

［1］纳：容纳。

◎解析

此章赞孔子之德如日月一般，正如人不能无日月之照，君子则不能无孔子之教。孔子教人本有教无类，但人常不知度量而自绝于孔子之教。

◎原文

陈子禽谓子贡曰："子为恭也，仲尼岂贤于子乎？"子贡曰："君子一言以为知，一言以为不知，言不可不慎也。夫子之不可及也，犹天之不可阶而升也。夫子之得邦家者，所谓立之斯立，道之斯行，绥[1]之斯来，动之斯和。其生也荣，其死也哀，如之何其可及也？"

"夫子之不可及也"，圣不可知之谓神，一天而已。子不云乎："天何言哉！四时行焉，百物生焉，天何言哉！"夫子存神过化[2]，超然声色之表，亦若是而已。圣同天，不既深乎！善乎子思子推言之也，曰："'维天之命，於穆不已'，盖曰天之所以为天也。"呜呼，至矣！

夫子之道，不必得邦家而见。只借得邦家事业，想见其配天之化有如此者。然则夫子其尧、舜乎？曰：夫子观尧、舜事业，一点浮云过太虚耳，被子贡等闲说过，便是贤于尧、舜处。味"所谓"二字可见。

"斯"字只是诚动于此，机通于彼。圣人治天下，有许多措置施为，难得当下便了，但事功有待而立达之心无待，极之三年必世，只了得当下一念；极之千万世，亦只了得当下一念。圣人视三年、必世、千万世，只在片晌[3]呼吸间。

子贡推尊夫子，一拟之宫墙，再拟之日月，拟之天，可谓至矣。然实未见得圣人亲切处，不如其自鸣曰"其为人也，发愤忘食，乐以忘忧，不知老之将至"云尔。如孟子言孔子"圣之时"，亦近之矣。

天不可阶，求天于吾心而阶在。"昊天曰明，及尔出王；昊天曰旦，及尔游衍"[4]是也。

◎注释

［1］绥（suí）：安抚。　［2］存神过化：出自《孟子·尽心上》："夫君子所过者化，所存者神，上下与天地同流。"　［3］片晌：片刻。［4］出自《诗·大雅·板》。昊天：上天。王：通"往"。游衍：恣意纵游。

◎解析

首先，刘宗周解释"天"为天道、天命，指出孔子存神过化而上达天道，是故其德配天之运化。其次，在刘宗周看来，此处"立之、道之、绥之、动之"出自立达之仁心，"诚动于此，机通于彼"正是在上者施行仁政，而在下者自然"立、行、来、和"，所谓"近者悦，远者来"。

尧曰第二十

◎原文

尧曰："咨！尔舜！天之历数[1]在尔躬，允执其中。四海困穷，天禄永终。"舜亦以命禹。曰："予小子履，敢用玄牡，敢昭告于皇皇后帝：有罪不敢赦。帝臣不蔽，简在帝心。朕躬有罪，无以万方；万方有罪，罪在朕躬。"[2]周有大赉[3]，善人是富。"虽有周亲，不如仁人。百姓有过，在予一人。"谨权量，审法度，修废官，四方之政行焉。兴灭国，继绝世，举逸民，天下之民归心焉。所重：民、食、丧、祭。宽则得众，信则民任焉，敏则有功，公则说。

第二十篇历叙尧、舜、禹、汤、文、武之传而终之以夫子之论政，又推本君子之学。内圣外王，于斯为至矣。

《论语》未尝言"中"，而惟于二十篇之末以明之。孔子之道，不外一"中"，后来子思作《中庸》遂权舆[4]于此云。

尧授舜，言祈天永命之道，而推本于"执中"，其旨严矣。中之为义，从方所[5]得名而实不落方所，其在道体亦然。浑然至善，中而已矣。圣人为天地立心，为生民立命，为万世开道统，亦准诸此而已矣。圣人立天命人心之极而修道以立教者，更无偏倚之私、过不及之弊，所谓"允执其中"也。中而曰执者，对天之历数言，则中为对越[6]之本，如执圭之执。然又曰"允执"者，昭其信也。允执其中，中斯无失矣。圣人凭空拈出“中”字，不说心，不说事，不说工夫，其要归于从容中道，所谓“诚者天之道”也。至舜以命禹，阐“执中”之旨曰：“人心惟危，道心惟微；惟精惟一，允执厥中。”求中于心而中外非物，求心于危微而心不坠有无，求执中之功于精一而执非沦于把捉，所谓“诚之者人之道”也，尽人所以合天也。虞廷十六字，有功于万世心学大矣。然增十二字于四字之上，不加毫末，故曰：“心，一也。形而下者谓之器，形而上者谓之道。”人心易溺，故惟危；道心难著，故惟微。道器原不相离，危者合于微而危，微者合于危而微，两物一件。合人与道言心，而心之妙始见，其蕴始尽。所以更圣贤千言万语，阐发无尽，事心之功不尽，乃其要只在精与一。精以析人心道心之几，而一则以致其精也。两心杂揉处，正患不精，不精便不一，精而一之，则人心道心妙合无间，而心性流行之妙，无往而非中矣。（“事心”一段，一作“由精与一而中之用全”。）此虞廷授受心法也。观舜亦以命禹，则禹以是传之汤，汤以是传之文、武，亦一而已矣。《汤诰》《周书》举其大段，隐然有上畏天命、下悯人穷之意。只此便是尧、舜真血脉，便是执中无方。合而观之，一理不具，非中也；一物不该，非中也。“宽则得众，信则民任，敏则有功，公则说”，其帝王一中之化乎！

按：朱子“中以事言”，愚谓：离心无事，事之中亦就心上看，如尧、舜揖让，本于公天下之心；汤、武征诛，本于救天下之心，方是中道。岂以揖让征诛为中乎？中即是理，理无内外而心其本也。故虞廷首以人心、道心发明其旨，可谓深切著明矣。

一篇精神绾结[7]，只一“亦”字。

汤既伐桀，告诸侯之词“天讨有罪，天命有德”，故总承之曰“简在帝心。朕躬有罪，无以万方；万方有罪，罪在朕躬”，顾諟明命[8]，何所不至乎？其得统于尧、舜“执中”之传，以此。

“周有大赉，善人是富”，直是吹枯转腊[9]，宇宙皆春，为周家第一大政，故首揭之意重。首句又举其伐纣誓师之词曰“虽有周亲，不如仁人”，固见仁人之无敌矣。曰“百姓有过，在予一人”，则孟津[10]

之举，凡以为百姓已耳，岂徒恃仁人之助，以利天下为乎？及其克商之后，立政安民，拨乱反正，翕然更始，如下所云，所以慰百姓之悬望者，端在此矣。“谨权量”，先谨其在官者以达于下也；“审法度”，谓损益沿革之宜；“修废官”，谓有官而无职、有职而无官者，且未及《周官》分职之事，只是一时修饰官常[11]而已。凡此皆行政之本，故曰：“四方之政行焉。”兴灭、继绝、举逸，人心仰望，莫切于此，故“天下之民归心焉”。重民三事，所以厚民生，正民德之本。至此而一人之德泽在天下矣，此王道之所以大也。于此见武王鼎革之际，一面除残，一面反商政，救安天下，若拯溺救焚，不遑余力然，方是天地之心，帝王之德，非徒以其规为政事之善而已。在尧、舜、禹、汤，何曾举一事来？

《尧曰》一章，文不属，事不符，零碎掇来，正是中无辙迹处。合之，在夫子范围之内。若说某某则见而知之，某某则闻而知之，便是一付旧本子，将道理做注脚看了。然则孔子其天乎！其视尧、舜、禹、汤、文、武也，万物并育而不相害，道并行而不相悖。

◎注释

［1］历数：帝王相继的次第。　［2］履：朱熹《集注》：“盖汤名。”玄牡：祭祀天地用的黑色公牛。简：阅。　［3］赉（lài）：赐予，给予。　［4］权舆：指开始。　［5］方所：指具体的方位处所。　［6］对越：指帝王祭祀天地神灵。　［7］绾结：系结、盘结。　［8］顾諟（shì）明命：出自《书·太甲上》：“先王顾諟天之明命，以承上下神祇。”孔传：“顾谓常目在之。諟，是也。言敬奉天命，承顺天地。”　［9］吹枯转腊：指枯木生出绿意、腊月转为新春。　［10］孟津：古黄河津渡名。相传周武王在此盟会诸侯，一名盟津。　［11］官常：指官职。

◎解析

据刘宗周所论，此章论述尧、舜、禹、汤、文、武所传的道统，此道统即“允执其中”之道。刘宗周对朱子“中以事言”提出批评，指出“中”即是道体，“执中”便是从容中道。具体来说，中道在人便是道心，也就是仁义本心，既精明又幽微；而道心之微正是人心之危的缘由，也即道心与人心并非有二。执中的工夫便在精察道心人心之几，以道心主宰人心。另外，刘宗周指出商汤“罪在朕躬”、武王“在予一人”皆发自仁义本心，而“兴灭国、继绝世、举逸民”便是推及其仁心，“谨权量、审法度、修废官”便是施行其仁政。

◎原文

子张问于孔子曰：“何如斯可以从政矣？”子曰：“尊五美，屏四恶，斯可以从政矣。”子张曰：“何谓五美？”子曰：“君子惠而不费，劳而不怨，欲而不贪，泰而不骄，威而不猛。”子张曰：“何谓惠而不费？”子曰：“因民之所利而利之，斯不亦惠而不费乎？择可劳而劳之，又谁怨？欲仁而得仁，又焉贪？君子无众寡，无小大，无敢慢，斯不亦泰而不骄乎？君子正其衣冠，尊其瞻视，俨然人望而畏之，斯不亦威而不猛乎？”子张曰：“何谓四恶？”子曰：“不教而杀谓之虐；不戒视成[1]谓之暴；慢令致期[2]谓之贼；犹之与人也，出纳之吝，谓之有司。”

夫子告子张问政，统帝王之道也。曰“五美”者，后儒言“王道如精金美玉”是也。才出于伯[3]便是恶，一尊一屏方是纯王之心，纯王之政。王道规模宏远，如天覆地载，万物得所，绝不从欢虞[4]起见。故首举“不费”之惠，至于“劳民”之政，最易敛怨。王者以佚道[5]使之，而默动其终事之情，何怨之有？合之，见杀之不怨、利之不庸气象。由是而窥王者之心，方淡然无营，失得勿恤，日转一元之生意于於穆[6]之表而已，所谓“欲仁得仁”“欲而不贪”也。仁则无一物之不体，无一事之不贯，便是“无敢慢”。盖严密之极为安舒，何至以骄侈逸豫[7]病天下乎？故“泰而不骄”。在心为无敢慢，在貌即为庄莅。

正衣冠、尊瞻视，恭己之象也。德威惟畏，故“威而不猛”。自政说到心，又自心说到貌，且见王者过化存神之妙，虽平铺五事而血脉自贯，合之则王道之全矣。“四恶”总是一苛迫近小气象，分明画出一伯道：在立教则为“虐”，在作事则为“暴”，在出令则为“贼”，在出纳则为“有司”。有一于此，皆治之贼也，故曰“恶”。或言“上三政是刚恶，下一政是柔恶”，窃未然。四者总是不仁之恶，与上文相反。然伯者信赏罚、谨教令，如何以恶归之？只是伯者先诈力[8]而后仁义，其心不过欲罔民以就其功利之私，就他条教犁然[9]，只是文具[10]，诚是不教之杀、不戒之成、慢令之期、有司之出纳而已。总之从刑罚上起念便是暴，从期会上起念便是虐与贼，从出纳上起念便是有司，故归之伯者。夫子承尧、舜、禹、汤、文、武之后，开万世之太平，商榷治道，莫备于此。邵子曰：“仲尼祖三皇，宗五帝，考三王，孙[11]五伯。于此可见。”呜呼，至矣！

◎注释

[1] 不戒视成：指不加申戒而索要成绩。 [2] 慢令致期：指起先下达可缓慢执行的命令，而后限定时期。 [3] 伯：与王道相对的霸道。 [4] 欢虞：即欢娱。 [5] 佚道：逸道，使百姓安乐之道。 [6] 於（wū）穆：赞叹词。 [7] 逸豫：闲适安乐。 [8] 诈力：欺诈与武力。 [9] 犁然：明确的样子。 [10] 文具：指空有形式而无实质。 [11] 孙：同“逊”。

◎解析

刘宗周主要基于王霸之辨立论，指出“尊五美”即是行王道，“四恶”则属霸道之业。王道自仁义开出，所谓立民达民、欲仁而仁、无敢慢、庄恭以德，皆出自生生之仁心。霸道出自功利之私，一味责其成效，虽然信赏罚、谨教令但并未施以德教。

◎原文

子曰："不知命，无以为君子也；不知礼，无以立也；不知言，无以知人也。"

命即天道之流行而赋于物者，一气流行，而理在其中。只是一个，更无气数、义理之别。言太极则有阴阳，言阴阳则有变化，而盈天地间，平陂往复[1]之数该于此矣。变变化化，游于无穷，方见太极之妙。人与天地万物同游无穷之中，小之日用动静，大之进退存亡，莫非命也。故曰："莫之为而为者天也，莫之致而至者命也。"[2]莫之为而为、莫之致而至，即阴阳不测之神也。然则学不窥神化之奥，不足以言知命矣。知命则知时，知时则知化，《易》曰："通乎昼夜之道而知"是也，又何利害穷通得丧之惑乎？故曰："夭寿不贰，修身以俟之，所以立命也。"[3]知之则立之矣。孔子自言五十而知天命，故能仕止久速，各适其时；进退存亡，不失其正，至于遁世不见知而不悔，乃证上达天德之诣。故曰："人不知而不愠，不亦君子乎？"又曰："不知命，无以为君子也。"可谓互相发明于天下万世之学则矣。礼，即是命之有常者。"礼仪三百，威仪三千"，皆天所秩也。其篑[4]于人心则"敬"而已矣。无不敬之谓知礼。敬则卓然，故曰"立"。《记》曰："庄敬日强"是也。人心敬肆[5]之端，即天命存亡之介，故知命者又必约之以知礼而始真，由立而进之则几矣。然君子之学，固非区区一己之言而不足与通之天下者，知人则哲，由己及物之道在其中矣。有鉴别之明，而后有曲成之仁，君子所以合明亲于一致、通教学于一原也。而非知言，又胡以得之？知言者，知其理也。致知之学，有以晰群言之摇乱[6]而衷诸圣，即孟子之"知言"是也。"穷理尽性以至于命"[7]，此其大端乎！知言以知人而学窥其大，合人以成己而德造其成，其斯以为君子乎！

◎注释

[1] 平陂（bēi）往复：出自《易·泰》："无平不陂，无往不复。"指气化流行，往复不息。 [2] 出自《孟子·万章上》。 [3] 出自《孟子·尽心上》。 [4] 筦：同"管"。 [5] 敬肆：恭敬与放肆。 [6] 摇乱：纷乱。 [7] 出自《易·说卦》。

◎解析

刘宗周主要基于整个宇宙万物的存在展开论述。首先他针对以往理气二分的思想，提出理气一体，指出气之阴阳变化即是理的神妙所在，也就是一气流行即天道流行。人物之存在既然处于一气流行的运化中，也就时刻作为天道性命的展开，是故人物之日用动静乃至进退存亡也就莫非性命之流行。具体来看，"命"涉及性命的随时开展，故知命便是知时、知化；"礼"指此流行的神妙之理，故知礼便能真正挺立性命，其工夫也就在敬存显明在人心的义理；"言"则涉及成德之学，知言也就是知理知命。

人　谱

自　序

◎原文

友人有示予以袁了凡[1]《功过格》者，予读而疑之。了凡自言尝授旨云谷老人[2]，及其一生转移果报，皆取之《功过》，凿凿不爽[3]，信有之乎？予窃以为病于道也。子曰："道不远人。"人之为道而远人，不可以为道。今之言道者，高之或沦于虚无，以为语性而非性也；卑之或出于功利，以为语命而非命也。非性非命，非人也，则皆远人以为道者也。然二者同出异名，而功利之惑人为甚。老氏以虚言道，佛氏以无言道，其说最高妙，虽吾儒亦视以为不及。乃其意主于了生死，其要归之自私自利。故太上[4]有《感应篇》，佛氏亦多言因果，大抵从（"从"字旧钞遗。）生死起见，而动援[5]虚无以设教，猥[6]云功行[7]，实恣[8]邪妄，与吾儒惠迪从逆[9]之旨霄壤。是虚无之说，正功利之尤者也。了凡学儒者也，而笃信因果，辄以身示法，亦不必实有是事。传染至今，遂为度世津梁[10]，则所关于道术晦明之故，有非浅鲜者。予因之有感，特本证人之意，著《人极图说》以示学者。继之以六事功课，而《纪过格》终焉。言过不言功，以远利也。总题之曰《人谱》。以为谱人者莫近于是。学者诚知人之所以为人，而于道亦思过半矣。将驯是而至于圣人之域，功崇业广，又何疑乎！友人闻之，亟许可。遂序而传之。

时崇祯甲戌秋八月闰吉，蕺山长者刘宗周书。

◎注释

［1］袁了凡：袁黄（1533—1606），初名表，改名黄，字庆远，又字坤仪、仪甫，初号学海，后改了凡。明代思想家。［2］云谷老人：怀云谷（1500—1575），法名法会，又号云谷，称云谷禅师。［3］不爽：没有差错。［4］太上：即太上老君。［5］援：援引。［6］猥：苟且。［7］功行：功绩和德行。［8］恣：放纵。［9］惠迪从逆：出自《尚书·大禹谟》："惠迪吉，从逆凶，惟影响。"孔传："迪，道也。顺道吉，从逆凶。"［10］津梁：比喻接引或引导的事物。

◎解析

该自序表明刘宗周作《人谱》乃是不满于袁黄所作《功过格》。在他看来，袁黄吸收佛道思想，从生死因果上立说，所倡导的劝善改过说实则出于功利。针对此，《人谱》首先便揭示人极之道，其次授以改过之法，旨在教人真正迁善改过。

人谱正篇

◎原文

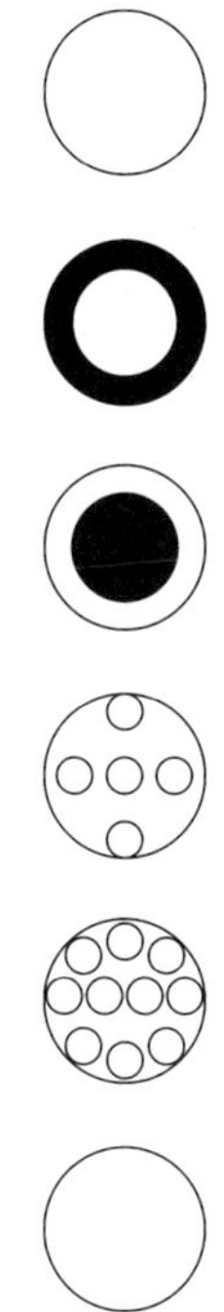

按：此第二、第三图，即濂溪《太极图》之第二图。然分而为二，自有别解，且左右互易，学者详之。

◎解析

首先，刘宗周《人极图》是从周敦颐《太极图》（见右图）演变而来的。周敦颐《太极图说》言："无极而太极。太极动而生阳，动

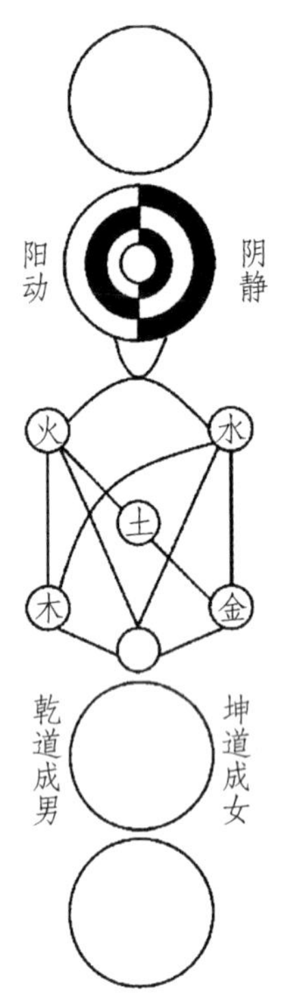

极而静，静而生阴，静极复动。一动一静，互为其根。分阴分阳，两仪立焉。阳变阴合，而生水火木金土。五气顺布，四时行焉。五行一阴阳也，阴阳一太极也，太极本无极也。”“太极”一词出自《周易·系辞》：“易有太极，是生两仪。两仪生四象，四象生八卦。”在汉代“元气论”以及道教“道气论”的思想中，“太极”指“阴阳未判的元气”。“无极”一词出自《老子·二十八章》：“复归于无极。”魏晋玄学家如王弼认为“无极”指万物无为无造，任自然而复归的“不可穷”的道境；道教思想家认为“无极”与“道”同义，为宇宙万物的本源或本体，指出“无极”与“太极”的关联为“道生一”的宇宙生成。

关于《太极图说》的主流解释为朱熹《太极图说解》。朱熹继承北宋五子的思想，尤其发挥程颐的理气观，提出“理也者，形而上之道，生物之本也；气也者，形而下之器也，生物之具也”，以“理”为形而上者，以“气”为形而下者，认为理与气处于“不离不杂”的关联中。朱熹根据这一“理气论”，指出诸如《易传》“一阴一阳之谓道”、周敦颐“阴阳一太极”所言“阴阳”为形而下之气，“道”“太极”便是形而上之理，为“所以动而阳、静而阴之本体”。

其一，朱熹认为“无极而太极”并非分立“无极”与“太极”为二，也即并非“太极本体”之外复有“无极”，“谓之‘无极’，正以其无方所无形状；以为在无物之前，而未尝不立于有物之后；以为在阴阳之外，而未尝不行于阴阳之中；以为通贯全体，无乎不在，则又初无声臭影响之可言也”。朱熹认为周敦颐兼举“无极、太极”的缘由为：“不言无极，则太极同于一物，而不足为万化根本；不言太极，则无极沦于空寂，而不能为万化根本。”其二，关于“太极、阴阳”之间的关联，正如上面引文所言，朱熹基于“理气不离不杂”的思想，指出太极虽“未尝不行于阴阳之中”而“通贯全体”，但本身作为无声臭、形迹的形上本体，与阴阳之气“决是二物”。是故两者的关联便是“阴阳太极，不可谓有二理必矣。然太极无象，而阴阳有气，则亦安得而无上下之殊哉”。其三，朱熹认为太极之理为“寂然不动”之本体，不可以动静而言，动静只能指“气之动静”。所谓“太极动而生阳，动极而静，静而生阴，静极复动”便指太极有“阴阳动静之理”，作为“气之阴阳动静”之所可能的依据。太极为“本然之妙”，为“一阴一阳”所以然之道；动静为“所乘之机”，为气之屈伸往来。《太极图》所谓“阳动”“阴静”指阴阳之气“动而行本体之用，静而存本体之理”。

刘宗周对朱熹这一解释提出批评。首先，关于理气，明代理学家开始反思朱熹“理气二分”的思想，如罗钦顺认为“理只是气之理，当于气之转折处观之”，指出理气只是一物，“理须就气上认取”，同时他也指出“认气为理便不是”。刘宗周赞同罗钦顺所论，认为“理气是一”，“理即是气之理，断然不在气先，不在气外”。另外，关于“无极而太极”，朱熹的观点曾遭到同时代陆氏兄弟的反对。在陆九渊与朱熹的通信中，陆九渊不满朱熹“以阴阳为形器而不得为道”，指出“《易》之为道，一阴一阳而已，先后、始终、动静……出入、行藏，何适而非一阴一阳哉?”在他看来，无论阴阳之气还是万事万物，无不处在一阴一阳的无穷变化之中，是故一阴一阳即是道，即是形而上者。刘宗周指出：“陆子曰：‘阴阳已是形而上者，况太极乎?’至此始见伏羲面。”对陆九渊关于“太极、阴阳”的论述予以肯定。

刘宗周于1634年作《圣学宗要》及《人谱》（本名《证人小谱》）。在《圣学宗要》中他便开始反思“无极而太极”这一问题，指出“一阴一阳之谓道，即太极也。天地之间，一气而已，非有理而后有气，乃气立而理因之寓也。就形下之中指其形而上者，不得不推高一层以立至尊之位，故谓之太极；而实本无太极之可言，所谓‘无极而太极’也。使实有是太极之理，为此气从出之母，则亦一物而已，又何以生生不息，妙万物而无情乎?”正如上文所言，刘宗周吸收陆九渊“阴阳已是形而上者”、罗钦顺“理气为一”等思想，反对朱熹“理先气后”“理气二分”之说。在他看来，天地之间只是一气往来，也即一阴一阳之变化往复；而此“一气自然之变化，而合之只是一个生意”，此生意为造化之蕴，也即“一元生生之理”，所谓“一元生生之理……推之至于一荣一瘁、一往一来、一昼一夜、一呼一吸，莫非此理。天得之以为命，人得之以为性，性率而为道，道修而为教，一而已矣，而实管摄于吾之一心”。(《学言》)结合此处文本来看，就存在论层次而言，一元生生之理的运化实则就是一阴一阳的变化。而此生生之理即是道、理、太极之所是。由此，刘宗周反对将太极之理看作“气从出之母”，作为一“无声无臭”的自在之体，认为“理”本在一阴一阳之中，所谓“两仪立而太极即隐于阴阳之中，故不另存太极之象”。(《学言中》)可见，并无太极实体存在，所谓“无极”便是“太极之转语”，表示“实无有这个”太极。

基于此，刘宗周在《读易图说》将《太极图》最上层“○”修改为“⊙”，指出“此人心妙有之象，……中一点，变化无方，子曰：‘易有太极。’周子曰：‘无极而太极’，沦于无矣。解‘无极’者曰‘无形而有理’，益滞于无矣”。同时，他对“太极动而生阳，动极而静，静而生阴，静极复动”的思想提出批评，指出“《河图》左畔阳居内，而阴居外；右畔阴居内，而阳居外。阳左阴右，皆以内为主，盖阳生于阴，阴生于阳也。至周子图，太极左畔言阳之动，而反以阴居内；右畔言阴之静，而反以阳居内。将以内者外主乎?

外者为主乎？……盖《河图》阳生于阴，而周子以为太极动而生阳；《河图》阴生于阳，而周子以为太极静而生阴，是《河图》之二气自相生，而周子皆以太极生之也。自相生则不必有太极，若以太极生两仪，则太极实有一物矣。”（《学言中》）总之，在他看来，盈天地间只是一气流行，即是阴阳变化，所谓“阳生阴，阴生阳”；而一阴一阳的生生不息，便作为太极之妙。是故他认为《河图》之“阴阳自相生”符合“一阴一阳之谓道”的思想，而周敦颐之“太极生阴生阳”，不免分判太极与阴阳为二。由此，刘宗周既不认同汉唐以来的元气生成论，以太极为混元未判之元气，由此化生两仪；也不认同朱熹以太极为理本，作为阴阳之气的所以然，分理气为两截。

基于这一思想背景，具体到《人极图》。就人的存在而言，太极生生之理即是生发于心的良知独体，故《人极图》最上层“○”（“无极太极”）便是就“心体”“独体”而言。《人极图》第二图（“动而无动”）、第三图（“静而无静”）为《太极图》第二层“离坎互抱图”拆解而成。刘宗周据“阴阳自相生”的思想，援引《河图》反对《太极图》第二图以左畔“阴居内”（离卦）为“阳动”、右畔“阳居内”（坎卦）为“阴静”，是故将其拆解为以“阳居内”的“动而无动”图、以“阴居内”的“静而无静”图。大体而言，《太极图》主要围绕太极阴阳之生生关系以及阴阳二气化生万物展开论述，是故其阳动阴静立基于太极生生化成万物的宇宙论层次，其第三层“五行图”、第四层“乾坤男女图”、第五层“万物化生图”便是就阴阳五行的顺行施化而言。《人极图》则侧重阐释人本具的人极之道以及立人极的工夫。是故“无极而太极”的人极之道便指无善而至善的人心独体，“动而生阳”“静而生阴”也就侧重于展示独体显明于心以及形著于身的面向，所谓“动而生阳，即喜怒哀乐未发谓之中；静而生阴，即发而皆中节谓之和。才动于中，即发于外，发于外则无事矣，是谓动极复静；才发于外，即止于中，止于中则有本矣，是谓静极复动”。（《学言上》）至于第四图（“五行攸叙”）、第五图（“物物太极”）、第六图（“其要无咎”）也就皆是围绕人伦日用的慎独工夫而言。具体来说，刘宗周将《太极图》所谓“五行”“万物”具体为人之存在相关的五伦、百行，并以五伦百行作为人极之道实际显发之所在，是故慎独的工夫便是在人伦事务中省察存养此独体。总之，《人极图》着眼于人的成德工夫。

人极图说

◎原文

无善而至善[1]，心之体也。

即周子所谓太极[2]，“太极本无极也”。统三才[3]而言，谓之极。分人极而言，谓之善。其义一也。

继之者善[4]也。

动而阳[5]也。乾知大始[6]是也。

成之者性也。

静而阴也。坤作成物是也。

由是而之焉，达于天下者道也。放勋曰：“父子有亲，君臣有义，夫妇有别，长幼有序，朋友有信。”[7]此五者，五性[8]之所以著也。五性既著，万化出焉。万化既行，万性[9]正矣。

五性之德，各有专属，以配水、火、木、金、土[10]，此人道之所以达也。

◎注释

［1］无善而至善：至善，出自《大学》：“大学之道，在明明德，在亲民，在止于至善。”按朱熹的解释，至善为“尽夫天理之极，而无一毫人欲之私”的境地，又被用来形容天理，指本体的纯粹至善。无善，相对“有意

为善”而言，即下文所谓“无善之善”。此处刘宗周以“无善”“至善”互释，主要凸显至善非善恶相对之善，也即非人思虑营为之善，所谓“无知之知，不虑而知。无能之能，不学而能。是之谓无善之善”。 ［2］太极：刘宗周对“太极、无极”以及“太极、阴阳”之间关系的理解详见上文“解析”。在《人谱》中，太极的内涵实则为心体，也即人极之道。 ［3］三才：天道、地道、人道。其内涵为《易·说卦》所谓“立天之道曰阴与阳，立地之道曰柔与刚，立人之道曰仁与义”。 ［4］继之者善、成之者性：出自《易·系辞》：“一阴一阳之谓道，继之者善也，成之者性也。”继，发。刘宗周《周易古文钞》解释此句言：“一阴一阳，专就人心中指出一气流行不已之妙，而得道体焉。故下文即承之曰‘继之者善也’，道之微机也；‘成之者性’，道之实体也。……继善，谓自静而动，一念惺然而善端于此呈露也。成性，谓自生而成，一理凝然而善体于此备见也。此正阴阳分现之体。”结合上文的分析，天地万物只是一气流行，人之存在也就基于气之变化而展开；而变化本身蕴含生生之理，人心便是此生理显明处，也就是生理总是呈露为人心意念中的善端，此即孟子良知良能。据刘宗周，一方面，人心显露的善端即是人所继之善，虽惺然有所形，但未显著，为幽微之生机，所谓“道之微机”；另一方面，生理便作为人之本性所在，也即凝然为一纯粹至善的性体，所谓“道之实体”。总的来看，性体只是生生流行之理，而生理恒作为显明在人心的善端。 ［5］动而阳、静而阴：出自周敦颐《太极图说》：“太极动而生阳，动极而静，静而生阴，静极复动。”以及《通书》：“动而无动，静而无静，神也。动而无动，静而无静，非不动不静也。”刘宗周认为气之阴阳相摩、动静相感成生生之变化，否定周敦颐“太极生阴阳”的生成观。是故动静阴阳也就直接彰示生生之理，作为“动而无动、静而无静”之神，也即心体。“动而阳”侧重心体的健发而言，体现心体的昭明之德；“静而阴”则侧重于本心作为静专、至善之性体，开出性命之利用。 ［6］乾知大始、坤作成物：出自《易·系辞》：“乾道成男，坤道成女。乾知大始，坤作成物。乾以易知，坤以简能。易则易知，简则易从。”具体来看，“乾知大始”指《易·乾·彖》所谓“大哉乾元，万物资始，乃统天”，“乾知”便是万物所资之善，作为万物各自性命的根源。“坤作成物”乃是《易·坤·彖》所谓“至哉坤元，万物资生，乃顺承天”，也就是指万物各得其性，遂其生生之性命。 ［7］出自《孟子·滕文公上》。放勋，尧帝之名。 ［8］五性：

指“父子有亲，君臣有义，夫妇有别，长幼有序，朋友有信”这五伦。[9] 万性：万物之性。 [10] 金、木、水、火、土：刘宗周在此以五行指人伦五性，并以一气之“喜怒哀乐中”配五伦，所谓“父子有亲，属少阳之木，喜之性也；君臣有义，属少阴之金，怒之性也；长幼有序，属太阳之火，乐之性也；夫妇有别，属太阴之水，哀之性也；朋友有信，属阴阳会合之土，中之性也”。

◎解析

刘宗周通过对周敦颐“太极”的重新诠释，破除“太极生阴阳，阴阳生五行”的宇宙生成观，将天地万物的存在放在一气流行的运化中，并指出太极之理为一气生生之妙，所谓“盈天地间，一气也。气即理也，天得之以为天，地得之以为地，人物得之以为人物，一也”。具体来说，天地人各成一生生，各具太极之理，在天便是阴阳，在地便是刚柔，在人便是仁义。是故统合三才而言，便是太极；就人而言，仁义便是人极之道。一方面，仁义之生理凝然为人之本性，所谓“生而有此理之谓性”；另一方面，仁义展开在具体人伦中，作为诸如父子之亲、君臣之义等等义理；而义理总是显明在人心，作为随时呈露的善端，所谓恻隐、羞恶、是非、辞让之心。可见，性总是显著在具体的人伦事务中，作为人心显著的善端。基于此，人便可通过尽心来成就五伦之道，由此开出万化，也就是通过尽己之性来成就万物之性。总的来看，相比于《太极图说》，刘宗周《人谱》以“金木水火土”配“五伦”，以“善端之发、性体之凝”论“阳动、阴静”，以“人极”显“太极”，实则将太极、阴阳、五行落实在一气之妙用流行中。

◎原文

万性，一性也。性，一至善也。至善，本无善也。无善之真，分为二五，散为万善。[1] 上际为乾，下蟠为坤。[2] 乾知大始，吾易知也。

坤作成物，吾简能也。[3]其俯仰于乾坤之内者，皆其与吾之知能[4]者也。

乾道成男，即上际之天；坤道成女，即下蟠之地。而万物之胞与[5]，不言可知矣。《西铭》以乾坤为父母，至此以天地为男女，乃见人道之大。

大哉人乎！无知而无不知[6]，无能而无不能，其惟心之所为乎！《易》曰："天下何思何虑[7]！天下同归而殊涂，一致而百虑[8]。天下何思何虑！"

无知之知，不虑而知。无能之能，不学而能。是之谓无善之善。

君子存之，善莫积焉；小人去之，过莫加焉。[9]吉凶悔吝[10]，惟所感也。积善积不善，人禽之路[11]也。知其不善，以改于善。始于有善，终于无不善。其道至善，其要无咎[12]。所以尽人之学也。

君子存之，即存此何思何虑之心。周子所谓"主静[13]立人极"是也。然其要归之善补过，所由殆与不思善恶之旨异矣。此圣学也。

◎注释

[1] 此句话体现"理一分殊"的观点。在宋明理学的话语体系中，万物皆有其当然之理，万物之理可归为一理。如周敦颐言"五行一阴阳也，阴阳一太极也，太极本无极也"，程颐言"万理归于一理"，朱熹言"万物统体一太极，物物各具一太极"，皆体现这一思想。就此句话而言，万物之性源自物所继之善，善本质上为至善至真之本体，故万物各具至善之体，统而言之万物之性便是"一性"。 [2] 际：交会。蟠：环绕。此处"上"与"下"并不相对，上际下蟠形容乾坤资始、资生，化生万物。[3] 出自《易·系辞》："乾道成男，坤道成女。乾知大始，坤作成物。乾以易知，坤以简能。易则易知，简则易从。"乾坤为万物生生之道，就人的存在而言，此生生之道便是人心生生之理，是故乾知、坤能在人心便是良知、良能。 [4] 知能：指良知、良能。 [5] 出自张载《西铭》："乾称父，坤称母；予兹藐焉，乃混然中处。故天地之塞，吾其体；天地之帅，吾其性。民，吾同胞；物，吾与也。"民胞物与指天地万物同为一体。 [6] 无知而无不知：宋明理学区别"德性之知"与"闻见之知"，

王阳明基于此提出良知与知识的区别。一方面，良知不依赖知识而有，故无知；另一方面，良知为造化之理、变化之几，故无所不能、无所不知。［7］何思何虑：形容良知良能不依赖思虑而有，所谓“人所不虑而知者，人所不学而能者”。［8］殊涂同归、百虑一致：指由不同途径达到同一目的。［9］指善、过之判别乃人心良知良能，非人思虑营为可以增损。［10］吉凶悔吝：出自《易·系辞》：“圣人设卦观象，系辞焉而明吉凶，刚柔相推而生变化。是故吉凶者，失得之象也；悔吝者，忧虞之象也。”悔，后悔。吝，恨惜。［11］人禽之路：即人禽之辨。《孟子·离娄下》言“人之所以异于禽兽者几希，庶民去之，君子存之”。人与禽兽的区别在人有恻隐、羞恶、是非、辞让之心。［12］无咎：指没有过失，心无悔吝之咎。［13］主静：宋明理学中的修养工夫。周敦颐指出“无欲故静”，提出“惩忿窒欲、迁善改过”的工夫。刘宗周指出主静之静非动静之静，而是指心体的静而无静，是故“主静”指顺应心体的主宰，其工夫在于存养心体。

◎解析

刘宗周继承朱熹“万物统体一太极，物物各具一太极”的思想，认为万物各具一太极，万物之性莫非太极之理，并通过资始、资生的乾知、坤能诠释太极生生之理。就人的存在而言，人心之良知、良能即是万物之乾知、坤能，即是生生之理。人与万物也就处于生生一体的流行中，是故万物莫非吾之胞与。

具体到良知良能，刘宗周认为良知良能无所不知、无所不能，不依赖于人的思虑营为，但又不外于思虑。换言之，人之所思所虑未尝不是良知之利用，莫不顺应良知而展开。可见，良知良能为生生流行之主宰，人的成德工夫便在存养此主宰，也即顺应善恶之知，着实为善去恶。

人谱续篇

证人要旨

◎原文

◯【无极太极】一曰：凛[1]闲居[2]以体独[3]。

学以学为人[4]，则必证其所以为人。证其所以为人，证其所以为心而已。自昔孔门相传心法，一则曰慎独[5]，再则曰慎独。夫人心有独体焉，即天命之性，而率性之道所从出也。慎独而中和位育[6]，天下之能事毕[7]矣。然独体至微[8]，安所容慎？惟有一独处之时可为下手法。而在小人，仍谓之“闲居为不善，无所不至”，至念及揜著无益之时，而已不觉其爽然自失矣。君子曰：“闲居之地可惧也，而转可图也。”吾姑[9]即闲居以证此心。此时一念未起，无善可著，更何不善可为？止有一真无妄在不睹不闻之地，无所容吾自欺也，吾亦与之毋自欺而已。则虽一善不立之中，而（新本有“自知自慊”四字。）已具有浑然至善之极。君子所为必慎其独也。夫一闲居耳，小人得之为万恶渊薮[10]，（新本作“聚恶之薮”。）而君子善反之，即是证性之路。盖敬肆[11]之分也。敬肆之分，人禽之辨也。此证人第一义也。

静坐[12]是闲中吃紧一事，其次则读书。朱子曰：“每日取半日静坐，半日读书。如是行之一二年，不患无长进。”

◎注释

[1] 凛：指戒慎恐惧。 [2] 闲居：《大学》言："小人闲居为不善。"闲居为无事之时，刘宗周认为此时人心未起念头，最容易体证到良发的心体。 [3] 体独：独，《大学》与《中庸》皆提出"慎独"的修养工夫。朱子诠释"独"为"他人所不及知而己独知之者"，王阳明认为这个独知便是心体良知。刘宗周继承王阳明的理解，认为"独"指心体，所谓"独体"。"体独"即是体证自身的独体。 [4] 为人：指成为圣贤之人。 [5] 慎独：指终日以独体为主宰。独体作为呈露在人心的善端，慎独的工夫便在体觉此端，顺应此体而利用，由此终日戒惧于独体而不违其理。 [6] 中和位育：出自《中庸》："喜怒哀乐之未发，谓之中；发而皆中节，谓之和；中也者，天下之大本也；和也者，天下之达道也。致中和，天地位焉，万物育焉。"刘宗周后期提出"喜怒哀乐"四气流行说，认为人心作为气机流行，呈现出喜怒哀乐的不同节律，所谓"自其盎然而起也谓之喜，……自其油然而畅也谓之乐，……自其肃然而敛也谓之怒，……自其寂然而止也谓之哀"，由此将人心之生化流行展开为喜怒哀乐相互循环之妙；并且他指出"自喜怒哀乐之存诸中而言，谓之中，不必其未发之前别有气象也，即天道之元亨利贞运于'於穆'者是也。自喜怒哀乐之发于外而言，谓之和，不必其已发之时又有气象也，即天道之元亨利贞呈于化育者是也。惟存发总是一机，故中和浑是一性"。可知，中即喜怒哀乐运化所存之体，和即此运化彰显的气象，中和也就作为本体之所在，是故慎独便是致己身之中和，由此推至天地万物，安天地之所、遂万物之生。 [7] 毕：完备。 [8] 微：《中庸》言："莫见乎隐，莫显乎微，故君子慎其独也。"《尚书·大禹谟》言："人心惟危，道心惟微；惟精惟一，允执厥中。"此处形容独体隐微。 [9] 姑：姑且。 [10] 渊薮（sǒu）：渊，鱼所居之处。薮，兽所聚之处。比喻聚集的地方。[11] 敬肆：持敬与放任。 [12] 静坐：此处与"闲居"所指一致。

◎解析

此条对应"人极图"最上层，即"无极太极"图，总论慎独的工夫。刘宗周提出为人的工夫在慎独。独为人心独体，即天命之性，为人伦事务乃至万物化育的主宰。是故一切工夫皆在慎独，也即慎独则天下的能事皆完备于此，而慎独的工夫实际上在于体察人心之独体。据刘宗周所言，闲居之时最易体觉此体。具体来说，闲居之时，人心未尝生起丝毫意念，只有一真实无妄的心体显明着；心体本身昭明灵觉，自不容欺。故此时最能体觉到此昭明不容欺的至善，由此安立在其中。虽然闲居之时无事可为善，但可安立于至善之体，也就“具浑然至善之极”。

◎原文

○【动而无动】二曰：卜[1]动念以知几[2]。

独体本无动静，而动念其端倪也。动而生阳，七情著焉。念如其初[3]，则情返乎性。动无不善，动亦静[4]也。转一念[5]而不善随之，动而动[6]矣。（“转一念”下，新本作“偶著一念，因而过矣，卒流于恶者有之”。）是以君子有慎动（新本作“独”。）之学。七情之动不胜穷，而约之为累心之物，则嗜欲忿懥[7]居其大者。《损》之《象》曰：“君子以惩忿窒欲[8]。”惩窒之功，正就动念时一加提醒，不使流而为不善。才有不善，未尝不知之而止之，止之而复其初矣。过此以往，便有蔓不及图[9]者。昔人云：“惩忿如推山，窒欲如填壑。”直如此难，亦为图之于其蔓故耳。学不本之慎独，则心无所主，滋为物化[10]。虽终日惩忿，只是以忿惩忿；终日窒欲，只是以欲窒欲。以忿惩忿，忿愈增；以欲窒欲，欲愈溃。宜其有取于推山填壑之象。岂知人（新本“人”字作“最初之”。）心本自无忿，忽焉有忿，吾知之；本自无欲，忽焉有欲，吾知之。只此知之之时，即是惩之窒之之时。（新本有“当下提醒”四字。）当下廓清[11]，可不费丝毫气力，后来徐加保任[12]而已。（“可不费”下，新本作“何等省力。至于几虽已动，而仍不失其先见之吉[13]，正知几最得力处”。）《易》曰：“知几其神乎！”此之谓也。谓非独体之至神，不足以与于此也。（新本有“此与几善恶之说不同，学者详之”句。）

◎注释

［1］卜：察识。［2］知几：几，出自《易·系辞》："几者，动之微，吉之先见者也。君子见几而作，不俟终日。"指本体呈露的隐微征兆。几兆虽然隐微，但神妙而灵明，所谓"厥彰厥微""即微即显"。知几，觉察这一呈露的几兆。［3］念如其初：指动念显发之初，当即便呈露着独体之几，所谓"一念惺然而善端于此呈露"。慎独工夫便在"保任"此神妙之几，也就是"如其初"。［4］动亦静：动，人伦日用或动或静，莫非人心之显发，统言为"动"。静，指动不妄动，依循义理而合于善。［5］指最初一念流转为妄念。［6］动：妄动，不循义理。［7］忿懥(zhì)：忿怒。［8］惩忿窒欲：惩治忿怒，抑止私欲。［9］蔓不及图：蔓延而来不及图谋。［10］物化：出自《庄子·齐物论》："昔者庄周梦为蝴蝶，……周与蝴蝶则必有分矣，此之谓物化。"此处指为物欲阻隔遮蔽。［11］廓清：肃清、澄清。［12］保任：保聚、存养。［13］先见之吉：出自《易·系辞》："几者，动之微，吉之先见者也。"先，最初。见，显现。吉，善。形容"几"为善之征兆。

◎解析

此条对应"人极图"第二层，即"动而无动"图，总论知几而动无不善。在刘宗周看来，独体虽然为至善本体，本无动静可言，但就其实际运作而言，乃是当下一念生发着的几兆。此"几"至神至妙，作为先见之吉，即惺然明觉的善端。是故慎独的工夫在于觉察这一当下显发着的神妙之几。对于人而言，人心一动念，若能当即"提撕醒觉"于至善之几，便动而无动；若不能醒觉，则不能"保任"于此正念，而流转于妄念。

据刘宗周，妄念以嗜欲忿懥为最大，忿欲之念来势猛烈，极易裹挟人心流转于不善。忿欲之念虽则最易累心，但其中亦蕴发着惩窒之几；此"几"良知忿欲之非，良能惩之窒之，所谓"心本自无忿，忽焉有忿，吾知之；本自无欲，忽焉有欲，吾知之"。可见，惩忿窒欲须以知几为本，也就是明觉当下一念中蕴发的惩窒之几，顺应此“几”去行动，如此便是即发即知，当下廓清。

◎原文

◉【静而无静】三曰：谨威仪[1]以定命[2]。

慎独之学，既于动念上卜贞邪[3]，已足端本澄源[4]。而诚于中者形于外[5]，容貌辞气之间有为之符[6]者矣。（新本有“赋形有定”四字。）所谓“静而生阴”也。于焉，官[7]虽止而神自行，仍一一以独体闲之，静而妙合于动矣。如足容[8]当重[9]，无以轻佻心失之；手容当恭，无以弛慢心失之；目容当端，无以淫僻心失之；口容当止，无以烦易[10]心失之；声容当静，无以暴厉心失之；头容当直，无以邪曲心失之；气容当肃，无以浮荡心失之；立容当德，无以徙倚[11]心失之；色[12]容当庄，无以表暴[13]心失之。此《记》所谓“九容”也。天命之性不可见，而见于容貌辞气之间，莫不各有当然之则。是即所谓“性”也。故曰：“威仪所以定命。”昔横渠教人，专以知礼成性、变化气质为先，殆谓是与？

◎注释

［1］威仪：指容止仪态端正庄严。　［2］定命：命，人的道德性命。指贞定人的性命。　［3］贞邪：贞正与邪妄。　［4］端本澄源：正本清源。　［5］出自《大学》。指人心“诚发”何种端绪，必定在容貌辞气上“形著”出何种的状貌。　［6］符：相符。　［7］官：指感官、官能。［8］容：仪表。　［9］重：稳重。　［10］烦易：形容不耐烦而流转。［11］徙倚：徘徊。　［12］色：脸色。　［13］表暴：暴，通“襮（bó）”，炫耀。

◎解析

此条对应“人极图”第三层，即“静而无静”图，总论端正

“九容”。刘宗周以“中外”诠释“未发之中”与“已发之和”，认为“中”指涉人心所存的独体之几，“和”指涉独体形著于外的气象。可见知几的同时即是养气而正容貌。关于后者，孔子便提出“君子有九思：视思明，听思聪，色思温，貌思恭，言思忠，事思敬，疑思问，忿思难，见得思义”。《礼记》有所谓“君子九容”。曾子亦言“君子所贵乎道者三：动容貌，斯远暴慢矣；正颜色，斯近信矣；出辞气，斯远鄙倍矣”。孟子便总结出“养浩然之气”的思想，进而宋明儒者便有“变化气质”之论。

◎原文

㊃【五行攸叙[1]】四曰：敦[2]大伦[3]以凝道。

人生七尺堕地后，便为五大伦关切之身。而所性之理，与之一齐俱到。分寄五行，天然定位。父子有亲，属少阳之木，喜之性也；君臣有义，属少阴之金，怒之性也；长幼有序，属太阳之火，乐之性也；夫妇有别，属太阴之水，哀之性也；朋友有信，属阴阳会合之土，中之性也。[4]此五者，天下之达道也，“率性之谓道”是也。然必待其人而后行。故学者工夫，自慎独以来，根心生色[5]，畅于四肢，自当发于事业，而其大者先授之五伦。于此尤加致力，（“致力”，新本作“谨凛”。下有“随分体当”句。）外之何以极其规模之大？内之何以究其节目之详？总期践履敦笃。（新本作“精纯”。）慥慥[6]君子，（新本作“敦笃”。）以无忝[7]此率性之道而已。昔人之言曰：“五伦间有多少不尽分处。”夫惟常怀不尽之心，而黾黾[8]以从事焉，庶几其逭[9]于责乎？

◎注释

［1］攸叙：出自《书·洪范》：“天乃锡禹洪范九畴，彝伦攸叙。”指顺遂施行。　［2］敦：敦行。　［3］大伦：指父子、君臣、长幼、夫妇、朋友等人伦。　［4］少阳之木、少阴之金、太阳之火、太阴之水、阴阳会合之土：古代阴阳五行家以五行配阴阳四象，其中木配少阳，金配

少阴，火配太阳，水配太阴，土配阴阳会合。　[5] 根心生色：心，本心。色，容貌辞气。指存得本心便能养成相应的气象。　[6] 慥（zào）慥：忠厚笃实。　[7] 忝（tiǎn）：有愧于。　[8] 黾（miǎn）黾：勤勉的样子。　[9] 逭（huàn）：逃避。

◎解析

此条对应"人极图"第四层，即"五行攸叙"图，总论敦行五伦。刘宗周以五伦诠释五行，并指出五伦为人生而具备的事务，也即人之身便是五伦关切之身，有父子之亲、君臣之义、长幼之序、夫妇之别、朋友之信。学者慎独的工夫，实则就在人伦日用中尽其五伦的本分，由此畅达于"身家国天下"。是故君子应当时常反省自身有多少未尽分的地方，由此勉力于成德之业。

◎原文

【物物太极】五曰：备百行以考旋[1]。

孟子曰："万物皆备于我矣。"此非意言之也。只由五大伦推之，盈天地间皆吾父子、兄弟、夫妇、君臣、朋友也。其间知之明、处之当，无不一一责备于君子之身。大是一体关切痛痒。然而（新本无"痛痒然而"四字，承一"倘"字。）其间有一处缺陷，便如一体中伤残了一肢一节，不成其为我。又曰："细行[2]不矜[3]，终累大德。"安见肢节受伤，非即腹心之痛？故君子言仁则无所不爱，言义则无所不宜，言别则无所不辨，言序则无所不让，言信则无所不实。至此乃见尽性之学，尽伦尽物，一以贯之。《易》称"视履考祥，其旋元吉"。吉祥之地，正是不废考查耳。今学者动言万物备我，恐只是镜中花，略见得光景[4]如此。若是真见得，便须一一与之践履过。（"今学者"下，新本作"然非逐事简点，只为圆满此独体。如是学以慎独，方真见得万物皆备于我体段，一反身而自得之，不假外求"。）故曰："反身而诚，乐莫大焉。"又曰："强恕而行，求仁莫近焉。"反身而诚，统体一极也；强恕而行，物物付极也。

◎注释

[1] 考旋：出自《易·履》："视履考祥，其旋元吉。"视，审视。考，考查。祥，吉凶的征兆。旋，回首。整句指审视过往履行的道路，考查吉祥祸福，回首自身加以反省，便得大吉。 [2] 细行：小节，小事。[3] 矜：谨慎。 [4] 光景：此处指虚幻不实的事物。

◎解析

此条对应"人极图"第五层，即"物物太极"图，总论人与天地为一体，备万物百行。自孟子提出"万物皆备于我"，到宋明理学便发展出"万物一体"论，如张载提出"民胞物与"的思想，认为天下之民莫非吾之同胞，天地万物莫非吾之同类。基于此，刘宗周进而指出人与天下之民莫不关联在父子、兄弟、夫妇、君臣、朋友的关系中，这一关联正如己身四肢一般通贯为一体。而五伦之亲、义、序、别、信源自人本心的仁义礼智信，即孟子所谓"恻隐、羞恶、辞让、是非"之心；是故人伦若有一毫不能尽分，其不忍之心自然恻隐痛切，不能通贯，正如己身的肢节伤残一般。可见君子之于五伦，当反身而诚，着实地践履这一体相关的本心。

◎原文

◯【其要无咎】六曰：迁善改过以作圣。

自古无见成[1]的圣人，即尧、舜不废兢业。其次只一味迁善改过，便做成圣人，如孔子自道可见。（新本有"圣人一生用心全在这里"。）学者未历过上五条公案[2]，通身都是罪过。即已历过上五条公案，通身仍是罪过。才举一公案，如此是善，不如此便是过。即如此是善，而善无穷。以善进善，亦无穷。不如此是过，而过无穷。因过改过，亦无穷。一迁一改，时迁时改，忽不觉其入于圣人之域，此证人之极则也。然所谓是善是不善，本心原自历落[3]分明。学者但就本心明处一决，决定如此不如彼，便时时有迁改工夫可做。更须小心穷理，使本心愈明，则查简[4]愈细，全靠不得今日已是见得如此如此，而即以为了手[5]地也。故曰："君子无所不用其极。"

◎注释

［1］见成：现成。［2］公案：指以上五条反映的思想。［3］历落：磊落。［4］查简：查检。［5］了手：完毕，结束。

◎解析

此条对应"人极图"最下一层，即"其要无咎"图，总论迁善改过而无咎。首先，刘宗周批评阳明后学"见成"之说。王阳明据人人皆有成圣的良知，提出"满街皆是圣人"的思想，其后学据此认为人心良知完备，若能彻悟良知，当下便成圣人。刘宗周则认为人虽然具备良知心体，但须通过勤勉地修养才能成贤成圣，正如尧舜不废兢业，孔子自十五"志于学"以至于七十才能"从心所欲不逾矩"。

其次，在刘宗周看来，人由生自死，时刻都处于人伦事务中，无一刻不是为善改过之时。并且人之本心昭明灵觉，自然知是知非、好善恶恶，良能教人迁善改过。是故君子若能时常尽其本心，便能于一事为一善、改一过，自然进善、改过而无穷，由此义精而仁熟，于人伦事物的义理无不贯通，进而臻至圣人之域。

纪过格

◎原文

⊙【物先兆】一曰：微过，独知[1]主之。

妄【独而离其天者是。】

以上一过，实函[2]后来种种诸过，而藏在未起念以前，仿佛不可名状，故曰“微”。原从无过中看出过来者。

“妄”字最难解，直是无病痛可指。如人元气[3]偶虚耳，然百邪从此易入。人犯此者，便一生受亏，无药可疗，最可畏也。程子曰：“无妄之谓诚。”诚尚在无妄之后。诚与伪对，妄乃生伪也。妄无面目，只一点浮气[4]所中，如履霜之象[5]，微乎微乎。妄根所中曰“惑”，为利、为名、为生死；其粗者，为酒、色、财、气。

◎注释

[1] 独知：即人心良知，独体。　[2] 函：包含。　[3] 元气：源自汉代“元气说”。此处形容人之存在为一元气充盈、清通无碍的流行。[4] 浮气：指元气受亏，散为浮气。刘宗周《学言》：“人心一气而已矣，而枢纽至微，才入粗一二，则枢纽之地霍然散矣。散则浮，有浮气，因有浮质；有浮质，因有浮性；有浮性，因有浮想。为此四浮，合成妄根；为此一妄，种成万恶。”　[5] 履霜之象：《易·坤》：“履霜，坚冰至。”《象》：“初六履霜，阴始凝也。驯致其道，至坚冰也。”阴胜于阳则气凝为霜，盛极则冻结为冰，霜为微而冰为著。履霜之象本指由微知著，此处形容妄根之微。

◎解析

此条涉及“微过”，源自离独体而生妄。刘宗周认为人心未起念之前，便隐藏着“妄”。具体而言，人心之独体处于隐微的状态中，正所谓“道心惟微”；而道心隐微恰恰就是人心惟危的原因，也就是妄之所在，所谓“道心惟微，妄即依焉，依真而立，即托真而行。”（《证学杂解》）换言之，独体隐微预设着为善的可能，也预设着未必为善的可能，是故人心具有无妄的向善倾向以及未必为善的妄之可能，这点便表明人心本身便具妄根。可见，人心生妄实则源自未能存得独体，正如元气散为浮气一般。

◎原文

◎【动而有动】二曰：隐过，七情主之。

溢喜【损者三乐[1]之类；】

迁怒【尤忌藏怒；】

伤哀【长戚戚；】

多惧【忧谗畏讥[2]，或遇事变而失其所守；】

溺爱【多坐[3]妻子[4]；】

作恶【多坐疏贱[5]；】

纵欲【耳目口体之属。】

以上诸过，过在心，藏而未露，故曰“隐”。仍坐前“微”过来，一过积二过。

微过不可见，但感之以喜，则侈然[6]而溢；感之以怒，则怫然[7]而迁。七情皆如是，而微过之真面目于此斯见。今须将微者先行消煞一下，然后可议及此耳。

◎注释

[1] 损者三乐：出自《论语·季氏》：“益者三乐，损者三乐。乐节礼乐，乐道人之善，乐多贤友，益矣。乐骄乐，乐佚游，乐宴乐，损矣。” [2] 忧谗畏讥：担忧被谗言中伤。 [3] 坐：因，由于。 [4] 妻子：指妻子与子女。 [5] 疏贱：疏远轻视。 [6] 侈（chǐ）然：骄纵的样子。 [7] 怫（fú）然：忿怒的样子。

◎解析

此条涉及“七情之隐过”，源自动而有动。刘宗周区分“喜怒哀乐”四德与“喜怒哀惧爱恶欲”七情，指出人心之一气流行即为喜怒哀乐之循环不已，喜怒哀乐便是独体呈露在人心的节律。人心若未能存得独体，其喜怒哀乐也就或过或不及，流转为“溢喜”、“迁怒”等七情之过。

◎原文

◉【静而有静】三曰：显过，九容主之。

箕踞[1]、交股[2]（大交、小交）、趋[3]、蹶[4]【以上足容；】

擎拳[5]、攘臂[6]、高卑任意[7]【以上手容；】

偷视、邪视[8]、视非礼【以上目容；】

貌言[9]、易言[10]、烦言[11]【以上口容；】

高声、谑[12]、笑、詈骂[13]【以上声容；】

岸冠[14]、脱帻[15]、摇首、侧耳【以上头容；】

好刚使气、怠懈【以上气容；】

跛倚[16]、当门、履阈[17]【以上立容；】

令色[18]、遽色[19]、作色[20]【以上色容；】

以上诸过，授于身，故曰显。仍坐前“微”“隐”二过来，一过积三过。

九容之地，即七情穿插其中。每容都有七种情状伏在里许。今姑言其略。如箕踞，喜也会箕踞，怒也会箕踞。其他可以类推。

◎注释

[1] 箕踞（jī jù）：指两脚张开，两膝微曲地坐着，形状像箕。 [2] 交股：股，大腿。指交叉双腿。 [3] 趋：快走。 [4] 蹶：疾行，跑。一说踏、蹈。 [5] 擎拳：举拳。 [6] 攘臂：捋起袖子、伸

出胳膊。［7］高卑任意：指手臂随意上下摆动。［8］邪视：斜视，不用正眼来看。［9］貌言：虚伪文饰的话。［10］易言：轻率简略的话。［11］烦言：烦琐啰嗦的话。［12］谑：戏谑，开玩笑。［13］詈（lì）骂：恶言辱骂。［14］岸冠：指帽子高戴，露出前额。［15］帻（zé）：头巾。［16］跛（bǒ）倚：站立歪斜不正，倚靠于物。［17］当门、履阈（yù）：《论语·乡党》："立不中门，行不履阈。"阈，门槛。指挡着门站立，脚踏门槛。［18］令色：伪善、谄媚的脸色。［19］遽色：惊慌的神色。［20］作色：改变脸色。指神态严肃或发怒。

◎解析

此条涉及"九容之显过"，源自静而有静。据上文所论，独体不存则人心喜怒哀乐或过或不及，也就导致七情杂生，外在的容貌辞气也就随之放任而无拘束。上述所列便是具体的"九容"之过。

◎原文

㊃【五行不叙】四曰：大过，五伦主之。

非道事亲、亲过不谏、责善、轻违教令、先意失欢[1]、定省失节、唯诺不谨、奔走不恪[2]、私财（新本作"私货财"。）、私出入、私交游、浪游[3]、不守成业、不谨疾[4]、侍疾不致谨、读礼[5]不慎（衣服、饮食、居处。）、停丧（新本作"不葬"二字。）、祭祀不敬（失斋、失戒、不备物。）、继述[6]无闻、忌日不哀（饮酒、茹荤。）、事伯叔父母不视父母以降[7]。【以上父子类，皆坐为人子者。其为父而过，可以类推。】

非道事君、长君、逢君[8]、始进欺君（考校、簠仕、钻刺之类）、迁转欺君（夤缘、速化）、宦成欺君（贪位、固宠）[9]、不谨、疲软、贪、酷、傲上官、陵下位、居乡把持官府、嘱托私事、迟完国课、脱漏差徭[10]、擅议诏令、私议公祖父母官政美恶、纵子弟出入衙门、诬告。【以上君臣类。】

交警[11]不时、听妇言、反目（新本多"夫妻"二字。）、帷薄[12]不谨（如纵妇女入庙烧香之类。新本多“看灯看戏”四字。）、私宠婢妾、无故娶妾、妇言逾阈[13]。【以上夫妇类，皆坐为人夫者。其妇而过，可以类推。】

非道事兄、疾行先长、衣食凌竞、语次先举[14]、出入不禀命、忧患不恤、侍疾不谨、私蓄、蚤年分爨[15]、侵公产、异母[16]相嫌、阋墙、外诉、听妻子离间、贫富相形、久疏动定[17]、疏视犹子、遇族兄弟于途不让行、遇族尊长于途不起居。【以上长幼类，皆坐为人幼者。其为长而过，可以类推。】

势交、利交、滥交[18]、狎比匪人、延誉[19]、耻下问、嫉视诤友、善不相长、过不相规、群居游谈、流连酒食、缓急不相视、初终渝盟、匿怨、强聒[20]、好为人师。【以上朋友类。】

以上诸过，过在家国天下，故曰大。仍坐前“微”“隐”“显”三过来，一过积四过。

诸大过总在容貌辞气上见，如高声一语，以之事父则不孝，以之事兄则不友。其它可以类推，为是（新本“为是”字作“诸过皆自”四字。）心上生出来者。

◎注释

[1] 先意失欢：指先于父母之意来行事，失去父母的欢心。 [2] 奔走不恪（kè）：恪，谨慎。指为父母之事奔波而不谨慎。 [3] 浪游：漫无目标地四处游逛。 [4] 谨疾：慎重对待疾病。 [5] 读礼：古人守丧在家，读有关丧祭的礼书，故称居丧为读礼。 [6] 继述：指继承遵循父母的遗志。 [7] 不视：指不等同视之。以降：表示等次或位置在下。 [8] 长君、逢君：指助长、迎合君主。 [9] 始进、迁转、宦成：指开始做官、升迁调任、登上显贵之位。考校：考核、考试。筮（shì）仕：指古人做官之前卜问吉凶。钻刺：钻营、刺探。夤（yín）缘：比喻攀附权贵以求晋升。速化：指快速入仕做官。 [10] 迟完国课：国课，国赋。指不按时缴完国家的税赋。脱漏差徭：差徭，徭役。指遗漏而未及时征收徭役。 [11] 交警：互相告诫。 [12] 帷薄：本指帷幕和

帘子，借指门内。古代礼节规定女子大门不出、二门不迈，门内一般借指女子。 [13] 妇言逾阈（yù）：指妇女的言辞传到家门之外。 [14] 衣食凌竞：指兄弟之间争夺衣食。语次先举：指不遵长幼之序而抢先发言。 [15] 蚤年分爨（cuàn）：蚤，通“早”。分爨，兄弟分家。 [16] 异母：指兄弟同父不同母。 [17] 贫富相形：指贫富不均。疏：疏远。动定：指不往来。 [18] 势交、利交、滥交：攀附权势之交、营谋私利之交、交友不择人。 [19] 延誉：播扬名声。 [20] 强聒（guō）：唠叨不休。

◎解析

此条论“五伦之大过”。刘宗周详细罗列违背五伦的诸多过错，指出五伦之过源自人心的不诚，将日用伦常规范统摄于人之本心。

◎原文

◎【物物不极】五曰：丛过，百行主之。

游梦、戏动、谩语[1]、嫌疑、造次、乘危[2]、蹊径[3]、好闲、博奕、流连花石、好古玩、好书画、床第[4]私言、蚤眠晏起、昼处内室、狎使婢女、挟妓（新本作“挟娼妓”。）、俊仆（新本作“养俊仆”。）、畜优人、观戏场、行不避妇女、暑月袒、科跣[5]、衣冠异制、怀居（居处器什。）[6]、舆马、饕[7]餮、憎食、纵饮、深夜饮、市饮（新本作“市肆饮”。）、轻赴人席、宴会侈靡、轻诺、轻假[8]（我假人。）、轻施、与人期爽约、多取、滥受[9]、居间为利[10]、献媚当途、躁进[11]、交易不公（亏小经纪一文二文以上，及买田产短价。）、拾遗不还、持筹[12]、田宅方圆[13]、嫁娶侈靡、诛求[14]亲故、穷追远年债负、违例取息、谋风水、有恩不报、拒人乞贷、遇事不行方便（如排难解纷、劝善阻恶之类。）、横逆相报[15]、宿怨、武断乡曲[16]、设誓、骂詈（新本作“咒诅”。）、习市语、称绰号、造歌谣、传流言、称人恶、暴人阴事、面讦（新本多“人过”字。）、讥议前贤、讼（新本作“好讼”。）、终讼、主讼、失盗穷治、捐弃故旧、疏九族、薄三党、欺乡里、侮邻佑、慢流寓、虐使仆童、欺凌寒贱、挤无告[17]、遇死丧不恤、见骼不掩、特杀、食耕牛野禽、杀起蛰[18]、无故拔一草折一木、暴殄天物、亵渎神社、呵风怨雨、弃毁文字、雌黄[19]经传、读书无序、作字潦草、轻刻诗文、近方士、祷赛[20]、主创庵院、拜僧尼、假道学。

以上诸过，自微而著，分大而小，各以其类相从，略以百为则，故曰丛。仍坐前“微”“隐”“显”“大”四过来，一过积五过。

百过所举，先之以谨独一关，而纲纪之以色、食、财、气，终之以学而畔道者。大抵皆从五伦不叙生来。

◎注释

［1］游梦、戏动、谩语：指梦游、打闹、说谎话。［2］乘危：冒险。［3］繇（yóu）径：繇，通“由”。指从小路走。［4］床笫（zǐ）：指男女房中之事。［5］袒（tǎn）：指脱去上衣，露出身体的一部分。科跣（xiǎn）：露头赤脚。［6］怀居：留恋居处。器什：指家常日用器具。［7］饕（tāo）：贪食。［8］轻假：假，假借，借助。指轻易借给他人钱财。［9］滥受：漫无准则地接受。［10］居间为利：指做中间人来牟取利益。［11］躁进：急于仕进。［12］持筹：手持算筹。指理财或经商。［13］田宅方圆：指田地与房屋面积很大。［14］诛求：需索、要求。［15］横逆相报：指横暴不顺理地加以报复。［16］武断乡曲：出自《史记·平准书》：“当此之时，网疏而民富，役财骄溢，或至兼并豪党之徒，以武断于乡曲。”指凭借势力在民间横行霸道。［17］九族：九代的直系亲属，包括高祖、曾祖、祖父、父亲、自己、儿子、孙子、曾孙、玄孙。三党：指父族、母族、妻族。邻佑：邻居。流寓：指外乡流离之人。寒贱：贫寒而出身卑微的人。无告：有疾苦而无处诉说的人。［18］特杀：杀牲。起蛰：指冬眠后刚醒过来的动物。［19］雌黄：篡改文字。［20］祷赛：祈祷鬼神。

◎解析

此条刘宗周详细罗列百行诸过，将人日用中不当做的事作了详尽的梳理。

◎原文

○【迷复[1]】六曰：成过[2]，为众恶门，以克念[3]终焉。

祟门【微过成过曰微恶，用小讼[4]法解之，闭阁[5]一时[6]。】

妖门【隐过成过曰隐恶，用小讼法解之，闭阁二时。】

戾门【显过成过曰显恶，用小讼法解之，闭阁三时。】

兽门【大过成过曰大恶，用大讼法解之，闭阁终日。】

贼[7]门【丛过成过曰丛恶，轻者用小讼，重者用大讼解之，闭阁如前。】

圣域【诸过成过，还以成过得改地，一一进以讼法，立登圣域。】

以上一过准一恶。恶不可纵，故终之以圣域。

人虽犯极恶大罪，其良心仍是不泯，依然与圣人一样，只为习染所引坏了事。若才提起此心，耿耿[8]小明，火然[9]泉达，满盘已是圣人。或曰："其如积恶蒙头[10]何？"曰："说在《孟子》，训恶人斋沐[11]矣。且既已如此，又恁地去可奈何？正恐直是不繇人不如此不得。"

◎注释

[1] 迷复：出自《易·复》："上六：迷复，凶，有灾眚。"复，就《复》卦卦象而言，指一阳来复生于下。刘宗周注言："重云叠雾，暂露日光，随复随蔽，于是谬戾百出，大灾小眚，无所不备，何凶如之！" [2] 成过：指成为过错而造成恶。 [3] 克念：克，克胜。即上文卜动念而知几。 [4] 小讼、大讼：详见下文《讼过法》。 [5] 闭阁：指闭门反省。 [6] 一时：一个时辰。 [7] 祟（suì）、妖、戾、兽、贼：皆指邪妄、邪恶。 [8] 耿耿：明亮，显著。 [9] 然：同"燃"。 [10] 蒙头：指遮掩。 [11] 恶人斋沐：出自《孟子·离娄下》："孟子曰：'西子蒙不洁，则人皆掩鼻而过之；虽有恶人，斋戒沐浴，则可以祀上帝。'"指恶人改过迁善。

◎**解析**

此章主要论述成过之后的迁善工夫。在刘宗周看来，人的本心健明不息，一方面此明幽微，总是容易被人放失；另一方面人心即使受蔽，依旧能够显明其善端，作为人迁善改过的善几。

讼过法（即静坐法）

◎**原文**

一炷香，一盂[1]水，置之净几[2]，布一蒲团[3]座子于下。（新本无“布一”八字。）方会平旦以后，一躬就坐，交趺[4]齐手，屏息正容。正俨威间，鉴临有赫[5]，（“正俨威”二句，新本作“匪闻斯闻，匪觌斯觌，祗祗栗栗，如对上帝，如临师保”句。）呈我宿疚[6]，炳如[7]也。乃进而敕[8]之（新本作“因而内自讼”。）曰：“尔固俨然人耳，一朝跌足，（新本有“堕落千仞”四字。）乃兽乃禽，种种堕落，（新本无此四字。）嗟何及矣。”应曰：“唯唯[9]。”复出十目十手，共指共视，皆作如是言，应曰：“唯唯。”于是方寸兀兀，痛汗微星，赤光发颊，若身亲三木者[10]。已乃跃然而奋曰：“是予之罪也夫。”则又敕之（“敕之”，新本作“内自讼”。）曰：“莫得姑且供认。”又应曰：“否否[11]。”（新本有“复出十目十手证佐，皆作如是言。又应曰：‘否否。’于是”二十字。）顷之，一线（新本无此四字。）清明之气徐徐来，若向太虚然，此心便与太虚同体。（“若向”，新本以“复”字承“来”字，下作“觉此心浩然与天地同流”。）乃知从前都是妄缘，妄则非真。一真自若，湛湛澄澄，迎之无来，随之无去[12]，却是本来真面目也。此时正好与之葆任，忽有一尘起，辄吹落。又葆任一回，忽有一尘起，辄吹落。如此数番，勿忘勿助，勿问效验如何。一霍间[13]，整身而起，闭阁终日。

或咎[14]予此说近禅者，予已废之矣。既而思之曰：此静坐法也。静坐非学乎？程子每见人静坐，便叹其善学。后人又曰："不是教人坐禅入定，盖借以补小学一段求放心工夫。"旨哉言乎！然则静坐岂一无事事？近高忠宪[15]有《静坐说》二通，其一是撒手悬崖[16]伎俩，其一是小心着地伎俩，而公终以后说为正。今儒者谈学，每言"存养省察"，又曰"静而存养，动而省察"[17]，却教何处分动静？无思无为，静乎？应事接物，动乎？虽无思无为，而此心常止者自然常运；虽应事接物，而此心常运者自然常止。其常运者即省察之实地，而其常止者即存养之真机，总是一时小心着地工夫。故存养省察二者，不可截然分为两事，而并不可以动静分也。陆子曰："涵养是主人翁，省察是奴婢。"今为钝根[18]设法，请先其奴者，得《讼过法》，然此外亦别无所谓涵养一门矣。故仍存其说而不废，因补注曰《静坐法》。

◎注释

[1] 盂（yú）：盛水的器皿。 [2] 几：几案。 [3] 蒲（pú）团：用蒲草编成的圆形垫子。 [4] 交趺（fū）：盘腿端坐。 [5] 鉴临有赫：出自《诗·大雅·皇矣》："皇矣上帝，临下有赫。监观四方，求民之莫。"鉴临，省察。赫，威严明察。指自我明察反省。 [6] 宿疚：旧病。 [7] 炳如：明显昭著的样子。 [8] 敕（chì）：告诫。 [9] 唯唯：恭敬应诺之词。 [10] 方寸兀（wù）兀：方寸，比喻心。兀兀，形容紧张而情绪高涨的样子。痛汗微星：痛汗，因心中羞惭而出汗。微星，形容汗珠分散而细碎。身亲三木：身亲，亲身。三木，古代用来枷锁犯人颈项及手足的刑具。形容心生愧恨如身戴镣铐一般。 [11] 否否：表示不同意。 [12] 迎之无来，随之无去：《道德经·第十四章》："迎之不见其首，随之不见其后。"此处形容清明之气无方无所、自来自去的流行。 [13] 一霍间：指短时间。 [14] 咎：责怪。 [15] 高忠宪：高攀龙（1562—1626），字存之，又字云从，世称"景逸先生"，谥"忠宪"。明朝官员、思想家，东林党领袖。 [16] 撒手悬崖：指放下一切。 [17] 静而存养，动而省察：朱熹提出的修养工夫。据朱熹，动静

指心的已发与未发，学者修养也就须在静中涵养未发时的气象，在动之时体察显发的仁心。［18］钝根：指根性愚钝，悟性不高。

◎**解析**

此处详细阐述“讼过”的方法。首先关于讼过，具体来说，讼过的人若能坦诚地面对自身的过疚，自然会觉察到当下所生的羞愧之心，所谓“方寸兀兀，痛汗微星，赤光发颊”。在此羞愧心的萦发下，自然愧而难当，深切地遭受着这番难以忍受的苦楚。于此，便可切实地认识到自身的罪过，深刻地知道如此的不好以及不如此的好，自此再也不敢也不愿去犯此过。其次，刘宗周指出讼过最好的方法乃是在静坐中自我反省，强调静坐并非禅定无事。在他看来，动静是就心常运而常止而言，是故静坐之时心体未尝寂灭，依然处于生发的状态，于此正须省察存养的工夫。

改过说一

◎**原文**

天命流行，物与无妄[1]。人得之以为心，是谓本心，何过之有？惟是气机[2]乘除[3]之际，有不能无过不及之差者。有过而后有不及，虽不及，亦过也。过也而妄乘之，为厥心病[4]矣。乃其造端甚微，去无过之地，所争不能毫厘，而其究甚大。譬之木，自本而根而干而标[5]；水，自源而后及于流，盈科[6]放海。故曰：“涓涓不息，将成江河。绵绵不绝，将寻斧柯。”[7]是以君子慎防其微也。防微则时时知过，时时改过。俄而授之隐过矣，当念[8]过便从当念改；又授之显过矣，当身过便从当身改；又授之大过矣，当境过当境改；又授之丛过矣，随事过随事改。改之则复于无过，可喜也。过而不改，是谓过矣。虽然，且得无改乎？凡此皆却妄[9]还真之路，而工夫吃紧总在微处得力云。“子绝四：毋意，毋必，毋固，毋我。”真能谨微者也。专言“毋我”，即颜氏之“克己”，然视子[10]则已粗矣。其次为原宪之“克、伐、怨、欲[11]不行焉”，视颜则又粗。故夫子仅许之曰：“可以为难矣。”言几几[12]乎其胜之也。张子十五年学个恭而安，不成。程子曰：“可知是学不成，有多少病痛在。”亦为其徒求之显著之地耳。司马温公则云：“某平生无甚过人处，但无一事不可对人言者。”庶几免于大过乎！若邢恕[13]之一日三简点，则丛过对治法也。真能改过者，无显非微，无小非大，即邢恕之学，未始非孔子之学。故曰：“出则事公卿，入则事父兄，丧事不敢不勉，不为酒困。”不然，其自原宪而下，落一格转粗一格，工夫弥难，去道弥远矣。学者须是学孔子之学。

◎注释

[1] 物与无妄：出自《易·无妄·象》：“天下雷行，物与无妄。”与，赋予。无妄，无妄差。指天命流行，万物各正其性命，无有妄差。 [2] 气机：指气化往来的机变。 [3] 乘除：荣衰、消长。 [4] 厥心病：指心气不畅导致昏厥。 [5] 标：树木的末端。 [6] 盈科：水充满坑坎。 [7] 出自《孔子家语·观周》：“涓涓不壅，终为江河；绵绵不绝，或成网罗；毫末不札，将寻斧柯。” [8] 当念：当下一念，当前一念。 [9] 却妄：去妄。 [10] 子：即引文中“子”，指孔子。 [11] 克、伐、怨、欲：好胜、自矜、愤恨、贪欲。 [12] 几几：安和稳重的样子。 [13] 邢恕：字和叔，程颢的弟子。

◎解析

此条总论改过。在刘宗周看来，本心独体之流行虽然无有妄差，但由于独体处于几微的状态，也就导致具体气机的展开可能出现过与不及的情况。可见，此心稍有所不慎、不明便流于差妄，是故改过之要在于谨微。具体来说，就是在当念、当身、当境、当事之地加以省察，存养几微的本心，以此改过迁善。同时，刘宗周引述诸多事例，指出诸如孔子“绝四”、颜子“克己”、原宪“不行克伐怨欲”等皆是谨微的工夫。

改过说二

◎原文

人心自真而之妄，非有妄也，但自明而之暗耳。暗则成妄，如魑魅[1]不能昼见。然人无有过而不自知者，其为本体之明，固未尝息也。一面明，一面暗，究也明不胜暗，故真不胜妄，则过始有不及改者矣。非惟不改，又从而文[2]之，是暗中加暗、妄中加妄也。故学在去蔽，不必除妄。孟子言：“君子之过，如日月之食。”以喻人心明暗之机，极为亲切。盖本心常明，而不能不受暗于过。明处是心，暗处是过。明中有暗，暗中有明。明中之暗即是过，暗中之明即是改，手势[3]如此亲切。但常人之心，虽明亦暗，故知过而归之文过，病不在暗中，反在明中。君子之心，虽暗亦明，故就明中用个提醒法，立地与之扩充去，得力仍在明中也。乃夫子则曰：“内自讼”，一似十分用力。然正谓两造当庭[4]，抵死雠对[5]，止求个十分明白。才明白便无事也。如一事有过，直勘到事前之心果是如何？一念有过，直勘到念后之事更当何如？如此反复推勘，讨个分晓，当必有怡然以冰释者矣。《大易》言补过，亦谓此心一经缺陷，便立刻与之补出，归于圆满，正圆满此旭日光明耳。若只是皮面补缀[6]，头痛救头，足痛救足，败缺难掩，而弥缝[7]日甚，仍谓之文过而已。虽然，人固有有过而不自知者矣。昔者子路，人告之以有过则喜；子曰：“丘也幸，苟有过，人必知之。”然则学者虚心逊志，时务察言观色，以辅吾所知之不逮，尤有不容缓者。

◎注释

［1］魑魅：传说中山林间害人的精怪。 ［2］文：文饰，掩饰。

［3］手势：指表现的含义。　［4］两造当庭：两造，诉讼的双方，即原告与被告。指双方当庭诉讼。　［5］抵死雠对：指拼死驳难。　［6］补缀（zhuì）：修补。　［7］弥缝：指设法遮掩缺失以免被人发觉。

◎解析

此条具体探讨改过的方法。据此处所论，人之本心本来无妄，妄之可能乃是本心的昭明被遮掩；且此心即使受蔽，依旧灵明自知，也就是自然知过知非。刘宗周也就主要围绕人心的明暗之关联展开论述。具体来说，常人之心虽然具本心之明，良能知是知非，但并不能当即觉于此知；即使有所觉，诸如对于当下生起的羞愧有所不忍而采取行动，但其行动往往草草了事，不能尽得其中的真意。总之，常人之心虽明亦暗。相比而言，君子则能当即尽其本心之明，是故其心虽暗亦明。可见，改过的工夫便在醒觉良发的本心，也就是不断自讼反省，求个通透明白，不容心中有一毫不妥，正所谓“两造当庭，抵死雠对”。

改过说三

◎原文

或曰：“知过非难，改过为难。”颜子有不善未尝不知，知之未尝复行也。有未尝复行之行，而后成未尝不知之知。今第[1]曰知之而已。人无有过而不自知者，抑何改过者之寥寥也？曰：“知行只是一事。知者行之始，行者知之终；知者行之审，行者知之实。”故言知则不必言行，言行亦不必言知，而知为要。夫知有真知，有常知，昔人谈虎之说[2]近之。颜子之知，本心之知，即知即行，是谓真知。常人之知，习心之知，先知后行，是谓常知。真知如明镜常悬，一彻永彻；常知如电光石火，转眼即除。学者由常知而进于真知，所以有致知之法。

《大学》言“致知在格物”，正言非徒知之，实允蹈[3]之也。致之于意而意诚，致之于心而心正，致之于身而身修，致之于家而家齐，致之于国而国治，致之于天下而天下平。苟其犹有不诚、不正、不修、不齐、不治且平焉，则亦致吾之知而已矣。此格物之极功也。谁谓知过之知，非即改过之行乎！致此之知，无过不知；行此之行，无过复行。惟无过不知，故愈知而愈致。惟无过复行，故愈致而愈知。此迁善改过之学，圣人所以没身未已，而致知之功与之俱未已也。昔者程子见猎而喜[4]，盖二十年如一日也。而前此未经感发，则此心了不自知，尚于何而得改地？又安知既经感发以后，迟之数十年，不更作如是观乎？此虽细微之惑，不足为贤者累，亦以见改过之难，正在知过之尤不易矣。甚矣，学以致知为要也。学者姑于平日声色货利之念，逐一查简[5]，直用纯灰三斗，荡涤肺肠[6]，于此露出灵明，方许商量日用过端[7]下落，则虽谓之行到然后知到（新本无“到”字。），亦可。昔者子路有过，七日而不食。孔子闻之曰：“由知改过矣。”亦点化语也。若子路，可谓力行矣。请取以为吾党[8]励。

按：《人谱》作于甲戌，重订于丁丑。而是谱则乙酉五月之绝笔也。一句一字，皆经再三参订而成。向吴峦稺初刻于湖，鲍长孺再刻于杭，[9]俱旧本也。读者辨诸，无负先君子临岐苦心。己丑孟秋，不孝男汋[10]百拜谨识。

◎注释

[1] 第：但。 [2] 谈虎之说：出自《二程集》：“真知与常知异。常见一田夫，曾被虎伤，有人说虎伤人，众莫不惊，独田夫色动异于众。若虎能伤人，虽三尺童子莫不知之，然未尝真知。真知须如田夫乃是。故人知不善而犹为不善，是亦未尝真知。若真知，决不为矣。” [3] 允蹈：恪守，遵循。 [4] 见猎而喜：指程颢看到别人打猎，激起旧日的爱好而心喜。 [5] 查简：查检。 [6] 出自《晋书·石季龙载记》：“吾欲以纯灰三斛洗吾腹，腹秽恶，故生凶子。”纯灰，草木灰，古代作为洗涤剂。指饮用草木灰水洗涤肺肠，比喻去掉秽恶。 [7] 过端：指过

错的端倪。［8］吾党：吾辈。［9］吴峦稺、鲍长孺：皆人名。［10］汋：刘汋，刘宗周之子。

◎解析

此条重点探讨“知行合一”的问题。针对“知过非难，改过为难”的说法，刘宗周指出知行只是一事。具体来说，人心自知是非善恶且好善恶恶，也即知善恶的同时便好善恶恶且为善去恶，是故此知过的良知必然关联着为善恶恶的改过行动。可见，改过迁善的工夫就在致此知。